河南省"十四五"普通高等教育规划教材

高等学校商科教育应用系列教材

公司金融

黄良杰　崔海红　主编

清华大学出版社
北京

内 容 简 介

本书从微观角度研究公司的各种金融活动,主要内容包括现值和价值评估、风险与收益、基于财务报表的公司经营绩效分析、企业的融投资决策以及融投资的相关技术问题、公司财务风险控制、营运资本管理、股利策略及并购问题。本书突出实用性和应用性。通过本课程教学,学生能够掌握公司金融基本理论、基础知识及基本技术,并以此分析企业融投资等行为的运行规律,解决企业融投资等活动中所面临的问题,达到金融学、投资学等专业人才培养目标,为今后学习和工作打下扎实的理论与技术基础。

本书适合高等院校金融学、投资学作为核心课程教材使用,也可作为会计学、经济学等经济管理类专业教学用书。

图书在版编目(CIP)数据

公司金融/黄良杰,崔海红主编. —北京:清华大学出版社,2021.8(2024.8重印)

高等学校商科教育应用系列教材

ISBN 978-7-302-58874-0

Ⅰ.①公… Ⅱ.①黄… ②崔… Ⅲ.①公司-金融学-高等学校-教材 Ⅳ.①F276.6

中国版本图书馆 CIP 数据核字(2021)第 159607 号

责任编辑:刘士平
封面设计:傅瑞学
责任校对:袁 芳
责任印制:杨 艳

出版发行:清华大学出版社
    网   址:https://www.tup.com.cn,https://www.wqxuetang.com
    地   址:北京清华大学学研大厦 A 座   邮   编:100084
    社 总 机:010-83470000   邮   购:010-62786544
    投稿与读者服务:010-62776969, c-service@tup.tsinghua.edu.cn
    质量反馈:010-62772015, zhiliang@tup.tsinghua.edu.cn
    课件下载:https://www.tup.com.cn,010-83470410
印 装 者:三河市天利华印刷装订有限公司
经   销:全国新华书店
开   本:185mm×260mm   印   张:18   字   数:434 千字
版   次:2021 年 9 月第 1 版   印   次:2024 年 8 月第 2 次印刷
定   价:54.00 元

产品编号:090417-01

工欲善其事,必先利其器,教材之于教学也是如此。高质量教材是高质量教学水平的保证,因此,编写一本高质量教材更是一名教师的毕生追求。公司金融是研究企业融投资、并购等行为规律及相关理论和技术的学科。随着新经济、新技术、新模式不断涌现,企业融投资、并购等行为、模式及技术不断创新,给公司金融研究带来了巨大挑战,同时也给公司金融教学带来较大的压力。特别是对于应用型本科院校来讲,一本兼顾理论深度和广度,注重理论与技术应用的教材就显得较为迫切。

作为金融学、投资学等专业的专业课之一,公司金融教学对象是已经掌握了宏观经济学、微观经济学、金融学、财政学、会计学、高等数学等基础课程理论知识的应用型本科院校学生;教学目标是通过本课程教学,使学生掌握公司金融基本理论、基础知识及基本技术,并以此分析企业融投资等行为的运行规律,解决企业融投资等活动中所面临的问题,达到金融学、投资学等专业人才培养目标,为今后学习和工作打下扎实的理论与技术基础。

为了适应应用型本科教学需要,本书在内容安排上既兼顾理论深度与广度,又强调技术应用,我们做了以下努力:在每一章节前安排了学习要点,并以通俗易懂的引例导入理论学习,便于学生理解本章所讨论的问题在整个公司金融知识体系中的地位,引起学生对即将阐述理论的兴趣,帮助学生明白将要学习的理论知识用在何处、为什么要学。同时,在每个章节中尽量加大案例篇幅。在编写过程中力求做到以下几点。

(1)全面介绍公司金融基础理论,力求加强学生基础理论教学,提升学生的未来学习能力及分析问题能力。

(2)紧跟当前公司金融前沿理论,力求反映当前公司金融理论研究的最新成果,培养学生的基本学术素养。

(3)遵循应用型人才培养要求,在每个章节结合案例介绍公司金融技术应用,力求提升学生的技术应用能力。

本书共十章,由河南牧业经济学院黄良杰博士和崔海红博士担任主编,何丽娜博士、宋晓薇博士、苏欣博士及张雪凤副教授担任副主编。黄良杰负责制定教材编写大纲、教学基本要求。全书由黄良杰博士、崔海红博士负责总纂。本书各章节具体分工如下:第1章、第9章由黄良杰博士编写,第2章、第5章由宋晓薇博士编写,第3章由张雪凤副教授编写,第4章、第6章由苏欣博士编写,第7章、第8章及参考文献由崔海红博士编写,第10章由何丽娜博士编写。

本书在编写过程中得到了河南牧业经济学院金融与会计学院教师们的支持和帮助,承蒙清华大学出版社的大力支持,在此一并感谢。

本书是金融学、投资学等专业的专业课程教材,也是经济学、会计学、财务管理学等专业的相关课程教材,也可作为理论研究和实务工作者的参考书。由于编者水平有限,书中难免会存在不妥之处,还望广大读者不吝指正,并为本书的修订工作多提宝贵意见。

黄良杰

2021 年 3 月

目 录
CONTENTS

第1章

公司金融导论

【学习要点】

1. 公司制与企业组织的选择。
2. 股东至上与公司行为目标。
3. 公司金融的内涵及其研究内容。
4. 金融市场及其对公司金融行为的影响。

引例

情形与背景：黄浔阳与谷柴桑合伙经营一家咖啡厅,合作过程中发生以下事例。

事例一：两人一致同意将咖啡厅在工商局注册登记为公司制企业,注册企业名称为庐山鸡岭餐饮有限责任公司;资本金为人民币1 000万元;主营咖啡、简餐、休闲书吧等。

事例二：经协商,黄浔阳出资670万元,占庐山鸡岭餐饮有限责任公司67%的股权;谷柴桑出资330万元,占庐山鸡岭餐饮有限责任公司33%的股权。双方按出资比例享有剩余收益分配权。

事例三：根据预算,庐山鸡岭餐饮有限责任公司在2020年度需要流动资金1 500万元,长期资金1 000万元,目前资金短缺1 500万元,公司计划向银行贷款500万元,同时引进风险投资基金1 000万元。

事例四：根据公司董事会决议,经股东会同意,公司准备在狮子镇开设两家分店,并收购一家咖啡店,投资总额为800万元。分店以加盟形式开设,收购的咖啡店成为公司的子公司,以股份制形式组建,其中母公司占股34%,内部员工占股10%,被收购咖啡店原股东占股31%,向公司外部定向募集资金,占股比例25%。

以上事例涉及一家企业的融资、投资、估值、兼并、分配、决策等相关理论与应用,这将是本书的主要内容。

1.1 公司制企业与公司金融

1.1.1 企业组织与公司制企业

什么是企业呢?简单地说,企业是以营利为目的,将一定的人与资源要素组织起来开展经营活动的一种社会组织。它是社会发展的产物,因社会分工的发展而成长壮大。企业是市场的微观组织,其本质是一种资源配置机制,其目的是降低交易成本,以获取利益最大化。企业的组织形式各种各样,但并不是所有企业都是公司制企业。企业组织形式一般有三类,即个体独资企业、合伙制企业与公司制企业。

1. 个体独资企业

个体独资企业是指为一个人所拥有的企业。业主自己独享企业的所有利润,但也独自承担所有的风险。一般地,个体独资企业规模小、雇员少、数量多,具有以下重要特征:一是设立程序简单,不需要正式章程,退出程序也简单,在多数行业中,需要满足的政府规章较少;二是不需要支付企业所得税,企业所有利润按个人所得税缴纳;三是对企业债务负无限责任,个人资产与企业资产之间无明显差别;四是企业的存续期受制于业主的生命期;五是企业所筹集到的资金受制于业主的个人财富。

2. 合伙制企业

合伙制企业是指两个或两个以上的人投资的,共同经营、共担风险的企业。合伙制分为普通合伙制(也称一般合伙制企业)和有限合伙制。

在普通合伙制企业里,所有合伙人以协议方式同意提供一定比例的资金和工作,并且分享相应的利润和亏损。每个合伙人对合伙制企业债务承担连带无限责任。这里协议可以以正式的或以口头等非正式方式表达。普通合伙制企业创办费用较低,企业利润按合伙人征收个人所得税。普通合伙制企业主要特征有:一是普通合伙人对企业所有债务负连带无限责任。二是企业寿命有限。当一个普通合伙人撤资或死亡时,普通合伙制企业则终结。除非合伙协议另有规定,譬如约定其他合伙人可以全部购买撤资或死亡合伙人的股份,企业则可以继续经营。由此可以看出,合伙制企业产权转让比较困难。三是普通合伙制企业一般难以筹集大量资金。

在有限合伙制企业中,合伙人通常由普通合伙人和有限合伙人两类合伙人组成,其中至少有一个普通合伙人。有限合伙制企业主要特征有:一是只有企业中普通合伙人承担无限连带责任,他们一般拥有企业管理和控制权;二是有限合伙人一般不参与企业经营与管理,也只承担与其出资额相应份额的责任;三是有限合伙人撤资或死亡不会导致合伙企业终结,他们可以出售自己所持有的权益份额。

通常如会计师事务所、律师事务所、技术咨询公司等一般采用普通合伙制。而私募基金或风险投资基金等通常采用有限合伙制。大型企业组织一般很难以个人独资或合伙制形式的存在,主要原因是如果以个人独资或合伙制形式创办会面临三个严重缺陷:①无限责任;

②有限企业生命；③产权转让困难。正因如此，导致另一个严重缺陷就是筹集大量资金困难。

3. 公司制企业

公司制企业是指以公司身份存在的法人实体，是最重要也是最流行的一种企业组织形式。公司制企业一般有股份有限公司和有限责任公司两类基本形式。创办一家公司制企业必须制定公司章程以及一系列细则，以约定公司给予股东、董事以及管理层等相应所有权、决策权、经营权、监督权、知情权、分配权等相关条款，以及公司经营相关原则等。公司章程内容一般包括：公司名称、公司计划经营年限、公司经营范围与目的、公司获准发行的股票数量及各种股份的权限、股东所拥有的权利、发起董事会的成员数量等。应该注意的是，公司章程必须遵循公司注册地的法律法规。

一般地，股份有限公司的所有权通常被分割成若干等额股份，为了筹集资金，股份公司可以通过出售股份募集资金，任何具有行为能力的人在缴纳股款之后就可以成为公司股东。根据有关法律规定，股东人数有下限但没有上限规定，因而，股份有限公司会存在许多拥有一小部分股权的小股东，导致股份公司股权较为分散。虽然股份公司的股东有权参与公司股利分配、自由交易和转让其所持有的股票等，但由于股权分散，导致相当一部分股东无法直接参与公司经营管理，因此，股份有限公司的所有权与经营权往往存在不同程度的分离。正因如此，股份公司股东往往会选择由若干董事组成的董事会代其行使决策权等权力，董事会则选聘高层管理人员组成管理层行使经营权，管理公司日常经营活动。在股权结构比较复杂的公司中，往往由拥有控制权的股东来兼任公司董事长乃至高层管理岗位。但大型企业中，股东、董事会成员以及公司高层管理人员往往是不同的群体，可能代表不同利益集团，因此，股份制公司往往会存在一定程度的代理冲突问题。

与个人独资企业和合伙制企业相比，公司制企业所有权与经营权分离的优点在于：第一，公司所有权流动性强。因为公司制企业具有独立的法人地位，公司的存在与持股者无关，股份代表对公司的所有权，所以所有权可以随时转让给新的所有者。第二，公司具有无限存续期。因为公司所有权与经营权分离，公司与其所有者相互独立，所以某一所有者撤股或者死亡在法律上并不影响公司的存续。第三，股东承担有限债务责任。股东的债务仅限于其对所有权股份的出资额。由于这些优点的存在，增强了公司制企业筹资能力。但公司制企业通常会面临双重课税和多重代理冲突两个重大缺陷。双重课税是指不但要对公司制企业征收企业所得税，还要对公司制企业股东股利征收个人所得税。多重代理冲突是指公司制企业存在控股股东与非控股股东、股东与债权人、股东与管理层等利益相关者之间的代理冲突。

有限责任公司本质上是一种特殊的有限合伙制企业。差别是有限责任公司不存在普通合伙人，企业所有所有者均承担有限责任，且所有所有者都可以参与企业经营管理。另外，有限责任公司又具有公司制基本特征，但有所不同：第一是公司所有权不必划分成等额股份，股东的股权按其出资比例来表示，股东按其出资比例来享有权利和承担责任；第二是由发起人出资设立，不得向社会公开募集资金，不得在公开市场发行股票；第三是股东人数有上限，一般不得超过50人；第四是股权流动性差，有限责任公司股权可以在股东之间转让，若向公司外部投资人转让必须取得半数以上股东同意；第五是公司组织结构简单，可以依据章程设立董事会、监事会，也可以根据需要只设执行董事一名，不设董事会。

企业组织在世界各地不尽相同,取决于企业特定的性质及所在国家的法律法规。但股份有限公司(特别是公开发行股票的上市公司)和有限责任公司是大中型企业普遍选择的组织形式。这主要是因为公司制企业具有高度灵活的筹资方式和较多的投资机会,同时可以避免个人独资企业和合伙制企业的无限责任、有限企业寿命以及产权转让困难等三大缺陷。

【例 1-1】 从个体户到现代化公司制企业

1980 年 12 月 11 日,19 岁的温州姑娘章华妹从市工商局领到了标为"工商证字第10101 号"的营业执照,这是中国有史以来第一份个体工商业营业执照。她在家开了间十几平方米的小店,卖日用百货。自己既是投资者又是经营者。应当注意的是:个体工商户是典型的所有权和经营权合一的"古典企业"制度。

1986 年,章华妹自己出来做珠片生意,珠片就是镶在衣服上的小配饰。丈夫也把工作辞了,帮着进货,跑上海、广州等地,生意很好。后来章华妹开始做起了纽扣生意。因为内行,纽扣生意日渐红火。2002 年,她买了一套 200 平方米的新房子,家里的桑塔纳也换成了奥迪。这时随着经营规模的扩大,章华妹开始面临两大问题:一是人员问题,需要一个职业经理人帮他打点日常事务;二是资金问题,需要对外募集资金。

于是,她开始招募职业经理人,并以股权融资方式筹集资金,于 2008 年成立有限责任公司——"华美服装辅料有限公司"。这样,她的企业由两权合一的古典企业制度成长为所有权和经营权分离以及股权结构多元化现代企业制度。现在,每年有几十万元的利润。但她仍在努力,决心使公司继续稳健成长。

公司制的优势是:一是解决资金问题——筹资的可能性和规模扩张的便利性;二是摆脱自然人问题的困扰——降低和分散风险的可能性;三是适应变化、复杂的经济形势——公司的稳定性。但随之而来的公司治理问题也产生了,需要寻求如何解决公司治理问题、谋求公司利益最大化的对策。

1.1.2　公司金融的内涵

公司经营的主要目标就是不断创造价值。任何价值创造都离不开资金,资金之于公司就像人体的血液一样,没有资金的公司价值创造则无从谈起。公司在经营过程中面临一系列的筹资和投资活动以及与之相应的日常资金控制、预算规划、分配等资金运营活动,这些活动发生后需要不断地做出信息整理、分析、估值、判断等决策,这一系列活动和决策就构成了公司金融学的主要研究内容。所以公司金融也称公司财务、公司理财,它就是公司如何有效地利用各种融资渠道和工具,获取最低成本的资金,形成合理的资本结构,科学分析和控制投资风险,合理配置资金,促进公司价值最大化的一系列活动和决策。

公司金融主要研究企业的融资、投资、收益分配以及与之相关的问题。对于英文"Corporate Finance"在中国有不同的译法,可译为"公司财务",也可译为"公司理财",或译为"公司金融"。显然,就中文的字面来看,"财务""理财"和"金融"这些概念是有显著区别的。一般而言,企业的"财务"或"理财"是以现金收支为主的企业资金收支活动的总称,是组织企业财务活动,处理财务关系的内部管理活动。而公司金融所研究的内容要庞大得多,一是它不再局限于企业内部,因为现代公司的生存和发展都离不开金融系统,所以必须注重研究企业与金融系统之间的关系,以综合运用各种形式的金融工具与方法,进行风险管理和价值创造。这是现代公司金融学的一个突出特点。二是就企业内部而言,公司金融所研究的内容也比"财务"或"理财"要广,它还涉及与公司融资、投资以及收益分配有关的公司治理结构方面的非财务性内容。

借助公司资产负债表,我们可以分析公司经营与公司金融活动之间的关系,如图 1-1 所示。

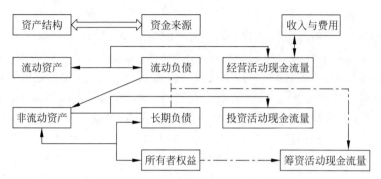

图 1-1　资产结构、资金来源与公司金融活动的钩稽关系

图 1-1 描述了公司资产结构、资金来源与公司金融活动的钩稽关系。一般来说,在公司经营过程中,公司资产反映到资产负债表中表现为流动资产和非流动资产两类;而资金来源主要包括负债和所有者权益两类,其中负债又包括流动负债和长期负债。通常,在公司日常经营中,流动负债主要是通过银行贷款等渠道和工具来解决公司日常流动资金需求,往往会形成流动资产,但在部分公司也会通过流动负债来解决长期资产即非流动资产的资金需求问题,流动资产与流动负债的配置就形成了公司日常资金营运活动。长期负债和所有者权益通常会用来解决公司非流动资产的资金来源问题,在这一系列经营过程中就形成了公司的筹资活动、投资活动以及资金营运、资金分配等金融活动。

公司的融投资决策建议一般是由公司财务部门会同公司其他经营部门给出的,财务部经理一般可以基于公司财务报表展开公司融投资决策分析,其基本逻辑如图 1-2 所示。

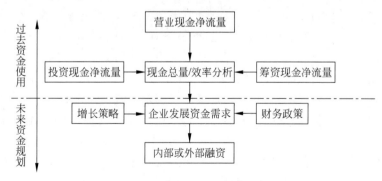

图 1-2　基于会计报表的公司融投资决策分析逻辑

从图 1-2 可以看出,公司的现金流量由营业现金净流量、投资现金净流量以及筹资现金净流量组成,可以根据过去资金使用情况来分析资金使用效率和资金成本弥补情况,以此为依据,结合公司未来增长策略以及财务政策情况,判断公司未来发展资金需求情况,以确定公司融投资方式等。

1.2 代理问题、公司控制与公司金融目标

现有理论认为,公司的创立在经济上就是为了盈利。逻辑上,股东投资并控制公司,是为了获取更大的价值。在"股东至上"的观念里,公司开展的所有活动都必须从股东利益出发,实现股东价值最大化。所以实现盈利是所有公司追求的一般目标,是公司的出发点,追求股东价值最大化是公司最终目标和归宿。公司的盈利和价值创造是通过一系列经济活动实现的,这些经济活动表现为物质流动和现金流动。物质流动是从企业购入原料,生产加工成产品,最后销售出去,形成盈利。与之相应,会形成现金流动,首先企业收到投资,设立企业,然后在采购环节支付货款、在生产环节支付各类成本费用,最后收回货款,将剩余资金予以分配。资金经历了从货币到商品再到增值货币的循环,实现公司的盈利,使公司创造价值。而这一系列资金流动就构成了公司金融活动,所以公司金融的目标是服从于公司目标的,是通过一系列公司金融活动来实现公司目标的。基于此,公司金融的目标就是追求股东价值最大化。

一般情况下,公司是由股东投资的,公司的所有权归属于公司股东,公司应该是由股东控制的。但由于在公司制情况下,公司的所有权与经营权是分离的,特别是对一些大型公司来说,股东数量众多,股权比较分散,使得公司管理层有机会控制公司,所以这时公司经营决策也不一定是从股东价值最大化出发,而是满足于管理者自身利益最大化,从而形成了代理冲突问题。

所谓代理关系,就是指股东和管理层之间形成代理关系。当公司股东会通过董事会做出决定,聘请某人担任公司管理层职位,如总经理或财务总监等(一般在文献中统称为经理人),代理关系就产生了。这里股东是委托方,经理人是代理方。在所有代理关系中,由于委托方与代理方之间存在利益冲突,从而形成了代理问题。正常情况下,委托方聘任代理方为其经营,希望代理方所有决策都是从委托方利益最大化出发的,但是当代理方在发现自己付出百分之百努力并不能获取百分之百的剩余收益之后,在后来的经营决策中,其决策可能不是"股东至上",有可能是服从于经理人自身价值最大化决策,甚至有些活动开展可能是无效率的,从而产生道德风险,形成代理成本,这就是代理冲突的本质。

那么在存在代理冲突的情况下,经理人是否会服从于"股东至上"的决策呢? 这取决于公司对管理层的激励机制和监督机制有效性。如果公司对管理层激励机制比较有效,或者监督机制健全有效,那么管理层经营应该是服从于股东价值最大化的。

如何激励和如何监督,又取决于公司的控制权设计问题,如果股东掌握公司控制权,股东可以通过设计一系列公司治理机制,如董事会、监事会、独立董事、薪酬激励、审计监督等权力配置与激励机制来规范管理层行为,使其所有决策或行为服从于股东价值最大化。但如果是管理层掌握公司控制权,那么管理层的行为就有可能出现较多的利己决策,而不是"股东至上"的决策。

需要注意的是,股东价值最大化的前提是不能以牺牲或损害他人利益为代价。公司还存在内外部其他相关利益群体,在公司内部存在职工等,在公司外部还有供应商、顾客、债权人等相关利益群体,这些有关利益群体之所以与公司发生关系,也是为了追求自身利益最大化,因此,德、日的许多公司提出了利益相关者价值最大化目标。另外,如果公司股东价值最

大化的决策导致整个社会承担昂贵的成本,譬如环保问题发生,那么公司也是无法持续发展的,因此,也有人提出公司的目标应该是社会责任最大化。

事实上,公司的目标不同主要是因为分析问题的出发点的差异,在英、美等国家法律框架下,主要强调股东价值最大化目标。在日德等国家中,强调公司"利益相关者至上"为理念确立多元化目标,股东价值最大化仅是公司目标之一。而在我国,是以公有制为主体,多种经济体制企业并存的社会主义市场经济体制,公司目标也应该是多元化目标为主。股东价值最大化应该只是公司目标之一,任何一家公司都会存在经济目标、社会目标和政治目标,公司目标可以是企业价值最大化、社会责任最大化以及利益相关者价值最大化。但单从公司可持续发展与投资激励来说,公司的目标必须是股东价值最大化,盈利是根本。

股东价值最大化不仅反映了股东的主观愿望,可以较为合理地体现委托与受托责任的经济利益关系,因而也是较为合理的公司金融目标。

1.3 公司金融的基本内容

从现有理论和实务情况来看,公司金融的主要内容包括:融资问题、公司治理结构问题、投资决策问题与公司融资、投资以及估价相关的技术问题等。

1.3.1 公司的融资问题

公司的融资问题即公司通过一定渠道和工具募集资金的问题,在公司内部即为公司筹资活动。筹资活动是指公司为了满足投资和用资的需要,筹措和集中所需资金的行为。筹集资金是公司基本活动的起点。在筹资过程中,公司一方面要确定筹资的总规模,以保证投资所需要的资金;另一方面要选择筹资渠道、筹资方式或工具,确定合理的筹资结构,以降低资金成本和筹资风险,为提高资金使用效率和效果打下基础。公司所筹资金形成两种性质的资金来源:一是所有者提供的,是公司的自有资金,是企业通过吸收直接投资、发行股票、公司内部留存收益等方式取得的资金,其投资者包括国家、法人、个人等;二是债权人提供的,是公司的债务资金,是公司通过向银行借款、发行债券、融资租赁、利用商业信用等方式取得的资金。筹资的目的一方面是解决公司资金缺口,另一方面是更好地创造价值。

公司融资问题的核心是资本结构。1958年,莫迪利安尼与米勒合作发表了开创性的论文"资本成本、公司融资与投资理论",第一次把严格的经济学理论逻辑运用于公司融资与投资的决策分析之中,改变了传统的公司金融案例式的教学与研究,奠定了现代公司金融理论研究的基点。由此公司金融学也得以逐步进化为具有内在逻辑一致性与预测能力相结合的一个现代学科。此后,公司金融学的大量文献集中于公司最佳资本结构是否存在以及如何决定的问题。其中,也包括大量的实证研究成果,如通过研究证券市场对不同类别的证券发行及其信息发布的反应,来寻求公司融资决策的依据。这些研究文献构成了现代公司金融学坚实和丰富的内容。

1.3.2 公司的治理结构问题

公司的治理结构问题与资本结构问题的研究有密切的联系。在资本市场等一系列严格的假设条件下,莫迪利安尼与米勒推导出公司的市场价值与其融资结构无关的命题(MM定理),引起了很大的争议。人们在对其严格条件批评的同时,也开始努力探讨影响和决定企业目标资本结构的各种因素。除了考虑到税差效应与破产成本之外,还尝试利用信息经济学的理论来分析企业不同利益主体的决策行为,主要包括信号效应与代理成本理论,由此把公司金融学的研究拓展到公司治理结构的新领域。公司治理结构涉及如何确保公司出资人获取投资回报的方式等问题,一些学者从代理理论出发,认为适当的资本结构安排能够帮助完善公司治理。詹森和麦克林证明了最优融资结构存在着股权代理成本和债权代理成本之间的权衡。适当的债务融资可以限制管理层滥用公司的自由现金流。股权结构分散使任何单一股东缺乏积极参与公司治理和驱动公司价值增长的激励,导致公司治理系统失效,产生管理层内部人控制问题,形成公司管理层强、外部股东弱的格局。因此,为了调和公司管理层与外部股东之间的利益偏差,减少代理成本,可通过恰当的薪酬结构设计,使双方的利益趋于一致。在现实中,许多公司已开始在经理薪酬中加入一定比例的公司股份或期权。理论界关于薪酬设计的争论焦点在于最优的股权和现金比例。公司的并购重组也涉及公司治理结构方面,因此,与公司融资结构密切联系的控制权市场有助于增强现有管理层的危机感,从而控制其危害股东利益的行为。

1.3.3　企业的投资决策问题

投资是指公司取得资金后,将资金投入使用的行为。在公司内部形成投资活动,投资的目的就是获取最大的经济效益和价值创造。公司在投资过程中,必须考虑投资的规模,在确定的投资规模下,谋求最佳的经济效益;公司还必须通过投资方向和投资方式的选择,确定合理的投资结构,以提高投资效率与效果、降低投资风险。

公司投资可以分为广义投资和狭义投资两种。广义投资是指企业将筹集的资金投入使用的过程,包括对内投资和对外投资。对内投资是公司内部使用资金的过程,如形成流动资产、购置固定资产及无形资产等。对外投资是对外投放资金的过程,如投资购买其他公司的股票、债券或与其他企业联营等。狭义投资仅指对外投资。

由于投资企业是创造和利用投资机会的最佳工具,从而成为经济发展的根本驱动力。但在公司金融理论的研究中,一般都遵循费雪的分离原理,即公司的投资与融资决策是相分离的,莫迪利安尼与米勒的开创性论文对此做了较为严格的证明。然而,现实中的企业即使面临无限的投资机会,并不可能获得全部足够的资金支持。因此,由于各种原因,企业可能面临着投资不足或者投资过度的两难处境。为了保证企业能够有效把握投资机会,并能从可供选择的投资机会中筛选出最能实现其市场价值最大化的投资项目,需要运用相应的金融技术与程序。随着金融理论与技术的发展,资本预算的方法与程序也处于不断的发展过程之中。

1.3.4　相关的技术问题

公司金融相关技术问题是指与公司融资、投资以及估价相关的技术问题。如融资产品定价、融资时机与方式、融资工具创新、风险管理等。公司金融相关技术从20世纪30年代欧文·费雪的贴现现金流量方法开始,经历了哈里·马科维茨提出的投资组合理论、以

MM定理为开端的资本结构理论、股利政策、资本资产定价模型、有效资本市场理论、期权定价理论、代理理论、信号理论、现代公司控制理论、金融中介理论、市场微观结构理论等12个里程碑。资本资产定价模型、期权定价模型等金融估价的理论与技术的发展,对公司金融学的发展起到了强大的推动作用。一些为企业融资与风险管理目的所创建的新的金融工具,如混合证券设计,正是建立在这些重要的原理与技术基础之上。

除了上述问题以外,公司金融还研究公司营运资金管理及收益分配等问题。

所谓营运资金管理,是指公司在日常生产经营过程中对流动资产、流动负债等运营过程进行管理、控制的一系列活动。首先,要采购材料或商品,以便从事生产和销售活动,同时,还要支付工资和其他营业费用;其次,当公司把产品或商品售出后,便可取得收入,收回资金;最后,如果公司现有资金不能满足公司经营的需要,还要采取短期借款方式筹集所需资金。公司的营运资金,主要是为满足公司日常营业活动的需要而垫支的资金,营运资金的周转与生产经营周期具有一致性。在一定时期内资金周转越快,就越是可以利用相同数量的资金,生产出更多的产品,取得更多的收入,获得更多的报酬。因此,在使用资金过程中,应合理对资金进行预算和控制,加速资金周转,提高资金利用效率和效果。

所谓收益分配,是指公司将资金投资和使用的成果在不同的权益人之间分配的行为。公司通过对内投资和对外投资必然会取得收入。这种收入,首先要弥补生产经营耗费、缴纳流转税,差额部分为公司的营业利润;营业利润和利得等构成公司的利润总额。利润总额按国家规定缴纳所得税,净利润要提取公积金和公益金,分别用于扩大积累、弥补亏损和改善职工集体福利设施,其余利润进行投资者的收益分配或暂时留存公司作为投资者的追加投资。值得说明的是,公司筹集的资金归结为所有者权益和负债两个方面,在对这两种资金分配报酬时,前者是通过利润分配的形式进行的,属于税后利润分配;后者是通过将利息等计入成本费用的形式进行分配的,属于税前分配。因此,公司的资金分配也有广义和狭义之分。广义上的分配是指对企业各种收入进行分割和分派的过程;而狭义的分配是指对净利润分配。

上述公司金融的几个问题,不是相互割裂、互不相关的,而是相互联系、相互依存的,形成公司内部一系列不断循环的理财活动。通过这些理财活动,目的就是使公司的资金在营运过程中不断增长,创造更大的价值。

1.4　金融市场与公司金融

1.4.1　金融市场的概念及其功能

金融市场又称资金市场,包括货币市场和资本市场,是资金融通场所。所谓资金融通,是指在经济运行过程中,资金供求双方运用各种金融工具调节资金盈余的活动,是所有金融交易活动的总称。在金融市场上交易的是各种金融工具,如股票、债券等。资金融通简称为融资,一般分为直接融资和间接融资两种。直接融资是资金供求双方直接进行资金融通的活动,也就是资金需求者直接通过金融市场向社会上有资金盈余的机构和个人筹资;与此对应,间接融资则是指通过银行所进行的资金融通活动,也就是资金需求者采取向银行等金融中介机构申请贷款的方式筹资。金融市场对经济活动的各个方面都有着直接的深刻影响，如个人财富、企业的经营、经济运行的效率，都与金融市场的活动关系密切。

远在金融市场形成以前，信用工具便已产生。它是商业信用发展的产物。但是由于商业信用的局限性，这些信用工具只能存在于商品买卖双方，并不具有广泛的流动性。随着商品经济的进一步发展，在商业信用的基础上，又产生了银行信用和金融市场。银行信用和金融市场的产生和发展反过来又促进了商业信用的发展，使信用工具成为金融市场上的交易工具，激发了信用工具潜在的重要性。如股票，不但是信用工具，它还反映了股权或所有权关系，所以在现代金融市场上，信用工具虽然仍是主要的交易工具，但具有广泛流动性的股票以及其他金融衍生商品，它们都是金融市场交易的工具，因而统称为金融工具。

金融市场的构成十分复杂，它是由许多不同的市场组成的一个庞大体系。但是，一般根据金融市场上交易工具的期限，可以把金融市场分为货币市场和资本市场两大类。货币市场是融通短期（一年以内）资金的市场，资本市场是融通长期（一年以上）资金的市场。货币市场和资本市场又可以进一步分为若干不同的子市场。货币市场包括金融同业拆借市场、回购协议市场、商业票据市场、银行承兑汇票市场、短期政府债券市场、大面额可转让存单市场等。资本市场包括中长期信贷市场和证券市场。中长期信贷市场是金融机构与工商企业之间的贷款市场；证券市场是通过证券的发行与交易进行融资的市场，包括债券市场、股票市场、基金市场、保险市场、融资租赁市场等。和其他市场相比，金融市场具有自己独有的特征：一是金融市场是以资金为交易对象的市场。二是金融市场交易之间不是单纯的买卖关系，更主要的是借贷关系，体现了资金所有权和使用权相分离的原则。三是金融市场可以是有形市场，也可以是无形市场。所谓有形市场，即交易者集中在有固定地点和交易设施的场所内进行交易的市场，在证券交易电子化之前的证券交易所就是典型的有形市场，但世界上所有的证券交易所都采用了数字化交易系统，因此有形市场渐渐被无形市场所替代。所谓无形市场，即交易者分散在不同地点（机构）或采用电信手段进行交易的市场，如场外交易市场、全球外汇市场和证券交易所市场，都属于无形市场。

一般来说，金融市场具有融资、调节、避险、信号四大功能，具体表现为以下几个方面。

第一，金融市场能够迅速有效地引导资金合理流动，提高资金配置效率。一是扩大了资金供求双方接触的机会，便利了金融交易，降低了融资成本，提高了资金使用效益。二是金融市场为筹资人和投资人开辟了更广阔的融资途径。三是金融市场为各种期限、内容不同的金融工具互相转换提供了必要的条件。

第二，金融市场具有定价功能，金融市场价格的波动和变化是经济活动的晴雨表。一是金融资产均有票面金额。二是公司资产的内在价值——包括企业债务的价值和股东权益的价值——是多少，只有通过金融市场交易中买卖双方相互作用的过程才能"发现"，即必须以该企业有关的金融资产由市场交易所形成的价格作为依据来估价，而不是简单地以会计报表的账面数字作为依据来计算。三是金融市场的定价功能同样依存于市场的完善程度和市场的效率。四是金融市场的定价功能有助于市场资源配置功能的实现。

第三，金融市场为金融管理部门进行金融间接调控提供了条件。一是金融间接调控体系必须依靠发达的金融市场传导中央银行的政策信号，通过金融市场的价格变化引导各微观经济主体的行为，实现货币政策调整意图。二是发达的金融市场体系内部，各个子市场之间存在高度相关性。三是随着各类金融资产在金融机构储备头寸和流动性准备比率的提高,金融机构会更加广泛地介入金融市场运行之中,中央银行间接调控的范围和力度将会伴随金融市场的发展而不断得到加强。

第四,金融市场的发展可以促进金融工具的创新。首先,金融工具是一组预期收益和风险相结合的标准化契约。其次,多样化金融工具通过对经济中的各种投资所固有的风险进行更精细的划分,使得对风险和收益具有不同偏好的投资者能够寻求到最符合其需要的投资。最后,多样化的金融工具也可以使融资者的多样化需求得到尽可能大的满足。

第五,金融市场帮助实现风险分散和风险转移。金融市场的发展促使居民金融资产多样化和金融风险分散化。发展金融市场就为居民投资多样化、金融资产多样化和银行风险分散化开辟了道路,为经济持续、稳定发展提供了条件。居民通过选择多种金融资产、灵活调整剩余货币的保存形式,增强了投资意识和风险意识。

第六,金融市场可以降低交易的搜寻成本和信息成本。所谓搜寻成本是指为寻找合适的交易对方所产生的成本。信息成本是在评价金融资产价值的过程中所发生的成本。金融市场帮助降低搜寻与信息成本的功能主要是通过专业金融机构和咨询机构体现的。通过金融市场可以抑制经济活动中信息不对称现象的发生。

1.4.2 金融市场对公司金融的影响

由于公司金融主要研究企业的融资、投资、收益分配以及与之相关的技术等问题,与金融市场有密切的联系。金融市场是资金融通的场所,公司资金的取得与金融市场密不可分,金融市场发挥着金融中介、调节资金余缺的功能。熟悉金融市场环境对于公司来说,可以有效地进行资金的筹措和资本的投资活动。金融市场是否完备和活跃,直接影响到公司的融投资。因此,公司的财务经理必须熟悉金融市场运行机制,熟悉金融市场相关的法律法规。

金融市场对公司金融活动的影响主要体现在三个方面。

第一,为公司筹资和投资提供场所。金融市场上存在多种多样方便灵活的筹资方式,公司需要资金时,可以到金融市场上选择合适的筹资方式筹集所需资金,以保证生产经营的顺利进行;当公司有多余的资金时,又可以到金融市场选择灵活多样的投资方式,为资金寻找出路。

第二,公司可根据需要,通过金融市场来实现长、短期资金的互相转化。当公司持有的是长期债券和股票等长期资产时,可以在金融市场转手变现,成为短期资金,而远期票据也可以通过贴现变为现金;与此相反,短期资金也可以在金融市场上转变为股票和长期债券等长期资产。

第三,金融市场为公司理财提供相关信息。金融市场的利率变动和各种金融性资产的价格变动,都反映了资金的供求状况、宏观经济状况甚至发行股票及债券公司的经营状况和盈利水平。这些信息是公司进行融投资决策的重要依据,公司财务经理应随时关注。金融市场是连接投资人和筹资人的桥梁。

📋 本章小结

公司金融是以公司制企业为研究主题,以实现股东价值最大化为目标,以解决公司融资、投资决策及其相关技术问题为内容的一门金融学分支学科。

　　个人独资、合伙制和公司制是三种企业合法的组织形式,公司制企业具有三个优势,即解决大规模融资、降低和分散公司风险、适应复杂的经济形势,促进公司的稳定可持续发展。

　　公司金融主要内容包括融资问题、公司治理结构问题、投资决策问题与公司融资、投资以及估价相关的技术问题等。

　　金融市场对公司金融产生巨大影响,公司经理人必须熟悉金融市场。

思考题

1. 大型企业为什么会选择公司制企业组织形式?
2. 如何理解公司金融的内涵? 其研究内容包括哪些?
3. 如何理解公司代理冲突与控制权问题?
4. 如何理解公司金融的目标问题?
5. 金融市场对公司金融行为会产生哪些影响?

第2章

公司金融基础知识

【学习要点】

1. 掌握货币时间价值的计算原理和方法。

2. 掌握查表法、财务计算器法、Excel 表格法的操作,利用三类工具解决计算问题。

3. 了解概率与统计基础、投资风险和收益等相关数理基础知识。

引例

神奇的货币时间价值——投资理财翻倍的七十二法则

投资实务中有一个很有趣的问题:在利率给定的情况下,一笔投资需要多长时间才能翻倍? 而这个问题的答案利用"七十二法则"则能轻松得出,所谓的"七十二法则",就是"以 1% 的复利来计息,经过七十二年以后,你的本金就会变成原来的一倍",这个公式好用的地方在于它能举一反三。例如,利用年报酬率为 5% 的投资工具,经过约 14.4 年(72÷5)本金就变成原来的一倍;利用年报酬率 12% 的投资工具,则仅需 6 年左右(72÷12)就会让 1 元钱变成 2 元钱。因此,如果今天你手中有 100 万元,运用了报酬率为 15% 的投资工具,你便可以很快知道,经过约 4.8 年,你的 100 万元就会变成 200 万元。

同样的道理,若是你希望在 10 年内将 50 万元变成 100 万元,就该找到报酬率至少在 7.2% 以上的投资工具来帮助你达到目标;想在 7 年内本金加倍,投资率就应至少为 10.3% 才行。

从上面的理论和例子我们不难看出来,想要获得丰厚的投资回报,不能仅限于对于利息的单纯追求,更重要的是,把手中的资源进行多个方面的投资,产生复利。虽然利用七十二法则不像查表计算那么精确,但也十非常接近并且快捷方便,因此如果你手中少了一份复利表时,请记住简单的七十二法则,或许能够帮你不少的忙。

2.1　货币时间价值

2.1.1　货币时间价值的内涵

1. 货币时间价值的概念

货币时间价值是指在不考虑通货膨胀和风险性因素的情况下,作为资本使用的货币在投资和再投资过程中,随着时间推移而增加的价值。它反映的是由于时间因素的作用,现在的一笔资金高于将来某个时点的同等数量货币资金的差额,该数额的大小体现了资金随时间推延所具有的增值能力。在实务中,人们习惯使用相对数字来表示货币的时间价值,即增加的货币价值占投入货币本金的百分比来衡量货币时间价值的大小。货币时间价值在理解的时候需要把握三个方面。

第一,投资是货币时间价值产生的基础。在资金使用权和所有权分离的现代企业制度下,货币的时间价值仍然是剩余价值的表现形式。它是资金所有者让渡资金使用权而获得的一部分报酬,同时也是资金使用者因获得使用权而支付给资金所有者的货币租金成本。

第二,货币时间价值是投资时间的函数。货币时间价值是在不考虑通货膨胀和风险因素的前提下,在资金周转过程中随着时间的变化所带来的利润增长。在企业的投融资决策时,由于企业收支往往是在不同的时点上发生的,且时间较长,如果不考虑货币的时间价值,就难以对决策的收支、盈亏做出正确、恰当的评价。

第三,货币时间价值与风险因素不相关。衡量货币时间价值的大小往往采用利息的增值,在马克思的利息理论中,利息是剩余价值的转化形式,而利率的高低取决于社会平均利润率。在日常生活中,我们看到的银行存贷款利率除包括表示货币时间价值的利率外,还包含通货膨胀和风险性因素。我们分析货币时间价值时,一般以不考虑通货膨胀率和风险因素的社会平均资金利润率或平均报酬率来代表,由于国债的信誉度最高,风险最小,所以在通货膨胀率较低的情况下,可以将国债利率视同货币的时间价值衡量指标。

2. 货币时间价值的度量

影响货币时间价值的因素主要包括时间、收益率、通货膨胀率等。时间的长短是影响资金时间价值的首要因素,时间越长,资金的时间价值越明显;收益率是影响一笔货币资金的未来增值程度的关键因素;而通货膨胀率则会抵消掉一部分货币的增值。

2.1.2　货币时间价值的计算

一些概念贯穿于货币时间价值计算的全过程,包括终值、现值、年金、利息、利率、必要报酬率、期望报酬率和实际报酬率,以及单利法和复利法。

终值(future value)是现在的货币折合成未来某一时点的本金和利息之和,反映一定数量的货币在未来某个时点的价值,终值常用 F、FV、S 等符号表示;现值(present value)是指未来某一时点的一定数额的货币折合为现在时点的本金,常用 P 或 PV 表示;年金

(annuity)是在某个特定的时段内一组时间间隔相同、金额相等、方向相同的现金流,是指一定时期内每次等额收付的系列款项,通常用 A 或 PMT 来表示,即年金具有等额性和连续性特点,年金按照收付时点和方式的不同,一般可以分为普通年金、先付年金、递延年金和永续年金等类型。利息(interest)是指在一定时期内,资金所有者将其资金的使用权转让给借款人后得到的报酬,通常用 I 表示;利率(interest rate)是指借贷期满所形成的利息额与所贷出的本金额的比率,通常用 i 表示,在计算利息时,除非特别指明,给出的利率是指年利率,对于不足 1 年的利息,以 1 年等于 360 天来折算;必要报酬率(required rate of return)是指进行投资所必须赚得的最低报酬率,反映的是社会平均回报水平;期望报酬率(expected rate of return)是一项投资方案估计所能够达到的报酬率,它反映投资者心中所期望的报酬率水平;实际报酬率(real rate of return)是项目投资后实际赚得的报酬率。货币时间价值的计息期,通常用 t 表示,也可用 n 表示。

利息的计算通常有两种方法:一是单利法,即就本金为基础计算所带来的利息,而不考虑前一期的利息收益在后面时间的增值因素;二是复利法,复利是指每次计算利息均以上一期期末的本金与利息的合计数为基础,即通常所说的"利滚利",也就是每次计息时,不仅本金需要计算利息,上一期利息也要作为下一期的本金共同参与计算利息。

1. 单利法下的终值与现值

(1) 单利终值的计算

单利终值是指一定时期以后某个时点的本利和,计算公式为

$$F = P \times (1 + i \times n)$$

【例 2-1】　某人现在存入银行 1 000 元,利率为 5%,3 年后取出,在单利计息法下,3 年后共取出多少钱?

$$F = 1\,000 \times (1 + 3 \times 5\%) = 1\,150(元)$$

(2) 单利现值的计算

单利现值的计算同单利终值的计算是互逆的,根据终值计算现值的运算过程称为折现。将单利终值计算公式进行变换,即得到单利现值的计算公式为

$$P = F / (1 + i \times n)$$

【例 2-2】　某人希望在 3 年后取得本利和 1 150 元,用以偿还一笔到期债务,已知银行存款利率为 5%,则在单利方式下,此人现在需存入银行多少钱?

$$P = 1\,150 / (1 + 3 \times 5\%) = 1\,000(元)$$

2. 复利法下的终值与现值

复利的终值与现值的计算既可以采用查阅系数表的方式计算,也可以使用财务计算器获得。

(1) 复利终值的计算

复利终值是指一定量的本金按复利法计算的本利和。计算公式为

$$F = P \times (1 + i)^n$$

式中,$(1+i)^n$ 通常称为复利终值系数,用符号 $(F/P, i, n)$ 表示,复利终值系数可以通过查阅"复利终值系数表"直接获得。

【例 2-3】　某人现在存入本金 2 000 元,年利率为 7%,5 年后根据复利法能够取出多

少钱？

$$F = 2\,000 \times (F/P,7\%,5) = 2\,000 \times 1.403 = 2\,806(元)$$

式中，$(F/P,7\%,5)$表示利率为 7%，期数为 5 的复利终值系数，通过查阅"复利终值系数表"可得$(F/P,7\%,5)=1.403$，将该系数代入公式即可得到答案。

（2）复利现值的计算

复利现值是复利终值的逆运算，它是指今后某一特定时间收到或付出一笔款项，按复利法计算现在的价值。其计算公式为

$$P = F \cdot \frac{1}{(1+i)^n}$$

式中，$\dfrac{1}{(1+i)^n}$通常称为复利现值系数，用符号$(P/F,i,n)$表示，可以直接查阅"复利现值系数表"获得。

【例 2-4】 某项投资 4 年后可得收益 40 000 元，按利率 6%计算，其复利现值应为：

$$P = 40\,000 \times (P/F,6\%,4) = 40\,000 \times 0.792 = 31\,680(元)$$

$(P/F,6\%,4)$表示利率为 6%，4 期复利现值的系数，通过查阅"复利现值系数表"可得，$(P/F,6\%,4)=0.792$，将该系数代入公式即可得到答案。

3. 年金的终值与现值

年金是某个时期内时间间隔相同、金额相等、方向相同的一组现金流，年金在使用财务计算器通常用 PMT 表示，而通过查阅年金系数表的方式计算时往往将年金简称 A。年金在日常生活中的体现形式多种多样，如分期缴纳的保险费、机器设备折旧、厂房租金、贷款分期，以及储蓄中的零存整取或整存零取储蓄等，以上都属于年金问题。

年金终值是指一定时期内每期等额发生款项的复利终值的累加和；年金现值是指一定时期内每期等额发生款项的复利现值的累加和。年金按其每次收付发生的时点不同，往往分为普通年金、先付年金、递延年金和永续年金四类。普通年金也称后付年金，它是在每期期末等额的系列收款、付款的年金，通常不加说明的年金即指普通年金；先付年金也称预付年金，它是在每期期初等额的系列收款、付款的年金；永续年金是指无限连续的等额系列收款、付款的年金；递延年金指在开始的若干期没有资金收付，之后有连续若干期的等额资金收付的年金序列。

在进行年金的现值和终值计算时，可以采用查阅系数表的方式计算，也可以使用财务计算器计算获得，下面先介绍使用查阅系数表的计算方法。

（1）普通年金终值与偿债基金

普通年金是指一定时期内每期期末等额收付的系列款项，也称后付年金，如图 2-1 所示。

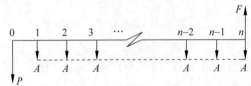

图 2-1 普通年金支付图

① 普通年金终值。普通年金终值是指每一次收付的现金流的复利终值之和。若 F 为普通年金终值,由年金终值的定义和系列现金流终值求和公式推导出,普通年金终值的计算公式为

$$F = A \cdot \frac{(1+i)^n - 1}{i}$$

式中,$\frac{(1+i)^n - 1}{i}$ 称为年金终值系数,记作 $(F/A, i, n)$,可以直接查阅"年金终值系数表"获得,即

$$F = A \times (F/A, i, n)$$

【例2-5】 某企业准备在今后6年内,每年年末从利润留成中提取50 000元存入银行,计划6年后将这笔存款用于建造某一福利设施,若年利率为6%,问6年后共可以积累多少资金?

$$F = 50\,000 \times (F/A, 6\%, 6) = 50\,000 \times 6.975 = 348\,750(元)$$

式中,$(F/A, 6\%, 6)$表示利率为6%,6年期的年金终值系数,通过查阅"年金终值系数表"可得,$(F/A, 6\%, 6) = 6.975$,代入公式即可得到答案。

② 偿债基金。偿债基金,顾名思义是为了到期偿还一定数额的债务,需要定期定额积累的每期金额,即指为使年金终值达到既定金额,每年年末应支付的年金数额。

根据定义分析,偿债基金的计算可以归结为已知普通年金终值,求普通年金的问题,属于普通年金终值计算的逆运算。根据普通年金终值的计算公式进行逆运算可得

$$A = F \cdot \frac{i}{(1+i)^n - 1}$$

式中,$\frac{i}{(1+i)^n - 1}$ 称为偿债基金系数,记作 $(A/F, i, n)$,该式的值也可以根据普通年金终值系数求倒数获得,即偿债基金系数是普通年金终值系数的倒数。

【例2-6】 某企业准备在6年后建造某一福利设施,届时需要资金348 750元,若年利率为6%,则该企业从现在开始每年年末应存入多少钱?

很明显,此例是已知年金终值 F 求年金 A,是年金终值的逆运算,该案例是典型的偿债基金计算。根据偿债基金公式,从上例可知$(F/A, 6\%, 6) = 6.975$,则

$$A = 348\,750 \times (A/F, i, n) = 348\,750 \times 1/6.975 = 50\,000(元)$$

在会计上,有一种折旧方法称为偿债基金法,该方法不同于直线折旧法和加速折旧法,它主要考虑了资金时间价值,即考虑利息的因素,其理论依据是"折旧的目的是保持简单再生产",将每年提留的基金加上累积基金的利息与年度的折旧数额相等,到资产报废时,累积基金的本利和与使用期届满时设备的折旧总额相等(成本减去残值),正好用于补偿原投入资本。而偿债基金法的年折旧额,就是根据偿债基金系数乘以固定资产原值计算出来的,这种折旧方法就是年金终值法的现实应用。

(2) 普通年金现值与年投资回收额

① 普通年金现值。普通年金现值是指为了在每期期末获得相同金额的现金流,现在需要投入的资金总额,即普通年金中各期等额收付金额在第一期期初(0时点)的复利现值之和。根据年金现值的定义推导出普通年金现值的计算公式为

$$P = A \cdot \frac{1-(1+i)^{-n}}{i}$$

式中，$\dfrac{1-(1+i)^{-n}}{i}$ 称为普通年金现值系数，记作 $(P/A,i,n)$，可以直接查阅"年金现值系数表"获得系数值。

【例2-7】　某企业准备在今后的 8 年内，每年年末为员工发放奖金共 70 000 元，若年利率为 12%，问该企业现在需向银行一次存入多少钱？

$$P = 70\,000 \times (P/A,12\%,8) = 70\,000 \times 4.968 = 347\,760(元)$$

$(P/A,12\%,8)$ 表示利率为 12%，8 年期的年金现值系数，通过查阅"年金现值系数表"可得，$(P/A,12\%,8)=4.968$，代入公式即可得到答案。

② 投资回收额。投资回收额是指为了使年金现值达到既定金额每年年末应收付的年金数额，投资回收额的计算可以归结为，已知年金现值求年金的问题，属于普通年金现值计算的逆运算。根据普通年金现值的计算公式进行逆运算可得

$$A = P \cdot \frac{i}{1-(1+i)^{-n}}$$

式中，$\dfrac{i}{1-(1+i)^{-n}}$ 称作投资回收系数，用符号 $(A/P,i,n)$ 表示，但它并没有系数表可查，可根据普通年金终值系数求倒数即可得出。也就是说，投资回收系数是普通年金现值系数的倒数。

通过该运算，可以发现投资回收额 (A) 的含义是现在投资 1 元，如果要达到报酬率 i 的水平，在投资有效期 n 年内每年应取得的收入，即在约定年限内等额回收初始投入资本需要获取的年收入额。

【例2-8】　某企业现在存入银行 347 760 元，准备在今后的 8 年内等额取出，用于发放职工奖金，若年利率为 12%，问每年年末可取出多少钱？

很明显，此例是已知年金现值，倒求年金 A，是年金现值的逆运算，属于投资回收额的计算。根据公式可得：

通过查表可以知，$(P/A,12\%,8)=4.968$

$$A = 347\,760 \times \frac{1}{4.968} = 70\,000(元)$$

（3）先付年金

先付年金是指一定时期内每期期初等额收付的系列款项，又称即付年金，如图 2-2 所示。

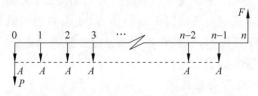

图 2-2　先付年金支付图

① 先付年金终值。将图 2-2 与图 2-1 进行比较可以看出，先付年金与普通年金的付款

次数相同,但由于先付年金总提前一期支付,造成在相同期数下,先付年金比后付年金多获得一期的利息,于是,先付年金终值会比普通年金终值多获得一期利息。因此,在普通年金终值的基础上乘上$(1+i)$就是先付年金的终值,即

$$先付年金终值系数=普通年金终值系数\times(1+i)$$

那么先付年金的终值公式可推导为

$$F=A\cdot(F/A,i,n)\cdot(1+i)$$

【例 2-9】 某企业准备在今后 6 年内,每年年初从利润留成中提取 50 000 元存入银行,计划 6 年后将这笔存款用于建造某一福利设施,若年利率为 6%,问 6 年后共可以积累多少资金?

$$F=50\,000\times(F/A,6\%,6)\times(1+6\%)$$
$$=50\,000\times6.975\,3\times1.06$$
$$=369\,691(元)$$

② 先付年金现值。将图 2-2 与图 2-1 进行比较,可以看出先付年金与普通年金的付款次数相同,但由于其付款时点不同,先付年金现值比普通年金现值少折现一期。因此,在普通年金现值系数的基础上乘上$(1+i)$就是先付年金的现值系数。根据普通年金现值计算公式可得

$$先付年金现值系数=后付年金现值系数\times(1+i)$$

那么先付年金的现值公式可推导为

$$P=A\cdot(P/A,i,n)\cdot(1+i)$$

【例 2-10】 某企业准备在今后的 8 年内,每年年初从银行取出 70 000 元,若年利率为12%,问该企业现在需向银行一次存入多少钱?

$$P=70\,000\times(P/A,12\%,8)\times(1+12\%)$$
$$=70\,000\times4.968\times1.12$$
$$=389\,491(元)$$

综上所述,通过上述内容的介绍和归纳,各个货币时间价值系数之间的关系总结如表 2-1 所示。

表 2-1 货币时间价值系数之间的关系

互为倒数关系的系数	不同年金的期数、系数之间的关系
复利终值系数与复利现值系数 偿债基金系数与年金终值系数 投资回收系数与年金现值系数	先付年金终值系数与后付年金终值系数相比,先付年金终值系数的期数加1,系数减1即等于后付年金终值系数 先付年金现值系数与后付年金现值系数相比,先付年金现值系数的期数减1,系数加1即等于后付年金的现值系数

(4)递延年金

递延年金是指第一次收付款发生时间不在第一期期末,而是隔若干期(m 期)后才开始发生的系列等额收付款项,如图 2-3 所示。

递延年金的终值计算等价于普通年金的终值计算方法,所以这里只介绍递延年金的现值计算。递延年金是普通年金的特殊形式,凡不是从第一期开始的普通年金都是递延年金,一般用 m 表示递延期数,用 n 表示年金实际发生的期数,递延年金的现值计算方法较多,常

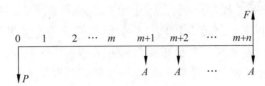

图 2-3　递延年金支付图

用的有下列三种,第一种方法较直接简约,本书建议采用第一种方法。

① 假设递延期也有年金收支,先求出$(m+n)$期的年金现值,再扣除实际并未收付的递延期(m)的年金现值。用公式表示:

$$P = A \cdot (P/A, i, m+n) - A \cdot (P/A, i, m)$$

② 先把递延年金视为普通年金,求出年金在递延期末的现值,再将此现值折现到第一期期初。用公式表示:

$$P = A \cdot (P/A, i, n) \cdot (P/F, i, m)$$

③ 先把递延年金视为 n 期普通年金,求出第 n 期期末价值,然后再将第 n 期期末终值换算成第一期期初价值。用公式表示:

$$P = A \cdot (F/A, i, n) \cdot (P/F, i, m+n)$$

下面用例子分别表述三种方法的应用。

【例 2-11】 某人拟在年初存入一笔资金,以便能从第 6 年末起每年取出 1 000 元,至第 10 年末取完。若银行存款利率为 10%,此人应在现在一次存入银行多少钱?

方法 ①：
$$
\begin{aligned}
P &= 1\,000 \times (P/A, 10\%, 10) - 1\,000 \times (P/A, 10\%, 5) \\
&= 1\,000 \times 6.145 - 1\,000 \times 3.791 \\
&= 2\,354(元)
\end{aligned}
$$

方法 ②：
$$
\begin{aligned}
P &= 1\,000 \times (P/A, 10\%, 5) \times (P/F, 10\%, 5) \\
&= 1\,000 \times 3.791 \times 0.621 \\
&= 2\,354(元)
\end{aligned}
$$

方法 ③：
$$
\begin{aligned}
P &= 1\,000 \times (F/A, 10\%, 5) \times (P/F, 10\%, 10) \\
&= 1\,000 \times 6.105\,1 \times 0.385\,5 \\
&= 2\,354(元)
\end{aligned}
$$

通过该例题的验证,三种方法得到的结果完全相等,本书建议使用第一种方法,相对更简洁易操作。

（5）永续年金

永续年金是无限期等额收付的特殊年金,可视为普通年金的极限形式,即期限 n 趋于无穷的普通年金。由于永续年金持续期无限,没有终止时间,因此没有终值,只有现值。通过普通年金现值计算可推导出永续年金现值的计算公式为

$$P = A \times \lim_{n \to \infty} \left[\frac{1 - (1+i)^{-n}}{i} \right] = \frac{A}{i}$$

则

$$P = \frac{A}{i}$$

【例 2-12】 A 公司从上市以来,非常重视对股东的回报,在 2009—2019 年期间每 10 股平均现金分红达到 4.8 元,被称为国内资本市场上的"现金分红牛",如果市场的期望报酬率为 4%,该企业如果继续保持这样的分红能力,你认为在股价为多少时购入该股票是具有投资价值的?

$$P = \frac{0.48}{4\%} = 12(元)$$

(6) 固定增长年金

增长年金是一组在某个特定的时段内有规律的、按照相同的比例增长的一笔现金流。g 表示年金增长率,r 表示折现率,A 表示年金,n 表示年金现金流持续期间,则计算公式如下:

$$P = A \times \sum_{t=1}^{n} \left(\frac{1+g}{1+r} \right)^n = A(1+g) \times \left[\frac{1 - \frac{(1+g)^n}{(1+r)^n}}{r-g} \right]$$

【例 2-13】 某厂有一栋房屋,从今年开始向外出租,租金每年的增长率为 10%,去年租金为 20 000 元,假设该房产的折旧率为 15%,持续出租 5 年,那么该房屋未来 5 年获得的租金现值为多少?

$$P = 22\,000 \times \left[\frac{1 - \frac{(1+0.1)^5}{(1+0.15)^5}}{0.15 - 0.1} \right] = 87\,688(元)$$

(7) 永续增长年金

与永续年金相比,永续增长年金将每期保持一个固定的增长率。其现值的计算公式为

$$P = \frac{A \times (1+g)}{r-g}$$

【例 2-14】 政府计划为某贫困山区一直提供教育补助,每年年底支付,第一年为 15 万元,并在以后每年增长 5%,贴现率为 10%,那么这笔补助计划的现值为多少?

$$P = \frac{15 \times (1+5\%)}{10\% - 5\%} = 315(万元)$$

2.1.3 名义利率与实际利率的换算

上面讨论的有关计算均假定利率为年利率,每年复利一次。但实际上,复利的计息不一定是一年,有可能是按季度、月份或日。比如某些债券半年计息一次;有的抵押贷款每月计息一次;银行之间拆借资金均为每天计息一次,当每年复利次数超过一次时,这样的年利率叫作名义利率。对于一年内多次复利的情况,按如下公式将名义利率调整为实际利率,然后按实际利率计算时间价值。

$$i = (1 + r/m)^m - 1$$

式中,i 表示实际利率;r 表示名义利率;m 表示每年复利次数。

【例 2-15】 某企业于年初存入 10 万元,年利率为 10%,若每半年复利一次,到第 10 年末,该企业能得到的本利和为多少?

依题意,$P = 10$;$r = 10\%$;$m = 2$;$n = 10$,则

$$i = (1 + 10\%/2)^2 - 1 = 10.25\%$$
$$F = 10 \times (F/P, 10.25\%, 10) \approx 26.53(万元)$$

2.2 财务计算工具简介和财务计算操作实务

货币时间价值是公司金融计算过程中经常使用的重要工具,关于货币时间价值的计算方法原理和计算实务操作是公司金融学习过程中必备的能力,本节通过案例方式展示财务计算器的操作原理。

2.2.1 财务计算工具

货币时间价值计算方法主要包括四类:查表法、财务计算器法、Excel 表格法、其他数学计算软件。每种计算工具都有特点,各自的优缺点如表 2-2 所示。

表 2-2 财务计算工具比较

工　具	优　点	缺　点
复利与年金系数表	简单	不够精确,难以计算按月分期
财务计算器	精确,简便	操作技术和熟练度要求较高
Excel	连接运算	需记忆过程和函数
数学软件包	全面考量	内容缺乏弹性

通过复利和年金系数表计算货币时间价值的方法,在本章第一节的原理中已经使用,可通过查阅本书附录中的四个系数表获得,在此不再赘述。本节将结合业务实例,重点介绍财务计算器法,简单介绍 Excel 表格法。

1. 财务计算器的种类

目前财务计算器有很多种,经常使用的包括德州仪器 TI BAII PLUS、卡西欧 CASIO FC 200V 和 FC 100V、惠普 HP12C 和 HP10BII。在货币时间价值的计算上,由于几种产品功能大同小异,本书主要以德州仪器 TI BAII PLUS 计算器为例(见图 2-4),讲解该计算器在理财操作实务中的功能和使用。

2. 财务计算器的应用领域

财务计算器主要用于现值、终值、年金的计算;房贷摊销成本计算;房产规划;退休规划;教育金规划;不规则现金流的计算等,如图 2-5 所示。

图 2-4 德州仪器 TI BAII PLUS 计算器

2.2.2 财务计算器重要功能键简介及使用方法

1. 货币时间价值计算的常用变量

财务计算器与普通计算器的区别在于内置程序不同、功能键设置不同,具备减轻工作

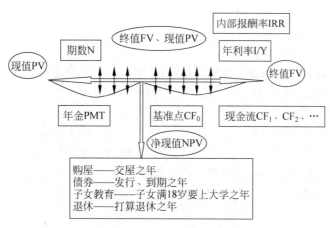

图 2-5 财务计算器的应用领域

量、提高运算速度等特点。利用财务计算器计算货币时间价值时,会运用到一些变量,财务计算器上常用的变量汇总如表 2-3 所示。

表 2-3 货币时间价值计算的常用变量

变　　量	按　　键	显　　示	变量类型
付款期数	N	N=	输入/计算型
年利率	I/Y	I/Y=	输入/计算型
现值	PV	PV=	输入/计算型
付款额(年金)	PMT	PMT=	输入/计算型
终值	FV	FV=	输入/计算型
年付款次数	2nd,I/Y	P/Y	输入型
年复利计算期数	↓	C/Y	输入型
期末付款	2nd,PMT	END	设置型
期初付款	2nd,ENTER	BGN	设置型
第一笔付款所属期次	2nd,PV	P1	输入型
最后一笔付款所属期次	↓	P2	输入型
本金余额	↓	BAL	自动计算型
已付本金	↓	PRN	自动计算型
已付利息	↓	INT	自动计算型

第一列所示为变量名称,第二列所示为变量在计算器上所对应的按键,第三列为按下相应的按键后计算器屏幕上所显示的符号,最后一列为变量类型。在变量类型中,输入型是指该变量需要使用者输入内容;计算型是指由计算器计算出的变量结果,即使用者需要的计算结果,前五项变量既是输入型又是计算型;设置型变量是指该变量在计算器内部有默认值,但是使用者可以更改设置,以满足自己的计算需要。

2. 默认设置介绍

在财务计算器中的默认设置中有以下几个,在使用时需要根据计算的需求,清零并重新进行设置。

（1）打开计算器后，开始新的计算前注意清零，重置计算器。

操作：[2nd][RESET][ENTER] 　　　显示　RST　0.00

　　　　[2nd][QUIT] 　　　显示　0.00

（2）小数点的设置。计算题中要求的精确度不同，可以根据需要改变小数位后的数字，计算器中默认值为 2 位，若保留小数点后 4 位，操作如下所示。

操作：[2nd][FORMAT] 　　　显示　DEC＝2.00

　　　　4[ENTER] 　　　显示　DEC＝4.00

　　　　[2nd][QUIT] 　　　显示　0.00

（3）先付年金的设置。财务计算器默认为后付年金。

操作：[2nd][BGN] 　　　显示　END

　　　　[2nd][ENTER] 　　　显示　BGN

　　　　[2nd][QUIT] 　　　显示　0.00

（4）年付款次数的设置。财务计算器默认值为 1，假设将年付款次数设置为 12，操作如下所示。

操作：[2nd][P/Y] 　　　显示　P/Y＝1.00

　　　　12[ENTER] 　　　显示　P/Y＝12.00

　　　　[2nd][CPT] 　　　显示　0.00

（5）年计息次数的设置。财务计算器的默认值为 1，假设将年计息次数设置为 12，操作如下所示。

操作：[2nd][P/Y] 　　　显示　P/Y＝1.00

　　　　[↓] 　　　显示　C/Y＝1.00

　　　　12[ENTER] 　　　显示　C/Y＝12.00

　　　　[2nd][CPT] 　　　显示　0.00

财务计算器具体功能及操作流程将在后面的内容中通过案例详细介绍。

2.2.3　利用财务计算器进行货币时间价值的计算

1. 单笔现金流下，已知现值求终值

【例 2-16】　在年复利 10% 的情况下，老王现在银行存入了 2 万元钱，第 5 年末能拿到多少钱？见表 2-4。

表 2-4　终值计算

操　作	按　键	显　示
将所有变量设为默认值	2nd,RESET,ENTER	RST 0.00
输入付款期数	5,N	N=5
输入利率	10,I/Y	I/Y=10
输入期初余额（现值）	20 000,＋/－,PV	PV＝－20 000
计算终值	CPT,FV	FV=32 210

老王第五年末取出时能获得 32 210 元，注意负号是指现金流出。

2. 单笔现金流下，已知终值求现值

【例 2-17】　老刘希望在年复利 10% 的情况下，8 年后能从银行拿到 50 000 元作为儿子上大学的教育金,那么老刘现在应在银行存入多少钱? 见表2-5。

表2-5　现值计算

操　作	按　键	显　示
将所有变量设为默认值	2nd,RESET,ENTER	RST 0.00
输入付款期数	5,N	N＝5.00
输入利率	8,I/Y	I/Y＝8.00
输入期末余额(终值)	50 000,FV	FV＝50 000
计算现值	CPT,PV	PV＝－34 029.16

老刘需要现在应存入银行 34 029.16 元用于孩子的教育基金积累。

3. 已知年金求终值

【例2-18】　赵女士今年30岁,计划为自己设立一个风险保障账户,从今年开始,每个月月初往账户里存入 200 元钱,设年利率为 7.5%,计算到赵女士 50 岁时,这笔风险保障金为多少? 见表2-6。

表2-6　年金终值计算

操　作	按　键	显　示
将所有变量设为默认值	2nd,RESET,ENTER	RST 0.00
将年付款方式设为 12 次	2nd,P/Y,12,ENTER	P/Y＝12.00
将付款方式设置为期初付款	2nd,BGN,2nd,SET	BGN
返回计算器标准模式	2nd,QUIT	0.00
使用付款乘子输入总的付款次数	20,2nd,×P/Y,N	N＝240.00
输入利率	7.5,I/Y	I/Y＝7.5
输入每期付款项	200,＋/－,PMT	PMT＝－200.00
计算终值	CPT,FV	FV＝111 438.31

到赵女士 50 岁时,这笔风险保障金为 111 438.31 元。

4. 已知终值求年金

【例2-19】　李先生计划开立一个存款账户,每月月初存入一笔钱,10 年后希望拥有 25 000 元作为买车首付款。年利率为 5%,按季复利计息,则李先生每月应存入多少钱?

由于计算器会自动将 C/Y(年复利计算期数)和 P/Y(年付款次数)设为相等,因此,此处需要重新将 C/Y(年复利计算期数)设为 4 次,将 P/Y(年付款次数)设为 12 次,见表2-7。

表2-7　已知终值求年金

操　作	按　键	显　示
将所有变量设为默认值	2nd,[＋/－],ENTER	RST 0.00
将每年付款次数设为 12 次	2nd,P/Y,12,ENTER	P/Y＝12.00
将年复利次数设为 4	↓4,ENTER	C/Y＝4.00
将付款方式设置为期初付款	2nd,PMT,2nd,SET	BGN
返回计算器标准模式	2nd,QUIT	0.00
使用付款乘子计算总存款次数	10,2nd,×P/Y,N	N＝120.00

操　　作	按　　键	显　　示
输入年利率	5，I/Y	I/Y＝5
输入终值	25 000，FV	FV＝25 000.00
计算存款额	CPT，PMT	PMT＝－160.51

李先生每月应存入 160.51 元才能在 10 年之后积累够 25 000 元的首付款。

5. 已知年金求现值

【例2-20】 某公司需一项设备，买价 2 000 元，可用 10 年；若租，每年初需付租金 200 元。假设其他条件一致，7％的利率，该公司是租还是买？见表 2-8。

表 2-8　已知年金求现值

操　　作	按　　键	显　　示
将所有变量设为默认值	2nd，[＋/－]，ENTER	RST0.00
将付款方式设置为期初付款	2nd，BGN，2nd，SET	BGN
返回计算器标准模式	2nd，QUIT	0.00
输入期数	10，N	N＝10.00
输入每期付款项	200，[＋/－]，PMT	PMT＝－200.00
输入利率	7，I/Y	I/Y＝7.00
计算现值	CPT，PV	PV＝1 503.05

租金的现值合计为 1 503.05＜买价的现值 2 000，所以，租合算。

6. 已知现值求年金

【例2-21】 某客户以房产作为抵押，向银行贷款 75 000 元，贷款期限为 30 年，年利率 10％。按月还款，求每月还款多少？见表 2-9。

表 2-9　已知现值求年金

操　　作	按　　键	显　　示
将所有变量设为默认值	2nd，[＋/－]，ENTER	RST 0.00
将每年付款次数设为 12 次	2nd，P/Y，12，ENTER	P/Y＝12.00
返回计算器标准模式	2nd，QUIT	0.00
使用付款乘子输入总付款次数	30，2nd，×P/Y，N	N＝360.00
输入年利率	10，I/Y	I/Y＝10.00
输入贷款金额	75 000，PV	PV＝75 000.00
计算每期付款额	CPT，PMT	PMT＝－658.18

客户每月还款额为 658.18 元。

2.2.4　财务计算器使用中应特别注意的问题

（1）每次复位。

（2）符号输入时注意："＋"代表现金流入，"－"代表现金流出。

（3）先付年金（期初年金）、后付年金（普通年金）的设置。

（4）付款次数 P/Y、计息次数 C/Y 的设置。

2.2.5 运用 Excel 计算货币的时间价值

在理解货币时间价值计算原理的基础上,Excel 电子表格法也是一个非常快速有效的途径。Excel 涉及的函数调用 Excel 财务函数的方法。

(1) 打开 Excel 电子表格。

(2) 在菜单中选择"插入"函数。

(3) 在下拉菜单中选择"函数"。

(4) 在"函数"对话框的选取类别框中选择"财务"。

(5) 在财务函数中选择需要求取的函数:FV 代表终值函数;PV 代表现值函数;PMT 代表年金函数;NPER 代表期数函数;RATE 代表利率函数。

(6) 分别在财务函数中输入各个指标所对应的数值,即可求出结果。

【例 2-22】 张先生最近购买彩票,中奖 100 000 元,他想将这笔钱存入银行,以便将来退休时使用,张先生还有 10 年退休,如按年存款利率 2% 计算,10 年后张先生退休时能得到多少钱?

(1) 要计算 FV,则在 Excel 电子表格中选择"插入"→"函数"→"财务"路径,并在选择函数中选中 FV,如图 2-6 所示。

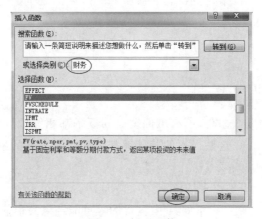

图 2-6 插入函数

(2) 单击"确定"按钮,则进入 FV 函数的计算框如图 2-7 所示。

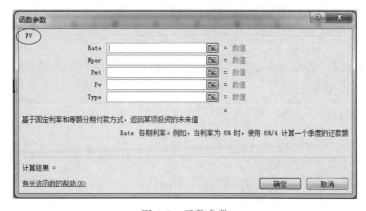

图 2-7 函数参数

（3）在上面的框内填写已知数值，则最终得到 FV，其他函数的计算也一样。

输入时应注意数值符号，资金流入时为"＋"，资金流出时为"－"。如张先生拿钱去投资 100 000 元，对张先生而言，是资金的流出，在 PV 输入"－100 000"，FV 答案是"＋121 899"，其他函数的符号表达也一样，如图 2-8 所示。

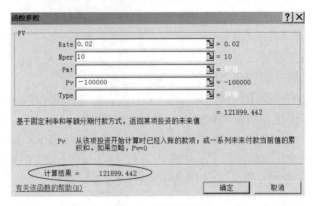

图 2-8　计算结果

计算结果表明 10 年后，张先生收取本息和 121 899 元，是资金的流入。

2.3　概率与统计基础

2.3.1　等可能事件的概率

如果一共可能发生 n 个事件，所有事件发生的概率都相等（即等可能），那么，每个事件发生的概率都是 $1/n$。计算这些概率的基础就是事先知道事件的发生是等可能的，所以我们称之为"先验"或"古典"概率方法。

在这种情况下，每个事件出现的概率为

$$P(A) = \frac{\text{事件 } A \text{ 中包含的等可能结果的个数}}{\text{等可能结果的总数}}$$

这里 $P(A)$ 代表事件发生的概率，它的取值在区间 $[0,1]$ 内。

2.3.2　互补事件概率、概率的加法和乘法

1. 互补事件概率

如果一个事件出现，而另一个事件肯定不出现，那么这两个事件互为对方的互补事件，互补事件的概率和等于 1。

2. 概率的加法

如果两个事件不可能同时发生，那么至少其中之一发生的概率为这两个概率的和。

（1）相关事件概率的加法

如果一次试验的多个结果是相关的，则使用一般的加法法则。在这种情况下的计算公式为

$$P(A+B)=P(A)+P(B)-P(AB)$$

（2）不相关事件概率的加法

如果事件 A 和 B 是不相关的，则

$$P(A+B)=P(A)+P(B)$$

3. 概率的乘法

如果两个事件相互独立的，那么这两个事件同时发生的概率就是这两个事件各自发生的概率的乘积。

（1）独立事件的乘法

$$P(A/B)=P(A)$$

（2）不独立事件的乘法

当 A 和 B 不独立时，A 和 B 发生的概率为

$$P(A\ 和\ B)=P(A\times B)=P(A)\times P(B/A)$$

即

$$P(B/A)=P(A\times B)/P(A)$$

2.3.3 几种常见的统计表和统计图

统计表和统计图就是用各种图表的形式简单、直观、概括地描述统计数据的相互关系和特征。

1. 统计表

根据统计表的维数可以分为二维统计表和高维统计表，三维或三维以上的统计表都可以称为高维统计表。

2. 统计图

（1）直方图。直方图的纵坐标通常为数据的大小，因此，通过直方图可以看出数据分布的疏密、各组数据的大小以及差异程度。

（2）散点图。散点图经常用来描述时间序列的数据，从散点图中可以看出统计量随着时间的变化趋势。

（3）饼状图。饼状图通常用来描绘总体中各个部分的比例，但是如果有太多的类别，饼状图就不是很直观了。

（4）盒形图。盒形图在投资实践中被演变成著名的 K 线图。

2.3.4 几种常见的统计量

1. 算术平均数

算术平均数是指资料中各观测值的总和除以观测值个数所得的商，简称平均数或均数。

（1）直接法计算

主要用于样本含量 $n\leqslant30$、未经分组资料平均数的计算。设某一资料包含 n 个观测值：$X_1,X_2,\cdots,X_n$，则样本平均数 $\overline{X}$ 可通过下式计算：

$$\overline{X} = \frac{X_1 + X_2 + X_n}{n} = \frac{\sum\limits_{i=1}^{n} X_i}{n}$$

式中，$\sum\limits_{i=1}^{n} X_i$ 代表从第一个观测值 X_1 累加到第 n 个观测值 X_n。

（2）加权法

加权平均数的计算公式如下：

$$\overline{X} = w_1 X_1 + w_2 X_2 + \cdots + w_n X_n$$

式中，X_1 表示第 i 组的组中值；i 表示第 i 组的值在资料中所占的权重；n 表示分组数。

2. 几何平均数

几何平均收益率采用复利原理，暗含的假设条件是各期的当期收益要进行再投资。因此，几何平均数主要应用在涉及跨期收益率以及增长率等的计算。几何平均数的一般计算公式如下：

$$G = \sqrt[n]{x_1 x_2 x_3 x_n} = (x_1 x_2 x_3 x_n)^{\frac{1}{n}}$$

当已知各期的收益率情况，求跨期收益率时，利用跨期收益率计算公式：

$$1 + r = \sqrt[n]{(1 + r_1)(1 + r_2)(1 + r_3)(1 + r_n)}$$

式中，r 是几何平均收益率；$r_1, r_2, r_3, \cdots, r_n$ 分别为第 $1, 2, 3, \cdots, n$ 期的增长率或收益率。

3. 中位数

要衡量一组数据的相对集中位置，通常算术平均数能很好地解决，但是，当一组数据中出现个别的异常值时，或者数据是一个偏态分布时，用算术平均数来衡量一组数据的相对集中位置，将不能真实地反映数据的情况，而采用中位数则能更为科学地反映数据集中程度。

将资料内所有观测值从小到大依次排列，位于中间的那个观测值，称为中位数。当观测值的个数是偶数时，则以中间两个观测值的平均数作为中位数。

当观测值个数 n 为奇数时，$(n+1)/2$ 位置的观测值 $x_{(n+1)/2}$ 为中位数：

$$中位数 = x_{(n+1)/2}$$

当观测值个数为偶数时，$n/2$ 和 $n/2+1$ 位置的两个观测值之和的 $1/2$ 为中位数，即

$$中位数 = \frac{x_{n/2} + x_{n/2+1}}{2}$$

4. 众数

样本中出现最多的变量值称为众数。众数反映的信息不多，又不一定唯一，因此在实际工作中的应用不如平均值和中位数普遍。

5. 数学期望

离散型随机变量的数学期望是随机变量的各可能值与其对应的概率乘积的和。如果用 X 表示离散型随机变量，$E(X)$ 表示其数学期望，并且 $P\{X = X_n\} = P_n$，那么

$$E(X) = \sum\limits_{n=1}^{\infty} X_n P_n$$

6. 方差和标准差

方差是随机变量的另一重要特征，它度量的是随机变量的波动程度。其定义为

$$D(X) = E[X - E(X)]^2$$

如果 X 是离散型随机变量,并且 $P\{X = X_n\} = P_n$,那么

$$D(X) = E[X_n - E(X)]^2 P_n$$

通常由于方差计算出来的数值非常小,看起来不是很直观,因此,在实际应用时,通常先计算出方差,而后再计算方差的平方根,那么方差的平方根就叫标准差。

7. 样本方差和样本标准差

用 S^2 表示样本方差,N 表示样本容量,样本方差的公式可以写成:

$$S^2 = \frac{1}{N-1} \sum_{I=1}^{N} (X_I - \overline{X})^2$$

样本标准差是样本方差的算术平方根。它度量的是样本中各个数值到均值距离的一种平均。

$$S = \sqrt{\frac{1}{N-1} \sum_{I=1}^{N} (X_I - \overline{X})^2}$$

8. 协方差

协方差是用来表示两个变量是如何相互作用的。对于二元随机变量 (X, Y),称数值 $E\{[X - E(X)][Y - E(Y)]\}$ 为 X 和 Y 的协方差,记作 $COV(X, Y)$,即 $COV(X, Y) = E\{[X - (X)][Y - E(Y)]\}$

9. 相关系数

相关系数是更广泛使用的度量两个变量之间的相关性程度的指标。它是对两个变量间线性关系的强弱和方向的度量,相关系数的大小不受观测值大小的影响,从而克服了协方差的弱点。相关系数的计算是通过用 X 和 Y 的协方差除以 X 和 Y 的标准差的乘积求得,用公式表示为

$$\rho = \frac{COV(X, Y)}{\sqrt{D(X)D(Y)}}$$

相关系数的大小在 $+1$ 和 -1 之间。如果 $\rho = 1$,则 X 和 Y 有完全的正线性相关关系,如果 $\rho = -1$ 则两者有完全的负线性关系,如果 $\rho = 0$ 则称 X 和 Y 不相关。

2.4　投资风险和收益

风险指事情发生的不确定性,本单元主要介绍方差、变异系数和 β 系数三种主要的风险度量方法。

投资收益的计算包括对预期收益率、持有期收益率、投资组合收益率、内部收益率等的计算。

2.4.1　投资收益

衡量各种投资工具的收益大小就需要计算各种收益率。收益率是指投资金融工具所带来的收益与本金的比率。

1. 预期收益率

单个产品或单项投资的预期收益率为

$$E(R) = \sum_{i=1}^{N} P_i R_i$$

式中，P_i 是第 i 种收益发生的可能性；R_i 为第 i 种可能的收益率的大小。

投资组合的预期收益率为

$$E(R) = \sum_{i=1}^{N} W_i R_i$$

式中，W_i 是第 i 项投资在投资组合中的权重；R_i 是第 i 项投资的预期收益率。

2. 内部收益率

内部收益率(internal rate of return，IRR)是使某一投资的期望现金流入现值等于该投资的现金流出现值的收益率，也可被定义为使该投资的净现值为零的折现率。IRR 的计算只要求识别与该投资机会相关的现金流，不涉及任何外部收益率。

内部收益率的计算公式为

$$0 = CF_0 + \frac{CF_1}{1+IRR} + \cdots + \frac{CF_t}{(1+IRR)^t}$$

式中，CF_0 是期初的现金流；CF_t 是第 t 期发生的现金流。任何一个小于 IRR 的折现率会使 NPV 为正，比 IRR 大的折现率会使 NPV 为负。

在使用 IRR 时，应遵循这样的准则：接受 IRR 大于必要回报率的项目，拒绝 IRR 小于必要回报率的项目。

3. 持有期收益率

持有期收益率描述的是以现在价格买进某金融工具，持有一段时间，然后以某个价格卖出，在整个持有期该金融工具所提供的平均回报率。它是使投资者在持有金融工具期间获得的各个现金流的净现值等于 0 的贴现率。

持有期收益率有一种特例，当所有的现金流发生在期初和期末，同时，持有的时间正好为 1 年时，持有期收益率的计算可以简化成下列公式来进行计算：

$$R_t = \frac{P_t + D_t - P_{t-1}}{P_{t-1}} = \frac{P_t + D_t}{P_{t-1}} - 1$$

式中，R_t 为第 t 期的持有期收益率；P_t 为第 t 期证券的市场价格；P_{t-1} 为第 $t-1$ 期证券的市场价格；D_t 为第 t 期发生的现金收入。

对于普通股来说，D_t 为股利，而对于债券来说，D_t 是支付的利息。改变时间间隔(可以以天、周、月或年计量时间)之后，持有期收益率可以用来计算任意一段时间某一投资工具的收益。

4. 到期收益率

到期收益率是衡量债券投资收益最常用的指标，它是投资者购买债券并持有至到期的前提下，使未来各期利息收入、到期本金收入现值之和等于债券购买价格的贴现率，或者说是使债券各个现金流的净现值等于 0 的贴现率。

到期收益率有两个暗含条件：一是它假设投资者将一直持有债券，直至债券到期为止；二是它假设各期的利息收入要在债券的剩余期限内进行再投资，并且再投资的收益率等于到期收益率。在其他因素相同的情况下,债券的持有期收益率越高,表明投资该债券获得的收益率越高,越具有吸引力。

如果用 P 表示债券的购买价格,Y 表示该债券的到期收益率,C 表示该债券每年支付的利息,n 表示该债券的到期期限,则到期收益率的公式可以描述为

$$P = \frac{C}{1+Y} + \frac{C}{(1+Y)^2} + \cdots + \frac{C}{(1+Y)^n} + \frac{面值}{(1+Y)^n}$$

5. 当期收益率

当期收益率是息票债券到期收益率的近似值,由于计算相对比较容易,故纸刊杂志经常使用。它的定义是年息票利息除以债券价格:

$$i = \frac{C}{P}$$

式中,i 为当期收益率;P 为息票债券的价格;C 为年息票利息。

当债券价格等于面值时,当期收益率就等于到期收益率,而且,债券价格越接近其面值,当期收益率与到期收益率就越接近。

6. 贴现收益率

在没有计算器和计算机的年代,国库券交易商发现,计算到期收益率这一利率指标非常困难。因而,他们对国库券利率的报价通常采用贴现率,这一做法,一直延续到今天。包括商业票据和银行承兑票据在内的纯贴现工具在市场上都用收益率而不是购买价格进行报价,用到的收益率就是贴现率。

$$r = \frac{F-P}{F} \times \frac{360}{n}$$

式中,r 为年贴现率;P 为购买价格;F 为面值;n 为距离到期日的天数。该收益率的计算有两个特点:使用面值的百分比收益$(F-P)/F$,而不是计算到期收益率时采用的购买价格的百分比收益$(F/P)/P$;按照一年360天来计算年度收益率。

7. 必要收益率

必要收益率也称必要回报率,是指投资者投资某投资对象所要求获得的最低的回报率,在完全有效的市场中,证券的期望收益率就是它的必要收益率。

投资人的投资收益率由三部分构成:①投资期的纯时间价值;②投资期间的预期通货膨胀率;③投资所包含的风险。如果将投资的纯时间价值看作无风险收益率,通货膨胀率和投资风险要求的补偿看成是风险收益率,则必要报酬率可以写成:

必要收益率＝无风险收益率＋风险收益率

8. 息票收益率

息票收益率又叫息票利率或者票面利率,票面利率是指证券票面上注明的利率,息票收益率的大小通常是由证券的发行机构根据当时的市场利率确定,如果息票在发行时,息票利率与市场利率不一致,则会产生溢价发行和折价发行的问题。

2.4.2　风险的度量

风险包括系统风险和非系统风险。其中系统风险又称市场风险,非系统风险又称特有

风险。变异系数衡量的是总体风险的大小,而 β 系数则衡量的是系统风险的大小。

1. 变异系数

当进行两个或多个证券变异程度的比较时,如果度量单位与平均数相同,可以直接利用标准差来比较。如果单位和(或)平均数不同时,比较其变异程度就不能采用标准差,而需采用标准差与数学期望的比值来比较。标准差与数学期望的比值称为变异系数。变异系数代表的是每一单位收益所承担的风险,因此,从风险收益的角度来看,每一个单位收益承担的风险越小越好,因此,变异系数越小,则单位收益对应的风险越低。变异系数的计算公式为

$$变异系数 = \frac{标准差}{数学期望} \times 100\%$$

2. β 系数

β 系数是一种用来测定股票收益受整个股票市场(市场投资组合)收益变化影响程度的指标。它可以衡量出个别股票的市场风险(或称系统风险),而不是公司的特有风险。其数学公式是:

$$\beta_i = \frac{\text{COV}(i,M)}{D(M)}$$

式中, β_i 为股票 i 的 β 系数; $\text{COV}(i,M)$ 为股票 i 与市场投资组合 M 之间的协方差; $D(M)$ 为市场投资组合 M 的方差。

市场投资组合的 β 系数等于 l。根据 β 的含义,如果某种股票的 β 系数等于 l,说明其风险与整个股票市场的平均风险相同。如果某种股票的 β 系数大于 1,说明其风险大于整个市场的平均风险,且数值越大,其风险越大;如果某种股票的 β 系数小于 l,说明其风险小于整个市场的平均风险,且 β 值越小,其风险越小。

2.4.3　投资组合的风险和报酬

1. 投资组合风险

系统风险是影响所有资产的不能通过资产组合而消除的风险,这部分风险是由那些影响整个市场的风险因素所引起的。非系统风险是由于个别公司的特有事件造成的风险,是可分散风险。系统风险的大小,通常是用 β 系数来衡量。其计算公式如下:

$$\beta = \frac{某种证券的风险报酬率}{证券市场上所有证券平均风险报酬率}$$

证券组合的 β_P 系数,应当是单个证券 β_i 系数的加权平均, X_i 权数为各种股票在证券组合中所占的比重。其计算公式如下:

$$\beta_P = \sum_{i=1}^{n} X_i \beta_i$$

2. 资本资产定价模型(CAPM)

资本资产定价模型(capital asset pricing model,CAPM)作为基于风险资产期望收益均衡基础上的最为重要的预测模型之一,该模型阐述了市场均衡状态的形成原理,把资产的预期收益与预期风险之间的理论关系用一个简单的线性关系表达出来了,即认为一个资产的

预期收益率与衡量该资产风险的一个尺度 β 值之间存在正相关关系。资本资产定价模型可以用来反映某只股票或某种投资组合的风险和收益之间的关系,可用公式表示如下:

$$R_i = R_F + \beta_i(R_m - R_F)$$

式中,R_i 为第 i 只股票或第 i 种投资组合的必要报酬率;R_F 为无风险报酬率;β_i 为第 i 只股票或第 i 种投资组合的 β 系数;R_m 为市场组合的平均报酬率。

作为一种阐述风险资产均衡价格决定的理论,CAPM 模型不仅大大简化了投资组合选择的运算过程,也使得证券理论从以往的定性分析转入定量分析,从规范性转入实证性,进而对证券投资的理论研究和实际操作,甚至对整个金融理论与实践的发展都产生了巨大影响,成为现代金融学的理论基础。

CAPM 把任何一种风险证券的价格都划分为三个因素,即无风险收益率、风险的价格和风险的计算单位,并把这三个因素有机结合在一起。由于该模型的简洁、明确性带来了它的实用性,投资者可以根据绝对风险而不是总风险来对各种竞争报价的金融资产做出评价和选择。这种方法已经被金融市场上的投资者广为采纳,用来解决投资决策中的一般性问题。

3. 证券组合的风险报酬

证券组合的风险报酬是指投资者因承担不可分散风险而要求的、超过时间价值的那部分额外报酬。其计算公式如下:

$$R_P = \beta_P \times (R_m - R_F)$$

式中,R_P 为某个证券组合的风险报酬率;β_P 为证券组合的 β 系数;R_m 为市场组合的平均报酬率;R_F 为无风险报酬率。

本章小结

本章分为四个部分:2.1 节介绍了货币时间价值的计算原理,重点阐释了如何利用查表法计算终值、现值、年金。2.2 节介绍三类财务计算工具和财务计算器的操作实务,包括财务计算器法和 Excel 表格法的使用方法;2.3 节讲解了概率和统计基础知识;2.4 节分析了投资风险和收益的衡量指标。本章是公司金融的专业知识和实务操作的基础章节,熟练这些操作技能,能够更简单、快捷、精确地解决计算问题。

思考题

1. 刘先生以 8% 的年利率筹集企业的营运资金 300 000 元,以 5 年等额本息方式还清,则每年应偿还的金额为多少?

2. 杨女士以等额本息还款方式,在未来 10 年内需要偿还银行一笔 10 万元的按揭,年利率 12%,按月偿还,那么第二年的付款金额中有多少属于利息?

3. 某只股票的价格今天比昨日会上涨的概率为 20%,而同昨日持平的概率为 15%,那么这只股票今天不会下跌的概率是多少?

4. 某市有 50% 的住户定日报,有 65% 的住户订晚报,有 85% 的住户至少定日报或晚报中的一种,则同时订两种报纸的住户的比例是多少?

5. 掷一颗六面的骰子得到点数的数学期望为多少?

第3章

财务报告认知与分析

【学习要点】

1. 财务报告的构成、目标及信息使用人。

2. 财务报告的信息质量要求。

3. 四大财务报表的阅读与分析要点。

4. 公司的商业模式分析、会计分析、比率分析和前景分析。

引例

我们在资本市场进行投资标的选择时经常会遇到许多困惑,看到很多现象。

案例一：比亚迪为什么不赚钱？

2016年以来,尽管比亚迪车越卖越多,收入也快速增长,但公司核心利润逐年下降。与之相应的,2014年以来,公司股价不涨,上下波动,难上台阶。

案例二：资本市场频出"黑天鹅"现象。

A股上市公司獐子岛曾在2014年、2016年、2018年披露扇贝的集体大逃亡,2019年扇贝死亡。上市公司雏鹰农牧2019年8月19日晚间披露公司猪被饿死。上市公司康美药业2019年披露公司300亿元现金不翼而飞。

案例三：万达电影计提巨额商誉减值。

万达电影公布2019年年报,数据显示,公司2019年实现营业收入154.35亿元,同比减少5.23%,归属于上市公司股东的净利润−47.29亿元,主要原因为公司计提了商誉减值准备59.09亿元。

案例四：四川长虹37个亿一次亏个够。

2005年3月19日,长虹突然发布预亏公告称,长虹2004年计提预亏将达37亿元,相当于上市10年来40%净利润,同时意味着每股亏损达1.71元。

导致长虹的财务危机的是计提坏账准备 3.1 亿美元(来自公司的合作销售方——美国 APEX 公司)。资料显示,从 2001 年 7 月起,长虹彩电就源源不断地发向美国,由 APEX 公司在美国直接提货,并冠以 APEX 公司的商标进行销售,但货款却杳无踪影,使四川长虹应收账款直线上升。2002 年,长虹的应收账款由 2001 年的 28.8 亿元激增至 42.2 亿元,其中,APEX 就占据 38.3 亿元。

2004 年,四川长虹原董事长倪润峰再度引退,新掌门人赵勇对公司业务和财务进行了一系列战略调整。2004 年 12 月 28 日,四川长虹发布预亏公告,称 APEX 公司出现较大亏损,全额支付所欠长虹款项存在较大困难。截至 2004 年 12 月 25 日,公司应收 APEX 账款余额 4.6 亿美元,可能收回的资金在 1.5 亿美元以上,预计最大计提金额有 3.1 亿美元左右,约合人民币 26 亿元。

案例五:2019 年年底京沪高铁公布的 IPO 招股说明书显示,总员工数只有 67 个人,人均创收高达 4 亿元以上,人均利润达到了 1.4 亿元,与人们印象中的火车是价格管制,价廉物美相反。经过分析发现,京沪高铁公司,只有"路"却没有"车":既没有自己的动车组,又没有自己的车长和铁姐,更没有自己的工程师。它只有总部的 67 名管理人员,它的模式,是投资建设了北京到上海之间的高速铁路线和车站,然后把运输工作,外包给了北京铁路局和上海铁路局等。

案例六:格力电器财务比率分析。

在过去较长的一段时间里,上市公司格力电器母公司的资产负债表均表现出流动资产对流动负债保证程度较低(长期保持在 1.1∶1)、资产负债率较高(长期保持在 80% 以上)。财务分析认为,流动资产对流动负债保证程度较低可能导致公司短期偿债能力不足,资产负债率高表明企业的财务风险较大。但公司董事长董明珠曾表示:不能只依据报表来计算企业的风险。格力电器的业务在增长,企业没什么贷款,盈利能力强,利润获得现金流量的能力强,每年向股东支付相当高的现金股利。这是风险的表现吗?同样面对的是企业财务报表,传统的财务比率分析法与企业家对企业的风险评价却截然不同。

理解以上这些财务现象背后的信息,需要我们具备阅读财务报告的基本知识和基本技能。通过阅读与理解财务报告,透过现象看本质,把握公司真实的财务状况和公司的商业模式、明确评判公司的投资价值,在公司上市注册制的背景下显得尤为重要。

3.1 财务报告认知

3.1.1 财务报告的含义及构成

2006 年 2 月 15 日财政部发布的《企业会计准则——基本准则》(2014 修订)(以下简称《会计准则》)指出:"财务会计报告是指企业对外提供的反映企业某一特定日期的财务状况和某一会计期间的经营成果、现金流量等会计信息的文件。财务会计报告包括会计报表及其附注和其他应当在财务会计报告中披露的相关信息和资料。会计报表至少应当包括资产负债表、利润表、现金流量表等报表。"这一定义解释了财务报告的含义,说明了财务报表(financial statements)和财务报告(financial reports)是两个不同的概念,即财务报告包括财务报表和报表附注(notes),如图 3-1 所示。在实践中,财务报告和财务报表经常混用。在我国财务报表也被习惯称为会计报表。

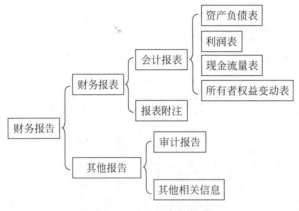

图 3-1　财务报告的构成

1494 年,帕乔利在威尼斯出版了会计学的鼻祖之作《算术、几何、比与比例概要》,系统地介绍了"威尼斯会计方法",也就是所谓的"复式会计"(double entry bookkeeping)。在"复式会计"方法下,可以把复杂的商业活动及企业竞争的结果转换为以货币符号表达的会计数字,形成薄薄的几张财务报表。这些财务报表透漏的信息必须丰富、充足,否则投资人或银行不愿意提供资金。但是,这些财务报表又不能过分透明,否则竞争对手会轻而易举地学走公司的经营方法。

财务报表犹如"地图",可以帮助外部报表使用者了解一个企业的财务状况,评价公司的经营业绩和财务状况。但是,上市公司的财务报表少则几十页,多则几百页,包含了超量信息,报表编制的会计政策非常复杂,而且不断发展。公司管理层对会计政策、会计程序和方法及会计估计有大量的选择(discretion)空间,例如选择不同的存货计价方法,选择固定资产的折旧年限及折旧方法,公司管理层甚至故意隐瞒(hide)或省略(omit)重要信息,误导财务报表使用者。对报表使用者来说,犹如进入了迷宫一样,不知何去何从。

财务报表是"地图",还是"迷宫",关键看我们阅读、分析和理解报表的能力,我们具备解读和分析报表的能力,能够将财务报告加工成有用的信息,财务报告就会像地图一样,帮助我们深刻、准确了解报表背后关于企业的投资、融资、营运及利润分配的故事。

3.1.2　财务报告的目标

《会计准则》第四条指出:"财务会计报告的目标是向财务会计报告使用者提供与企业财务状况、经营成果和现金流量等有关的会计信息,反映企业管理层受托责任履行情况,有助于财务会计报告使用者做出经济决策。"财务报告有 4 个作用。

(1) 提供有助于报告使用者做出有关商业及经济决策的"有用"信息。财务报告应达到"表达事实"及"解释变化"两个要求。财务报告信息向读者报告企业财务资源的"存量

(stock)"和"流量(flow)"信息。"存量"信息表明在特定时点所拥有的资源,比如有多少现金和银行存款等。对于存量,要求财务报告能够"表达事实",重点在于确认它的存在信息及数量正确。"流量"信息代表一段特定期间内企业财务状况的变化。例如每年的营业收入和净利润金额。对于流量,我们要求"解释变化的原因"。财务报告对报告信息使用人的最大功能,不是直接回答问题,而是帮助他们提出问题,通过不断地拆解数字来把握财务状况的核心。

(2)呈现企业的三大活动,为投资人及债权人提供咨询以帮助他们对企业之未来现金流做出评估。企业的投资活动决定企业未来是否成功,筹资活动决定企业的资金流,经营活动决定企业短期的营收及获利的持续增长状况。

(3)帮助了解过去,启迪未来。一个杰出企业的发展,往往取决于简单的会计数字后的智慧,而这些智慧开创了新的竞争模式。财务报表透漏的细微证据表明改善企业的竞争能力及投资决策中见人所不能见的分析判断能力。

【例3-1】 麦当劳为什么爱卖汉堡?

1937年,麦当劳兄弟在美国加州巴赛迪那销售汉堡、热狗、奶昔等25项产品。1940年左右,他们做了个简单的财务报表分析,意外地发现80%的生意竟然来自汉堡。虽然三明治或猪排等产品味道很好,但销售平平。麦当劳兄弟于是决定简化产品线,专攻低价且销售量大的产品。他们将产品由25项减少为9项,并将汉堡价格由30美分降低到15美分。从此之后,麦当劳的销售及获利激增,为后来发展成世界级企业奠定了基础。

【例3-2】 沃尔玛的低价策略。

沃尔玛的创始人沃尔顿,在自传中提到他从财务报表中分析体会的简单算术:"如果某个商品进价8角,我发现定价1元时比定价1元2角时的销量多了大约3倍,所以总获利还是增加了。真是简单,这就是折价促销的基本原理。"

(4)为报告使用人提供企业的经济资源之资讯,企业的债权、交易、重大事件及其对这些经济资源的影响,以及其对企业义务(债务)改变的影响。

3.1.3 财务报告的信息使用者

财务会计报告使用者包括现在及未来可能的投资者、银行及其他债权人、各种商业上的伙伴(如供应商、经销商)、政府及其有关部门和社会公众等企业外部信息使用者,如图3-2所示。企业提供给外部信息使用者的财务报告必须根据一定的会计准则和形式去编制。

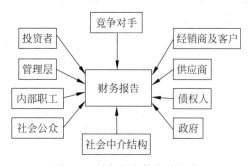

图3-2 财务报告信息使用者

（1）投资者包括股东及潜在投资者。企业的股东最关心企业的经营，他们需要评价过去和预测未来，并通过对企业价值进行评估来决定是否对企业进行投资。投资者最看重未来的收益是否增值，所以成长性和未来发展的产业空间是其最关注的，这与企业战略紧密相关。其次是盈利性，比如毛利率的高低决定了企业的门槛和投资人的"护城河"。最后是流动性，要确保有足够的资金，能适时地进行各种方式的融资。

（2）债权人。债权人对公司的信誉、偿债能力以及未来的发展非常关心。资本结构显示了当前时点的企业债务风险，流动性显示了企业过去一段时期的资金营运情况，以此推断未来一段时间内企业的现金流情况，成长性考察未来及和企业进一步合作可能达到的规模和程度。债权人关注点依次为企业的资本结构，流动性和成长性。财务报告是这些信息的重要来源。

（3）管理层。为满足不同的相关利益主体的需要，协调各方面的利益关系，企业的管理层对企业的营运能力、偿债能力、盈利能力及社会贡献能力的全部信息予以详尽的了解和掌握，以便及时发现问题，采取对策，规划和调整市场定位目标、策略，以进一步挖掘企业经营潜力，为经济效益的持续稳定增长奠定基础。

（4）政府。政府机关对企业财务信息的需求比较多样。税务机关需要有关公司的利润和向国家缴纳税额的信息；社会保障机构需要有关企业缴纳各项社会保障基金的信息；国有企业投资管理相关的政府机关，除了关注投资所产生的社会效应外，还必然对投资的经济效率与效果予以考虑。在谋求资本保全的前提下，期望能够同时带来稳定增长的财政收入。因此，政府需要分析企业经营状况，了解企业资金占用的使用效率，预测财政收入增长情况，以便有效地组织和调整社会资金资源的配置。作为经济监督主体的政府，借助财务信息，检查企业是否存在违法违纪、浪费国有财产的问题，最后通过综合分析，对企业的发展后劲以及对社会的贡献程度进行分析考察。

3.1.4 财务报告的信息质量要求

为了达到财务报告目标，财务报告所包含的信息必须达到一定的质量要求。财务报告信息应具备可靠性、相关性、可理解性、可比性、实质重于形式、重要性、谨慎性和及时性八大基本特征。在此我们重点谈谈相关性、可靠性、及时性和谨慎性等信息质量标准。

1. 相关性（relevance）

会计准则指出："企业提供的会计信息应当与财务会计报告使用者的经济决策需要相关，有助于财务会计报告使用者对企业过去、现在或者未来的情况做出评价或者预测。"

相关性是指会计信息与信息使用者所要解决的问题相关联，即与使用者进行的决策有关，并具有影响决策的能力。会计的相关性原则是会计信息的生命力所在，因为企业的会计信息使用者都希望通过利用会计信息做出更加客观、科学的决策。如果会计信息不能起到这一作用，会计信息乃至会计工作就失去了意义。

相关性的核心是决策有用，一项信息是否具有相关性取决于预测价值和反馈价值。

（1）预测价值。如果一项信息能够帮助决策者对过去、现在及未来事项的可能结果进行预测，则该项信息具有预测价值，决策者可根据预测的结果，做出其认为最佳的选择。因此，预测价值是构成相关性的重要因素，具有影响决策者决策的作用。

（2）反馈价值。一项信息如果能有助于决策者验证或修正过去的决策和实施方案，即具有反馈价值，把过去决策所产生的实际结果反馈给决策者，使其与当初的预期结果相比较，验证过去的决策是否正确，总结经验防止今后决策时再犯同样的错误，反馈价值有助于未来决策。

信息反馈价值与信息预测价值同时并存，相互影响。验证过去才有助于预测未来，不明白过去，预测就缺乏基础。

2. 可靠性（reliability）

会计准则指出："企业应当以实际发生的交易或者事项为依据进行会计确认、计量和报告，如实反映符合确认和计量要求的各项会计要素及其他相关信息，保证会计信息真实可靠、内容完整。"

可靠性是指会计信息必须是客观的和可验证的。信息如果不可靠，不仅对决策无帮助，还会造成决策失误。可靠性是会计信息重要的质量特征。财务报告中的信息必须是可靠的。一项信息是否可靠则取决于真实性、可核实性和中立性三个因素。

第一，真实性。所谓真实性就是要如实表达，即财务报告信息应以实际发生的经济业务为依据，内容真实、数字准确、资料可靠，会计记录和报告不加任何掩饰。

第二，可核实性。所谓可核实性，是指信息经得住复合和验证，即由独立的、专业的和文化素养基本相同的人员，分别采用同一计量方法，对同一事项加以计量，能得出相同的结果。信息必须能够以不同方式得到核实。例如，财务报告中，现金的金额数很容易从银行的报告中核实。有些数据就不容易得到核实，如固定资产的价值等。

第三，中立性。所谓中立性是指会计信息应不偏不倚，不带主观成分。将真相和盘托出，结论让用户自己去判断。如果一个信息能从其他方面被独立核实或证实，我们就说信息没有偏好，是中性的。如果信息使用者根据这种信息所得到的是该信息所希望表达的东西，则该信息就是"可靠的"。如果信息带有偏见，则该信息就不是"中性"的。所谓偏见，就是该信息所表达的东西偏离了事实的真相。

3. 及时性（timely）

及时性是指信息在对用户失效之前就提供给用户。要求企业对已经发生的交易或事项应及时进行确认、计量和报告，不得提前或延后。

会计信息的价值在于帮助信息使用者做出决策，因此，具有时效性。任何信息如果影响决策，就必须在决策之前提供，相关信息如果不能及时提供，相关性也就变成不相关了，成了无用的信息。在会计信息确认、计量和报告过程中贯彻及时性：一是要求及时收集会计信息，即在经济业务发生后，及时收集整理各种原始信息资料或者凭证；二是要求及时处理会计信息，即按照企业会计准则的规定，及时对交易或事项进行确认、计量，并编制财务报告；三是要求及时传递会计信息，即按照国家规定的期限，及时将编制的财务报告传递给财务报告使用者，便于其及时使用和决策。

4. 谨慎性原则（prudence）

会计准则指出："企业对交易或者事项进行会计确认、计量和报告应当保持应有的谨慎，不应高估资产或者收益、低估负债或者费用。"

从会计报告方面来看，谨慎性原则要求会计报告向信息使用者提供尽可能全面的会计信息,特别是应报告可能发生的风险。但是,谨慎性原则也会使企业任意使用或歪曲使用,出现对资产或盈利刻意低估,结果使得下期的资产或盈利要高于实际情形,从而可能致使财务报告中某些信息偏离相关性和可靠性标准。

5. 财务报告中的所有信息(数据)必须满足下列条件

(1) 必须是财务报告中的一个部分。

(2) 必须能"度量",能够量化,即必须是实际的或估计的一个"量"。在做出估计时,财会人员一般遵循谨慎性的原则。

(3) 能"及时"提供给报告使用者。

(4) 具有相关性。

(5) 具有可靠性。

3.2　财务报告的阅读与理解

3.2.1　资产负债表的阅读与理解

> **引例**
>
> 　　创办于 1763 年,总部设在伦敦的巴林银行,于 1995 年 2 月末倒闭。关于倒闭的原因有说是公司内部控制的问题,但不能说和巴林银行的董事长彼得·巴林对资产负债表的不重视没有关系。他说:"若以为揭露更多的资产负债表的数据,就能够增加对一个集体的了解,那真是幼稚无知。"从发表此番演说到巴林银行破产不到 1 年时间。银行在管理上要求每天都看资产负债表。

1. 资产负债表认知

资产负债表(balance sheet)也称财务状况表,反映企业在某一特定日期(如月末、季末、年末)全部资产、负债和所有者权益情况的会计报表。资产负债表是根据"资产＝负债＋所有者权益"这一平衡公式,依照一定的分类标准和一定的次序,将某一特定日期的资产、负债、所有者权益的具体项目予以适当的排列编制而成,是企业经营活动的静态体现。国际上资产负债表于 2008 年已改成 Statement of Financial Position(SOFP)。

资产是指由过去的交易事项所形成的,企业目前所拥有或控制的,能以货币计量,并预期在未来给企业带来效益的经济资源。

负债是指由过去的交易事项形成的现时义务,履行该义务预期会导致经济利益流出企业。

所有者权益是指企业所有者对企业资产中享有的经济利益,其金额为资产减去负债后的余额。它表明企业的产权关系,即企业归谁所有,是属于谁投资的。所有者权益是一种"留剩权益",不是对企业特定资产的要求权。

资产负债表上各项目主要依据各总账和明细账的余额分析、计算填列。应遵从的原则主要如下。

(1) 资产负债表资产部分是按照"流动列前原则"排列的,即将流动性越好的项目越往资产负债表的前面排列。

（2）报表项目的名称可与账户名称不一致，如货币资金、存货。

（3）注意调整账户及与之对应的调整项目。如应收账款对应的调整项目是坏账准备（备抵账户）；无形资产对应累计摊销；固定资产对应累计折旧；可供出售金融资产、长期股权投资、股东资产、在建工程、无形资产对应资产减值准备。

（4）在考虑本期末未未分配利润的情况下，为满足会计平衡式需要，在确定所有者权益项下的盈余公积、未分配利润等项目后，才能平衡资产负债表。

（5）特殊项目的填列。有些项目需要从原有项目中分离出来单列，如"一年内到期的非流动负债"。

资产负债表反映公司的营运状况，左边是企业资产的构成，显示企业资产的运用，反映公司的战略，右边显示企业资金的来源，反映公司的资本结构。

资产负债表反映企业在某个时点拥有的资产是什么及如何分布的，告诉我们企业在特定时点有多少债务、什么时候偿还及偿还给谁，反映在特定时刻企业所有者拥有的权益及形成的原因。

2. 资产负债表阅读与理解

在四大财务报表中，最重要的就是资产负债表。它包含的财务信息内容最多、公司给予的注解最清晰，同时资产负债表也是具有领先和预判作用的报表。很多时候公司当期的利润表看起来还不错，但是如果资产负债表已经恶化了，那么之后公司的收入和利润也都会大幅下滑。

资产负债表的阅读，一方面看变动数（期末减期初），另面一方面看变动金额较大的会计科目所包含的实质内容。阅读资产负债表，我们主要关注以下内容。

（1）总资产数及其变化金额

阅读资产负债表首先要看报表最后一行"资产合计"，可知企业有多少资产，再看"负债与所有者权益合计"，知道公司有多少钱是借来的，多少钱是自己的，多少钱是本年度新挣的。通过阅读负债表，寻找一下问题的答案，帮助我们理解企业借款的原因及迫切程度。如果企业借款的代价很高，通常是一种危险信号，尤其是当一个企业货币资金项目数目很大，但仍以比较高的利率借款时。其次，浏览金额变化比较大的项目，分析具体原因。

一个企业的资产变化是企业资源变化的结果，根本原因是负债和所有者权益的变化。

$$\Delta 资产 = \Delta 负债 + \Delta 所有者权益$$

一个企业资产增加时，可能是负债的增加或者是股东权益的增加。同样，资产的减少可能是负债的减少或者是所有者权益的减少。

公司的成长性首先体现流动资产和非流动资产的增加，同时提高杠杆率后才能支持后续的收入及利润的增长。相反，如果一个公司的总资产不再增加，或者总资产开始大幅萎缩（业内叫作"缩表"），则意味着公司不再成长。

（2）关注资产负债率和流动比率

企业经营可以适度负债，衡量企业负债程度的主要指标是资产负债率。资产负债率表明每 100 元资产中债务为多少，表明公司的资本结构、杠杆利用程度及可能面临的财务风险。负债率高，企业财务不稳定；负债率低，企业安全系数比较大。理想化的资产负债率是40%。国内制造业合适的资产负债率在 50% 左右，超过 60% 被认为是负债率过高。借钱是要偿还的,如果不能安全偿还,会面临被清算的危险。当然每个行业的资产负债率是不一样的。所以在看资产负债率的时候,还要结合各行业及行业龙头的数据进行比较。

除了资产负债率外,我们还要计算流动比率。这个比例比较合适的是数值2,也就是流动资产是流动负债的2倍,通常过低的流动比率说明公司的资产存在流动性压力。

(3) 关注公司的资产结构、负债结构和股东权益结构

资产结构是指流动资产和非流动资产的结构。非流动资产都是变现能力很差的资产,其构成变化可以看出公司的财务状况改变。

负债结构主要是指不同分类的负债的构成比例关系。负债按期限可分为流动负债与非流动负债。非流动负债是一年以上的负债,一般需要支付的利率较高,非流动负债的下降可以减轻公司的利息支出,有利于改善利润表。按负债形成的原因可分为经营性负债、分配性负债与融资性负债。经营性负债是伴随企业经营活动而产生的,如应交税金、应付项目、预收账款等。分配性负债是伴随企业的盈利而产生的,如应交所得税、应付股利等。融资性负债包括各种形式的长短期借款。结合应收和预付项目金额可以分析经营负债中的应收和预收项目在产业链中的竞争力。分配性负债会带来企业净资产总额的减少,投资者应关注公司分红政策的变化及其对净资产收益率的影响。融资性负债会带来杠杆效应,投资者应关注企业现金及现金等价物能否覆盖有息负债,关注企业有息负债占总资产的比例在同行业中的位置,判断企业可能面临的财务风险。

股东权益结构是指股本、资本公积、盈余公积和未分配利润的构成。分析股东权益的增加是来自股东的投入还是公司盈利能力的积累。

阅读财务报表必须有整体性,而且必须了解该公司的营运模式,不宜以单一财务数字或财务比率妄下结论。

总之,阅读资产负债表,观察总额确定方向,浏览具体项目寻找原因,借助相关指标判断企业常规指标是否正常。

3. 资产负债表的局限性

资产负债表里的数字是以历史成本入账的,资产减值、市价调整都受到人为因素的影响。账面资产价值与实际价值可能不一致,即资产中可能有水分,也可能潜藏有黄金。负债项目反映的是现实负债,可能还有潜在的负债。企业的经济资源并不全部反映在资产负债表中;如自创无形资产、自创商誉、优秀的管理团队等。

3.2.2 利润表的阅读与理解

1. 利润表认知

利润表(income statement)又称为损益表,是总括地反映企业一定期间内经营成果的会计报表。利润表是一种动态的时期报表,主要揭示企业一定时期(月、季、年)的收入实现情况、费用耗费情况以及由此计算出来的企业利润(或亏损)情况。

在我国,企业利润表基本上采用多步式结构,即通过对当期的收入、费用等项目按照性质加以归类,按照利润形成的主要环节列示一些中间性利润指标,分步计算当期净损益,通过营业利润、利润总额、净利润和综合收益四个层次来分步披露企业的收益,详细地揭示企业收益的形成过程。

收入是指企业在日常活动中形成的、会导致所有者权益增加的、与所有者投入资本无关的经济利益的总流入。收入是从企业日常的销售商品、提供劳务、让渡资产使用权等活动中形成的，而不是从偶发的交易或事项中产生。日常活动是指企业为完成其经营目标所从事的经常性活动以及与之相关的其他活动。在判断一个企业的日常活动应该包括哪些内容时，通常是以该企业的经营范围为基础的。明确界定日常活动是为了将收入与利得相区分，企业非日常活动所形成的经济利益的流入不能确认为收入，而应当计入利得。企业代第三方收取的款项，应当作为负债处理。收入可能表现为企业货币资产或非货币资产的增加，也能导致企业所有者权益的增加，或二者兼而有之。

费用是指企业在日常活动中发生的、会导致所有者权益减少的、与向所有者分配利润无关的经济利益的总流出。主要包括营业成本、税金及附加、管理费用、财务费用、销售费用以及研发费用等。由于费用是为了取得收入而发生，因此费用的确认范围与确认时间应当遵循配比原则，与相应收入的确认范围与确认时间相匹配。费用具有以下特征。

（1）费用在企业的日常活动中发生，而不是在偶发的交易或事项中发生。在判定一个企业的费用应该包括哪些内容时，通常使用该企业收入的确认为基础、保证费用与收入无论是在确认范围上还是在确认时间上都相互配比。

（2）费用可能表现为企业货币资产或非货币资产的减少，也可能导致企业负债的增加，或者二者兼而有之。

（3）费用能导致企业所有者权益的减少，向所有者分配利润而引起的企业所有者权益的减少并不属于费用。因此，将费用定义为一种与日常活动相关的"经济利益的流出"。

（4）费用只包括本企业经济利益的流出，不包括为第三方或客户垫付的款项。

利润是指企业在一定会计期间的经营成果。利润包括收入减去费用后的净额、投资收益以及直接计入当期利润的利得和损失等。其中，收入减去费用后的净额反映的是企业日常活动的业绩；直接计入当期利润的利得和损失是指应计入当前损益、最终会引起所有者权益发生增减变动的、与所有者投入资本或向所有者分配利润无关的利润（如营业外收入）或者损失（如营业外支出），它反映的是非日常活动的业绩。利润具有以下特征。

（1）利润既包括企业在日常活动中产生的经营成果，也包括在偶发的交易或事项等非日常活动中产生的经营成果，它是企业当期业绩的全面反映。

（2）利润既可能表现为企业货币资产的增加，也可表现为企业非货币性资产的增加，如应收账款、应收票据等。因此，企业"有利润不见得有钱"。利润是以权责发生制为基础，在将收入和费用相互匹配之后所产生的结果。

（3）利润会导致企业所有者权益的增加，相应地，亏损会导致企业所有者权益的减少。利润是能导致所有者权益增加（减少），但与所有者投入资本和向所有者分配利润无关的"经济利益的净流入（净流出）"。

（4）由于在遵循权责发生制确认收入和费用的过程中，在确认时间和计量金额等问题上均不可避免需要一些人为的估计和判断，因此，利润无论是在实现期间上还是在规模上均带有一定的主观因素和操纵空间。

2. 利润表的阅读与分析

利润是衡量企业盈利能力、评价企业管理层业绩的一项重要指标，也是投资者等财务报告使用者进行决策时的重要参考。阅读任何一家上市公司利润表，主要分析以下几个方面。

　　（1）营业收入分析

　　营业收入是指企业在销售商品、提供劳务及他人使用本企业资产等日常活动中形成的经济利益的总流入。高质量的营业收入，应该既表现为有充足的现金回款，又表现出持续的增长态势，以彰显企业在行业中的市场占有率和核心竞争力。

　　① 卖什么——营业收入的品种构成分析。为分散经营风险，企业会选择从事多种产品或劳务的经营活动。在从事多品种经营的情况下，掌握企业营业收入的具体构成对信息使用者来说非常重要：占总收入比重大的产品或劳务是企业目前业绩的主要增长点，而企业销售产品和劳务结构的变化往往会传递企业市场环境的变化、经营战略的调整、竞争优势的变化等信息。信息使用者可以通过对主要产品和劳务的未来发展趋势进行分析，来初步判断企业业绩的持续性。

　　② 卖给谁——营业收入的地区构成分析。从消费者的心理与行为表现来看，不同地区的消费者对不同品牌的产品具有不同的偏好。分析营业收入的地区构成情况对信息使用者具有重要价值：占总收入比重比较大的地区是企业过去业绩的主要增长点，分析不同地区的消费偏好和消费习惯的变化趋势，研究企业产品在不同地区的市场潜力，有助于预测企业业绩的持续性和未来发展趋势。

　　③ 卖给谁——营业收入的客户构成分析。一般来说，企业的销售客户越分散、集中度越低，说明企业销售的市场化程度越高，行业竞争力越强，营业收入的持续性就会越好。同时，企业的销售客户越分散，销售回款因个别客户的坏账所产生的波动会越小，营业收入的回款质量越有保障。因此，通过分析营业收入的客户构成情况，有助于判断企业营业收入的质量和业绩的波动性。

　　④ 靠什么——关联方交易对营业收入的贡献程度分析。在集团化经营的情况下，集团内各企业之间有可能发生关联交易，虽然关联方之间的交易也有企业间正常交易的成分，但由于关联方之间的特殊利益关系，他们可能会人为制造一些业务。信息使用者必须关注关联方交易形成的营业收入在交易价格、交易时间等方面是否存在非市场化因素，考察企业业绩的真实性和市场能力。一般来说，在相同的市场环境下，参与竞争的各方最终会实现优胜劣汰，只有靠市场获得持续发展的企业才具有核心竞争力。

　　⑤ 靠什么——部门或地区行政手段对营业收入的贡献程度分析。在我国现阶段市场经济的发展过程中，部门或地区行政手段对企业营业收入的影响不容忽视。一些新兴产业在发展初期十分需要部门或地区行政手段的支持。随着企业的稳定发展或所处行业逐步发展成熟的情况下，部门或地区行政手段应逐步淡出。然而，我国仍有一部分企业业绩的保持始终需要借助部门或地区的行政手段，这样的企业即便在过去出现了较高的盈利水平，在未来也不一定会一直保持盈利优势，一旦政府的扶持政策发生改变，其营业收入必然会发生较大的变化。

　　营业收入分析主要是分析企业赚钱的来源及可靠性。日常经营活动最能反映企业获利能力的可靠性。营业收入能够展示企业经营状况和发展趋势，营业收入最好的变化状态是持续增长。营业收入取得增长主要有三种途径：潜在市场需求的增长、市场份额的扩大和产品价格的提升。潜在需求增长，行业内不会产生受损者，不会遭到反击，增长的可靠性最高；份额扩大，是以竞争对手受损为代价的，势必受到竞争对手的反击，需要分析增长的可持续性；价格的提升，是以客户付出更多的市场份额为代价，可能迫使客户减少消费或寻找替代品,需要评估消费的可替代性强弱。营业收入分析,不仅要分析企业绝对数的增长,还要看增速是否高于行业平均水平。只有营收增速高于行业平均增长速度,才能证明企业的市场份额在扩大,才能证明企业是行业中的强者。

(2) 成本分析

营业成本是指与营业收入相关的,已经确定了归属期和归属对象的成本。在不同类型的企业里,营业成本有不同的表现形式。在工业企业里,营业成本表现为已销售产品的生产成本;在商品流通企业里,营业成本表现为已销售商品的购进成本;而在服务类企业里,营业成本表现为所提供劳务的服务成本。

影响企业的营业成本的因素,既有不可控因素,如受市场价格波动的影响,也有可控因素,如企业可以通过采购渠道和采购批量来控制购进成本,还有企业通过成本会计系统核算对营业成本的人为处理因素。因此,对营业成本的分析,应关注以下几个方面:①营业成本计算是否真实?会计核算方法(如存货计价方法、固定资产折旧方法等)的选择是否恰当、稳健?当期有无发生变更,其变更是否对营业成本产生较大影响?②营业成本是否存在异常波动?导致其异常波动的因素可能有哪些?哪些是可控因素?哪些是不可控因素?哪些是暂时性因素?③关联方交易和地方或部门行政手段对企业"低营业成本"所做出的贡献如何?其持续性如何?

(3) 费用分析

费用包括管理费用、销售费用、财务费用和研发费用。费用率是费用占营业总收入的百分比,它剔除了生产成本的影响。费用分析主要是分析费用率和人为因素对利润的影响,关注相关比率的对比分析。

管理费用是指企业行政管理部门为管理和组织企业生产经营活动而发生的各项支出。管理费用通常应保持增长比例低于或等于营收的增长,如果管理费用增长率大于营收的增长幅度,或者金额变化很大,投资者要查出明细,挖掘究竟发生了什么变化,什么费用在增长。

销售费用是指企业在销售商品和劳务过程中发生的费用。通常来说,销售费用会随着销售收入增减而增减。销售费用比较高的公司,产品和服务自身没有优势,必须靠营销的"推力"才能完成销售。最常见的是,有促销,有销售;没促销,没销售。销售费用高的公司,在扩张过程中,不仅需要扩大产品或服务的生产能力,同时还需要不断配套新的团队、资金和促销方案,对企业的管理能力要求极高。销售费用较低的公司,通常是产品或服务本身容易引起购买者的重复购买,甚至自发的分享、传播。

财务费用是指企业资金的筹集和运用中发生的各项费用。关注企业贷款的规模、期限及利率水平,判断公司的财务状况。

研发费用指企业在产品、技术、材料、工艺、标准的研究、开发过程中发生的各项费用。

研发费用对企业来说机会和风险并存。我国会计准则对研发费用处理分为资本化和费用化处理两种方法:一是研究阶段发生的费用及无法区分研究阶段研发支出和开发阶段研发的支出,全部费用化;二是企业内部研究开发项目开发阶段的支出,能够证明符合无形资产条件的支出资本化,分期摊销。

我们应重点关注研发费用资本化率对利润表的影响。

（4）关注人为因素对利润的影响

企业利润的核算，在遵循会计原则的基础上进行。会计政策及会计估计的变更都会带来企业利润的变动。如成本的结转方法、折旧的计提方法、八项资产减值准备的计提，费用的摊销方法，借款利息的会计处理等。投资者应关注存货、应收账款和债权投资的资产减值损失等能够转回的资产减值损失项目对利润表的影响。我国会计准则规定，"会计政策一经选定不得变更，如需变更需说明情况"，因而，需要关注相关会计政策及会计估计的变更以及变更对利润的影响。

3.2.3 现金流量表的阅读与理解

1. 现金流量表认知

现金流量表（statement of cash flow）是反映企业在一定会计期间现金和现金等价物流入和流出相关信息的报表，可以概括反映企业会计期间内发生的经营活动、投资活动和筹资活动等各项经济活动对现金及现金等价物所产生的影响。

现金流量表和利润表的期间相同，也属于动态报表，但是按照收付实现制（cash basis）原则编制，将权责发生制（accrual basis）下的盈利信息调整为收付实现制下的现金流量信息，便于信息使用者了解企业用"现金"表示的利润。现金流量表不是企业统计现金流水的结果，是从利润表和资产负债表推导出来的，是对资产负债表和利润表的补充说明。

现金是指企业的库存现金以及可以随时用于支付的银行存款，它是资产负债表的"货币资金"项目中真正可以随时支取的部分。现金等价物是指企业持有的期限短、流动性强、易于转换为已知金额的现金、价值变动风险很小的投资。主要指三个月以内的短期债券。

编制现金流量表的目的如下。

第一，通过如实反映企业各项活动的现金流入和现金流出及其内部结构，从而有助于使用者评价企业的现金流量周转情况。

第二，通过现金流量表，报表使用者能够了解现金流的影响因素，评价企业的支付能力、偿债能力和周转能力，预测企业未来现金流量，为其决策提供有力依据。

总之，现金流量信息能够表明企业经营状况是否良好，资金是否紧张以及企业偿付能力大小等，弥补了资产负债和利润表提供信息的不足。

2. 现金流量表的阅读与理解

基于权责发生制基础的利润是衡量企业盈利能力、评价企业管理层业绩的一项重要指标，然而，债权人、投资者和政府等信息使用者更关心企业的现金流量。因为用于偿还债务、支付货款、支付股利和缴纳税款需要使用现金而不是利润；在估值领域普遍使用的折现估值法（DCF）也是以现金流为基础的。阅读现金流量表应该关注现金流量金额的大小及构成，观察企业的生命力。应重点关注现金流量中的异常信息。

（1）经营活动现金流量。经营活动现金流是现金流量表的重心，分析时应重点关注"经营活动现金流量净额"和"销售商品、提供劳务收到的现金"两个信息。关注经营活动现金流量持续为负、经营活动现金流量净额远远低于净利润、虽然经营活动现金流量为正但应付账款和应付票据大量增加等异常信息的公司。

经营活动现金流量净额为负，意味着企业现金"入不敷出"，需要筹资度日，日子不好过。

经营活动现金流等于零,意味着企业能维持当前的经营规模,没有剩余积累构建新的固定资产和无形资产,企业设备无力更新,生产能力和竞争力堪忧。经营活动现金流量大于零,但小于企业的折旧摊销,意味着企业现金流可以维持当今规模的经营活动,还能补偿部分折旧摊销,但仍不具备更新升级能力。只有企业经营活动现金流净额大于零,且大于折旧摊销额,说明企业不仅能维持正常经营,补偿资产的折旧摊销,还能为企业扩大再生产提供资金,企业具备潜在成长性。

用经营活动现金流量净额和净利润相比,可以确认净利润是否变为现金流入企业,反映企业利润的质量。用"经营活动现金流净额"除以利润表的"净利润"得到"现金净利比",现金净利比大于1是优秀企业的重要特征。

现金净利比反映公司每获得的1元净利润有多少变为现金流入企业了。该比率大于1,说明企业的净利润变为现金流入企业了,企业的净利润"实现了",而不是"纸上富贵"。如果是持续大于1,可能意味着公司的商品或服务供不应求,买家愿意为此提前付款。当然,对于销售期房的房地产行业,这个指标并不适用。相反,如果现金净利比持续小于1,意味着公司利润质量堪忧,企业只是"纸上富贵",日子很难过。可能因为企业是赊销或存在存货积压,具体情况可从资产负债表的"应收项目"或"存货"变化额得到证实。如果是由于应收项目大量增加,可能是公司出于买方市场销售压力大,不赊销实现不了销售,也可能是公司信用政策不当。如果是公司存货大量增加,要看是存货前端的原材料增加还是存货末端的产成品增加来具体分析。如果是原材料增加可能是公司基于市场行情变化预测而采取的战略性购进,如果是产成品增加则可能是市场端出现了问题。

"销售商品、提供劳务收到的现金"可以和营业收入相比,得出"现金收入比",判断利润质量的高低。这一指标和"现金净利"相比更直观、更可靠,因为排除了企业对净利润的盈余管理因素。一般来说好公司在会计上确认的销售收入,应该能够和从客户那里收到的现金相匹配,甚至有人提前预付款。也就是说,好公司的收入现金比要大于或等于100%。

(2) 投资活动现金流量。投资活动现金流出有两种情况:一种是形成固定资产、无形资产及其他长期资产;另一种是投资于证券或组建子公司、合资公司等股权投资。同样,投资活动的现金流入,一是处置现有的固定资产、无形资产或股权;二是获得投资分红或利息。投资活动现金流量的异常现象,比如企业购买长期资产的现金是否持续高于经营活动现金净流量,企业是否因出售长期资产而获得大量现金。

通过投资活动现金流量可判断企业目前的发展趋势,投资活动现金净流量为负,表明企业处于扩张阶段;相反,则表明企业处于收缩阶段。

对于公司的投资评价,首先,看投资项目的方向是否符合公司的发展战略,是否是多元化发展。其次,看投资回报率是否高于社会资金平均回报率,评价公司的投资效果。最后,看投资资金的来源,主要来源于自有资金还是借入资金,判断其投资的财务风险。

(3) 筹资活动现金流量。筹资活动关注是权益融资还是债务融资。关注权益融资的发行价判断市场对公司价值及成长性的估计,关注债务融资的资金成本判断企业的信用评级状况,一般来说,债务融资利率越高,企业信用越低,投资的安全性越低。

筹资活动现金流量中的异常现象,比如企业借款收到的现金远远小于归还借款支付的现金,企业为筹资是否支付了高额的筹资成本。企业是否支付了高的筹资费用体现在"分配股利、利润或偿付利息支付的现金"和"支付其他与筹资活动有关的现金"两个明细科目里。

（4）关注应付职工薪酬项目。阅读现金流量表，通过"支付给职工以及为职工支付的工资的现金"看企业经营活动的环境。利用现金流量表中"支付给职工以及为职工支付的工资的现金"科目和资产负债表中的"应付职工薪酬"可以计算出年度员工薪酬总额，除以员工总数可算出员工的平均报酬，从平均薪酬的变化趋势可以看出公司的经营活动环境及公司对人才的吸引力及激励作用。如果一个公司不善待它的员工，很难说它是有前途的公司。

3.2.4　所有者权益变动表的阅读与理解

1.　所有者权益变动表认知

所有者权益变动表（statement of change in equity）又称股东权益变动表，是反映企业构成所有者权益的各组成部分当期的增减变动情况的报表。所有者权益变动表应当全面反映一定时期所有者权益的变动情况，不仅包括所有者权益总量的增减变动，还包括所有者权益增减变动的重要结构性信息，特别是反映直接计入所有者权益的利得和损失，解释在某一特定时间内，股东权益如何因企业经营的盈亏及现金股利的发放而发生的变化，让报表使用者准确理解所有者权益增减变动的根源。所有者权益变动表是说明管理层是否公平对待股东的最重要的信息。

（1）相关概念

"利得"是 2007 年我国会计准则新引入的定义，将以前的"收入"依来源分拆成了两部分：来自日常经营活动的，称为"收入"；来自资产及负债的价值变化或偶然事件，称为"利得"。收入和费用相对应，收入减费用得到利润。利得和损失相对应，利得扣除损失，可能形成利润，也可能直接形成净资产。

利得分为两大块：计入当期利润的利得和损失；不计入当前利润的利得和损失。

计入当期利润的利得和损失包括资产减值损失、公允价值变动收益、投资收益、汇兑收益和营业外收支，共五项，全部在利润表列示。

不计入当前利润的利得和损失，是指按照会计准则，记入"资本公积——其他资本公积"科目下的内容，包括以下五项：可供出售金融资产公允价值变动；金融资产重新分类，重新分类日公允价值与账面价值的差额；自用或存货房地产转换为公允价值模式核算的投资性房产，转换日公允价值与账面价值的差额；采用权益法核算的长期股权投资，被投资单位除净利润外的使用者权益变动，在持股比例不变的情况下，企业按照持股比例计算应享有的份额；可转换债券所含权益对应的公允价值。

（2）关键项目

① 本期增减变动金额。所有者权益变动表最重要的部分是"本期增减变动金额"，它分五大块。

* 净利润。
* 其他综合收益，主要指不计入当期利润的利得和损失。
* 所有者投入和减少的资本。
* 利润分配，显示公司净利润提取盈余公积和向股东派发红利等情况。
* 所有者权益的内部结转，指资本公积转增资本和用盈余公积弥补亏损或转增资本。

② "股本""资本公积"变动的原因及影响。股本增加的途径包括：盈余公积转增资本、资本公积转增股本、利润分配转入以及发行新股,前三种方式都会带来利润的稀释。

资本公积增加的原因包括股本溢价和其他资本公积,减少的原因主要是转增资本,注意分析转增额度的确定及对企业未来收益的影响。

2. 所有者权益变动表的阅读与理解

(1)保留盈余与股东权益的比率。如果这一比率较高,表明公司账面的财富大多是由过去获利所累积的。如果股本与溢价占股东权益的比率较高,则表明公司可能不断地通过现金增资,向股东取得资金。根据现代财务学的理论与实践结果,现金增资在资本市场中属于负面消息。

(2)市场价值显现长期竞争力。投资人最在乎的是股价变化带来的资本利益,而不是报表上的股东权益的变化。短期内,公司市场价值的变化可能脱离基本面因素,但长期来看,市场价值是外界对公司竞争力相当公允的看法。

(3)市值与净值比显示公司未来成长空间。市值与净值比即市场价值除以股东权益,反映资本市场对公司未来成长空间的看法。市值与净值比越高,代表公司通过未来营收获利增长所能创造的价值比公司的清算价值高出许多。

(4)现金股利显示财务体质。现金股利的发放是股东权益的一个来源。通常公司都有维持每股现金股利不下降的市场压力,如果放弃这个稳健原则,一般被解读为目前财务实力的衰弱与企业竞争力的下降。

(5)股利与净利比应求稳定。一般而言,具有高度竞争力的公司,经常是对业务积极而对财务保守。因此,不稳定的股利与净利比率,往往显示公司体制不完善,无法有效、稳定地照顾它的股东。

(6)由融资顺序看企业前景。研究显示,一般没有竞争力的企业才会不断通过融资活动向股东融资。"融资顺序理论"认为,公司经理与投资人之间存在信息不对称现象。也就是说,比起投资人,公司经理人对公司未来的发展与其真正的价值,拥有较多的信息,当公司经理认为公司股价被高估且有资金需求时,倾向于对外采取权益融资,而使财富由新股购买者转移至公司原股东。

由于理性的投资人了解这种情况,在公司宣告发行新股时,将向下修正他们对该公司的评价,使公司股价下跌。可转换公司债因兼具普通股的性质,当企业宣告发行可转换公司债时,股票市场也会出现负向的反应。

(7)现金股利的信息含义。不管公司是增加现金股利的发放或买回股票,市场都给予正面肯定;相应地,当公司现金股利减少或不配发现金股利时,会被市场解读为背后有重大的、不利于公司的信息,股价因而会有负面反应。

3.2.5 基本财务报表之间的钩稽关系

在四大报表中,最基本、最重要的报表是资产负债表,其他报表在不同程度上解释了两个资产负债表日之间财务状况的变化情况。

资产负债表是企业资源的综合反映;利润表是对股东权益项下的"盈余公积"及"未分配利润"项目的展开说明;现金流量表是对"货币资金"的展开说明。所有者权益变动表是对所有者权益变动的详细解释。

3.2.6　财务报表附注

1. 财务报表附注的性质

财务报表附注是对在资产负债表、利润表、现金流量表和所有者权益变动表等报表中列示项目的文字描述或明细资料,以及对未能在这些报表中列示项目的补充注明。

会计报表附注是为便于会计报表使用者理解会计报表的内容而对会计报表的编制基础、编制依据、编制原则和方法及主要项目等所做的解释。它是对报表正文信息的补充说明,提供与会计报表所反映的信息相关的其他财务信息,使财务报告使用者可以通过阅读会计报表及其相关的附注,为决策获得更充分的信息。

财务报表附注可以提高财务报表信息的可比性,增强财务报表信息的可理解性。同时,也重点突出财务报表的重要信息。

2. 财务报表附注的内容

财务报表附注应当按照以下顺序披露有关内容。

(1) 企业的基本情况

企业的基本情况包括:企业注册地、组织形式和总部地址;企业的业务性质和主要经营活动,如企业所处的行业、所提供的主要产品或服务、客户的性质、销售策略、监管环境的性质等;母公司以及集团最终母公司的名称;财务报告的批准报出者和财务报告批准报出日。

(2) 财务报表的编制基础

企业应当以持续经营为基础,根据实际发生的交易和事项进行确认和计量,在此基础上编制财务报表。企业管理层应当评价企业的持续经营能力,对持续经营能力产生重大怀疑的,应当在附注中披露导致持续经营能力产生重大怀疑的影响因素。

企业正式决定会被迫在当期或将在下一个会计期间进行清算或停止营业的,表明其处于非持续经营状态,应当采用其他基础编制财务报表,并在附注中声明财务报表未以持续经营为基础、披露未以持续经营为基础的财务报表的编制基础。

(3) 遵循企业会计准则的声明

企业应当声明编制的财务报表符合企业会计准则的要求,真实、完整地反映了企业的财务状况、经营成果和现金流量等有关信息。如果企业编制的财务报表只是部分地遵循了企业会计准则,附注中不得表述为“编制的财务报表符合企业会计准则的要求”。

(4) 重要会计政策和会计估计

根据财务报表列报准则的规定,企业应当披露采用的重要会计政策和会计估计,不重要的会计政策和会计估计可以不披露。

① 重要会计政策的说明。由于企业经济业务的复杂性和多样化,某些经济业务可以有多种会计处理方法,也即存在不止一种可供选择的会计政策。需要特别指出的是,说明会计政策时还需要披露下列两项内容:一是财务报表项目的计量基础。会计计量属性包括历史成本、重置成本、可变现净值、现值和公允价值,它直接显著影响报表使用者的分析。这项披露要求便于使用者了解企业财务报表中的项目是按何种计量基础予以计量的,如存货是按

成本还是可变现净值计量等。二是会计政策的确定依据,主要是指企业在运用会计政策过程中所做的对报表中确认的项目金额最具影响的判断。

② 重要会计估计的说明。财务报表列报准则强调了对会计估计不确定因素的披露要求,企业应当披露会计估计中所采用的关键假设和不确定因素的确定依据,这些关键假设和不确定因素在下一会计期间内很可能导致对资产、负债账面价值进行重大调整。

在确定报表中的资产和负债的账面金额过程中,企业有时需要对不确定的未来事项在资产负债表日对这些资产和负债的影响加以估计。

(5)会计政策和会计估计变更以及差错更正的说明

企业应当按照《企业会计准则第28号——会计政策、会计估计变更和差错更正》及其应用指南的规定,披露会计政策和会计估计变更以及差错更正的有关情况。

(6)报表重要项目的说明

企业应当以文字和数字描述相结合,尽可能以列表形式披露报表重要项目的构成或当期增减变动情况,并且报表重要项目的明细金额合计,应当与报表项目金额相衔接。在披露顺序上,一般应当按照资产负债表、利润表、现金流量表、所有者权益变动表的顺序及其项目列示的顺序进行披露。

(7)或有事项

或有负债是指无论是作为潜在义务还是现时义务,均不符合负责的确认条件,因而不予确认。但是,除非或有负债极小可能导致经济利益流出企业,否则企业应当在附注中披露有关信息,具体包括:第一,或有负债的种类及形成原因,包括已贴现票据、未决诉讼、未决仲裁、对外提供担保等形成的或有负债。第二,经济利益流出不确定性的说明。第三,或有负债预计产生的财务影响,以及获得补偿的可能性;无法预计的应该说明原因。

需要说明的是,在涉及未决诉讼、未决仲裁的情况下,如果披露全部或部分信息预期会对企业造成重大不利影响,企业无须披露这些信息,但应当披露该未决诉讼、未决仲裁的性质,以及没有披露这些信息的事实或原因。

或有资产作为一种潜在资产,不符合资产确认的条件,因而不予确认。企业通常不应当披露或有资产,但或有资产很可能会给企业带来经济利益的,应当披露其形成的原因、预计产生的财务影响等。

(8)资产负债表日后事项

资产负债表日后事项是指从报告年度次年的1月1日至董事会批准财务报告可以对外公布的日期期间发生的需要调整或说明的事项。

① 每项重要的资产负债表日后非调整事项的性质、内容及其对财务状况和经营成果的影响。无法做出估计的,应当说明原因。

② 资产负债表日后,企业利润分配方案中拟分配的以及经审议批准宣告发放的股利或利润。

(9)关联方关系及其交易

① 企业无论是否发生关联方交易,均应当在附注中披露与该企业之间存在直接控制关系的母公司和子公司的有关信息。

②企业发生关联方交易的,应当在附注中披露该关联方的性质、交易类型及交易要素。交易要素至少应当包括：交易的金额；未结算项目的金额、条款和条件,以及有关提供或取得担保的信息；未结算应收项目的坏账准备金额；定价政策。应当分别关联方以及交易类型予以披露。企业只有在提供确凿证据的情况下,才能披露关联方交易是公平交易。

③对外提供合并财务报表的,对于已经包括在合并范围内各企业之间的交易不予披露。

综上所述,由于财务报表主要以固定的表格形式披露会计信息,很多有价值的信息不包括在主表内,财务报表附注是对基本财务报表的重要补充。此外,在会计信息系统加工处理数据直至形成财务报表的过程中,包含了很多假设、判断和估计,对于同一会计事项,可能还有不同的会计处理方法可供选择,这就造成哪怕是同样的情况下,不同的报表编制人可能会生成不同的会计信息。这就需要在报表附注中说明编制财务报表时所采用假设、判断、估计和方法的选择。因此,认真阅读报表附注是十分重要的,详细阅读和分析附注内容有助于评价公司的财务状况和经营成果。

3.3　财务报告分析

3.3.1　财务报告的商业模式分析

> **引例**
>
> ### 全球领先物流地产商——普洛斯集团的商业模式
>
> 1. 公司简介
>
> 新加坡普洛斯集团(Global Logistic Properties,GLP)是全球领先的现代物流设施提供商,业务遍及中国、日本、巴西和美国。公司前身是美国普洛斯集团亚洲业务,2008 年被新加坡政府投资公司(GIC)以 13 亿美元收购,2016 年被中国财团以 116 亿美元(160 亿新币,2016,14.7XPE,1.3XPB)强势收购。大幅溢价收购说明中国财团极其看中公司的项目运营经验。
>
> 截至 2017 财年,普洛斯物流地产完工面积达 4 110 万平方米,美国、中国、日本和巴西的面积分别为 1 610 万平方米、1 750 万平方米、470 万平方米和 280 万平方米,分别占 39%、43%、11%和 7%；资产净值(基金管理平台的部分资产,不含潜在开发收益)达到 87 亿美元,中国、日本、美国、巴西占据资产净值的 57%、26%、9%和 8%。
>
> 普洛斯的业务遍及中国、日本、美国和巴西的 117 个主要城市,拥有并管理约 5 492 万平方米的物流基础设施,形成了一个服务于 4 000 余家客户的高效物流网络。通过标准设施开发、定制开发、收购与回租等灵活的解决方案,普洛斯致力于为全球最具活力的制造商、零售商和第三方物流公司不断提高供应链效率,达成战略拓展目标。

2．业务系统

普洛斯公司设置了四个业务系统（见图3-3），分别是物业开发、运营管理、基金管理和物流金融。

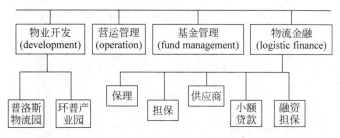

图3-3　普洛斯四大业务系统

传统物流地产企业是地产开发加物业管理，自身前期投入巨大，资金负担重。地产开发部门进行标准化设施开发或定制开发，完成后的项目交给运营部门进行出租，再将更加成熟的物业置入物流地产基金，从而收回初期基建投资的大量资金，以进行下一个项目投资。与此同时，基金管理部门又可通过基金管理收取管理费和分红获利，实现了资本循环的完整闭环。

3．解决方案

除了物流设施，普洛斯为客户提供物流解决方案（见图3-4）。公司通过专属技术和广泛网络帮助客户改善供应链、提高效率，最终降低20％的运输成本。2017财年，公司在中国、日本、美国、巴西物业的出租率分别为87％、99％、94％和92％，综合出租率达92％。

以公司在中国最大的客户之一京东为例，2012财年京东在普洛斯公司租赁面积仅为2.7万平方米，2017财年京东租赁面积达到了75万平方米（京东仓储面积约560万平方米，租赁普洛斯面积约占13％）。

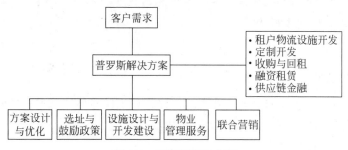

图3-4　普洛斯解决方案

4．运营模式

普洛斯的运作模式是（见图3-5）在全球范围内：①投资建设优质高效的物流仓储设施；②出租给客户并为其提供物业管理服务，但决不参与客户的日常物流业务经营，收益来源于租金、物业增值与管理费。

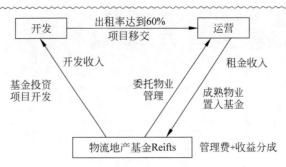

图 3-5　普罗斯运营模式

（1）开发：维持高毛利率。

普洛斯在全球开发高标准物流设施。2017 财年,普洛斯新开工 22 亿美元项目,完工项目 16 亿美元,毛利 2.66 亿美元,同比增长 6%,毛利率 28%。

（2）运营：超过 90% 的出租率。

（3）基金管理：盈利性最强的业务。

截至 2017 财年,公司基金平台共管理 387 亿美元资产,基金管理费为 1.81 亿美元,包括 1.26 亿美元资产管理费和 5 500 万美元开发与并购费用。 2012—2017 年,公司管理基金规模复合增速达到 72%。2017 财年,基金管理费占公司主营业务收入的 19%,是盈利能力最强的业务。

5. 客户

截至 2017 财年,公司已有 400 多个优质客户,主要客户分为三大类:一是物流业:如 UPS、DHL、联邦快递、马士基。二是制造业:通用汽车、大众、卡特彼勒、雀巢等。三是零售业,如沃尔玛和欧尚等。跨国企业大多租用了普洛斯遍布全球的多个仓储设施,全球 1 000 强企业中近半数是其客户。

以中国市场为例,普洛斯前五大客户是百世物流、京东商城、德邦物流、唯品会和中国外运,分别租用普洛斯 6%、4.3%、2.6%、2.6% 和 1.6% 的仓储面积。其中,百世物流和德邦物流是中国领先的快递和零担物流企业,京东、唯品会则是中国领先的电商企业。

1. 商业模式认知

商业模式(business models)最早见诸 20 世纪 50 年代的研究文献,90 年代末逐渐演变为一个独立的研究领域,目前已经拓展为一个内涵深刻、外延丰富的经济学、管理学热点问题,逐步发展为一门新兴学科。

学者们从不同的角度对商业模式给出了不同的定义,产生了商业模式的不同内涵,至今没有结论性的定义。简单来说,商业模式是企业如何获得利润的逻辑,它的作用是明确这种逻辑结构是否在正确的方向和轨道上,这种模式是否可以长久持续下去,明确企业的用户价值和其在产业中的定位。各类商业计划书中通常用客户细分、价值主张、渠道通路、客户关系、收入来源、核心资源、关键业务、重要合作、成本结构等因素的组合来描述商业模式。

客户细分：指企业或机构所服务的一个或多个客户分类群体。一般认为，有共同需求、共同行为和其他共同属性的客户构成一个细分客户群。客户细分重点是分析市场需求，即分析客户的现实需求和隐性需求。客户是任何商业模式的核心，对客户细分的过程也叫市场划分。

价值主张：指公司通过其系列产品和服务向特定客户提供的价值，即通过价值主张来解决客户难题和满足客户需求，具体表现为企业为其特定客户创造有价值的产品和服务。客户之所以选择某公司的产品或服务，是因为它解决了客户的困扰或满足了客户需求。价值主张确认公司对消费者的实用意义。

渠道通路：通过沟通、分销和销售渠道向客户传递价值主张。企业的渠道通路有百货商场、综合超市（网上商城或网上超市）、便利店、专业店、专卖店、在线网络渠道。

客户关系：指公司同每一个客户细分的消费者群体建立和维系客户关系。用来描述公司与特定客户细分群体建立的关系类型。客户关系的驱动包括客户获取、客户维系、提升消费额（追加销售）。

收入来源：收入来源产生于成功提供给客户的价值主张。收入来源描述从每个客户群体中获取的收入。

核心资源：是公司执行其商业模式所必备的重要资产、能力和资格，用来描绘让商业模式有效运转所必需的最重要因素、独享的资源和独有的能力。

关键业务：指通过执行一些关键业务活动，运转商业模式，用来描绘为了确保其商业模式可行，企业必须做的重要的事情。关键业务的类型包括制造产品、解决问题、建立平台或网络。

重要合作：企业有些业务需要外包，而另一些资源需要企业从外部获得。重要合作用来描述使商业模式有效运转所需的供应商与合作伙伴的网络。重要关系包括在非竞争者之间的战略联盟关系，竞争者之间的战略合作关系，为开发新业务而构建的合资关系，为确保可靠供应的购买方——供应商关系。

成本结构：商业模式上述要素所引发的成本构成。成本构成的特点有固定成本、可变成本、规模经济、范围经济。

通过以上描述可以看出，商业模式要能够回答以下几个问题：第一，公司提供的产品或服务是什么、能解决客户的什么需求、客户群体是谁？第二，客户需求是刚性需求还是改善性需求、需求是高频还是低频、市场需求有多大？第三，公司的模式会动谁的奶酪？第四，公司的模式，被复制、被抄袭的难度如何？第五，为了实现客户价值，公司需要动用哪些资源，如果自己没有，如何获取这些资源，需要建立哪些重要合作关系？第六，公司要开展哪些业务活动，从哪些渠道获得收入？第七，公司需要付出什么成本，成本构成是什么？等等。

商业模式具有以下特征。

（1）商业模式存在于所有产业和所有企业的不同成长阶段。无论是起步阶段的小企业，还是处于成长期已经规模化的企业，还是集团化的大公司，都有自身的商业模式。

（2）商业模式具有可观测性、可度量性、可设计性和可比性。

（3）商业模式随外部环境的变化而不断创新。

企业的外部环境（如经济、技术、人口结构、国际竞争、环境问题，人口的消费习惯等）的不断变化深刻影响企业的商业模式,有时会超越绝大多数企业的控制范围,成功的企业具备随时随地创造性地整合资源,提出解决问题方案,提供全新的产品或服务、开创新的产业领域,或以前所未有的方式提供产品或服务创新的商业模式。

2. 商业模式分析的主要内容

管理学大师德鲁克说,当今企业之间的竞争,不是产品之间的竞争,而是商业模式之间的竞争。商业模式是关于企业运行机制的顶层设计,它重点揭示了客户价值定位、关键资源能力、业务系统、盈利模式、现金流结构、成本模式、企业投资价值问题。商业模式设计并创造顾客价值从而实现企业价值的一种机制或体系,是连接客户价值与企业价值的桥梁。分析上市公司的商业模式,重点分析公司以下几个方面。

(1) 公司治理模式

公司治理是一组规范公司相关各方利益分配的制度安排,主要是解决所有权和经营权"两权分离"下公司股权结构设计问题。有效的公司治理结构能够保证公司的高效运转,包括商业模式创新和实施。公司治理结构中存在的两个重要的问题:一是权力的分配;二是激励问题。公司治理机制对商业模式创新的动力、创新程度及利益分配具有决定性的影响作用。

【例 3-3】 京东集团的双股权制度。

京东集团在招股说明书中设定了 A/B 类股权制度,在表决权上,A 类股票每股享有的表决权为一票,而 B 类股票每股享有的表决权为二十票;在转换权上,B 类股可随时转换成A 类股,而 A 类股在任何情况下都不得转换为 B 类股。双股权结构的设计能够使股权比例与投票权分开,防止京东因多次进行股权融资丧失控制权,保证公司的正常经营,提高了公司价值。京东的双层股权结构使京东的控制权牢牢掌握在创始人手中,保障公司战略的制定和执行,而不受投资者短期追求利润的影响,有利于公司稳定和长远发展。同时,创始人团队还可以通过其高比例投票权决定企业的分立并购方案,以有效防止恶意收购等情况的发生。稳定的控制权和管理层向资本市场传递了积极信号,表明了公司各项经营处于正常轨道,利于公司股价的稳定。

稳定的控制权结构不仅保持了商业模式稳定,获得投资者的信任而持续获得融资,同时,也影响了京东的投资战略。京东的商业模式以自营为主,并逐步扩大平台业务,商业布局主要集中在电商、物流、技术三大领域,追求给予用户完美的购物体验并致力于打造"无界零售"的电商平台。京东的战略目标是不只做交易平台,还要延伸至仓储、配送、售后、营销等其他业务环节。其商业模式的核心竞争力在于完善的物流和仓储体系、自主研发的信息系统和多渠道供应商为消费者提供完美的购物体验。京东近年立足于自营优势,开始扩展品类、扩大第三方平台生态圈,入股线上平台如唯品会、途牛旅游,线下入股永辉超市、战略联手沃尔玛,并与百度、腾讯、今日头条等互联网巨头达成合作,打造"无界零售"的概念。京东集团资产结构和定位于获取未来利润的投资战略的财务后果是:京东的重大投资对现金占用多,在前期的营业成本及费用大于营业收入,利润为负数,无法获得短期投资收益。

京东集团自成立以来,一直把持续提升用户体验作为自己的使命,能够坚持这一使命也是源于双层股权结构的设计。双层股权结构更有利于企业文化的宣传和传承,利于创始人将其价值观植入企业价值观。

【例 3-4】　永辉超市的合伙人制度。

众所周知,低成本是永辉超市的最大优势。永辉超市通过建立庞大的基地采购网络,不断地向上整合供应链,直采直营,减少中间环节,降低采购成本,形成成本优势。很多人不知道的是,创新高效的管理制度也是公司成功的基础。

公司推行一线员工合伙人制,店员不必出钱就能成为"老板",并根据业绩增长情况参与分红,员工同门店结成利益共同体,实现了"大公司、小组织",员工实现自我竞争、自我发展,有钱大家赚。所有员工都会主动控制损耗,尤其是生鲜商品,通过小批量、勤上货、及时变价等手段,让永辉的生鲜损耗低于同行或其他渠道。超市的离职率、商品损耗率均有所下降的同时,其上货率、更新率则大为增加,商品质量、服务质量均有提升。

永辉超市对于高级专业人才(如专业的生鲜采购人员),实施股权激励,从而极大地调动了员工的积极性,形成公司和员工双赢的局面。

（2）客户价值定位

客户价值定位是战略选择的结果,是商业模式的出发点。客户价值定位需要解决以下问题。

① 企业的经营范围及所处的行业。

经营范围决定了企业的产业属性、行业落点和具体的产品或服务品类,是区别不同企业的最明显标志,同时,也决定企业活动的市场空间大小。

企业可以是单一化经营,也可以是多元化经营。一般地,单一化经营是单一产品或服务占所实现的营业收入或营业利润占营业收入总额或营业利润总额的比例在 70% 以上,多元化经营是企业异质主导产品低于企业产品销售总额的 70%。现代企业很多是多元化经营,业务范围不断向上下游产业链延伸,有的实现跨界经营。

知识经济时代新的商业模式会带来公司行业认知上的偏差。腾讯会被解读为游戏公司,因为游戏业务收入在其利润表中占有重要比重,游戏业务相关的资产在其报表中却很少,腾讯实际上是一家做社交、做链接的公司。同样,有人会把阿里巴巴解读为广告公司,因为它的广告收入是最多的,事实上,它的核心能力是数据,是不会因为使用而被消耗的数据。

经营范围决定了企业所处的行业。行业分析通常用迈克尔·波特提出的五力模型分析供应商和购买者议价能力、替代品的威胁、潜在进入者的威胁、行业内企业竞争力,通过分析企业外部环境,从微观角度揭示影响企业经营决策的外部因素。

② 产业价值链定位。

全产业价值链活动包括创意活动、设计活动、研究活动、开发活动、生产活动、服务活动、营销活动等。分析企业具体从事的活动,这些活动在产业链中所处的位置,是上游、中游、下游还是全产业链。产业价值链定位确立了企业处于什么样的位置上,在这个链条中处于何种地位,企业结合自身的资源条件和发展战略应如何定位,实现客户价值,打造核心竞争力。

产业链位置选择需要具备很多核心资源条件。比如从事服装制造的企业,要从"制造"位置转移到"设计"位置,至少需要具备三个条件;一是训练有素的设计师;二是设计所必需的数据软件和硬件设备;三是活跃的设计产品需求者。

随着经济全球化、互联网渗透及新技术的开发运用,产业与产业之间的融合升级,产业边界越来越模糊,产业链位置成为相对的概念。一个产业从一个角度看是另一个产业的上游产业,但从另一个角度看则是别的产业的下游产业。

③ 竞争战略。

迈克尔·波特指出:战略就是在竞争中做取舍,没有取舍就没有选择的必要,也没有制定战略的必要。竞争战略的中心任务是在某一特定产业、市场或领域中建立起竞争优势。而竞争优势是指一种与其竞争对手不同的竞争地位。迈克尔·波特认为获得竞争优势的策略一般包括:成本领先、差别化和目标集聚三种竞争策略。成本领先模式,就是努力降低成本,以行业最低价格占领市场。差别化模式,就是在实现产品和服务独具特色的基础上,获得的溢出价格高于由于增加特色而增加的成本。特劳特认为产品营销就是利用社会消费心理学塑造获得消费心理认同的独特地位,即利用消费者已有的消费概念来构筑差异化的产品形象。目标集聚模式,就是在特定的顾客群、某产品系列的一个细分区段或者某一特定地理区域内做深、做细,从而建立独特的竞争优势。

竞争战略分析通常用 SWOT 分析方法,分析企业的内部优劣势、外部机遇威胁,认清企业在竞争中的地位,为企业战略选择提供有价值的参考依据。战略分析为会计分析和财务分析提供现实依据,为预测未来业绩作出合理的假设。

客户价值定位分析了公司所提供的产品和服务,所服务的客户群体,所处的行业市场,是新兴市场还是成熟市场,是高端市场、中端市场还是低端市场。

(3)关键资源能力

关键资源能力是企业根据客户价值定位和竞争战略的要求,需要掌握和使用一整套有形和无形资产、技术和能力等各种经济资源,来有效完成所要进行的活动。分析企业为了实现客户价值所需要的资源能力有哪些、它们是如何分布的,如何建立和获得这些资源和能力。

(4)业务系统

业务系统是从企业内外部价值链来实现企业定位,最大化投资价值所需要参与的业务环节、扮演的角色以及与相关者的合作方式。业务系统有两个含义:一是根据价值链定位,明确公司所进行的业务活动类型;二是为从事确定的业务活动和其他交易伙伴(利益相关者)创建的合作和交易方式。围绕企业客户价值定位和关键资源能力分布,建立的内外部各方相互合作的业务系统,形成一系列的重要合作伙伴关系。合作伙伴关系明确了客户、供应商和其他合作伙伴在商业模式中获得创造价值和分享价值过程中所扮演的角色,公司与利益相关者如何分配利益。

一个高效运行的业务系统,不仅是企业赢得优势的必要条件,也是企业竞争优势本身,业务系统决定了企业资产的轻重。

(5)盈利模式

盈利模式是在给定业务中利益相关者分配结构前提下,企业自身的利益来源方式和结构。盈利模式主要回答企业从哪里获得收入,获得收入的形式有哪几种,这些收入以何种形式和比例在产业链中分配,企业是否对这种分配有话语权。好的盈利模式不仅能够为企业带来收益,也能为企业编织一张稳定共赢的价值网。

分析企业的商业模式时,关注企业获取收益的来源,分担企业投资或支付成本的主体。企业收入来源和成本支付结构可以不对称。依据产品和服务的收入来源和成本支付结构的不同组合,盈利模式有以下几种,如表 3-1 所示。

表 3-1　盈利模式矩阵图

成本支付方式	收入来源		
	直接顾客	第三方客户	直接顾客＋第三方顾客
企业	盈利模式 0	盈利模式 1	盈利模式 2
第三方伙伴	盈利模式 3	盈利模式 4	盈利模式 5
企业和第三方伙伴	盈利模式 6	盈利模式 7	盈利模式 8
零可变成本	盈利模式 9	盈利模式 10	盈利模式 11

盈利模式 0：传统盈利模式，企业自己支付成本费用，通过销售产品和服务获取收入。

该种盈利模式，依赖主业竞争获取优势，通过自身积累扩大规模和产能，通常面临竞争加剧，打价格战，甚至多轮价格战，导致规模扩大，利润变薄甚至亏损，具体表现为销售净利率、净资产收益率的不断下降。投资价值随资产规模递增反而递减，甚至公司股票市值低于资产净值。如家电行业的五霸七雄。

但在相同的业务系统里，改变收入结构，可以把盈利模式变成竞争优势。比如，吉列公司创造的"刀片模式"，消费者购买剃须刀时，造型优美的刀架以很低的价格出售，但一次性刀片价格很高，拥有刀架的人必须持续购买特定刀片，使厂家大赚其钱。实行这种模式的企业通过挖掘收入的关联性，提供延伸增值服务，有意把主业利润降低，主产品价格定价显著低于市场价，吸引客户并锁定客户，获得后置收入来源，这样主要产品已经不是盈利来源了。实行这种模式的还有打印机。

盈利模式 2：企业投入成本生产产品，第三方顾客支付价格，直接顾客以零价格得到产品，比如电视节目、电台广播、免费报、免费杂志。

盈利模式 6：企业零投入，第三方企业投入产品和服务的成本，直接顾客可以得到较低价格的产品和服务。比如论坛赞助。

盈利模式 8：第三方企业承担生产成本，第三方顾客支付价格，直接顾客零价格获得产品和服务，比如电视台播放的很多电视节目。

盈利模式 11：企业零边际成本，第三方顾客支付价格，直接客户零价格获得产品和服务，比如游戏软件公司。

企业随着规模扩大投资规模递增的行业，比如，航空公司、京东方等固定资产密集型行业；企业随规模扩大投资规模递减，早期随之递增中后期随之递减，比如渠道行业；还有一开始就轻资产，设计得巧妙，挣钱是零投资，基本不需要投资，比如奥运会。

（6）（自由）现金流结构

自由现金流是指企业全部现金流入扣除付现费用、必要的投资支出后的剩余部分，是企业可以提供给所有投资人（包括股权投资人和债权投资人）的现金流量。这里"自由"是一种剩余概念，是做了必要扣除后的剩余，指在满足正常经营之外剩余的可以自由支配的现金资产。

自由现金流＝息税前利润＋折旧－营运资本增加－资本支出－所得税

前述的客户价值定位、业务系统、盈利模式、成本结构的差异会导致企业自由现金流结构的差异，从而导致企业投资价值的差异。

未来自由现金流以适当的折现率折现就是企业的价值，企业价值创造既是商业模式得以产生和存在的根本原因，也是商业模式设计和运行的基本目标。

$$V = \sum_{1}^{n} \frac{FCFF_t}{1 + WACC}$$

式中，V 表示企业价值；$FCFF_t$ 表示公司各期的自由现金流量；WACC 表示企业加权平均资本成本。

（7）企业价值创造

作为商业模式的最终目标，价值创造是指通过为顾客创造价值进而实现企业的自身价值，为顾客创造价值是手段，实现自身价值是目标。

根据戈登模型，企业价值有三个决定因素：成长性、加权平均资本成本和公司自由现金流量，根据三个因素及其不同组合方式，可将企业的价值创造划分为成长型、回报型和成长回报型。回报型的财务特征是营业收入增长率较低而营业利润率较高。成长型的财务特征是营业收入增长率较高而营业利润率较低，如京东自 2004 年进入电子商务领域以来，一直处于亏损状态，但却保持着很高的成长性。京东 2014 年《招股说明书》资料显示，京东 2010 年至 2013 年的营业收入几何增长率达到 100.65%，京东持续亏损却有很高的价值，说明其价值与回报相关度不高，它的价值模式是标准的成长型。现实中，很多价值创造动因是成长和回报的有机结合，如阿里巴巴集团，在营业收入增长的同时实现了净利润率的高速增长。

3. 好的商业模式分析的特点

商业模式影响企业的发展速度，一个好的商业模式可以把产品、技术内涵的价值转化为客户价值，进而表现为企业的投资价值。好的商业模式通常具有以下特点。

（1）客户价值定位市场空间要大。

（2）善于利用或聚合有效存量资源。不依赖较高的管理水平，用一般的管理也能获得比较好的效果。正如巴菲特所说的："最好的投资标的是傻瓜也能管理好的企业，因为，总要有个傻瓜来管理它。"

（3）业务系统轻资产。资产越轻，资本占用就越少，有的生意本来就是轻资产，有的本来是重资产，通过利用已有的资源或吸引第三方投资做到"举重若轻"，有的确实需要重资产，但通过一些金融工具，把重资产化为轻资产，做到"化重为轻"。

（4）盈利模式是分享合作，多点盈利。分享合作可以做到轻资产，多点盈利可以获得多方面的收入来源。

（5）资本消耗少，运营成本低，资本收益高。

（6）成长速度快、效率高、风险低，容易获得资本市场的青睐。

4. 财务报告的商业模式特征分析

财务报告的使用者，无论是企业外部的投资者、注册会计师、证券分析师，还是企业内部的管理人员，尤其是治理层、决策层，都需要仔细审视企业的商业模式。透过财报数字考查分析其背后的商业模式，分析企业商业模式的核心竞争力。

商业模式影响着投资活动和筹资活动，使企业形成不同的财务特征。通过一份企业公开披露的完整财务报告，能够看出企业的经营范围、产业价值链的位置，资源配置及竞争策略等基本的商业模式。

比如，透过财务报表可以分析企业的盈利本质，有的公司靠高毛利生存，比如贵州茅台，有的公司靠高杠杆,比如一些商业银行,有的靠高速的周转率,比如沃尔玛等商业零售业企业。

汽车主机厂的库存周转率都很高,因为其大多采用了JIT(just in time)的商业模式;重型机械制造商的坏账准备都较高,是因为它们大多采用融资租赁的商业模式。

软件企业的毛利率显著高于服装企业;同样是农业企业,从事种子研发销售企业的净资产收益率显著高于从事种植的企业的净资产收益率;热衷于新建产能工业企业的固定资产周转率显著低于生产相同产品但保持轻资产状态的工业企业的固定资产周转率。

相同行业的企业,由于采用的资源配置方法不同,重资产企业的固定资产周转率显著低于轻资产工业企业的固定资产周转率。在经营范围、产业链位置和资源配置方法相同的情况下,采用差别化竞争策略的企业的流动比率、速动比率显著高于采用成本领先竞争策略企业的流动比率、速动比率。

商业模式的不同,导致了企业具有不同的财务特征,处于重资产行业的企业相对采取适度稳健的财务策略,而处于轻资产行业的企业,则往往会采取适度宽松的财务策略。

(1) 客户价值定位差异显示的财务特征

目标客户定位解决"谁是目标客户,企业赚谁的钱"。目标定位于大众客户的商业模式,反映到市场营销层面就是市场占有率理念,即"市场占有率比利润重要"。实质是应用"薄利多销"的理念,通过降低价格来推动销售数量的增长,达到推动收入增长的目的。目标定位于高端客户的商业模式,应用"厚利少销"的理念,通过提高价格来推动销售收入的增长。

商业模式设计中企业目标客户的定位差异表现出不同的财务特征。目标定位于大众客户的商业模式,其财务特征表现为产品销售毛利率低,而资产周转率高。如生产快速消费品的行业(饮料、日化等)、定位于大众需求走"平民路线"的房地产开发企业等。目标定位于高端客户的商业模式,其财务特征是产品销售毛利率高,而资产周转率低。如奢侈品行业、定位于高端楼盘的房地产开发企业等。

(2) 产品定位不同的财务特征

产品定位于"红海"市场的企业,由于产品市场较为成熟,需求相对稳定,价格和供应链成本透明度较高,企业适宜采取成本领先战略,将降低成本作为追逐利润的主要方式。财务特征是毛利率和经营风险都比较低。

产品定位于"蓝海"市场的企业,由于市场竞争程度偏弱,目标客户和市场需求较少而且很不稳定,价格和供应链成本透明度较低,企业宜采取收入和成本匹配模式来获取利润。财务特征是毛利率和经营风险都比较高。如日本京瓷公司的阿米巴利润驱动模式,在追求目标利润的过程中,不是通过削减劳务费等成本,而是通过职工的创意来提高经营效率。

(3) 资产配置的财务特征

企业资产配置是投资活动的财务结果,具体表现为资产负债表的左边展示的企业资产的构成。

资产配置可以归结为两种模式的选择:轻资产经营模式和重资产经营模式。企业资源中有大量非财务资源,如人力资源、供应链能力、商誉、客户资源、关系资源、品牌资源、研发能力等,由于不符合会计确认标准不能在资产负债表里表现为资产,这些资源在企业价值创造和核心竞争能力构建中起着重要作用,通常把这类资产称作"轻资产"。轻资产经营模式是指企业凭借长期积累的供应链能力、客户资源、品牌文化、研发技术、人力资源等"轻资产"，撬动并整合企业内外各种资源尤其是非财务资源，创造独特的竞争优势与财务绩效。

轻资产模式在资产配置中的典型财务特征是存货和固定资产的比例低，现金等货币资产比例高。新兴产业的企业绝大多数采用轻资产模式经营，如苹果公司、阿里巴巴、小米公司等。重资产经营模式是指企业密集地使用固定资产、存货等财务资源创造竞争优势和财务绩效，传统产业的典型模式是重资产经营，如钢铁制造企业、建材生产企业等，其在资产配置中的典型财务特征是存货和固定资产比例高。

企业的经营过程可以分为研发、供应、生产、销售及售后服务等环节。轻资产模式企业一般采用生产外包，企业则集中精力专注于经营环节的两头：研发和销售。有的企业甚至只专注于研发和与客户沟通，将销售委托给其他企业。如小米公司将生产外包，将销售放在京东、阿里平台之上。而采用重资产模式的企业一般建有自己的工厂，从研发到销售乃至售后服务的整个经营环节都由企业自行组织。

轻资产模式与重资产模式孰优孰劣，不能简单判定。从实践看，无论采用轻资产模式还是重资产模式，都有许多成功的企业，前者如房地产行业的万科、电商行业的阿里巴巴、家电行业的小米公司等，后者如房地产行业的万达、电商行业的京东、家电行业的格力电器等。而以互联网为代表的新兴产业的企业大多采用轻资产模式。

任何商业模式都是轻重资产的匹配，根据轻重资产的匹配程度不同可以分为"资本密集模式"和"非资本密集模式"。前者是指企业在创造价值过程中密集地使用"重资产资源"，这些资源能够为会计报表所反映，属于资产负债表表内事项，其财务特征是资本密集度高。后者是指企业在创造价值过程中密集地使用"轻资产资源"，其财务特征是资本密集度低。资本密集度可以采用资产周转率的倒数和资产利润率的倒数来衡量，①资产/销售收入，表示单位销售收入所需要的资产数额；②资产/利润，表示创造单位利润所需要的资产数额。资本密集度低，表示企业在虚实资源匹配中轻资产比重大于重资产比重；资本密集度高，表示企业在虚实资源匹配中重资产比重大于轻资产比重。

（4）资本配置的财务特征

企业资本配置是筹资活动的财务结果，反映各种资本的构成比例，具体表现为资产负债表的右边展示的是企业的负债和所有者权益的比例关系，即资本结构。资本配置采用财务杠杆度量，并划分为高财务杠杆模式和低财务杠杆模式。一般情况下，资本配置取决于资产配置。根据风险匹配和期限匹配的原理，资本配置需要遵循两个原则：一是资金占用和来源期限匹配的原则，长期资产配置需要长期资本来源提供，短期资产占用需要短期资本来源提供；二是风险匹配原则，资产配置决定了经营风险，资本配置决定了财务风险，高经营风险应当与低财务风险相匹配，低经营风险应当与高财务风险相匹配。由此推论，轻资产模式经营风险低，宜采用高财务杠杆模式，重资产模式经营风险高，宜采用低财务杠杆模式。

近年来，类金融模式频频被零售业（如国美和苏宁）、房地产业（如万科）、制造业（如格力电器、苹果）使用。所谓类金融模式是指像商业银行一样，低成本或无成本吸纳，占用供应链上各方资金并通过滚动的方式供自己长期使用，从而得到快速扩张发展的营商模式。供应链管理是类金融模式得以发展的基础。从商业模式的财务视角分析，类金融模式属于高财务杠杆模式的一种形式,强调在筹资方式选择中倚重商业信用融资,无息负债项目占总负债的比例较高是其典型的财务特征。

(5) 企业价值创造的财务特征

作为商业模式的最终目标,价值创造是指通过为顾客创造价值进而实现企业的自身价值,为顾客创造价值是手段,实现自身价值是目标。

根据基于公司自由现金流量的戈登模型,企业价值由三个变量驱动:公司自由现金流量(FCFF)、成长性(g)和加权平均资本成本(WACC),公式如下:

$$V = \frac{FCFF_1}{WACC - g}$$

式中,V 表示企业价值;$FCFF_1$ 表示公司第一期的自由现金流量;g 表示自由现金流量的固定增长率。显然,公司自由现金流量(FCFF)和增长率(g)与企业价值呈同向变动,加权平均资本成本与企业价值呈反向变动,而公司自由现金流量、成长性和加权资本成本之间存在相互制约的平衡关系。例如,当企业高速增长时(g 增长时),需要巨额资本投资为保障,这无疑会减少公司自由现金流量(FCFF);同时,高增长需要的资本可能通过筹资来保障,增量筹资会提高企业的加权资本成本(WACC)。所以,高增长带来的经济后果表现在两个方面:直接后果是企业价值(V)增大,间接后果是由于加权平均资本成本上升和公司自由现金流量下降,导致企业价值(V)减小。可见,高增长不一定能够带来企业价值的增长,适度增长才会创造企业价值。

3.3.2 财务报告的会计分析

会计分析是通过解读公司的会计程序、会计政策和会计估计等,评价企业财务报表是否真实公允地反映了企业财务状况、经营成果和现金流量的本来面目。会计分析的目的是评价企业财务报表的信息披露质量、资产质量和利润质量,揭示财务报表信息的可靠性,并修正或调整原始会计数据,为财务分析奠定基础,并保证财务分析结论的可靠性。

1. 审计报告与会计分析

对财务报表诚信的信心在市场经济中是至关重要的。由注册会计师对企业财务报表的可靠性进行证明是这种信心的主要来源。注册会计师从研究企业业务入手开始进行审计。首先,注册会计师检查企业内部控制流程的存在性和有效性。其次,注册会计师以这些信息为基础确定审计程序,将会计分录和支持这些会计分录的证据进行核对。再次,审计人员验证财务报表上所记录的项目的会计处理方法和会计准则是否一致。注册会计师需要确认财务报表中所包含的所有信息是适当的,与评价公司财务状况相关的所有重要事项都包含在财务报表之中,并且提供了所有的附注和附表。最后,注册会计师向管理部门提供一份讨论审计中引起关注的项目,并且对报表及其所附的支持性注释的相关性、完整性和准确性出具审计意见。审计报告的审计意见段应当说明财务报表是否按照适当的会计准则和相关会计制度的规定编制,是否在所有重大方面公允反映了被审计单位的财务状况、经营成果和现金流量。

仔细阅读审计报告对报表使用者的决策至关重要。①标准审计报告意味着所分析的财务报表具有最高的可信赖性。②带强调事项段的无保留意见审计报告,要设法确认与严格意义上的无保留意见审计报告偏离的重要程度。例如,关于重大不确定性的说明段应引起高度重视。③保留意见的审计报告和否定意见的审计报告意味着对拟分析的财务报告的可信赖性的重要怀疑。④无法表示意见的审计报告意味着无法确定拟分析的财务报表的可信赖性。

一般而言,财务报表使用者对无保留意见的财务报表比对保留意见的财务报表给予更多的信任。即使如此,因为审计意见不是关于公司财务健康状况的评价,因此财务报表使用者在进行决策时,仍然需要认真分析公司财务报表中所包含的信息。

2. 解读财务报表

阅读会计报表是会计分析的第一步。首先应全面阅读财务报表和财务报表附注,尤其应注意以下几点:关注注册会计师审计结论与意见;了解企业财务报表的编制基础,采用的会计原则、会计政策的选择及其变更情况、会计核算方法等;评价会计信息披露的完整性和可靠性,识别企业可能存在的盈余管理或报表粉饰行为及其影响;关注会计报告附注中涉及的重大事项、表外资产情况、会计报表日后事项等;关注财务情况说明书及管理层讨论。会计信息会计政策、会计估计和会计核算方法具有可选择性,会计信息是会计职业判断和估计的结果,这就使得不同的会计人员对同样的经济业务可能生成不同的会计信息。

总之,一定要抓住年度财务报告中的重要信息、关键信息、敏感信息及可能产生盈余管理等信息,为后面的分析奠定信息基础。

3. 比较会计报表

在阅读会计报告的基础上,进一步对财务报表进行比较。比较的方法包括水平分析法、垂直分析法和趋势分析法等。通过各种比较,关注财务报表差异及其可能的原因,关注财务数据的变化趋势及其转折点。

(1) 水平分析法

水平分析法是将反映报告期财务状况的信息与反映企业前期或历史某一时期的信息进行对比,研究企业各项经营业绩或财务状况的发展变动情况的一种财务分析方法。水平分析法所进行的对比,一般而言,不是指单项指标对比,而是对反映某方面情况的报表的全面、综合的对比分析,尤其在会计报表分析中应用较多。因此,通常也将水平分析法称为会计报表分析方法。水平分析法的基本要点是,将报表资料中不同时期的同项数据进行对比,对比的方式有以下几种。

一是绝对值增减变动,其计算公式是:

$$绝对值变动数量 = 分析期某项指标实际数 - 基期同项指标实际数$$

二是增减变动率,其计算公式是:

$$变动率(\%) = \frac{绝对值变动数量}{基期实际数量} \times 100\%$$

三是变动比率值,其计算公式是:

$$变动比率值 = \frac{分析期实际数值}{基期实际数值}$$

上式中所说的基期,可指上年度,也可指以前某年度。下面举例说明水平分析法的应用,如表 3-2 所示。某企业 2015—2016 年有关营业额、税后利润、每股收益及每股股息资料及水平分析。

表 3-2　水平分析表

指　　标	2016 年	2015 年	差异额	差异率
营业收入/万元	17 034	13 305	+3 729	+28.0%
税后利润/万元	1 397	1 178	+219	+18.6%
每股收益/元	4.31	3.52	+0.79	+22.4%
每股股息/元	1.90	1.71	+0.19	+11.1%

从水平分析可看出,该企业在营业收入、税后利润、每股收益和每股股息 2016 年比 2015 年都有所增长,但增长率是有所不同的。通过进一步分析可判断造成各指标增长率不同的可能原因,为进一步分析指明方向。

水平分析法通过将企业报告期的财务会计资料和前期对比,揭示各方面存在的问题,为全面深入分析企业财务状况奠定了基础,因此,水平分析法是会计分析的基本方法。水平分析还可用于一些可比性较高的同类企业之间的对比分析,以找出企业间存在的差距。但是,水平分析法在不同企业的应用中,一定要注意其可比性基础,即使同一企业应用,对存在差异的评价也应考虑其对比基础。另外,在水平分析中,应将两种对比方式结合运用,仅用变动额,或仅用变动率都可能得出片面的甚至是错误结论。

(2) 垂直分析法

垂直分析法是通过计算报表中各项目占总体的比重或结构,反映报表中的项目和总体关系情况及其变动情况。会计报表经过垂直分析法处理后,通常称为同度量报表、总体结构报表、共同比报表。垂直分析的一般步骤如下。

第一,确定报表中各项目金额占总额的比重或百分比,计算公式是:

$$某项目的比重 = \frac{该项目金额}{各项目总金额} \times 100\%$$

第二,通过各项目的比重与前期同项目比重进行对比,研究各项目的比重变动情况。也可将本企业报告期项目比重与同类企业的可比项目比重进行对比,研究本企业与同类企业的不同,揭示取得的成绩和存在的问题。

从表 3-3 可以看到,该企业 2016 年比 2015 年百元收入成本下降、毛利增长,这是企业利润增长的主要原因。百元收入净利润下降可能是由于期间费用、营业外收支及所得税等原因的影响,可以进一步分析。

表 3-3　垂直分析表

指　　标	2016 年	2015 年	2016 年	2015 年
营业收入	17 034 万元	13 305 万元	100%	100%
营业成本	12 776 万元	10 664 万元	75%	80%
营业毛利	4 258 万元	2 661 万元	25%	20%
税后利润	1 397 万元	1 178 万元	8.2%	8.9%

(3) 趋势分析法

趋势分析法是根据企业连续几年或几个时期的分析资料,运用指数或完成率的计算,确定分析期各有关项目的变动情况和趋势的一种财务分析方法。趋势分析法既可以对会计报表进行整体分析,即研究一定时期报表各项目的变动趋势,也可以对某些主要指标的发展趋势进行分析。趋势分析法的一般步骤如下。

第一,计算趋势比率或指数。通常,指数的计算有两种方法,一种是定基指数;另一种是环比指数。定基指数就是指各个时期的指数都是以某一固定时期为基期来计算。环比指数则是指各个时期的指数都是以前一期为基数来计算的。趋势分析法通常采用定基指数。

第二,根据指示计算结果,评价和判断企业各项指标的变动趋势及其合理性。

第三,预测未来的发展趋势。根据企业以前各期的变动情况(见表 3-4),研究其变动趋势或规律,从而可预测出企业未来发展趋势的变动情况。

表 3-4　财务指标表

指标	2016 年	2015 年	2014 年	2013 年	2012 年
营业收入/万元	17 034	13 305	11 550	10 631	10 600
税后利润/万元	1 397	1 178	374	332	923
每股收益/元	4.31	3.52	1.10	0.97	2.54
每股股息/元	1.90	1.71	1.63	1.62	1.60

根据表 3-4 计算出趋势分析表,如表 3-5 所示。

表 3-5　趋势分析表

指标	2016 年	2015 年	2014 年	2013 年	2012 年
营业收入/%	160.7	125.5	109.0	100.3	100.0
税后利润/%	151.4	127.6	40.5	36	100.0
每股收益/%	169.7	138.6	43.3	38.2	100.0
每股股息/%	118.8	106.9	101.9	101.3	100.0

从表 3-5 可以看出,该企业营业收入和每股股息在逐年增长,特别是 2015 年和 2016 年增长较快;税后利润和每股收益在 2013 年和 2014 年有所下降,2015 年和 2016 年有较大幅度增长。从总体状况看,企业自 2012 年以来,2013 年和 2014 年的盈利状况有所下降,2015 年和 2016 年各项指标较好;从各指标之间的关系看,每股收益增长高于营业收入、税后利润和每股股息。企业近几年来的发展趋势说明,企业的经营状况和财务状况不断改善,如果状况不变坏,2017 年的状况也会比较好。

(4) 解读会计报表

解读会计报表是指在比较会计报表的基础上,考虑企业采取的会计原则、会计政策、会计核算方法等,说明会计报表产生差异的原因,包括会计原则变化影响、会计政策及会计估计变更影响、会计核算失误影响等,特别重要的是要发现企业经营管理中存在的潜在"危险"信号。

解读会计报表是会计分析的重要环节,通过对会计报表差异或变化的解释,着重分清财务报表数据变化的主观因素影响和客观因素影响,可持续影响与临时性影响,实质性影响及盈余管理影响等。

(5) 修正会计报表

在会计分析的基础上,对发现的由于会计原则、会计政策等变化引起的会计信息差异,通过一定的方式加以修正或调整,消除企业对会计信息可能存在的歪曲,提高财务分析数据的可靠性和质量,为财务指标分析如比率分析、因素分析等奠定相关、可靠的基础。

3.3.3　财务报告的财务比率分析

1. 财务比率分析认知

（1）财务比率分析的定义

财务比率分析是通过对财务报表上若干重要项目的相关数据进行比较，计算出相关的财务比率，用以分析和评价企业财务状况和经营成果的一种方法。财务比率分析是财务分析最基本的工具之一。财务比率通常以百分比、次数或倍数来表示，是被标准化了的相对数，可以消除规模的影响，用来比较不同企业的收益和风险。追踪财务比率在一段时间内的变动趋势，可以发现公司某一方面的财务能力的变化趋势，清晰地显示出转折点，明确弱点和优势。财务比率分析属于定量分析，如果和定性分析相结合，可以获得企业的整体财务状况。

（2）财务比率的分类

财务指标主要有以下三类。

① 构成比率。构成比率又称结构比率，它是某项经济指标的各个组成部分与总体的比率，反映部分与总体的关系。

负债与总资产的比率、三年以上应收账款与全部应收账款的比率等，都属于构成比率指标。利用构成比率指标，可以考察总体中某个部分的形成和安排是否合理，以便协调各项财务活动。

② 效率比率。效率比率是某项经济活动中所费与所得的比率，反映投入与产出的关系。利用效率比率指标，可以进行得失比较，考察经营成果，评价经济效益的水平。如将利润项目与主营业务成本、主营业务收入、资本等项目加以对比，可计算出成本利润率、营业利润率以及资本利润率等利润率指标，可以从不同角度观察比较企业获利能力的高低及其增减变化情况。

③ 相关比率。相关比率是某个项目与其有关但又不同的项目加以对比所得的比率，反映有关经济活动的相互关系。利用相关比率指标，可以考察有联系的相关业务安排得是否合理，以保障生产经营活动能够顺畅运行。如将流动资产与流动负债加以对比，计算出流动比率，据以判断企业的短期偿债能力。

采用比率分析法应当注意的是：一是对比项目的相关性。计算比率的子项和母项必须具有相关性，把不相关的项目进行对比是没有意义的。二是对比口径的一致性。计算比率的子项和母项必须在计算时间、范围等方面保持口径一致。三是衡量标准的科学性。

（3）财务比率的标准比率

运用比率分析，分析师通常对比率进行各种各样的比较，如时间序列比较、横向比较和预计一些绝对标准比较。不同的比较有着不同的评价目的和作用。标准比率是比率分析法中常用得比较标准。

通常而言，科学合理的对比标准有以下内容。

① 预定目标。如预算指标、设计指标、定额指标、理论指标等。

② 历史标准。如上期实际、上年同期实际、历史先进水平以及有典型意义的时期实际水平等。

③ 行业标准或惯例。如主管部门或行业协会颁布的技术标准、国内外同类企业的先进

水平、国内外同类企业的平均水平等。

④ 公认标准。

由于进行财务分析的目的不同,各类信息使用者所关注的侧重点会有所不同。相关比率所使用的项目不同,反映的企业财务状况的问题也各不相同。财务比率可以评价企业在各年度之间财务状况和经营成果的变化,也可以在某一时点比较某一行业的不同企业。

单个比率一般是针对企业某个特定方面进行的分析,通常不能全面说明问题,单个财务比率的高低,只能反映被评价方面的状态和水平。对企业财务状况的系统把握,还需要结合更多的财务比率,借助更多的分析方法。

(4) 财务比率的构成

因为财务报表中有大量的变量,因此可以计算出很多有意义的比率。并不存在标准统一的财务比率及其体系,也不存在标准的财务比率计算方法。不同的分析者可以根据自己的理解和实际分析需要采取不尽相同的比率设计方法,选择不尽相同的财务比率体系。在此介绍以下一些经常使用和讨论的比率。①偿债能力指标:流动比率、速动比率、资产负债率、权益乘数、利息保障倍数等。②盈利能力指标:毛利率、营业利润率、总资产报酬率、净资产收益率、成本利润率、费用利润率等。③营运能力指标:存货周转率、应收账款周转率、流动资产周转率、固定资产周转率、总资产周转率等。④现金流量指标:现金与负债总额比率,现金到期债务本息偿付比率,现金流量对营业收入的比率,收入现金比,净利润现金保障倍数,销售商品、提供劳务收到的现金对营业收入的比率,购买商品、接受劳务支付的现金对营业成本的比率,现金购销比率等。⑤上市公司的特殊比率:每股收益、市盈率、每股净资产、股利支付率、鼓励保障倍数、市净率、市销率、每股经营现金流等。

2. 偿债能力比率

偿债能力比率是反映企业用现有资产偿还短期债务的能力的比率,用于分析企业目前是否存在不能偿还短期债务的风险。短期偿债能力分析也叫安全性分析。

(1) 流动比率

流动比率是流动资产与流动负债的比率,其计算公式为

$$流动比率 = \frac{流动资产}{流动负债}$$

流动比率反映企业运用流动资产偿还流动负债的能力。因为流动负债具有偿还期限较短的特点,流动资产具有较容易变现的特点,正好可以满足流动负债偿还的需要,所以流动比率是分析短期偿债能力最主要的指标。通常认为,这个比率为 2 左右比较适宜。但这只是一个经验数据。由于所处行业不同或受到季节性的影响,或者企业处在不同的发展阶段,这一数据会有很大的差别。

考察一下我国资本市场上的上市公司,大量企业的流动比率并不高,却表现出了极强的竞争力。这表明,分析企业流动资产和流动负债的关系,不能仅仅关注这个比率。

在全部流动资产中,各项目流动性并不相同。流动性是指资产及时、不贬值地变为货币资金的能力。因此,流动比率仅仅是一个较为粗略地评价企业短期偿债能力的财务指标。

(2) 速动比率

为了更精确地评价企业短期偿债能力,需要剔除流动资产中流动性差的项目,于是就出现了速动比率(quick ratio),也叫酸性测试比率(acid-test ratio)。计算公式为

$$速动比率 = \frac{速动资产}{流动负债}$$

速动资产是指可以及时、不贬值地转化为可以清偿债务的货币资金的流动资产。实践中一般是简单地将存货从流动资产中剔除而得到的速动资产。通常认为，一个企业的速度比率为1比较恰当，这种情况下，即便所有的流动负债要求同时偿还，也有足够的资产维持企业正常的生产经营。

这两个财务比率都是用来衡量企业的短期偿债能力的，一般来说，比率越高，流动负债的偿还能力越强。但这两个指标不是越高越好，因为通常情况下，流动资产的流动性越高，其收益性可能就越差。

另外，这两个比率在某种程度上还反映了企业的经营管理能力、经营风格和竞争力。将这两个比率与往年的水平进行比较或者与行业正常水平进行比较，看是否有较大的变动，并分析这一变动的原因，有利于了解企业的战略和经营风格。

（3）杠杆比率

杠杆比率（leverage ratio）反映的是企业的负债与所有者权益的对比关系，是用来评价企业的长期偿债能力和继续举借债务能力的指标。

企业可以用来偿还债务的资金来源除了自身拥有的财产、经营过程中赚取的利润，还包括向外部债权人举借债务所获得的资金。在评估企业举债能力的大小时，债务人通常会考虑企业的债务与权益的相对比率。一般来说，企业债务与股东权益的比率越小，企业进一步举债的能力就越大。这是因为债权人在借出资金时主要考虑贷款的风险，债务与股东权益的比率越小，自有资金对借入资金的保障程度就越高，债务风险也越小。具体比率如下。

① 资产负债率。资产负债率（debt ratio）又称负债比率，是企业债务总额与资产总额的比率。它表明企业资产总额中有多少来自举借债务。这个指标也是衡量企业财务风险的重要指标。其计算公式为

$$资产负债率 = \frac{负债总额}{资产总额}$$

资产负债率是对企业负债状况的总体反映。

② 权益乘数。权益乘数（equity multiplier）是资产总额与所有者权益总额的比率，反映企业由于举债而产生的财务杠杆的程度。

$$权益乘数 = \frac{资产总额}{所有者权益总额}$$

权益乘数的大小和资产负债率的高低与企业的举债程度有直接关系，反映管理层的经营理念和风险偏好。通常认为，具有较高权益乘数（也即较高的资产负债率）的企业财务风险相对较大。但并不是两个指标越小越好，因为公司金融的目标是企业价值最大化，利用财务杠杆可以获得经营机会，借用债务人的资金为股东赚取更多的利润。所以，企业应根据自身的实际情况采取不同的融资策略。另外，这两个指标在不同的行业之间存在很大的差异。

（4）利息保障倍数

利息保障倍数（interest coverage）是企业息税前利润与其所支付的利息费用总额之比率。它可以反映获利能力对债务偿付的保障程度。其计算公式为

$$利息保障倍数 = \frac{息税前利润总额}{利息费用} = \frac{净利润 + 所得税 + 利息费用}{利息费用}$$

这里的息税前利润是指税前利润总额加上利息费用，或者是净利润、所得税与利息费用之和，用来说明企业是否有足够的利润支付到期的利息。这个资本一般要求大于1，通常认为，这个指标越大越好。因为我国通常将利息费用计入财务费用，而不单独记录，利息费用的数据难以得到，于是，分析人员通常用财务费用代替利息费用进行计算，但这样会存在一定的误差。

一般教科书之所以认为利息保障倍数可以反映企业的偿债能力，是因为企业偿还利息的能力越强，就越容易举债成功。但实际上，企业偿还利息的能力至少在短期内主要取决于企业的现金支付能力，而与利息保障倍数无关。因此，利息保障倍数的作用仅仅在于从股东的角度评价企业当前的借款政策是否有利，它并不能真正反映企业的偿债能力。

3. 盈利能力比率

盈利能力比率是用来衡量公司总体盈利能力的财务比率，主要是将产出指标（如利润）与投入指标（如成本、费用或资产等）进行比较。评价盈利能力的指标主要有三类：第一类是经营活动赚取利润的能力；第二类是企业的资产对企业利润的贡献；第三类是企业给股东带来的投资回报。

（1）毛利率

毛利率（gross profit ratio）是毛利占营业收入净额的百分比。反映企业产品获利能力的指标。计算公式为

$$毛利率 = \frac{毛利}{营业收入} \times 100\%$$

式中，毛利 = 营业收入 − 营业成本，毛利润是企业利润的源头。这个比率用来计量管理者根据产品成本进行产品定价的能力，也就是企业的产品还有多大的降价空间。如果企业毛利率高，则表明公司的产品或服务具有很强的竞争优势，其替代品较少或替代的代价很高。相反，企业的毛利率低，说明企业产品或服务存在大量替代品且替代的代价很低，产品价格上的微小变动，都可能使客户放弃购买。

由于行业不同，评判毛利率的高低应用行业平均值或该行业的标杆企业的水平。行业毛利率的平均水平可反映出行业的竞争状况、行业的成熟程度。行业内企业的毛利率反映出企业产品在市场上的相对竞争力。

（2）营业净利率

营业净利率（net profit ratio）是企业净利润与营业收入的百分比，表明每百元营业收入能够为企业带来多少净利润。计算公式为

$$营业净利率 = \frac{净利润}{营业收入} \times 100\%$$

这个指标用来衡量企业营业收入最终给企业带来盈利的能力。这个比率较低，表面企业经营管理者未能创造出足够的营业收入或者没能成功地控制成本。它可以用来衡量企业总体的经营管理水平。

这个指标适用于企业的净利润中自身经营活动占比较大的实行经营战略的企业，如果企业实行的是投资战略，净利润中投资收益、公允价值变动收益等与企业自身的营业收入无

关的项目金额过大,此比率会失去意义。

反映企业的盈利水平。该指标越高,说明企业销售产品过程中的盈利能力越强。

营业净利率基本完整地体现了企业的盈利能力。这个指标越大越好。如贵州茅台,毛利率 93% 的企业营业净利率可以做到 70% 左右。注意纵向和横向比较,关注营业净利率上升的原因及可持续性。最后关注净利润是否变成现金回到公司账上。经营现金净流量÷净利润,持续大于 1 是优秀企业的重要特征。

(3) 总资产报酬率

总资产报酬率(return on total assets)是指息税前利润与平均总资产之间的比率。计算公式为

$$总资产报酬率 = \frac{息税前利润}{平均总资产} = \frac{利润总额 + 利息支出}{平均总资产} \times 100\%$$

式中,平均总资产 $= \dfrac{期初资产总额 + 期末资产总额}{2}$,这个指标反映管理层对所有资产实施管理产生的效益,即管理层利用现有资源创造价值的能力。这个比率是对企业整体盈利能力的衡量,应排除企业的财务结构和税收等非盈利因素的影响。将该比率和借款比率等反映企业资本成本的指标进行比较,有助于企业管理层做出更加科学合理的融资决策,这也是我们判断企业资本结构质量用到的一个指标。

(4) 净资产收益率

净资产收益率(return on common equity)是本期净利润与净资产的比率。计算公式为

$$净资产收益率 = \frac{净利润}{平均净资产} \times 100\%$$

式中,净利润是指企业当前税后利润;净资产是指企业资产减去负债后的余额,包括实收资本、资本公积、盈余公积和未分配利润,也就是资产负债表中的所有者权益总额。对于平均净资产,一般取期初与期末的平均值,但是,如果要通过该指标观察分配能力,则取年度末的净资产更为恰当。

净资产收益率是盈利能力的核心指标,该指标对投资者和管理层非常有意义。对普通股股东而言,这个比率和必要报酬率相比较,决定是否继续投资该企业,对管理层来说,用这个数据和企业的资产报酬率相比较,如果比资产报酬率高很多,则说明企业利用财务杠杆给股东创造了更多价值。该指标也是证券市场监管部门用于衡量上市公司盈利能力、提出监管要求(如 IPO、再融资等)的常用指标。

(5) 费用率

各项销售费用率是指企业各项期间费用(如管理费用、营业费用、财务费用等)占销售收入的百分比。它反映了企业每实现一元销售收入需要多少期间费用,是说明企业管理水平和衡量企业盈利能力的重要指标。其计算公式为

$$费用率 = \frac{各项期间费用}{营业收入}$$

需要说明的是:在分析各项销售费用率时,没有统一的参考标准值,主要取决于企业所在行业状况和企业自身管理水平。

4. 营运能力比率

企业营运能力反映了企业对其所控制的资源进行经营和管理的能力。企业营运能力通

常采用各项资产周转速度相关比率衡量。一般来说,资产周转速度越快,说明企业资产使用效率越好,企业营运能力越强;相反,则企业营运能力越差。

通常,资产周转速度采用周转率和周转期两项指标来衡量。所谓周转率,是指企业在一定时期内资产周转的总额与资产平均占用额的比率。它反映企业资金在一定时期内的周转次数。一定时期内,资金周转次数越多,周转速度越快,表明营运能力越强。周转期通常表示为周转天数,周转天数是指资金周转一次所需要的天数。周转期越长,表明周转速度越慢,企业营运能力越差。周转率与周转期的计算公式如下:

$$周转率(周转次数) = \frac{周转总额}{资产平均占用额}$$

$$周转期(周转天数) = \frac{资产平均占用额 \times 计算期天数}{周转总额} = \frac{计算期天数}{周转率}$$

(1)应收账款周转率

应收账款周转率(accounts receivable turnover)是一定时期内商品或产品销售收入净额与应收账款平均占用余额的比率,用以反映企业应收账款周转速度的快慢及管理效率的高低。这里一定时期通常为一个会计年度。分析应收账款周转率不仅可以反映企业管理应收账款的水平,还能反映企业的短期偿债能力。其计算公式为

$$应收账款周转率 = \frac{赊销净额}{平均应收账款}$$

式中,平均应收账款是用年初应收账款和年末应收账款之和除以2得到的,或者使用多个时点的平均值,以减少季节性、偶然性或人为因素的影响。赊销净额是通过赊销取得的收入,赊销净额=销售收入-现销收入-销售折扣、折让。通常企业通过赊销和现销两种方式进行销售,应收账款是在赊销过程中产生的,所以计算应收账款周转率时应采用赊销净额。但通常赊销净额只有内部人员才能得到,外部使用者很难得到这个数据,所以实践中通常用营业收入代替赊销净额来计算这个比率,导致了应收账款周转率被高估。

实践中常用的另一个数据是平均收账期,它是应收账款周转率的另一种表达方式,比应收账款容易理解。

$$平均收账期 = \frac{平均应收账款}{平均日销售额}$$

或

$$平均收账期 = \frac{365}{应收账款周转率}$$

需要指出的是,利用上述公式进行分析时应注意:第一,上述公式中的应收账款包括会计核算中"应收账款"和"应收票据"等全部赊销账款在内;第二,资产负债表上的资产是按照净值列示的,报表上的应收账款金额是扣除坏账准备后的金额;第三,如果坏账准备的金额较大,就应该进行调整,或者用未计提坏账准备的应收账款计算;第四,在实施增值税的条件下,销售额的项目还应乘以(1+增值税税率),这是因为债权中包括销项增值税;第五,应收账款分析应与赊销分析、现金分析联系起来,如果应收账款日益增加,而现金日益减少,则可能是赊销出了比较严重的问题。

应收账款天数并不是越短越好,因为应收账款是由赊销引起的,如果赊销有可能比现销更有利,周转天数不是越短越好。

应收账款周转率的高低与企业的信用政策有关。因而在分析时,不仅需要参考行业平均值,也需参考企业的信用政策。如果与行业平均值偏离过大,则应考虑企业的信用政策是否合理,或是否还有其他原因。

(2) 存货周转率

存货周转率(inventory turnover)是反映企业流动资产流动性的一个指标,它反映了企业销售能力和存货管理效率,是衡量企业生产经营各环节中存货运营效果的一个综合性指标。其计算公式为

$$存货周转率 = \frac{营业成本}{平均存货}$$

式中,平均存货是年平均存货、季平均存货或者月平均存货;营业成本是对应的年营业成本、季营业成本和月营业成本。最常用的是年营业成本除以年平均存货,年平均存货由年初存货金额加上年末存货成本除以 2 得到。使用这个指标时做了如下假设:存货在一年当中是匀速使用的,不会发生波动。很显然,这种假设对很多企业是不适用的,因为很多企业的存货存在季节性。如商业企业,在年末是旺季,存货比其他季节的存货要多,这样计算的存货周转率就会比实际的存货周转率要小,从而扭曲了该指标。

实践中,常用的另一个指标是存货平均周转天数。它实际上是存货周转率的另一种表达方式,比存货周转率更直观、更容易理解。

$$存货周转天数 = \frac{平均存货}{平均日营业成本}$$

或

$$= \frac{365}{存货周转率}$$

$$平均收账期 + 存货周转天数 = 企业营业周期$$

存货周转率是反映存货周转速度的指标,该指标越高,存货周转速度越快,存货管理水平越高,企业生产销售能力越强;反之则相反。但是,如果该比率过高或过低,表明企业在存货管理上或多或少都存在问题。存货必须满足流转需要,存货周转天数并不是越短越好,例如,如果存货周转率绝对地高,周转天数趋向 0,可能是存货的"短缺"所引起的。

应注意应收账款、存货和应付账款之间的关系,企业接受大的订单时,通常要先增加存货,然后带来应付账款增加,最后引起应收账款增加。

应关注构成存货的原材料、在产品、产成品和低值易耗品之间的比例关系。如果产成品大量增加,其他项目减少,很可能是销售不畅,生产放慢。如果前端存货(原材料)占比增加,说明因大额订单而主动采购,预示着未来的销售增长;如果是后端存货(产成品)占比增加,说明销售不畅,产品积压。

存货周转速度的快慢,不仅反映出企业采购、储存、生产、销售各环节管理工作状况的好坏,而且对企业的偿债能力及获利能力也产生了决定性的影响。

存货周转率或周转天数可以为我们提供一个决定库存是否过期很好的参考。若库存天数比行业平均增值高许多,这就可能是库存管理或其他方面存在管理问题。

(3) 流动资产周转率

流动资产周转率(current assets turnover)是流动资产在一定时期所完成的周转额(销

售收入净额)与流动资产平均占用额之间的比率,是反映企业流动资产周转速度的指标。其计算公式为

$$流动资产周转率 = \frac{营业收入}{平均流动资产}$$

式中,平均流动资产是期初流动资产余额和期末流动资产余额之和除以 2 得到的。

流动资产周转率是反映企业流动资产周转速度的指标。该指标越高,流动资产周转速度越快,资金利用效果越好,经营管理水平越高;反之则相反。在一定时期内,流动资产周转次数越多,表明以相同的流动资产完成的周转额越多,流动资产利用效果越好。

(4) 固定资产周转率

固定资产周转率(fixed assets turnover)是指一定时期内企业营业收入与固定资产平均净值的比率。它反映了企业固定资产周转速度,是用来衡量企业固定资产利用效率的指标。其计算公式为

$$固定资产周转率 = \frac{营业收入}{平均固定资产原值}$$

式中,平均固定资产原值是期初固定资产原值和期末固定资产原值的和除以 2 得到的,这个指标可以粗略地计算企业固定资产创造收入的能力,反映企业管理层管理企业固定资产运营的能力。

当固定资产周转率处于较低水平时,反映固定资产利用不够,需要分析固定资产没有被充分利用的原因。通常计划新的固定资产投资时,企业决策者需要分析现有固定资产是否已经被充分利用。固定资产周转率越高,表明企业固定资产利用越充分,也能表明企业固定资产投资得当,固定资产结构合理,能够充分发挥效率。如果公司的固定资产周转率远高于行业平均值,则可能是企业产能不足的信号,企业应当根据企业实际情况做出调整。

(5) 总资产周转率

总资产周转率(total assets turnover)用来反映企业全部资产的利用效率。其计算公式为

$$总资产周转率 = \frac{营业收入}{平均资产总额}$$

式中,平均资产总额是期初总资产和期末总资产的和除以 2 得到的,这个指标可以粗略地计量企业资产创造收入的能力,反映管理层管理企业资产运营的能力。

5. 现金流量比率

(1) 现金与负债总额比率

现金与负债总额比率(operating cash flow to liabilities)是指一定时期内企业经营活动现金净流量与平均负责总额的比率。其计算公式为

$$现金与负债总额比率 = \frac{经营活动现金净流量}{债务总额}$$

现金与负债总额比率反映了企业依据自身创造的现金能力所能够承担债务规模的大小。一般而言,该比率越高,企业承担债务的能力越强;该比率越低,企业承担债务的能力就越弱。

(2) 现金到期债务本息偿付比率

现金到期债务本息偿付比率(operating cash flow to expired debts and interests)是指企业的经营活动现金净流量对本期到期债务和利息支出的现金满足程度。其计算公式为

$$现金到期债务本息偿付比率=\frac{经营活动现金净流量}{本期到期债务+利息支出}$$

到期债务偿付比率越大,表明企业偿付到期债务的能力越强;到期债务偿付比率小于1,则表明企业经营活动产生的现金不足以偿付到期债务本息,企业必须依靠投资活动与筹资活动的现金流入才能足额偿还债务。

(3) 收入现金比

收入现金比(cash inflow from operations to sales)是指一定时期经营活动现金净流入与营业收入的比率。用公式表示为

$$收入现金比=\frac{经营活动现金净流入}{营业收入}$$

该比率表明企业在每一元营业收入中所实现的净现金收入,反映的是权责发生制下确认的营业收入,在收付实现制下最终为企业带来多少现金净流入。从另一个角度分析,该比率体现企业应收账款回收的效率。该比率越大,表明企业的收入质量越高,企业应收账款回收的效率越高。该比率过低,意味着确认的营业收入中相当部分没有转化为现金流入企业,利润只是报表中的数字而非真实的现金收入。

(4) 净利润现金保障倍数

$$净利润现金保障倍数=\frac{经营活动现金净流量}{净利润}$$

净利润现金保障倍数是衡量企业盈余质量的重要比率,反映企业收付实现制和权责发生制下的差别,反映企业利润中经营现金利润的多少。该比率从现金流入、现金流出的动态角度对企业收益的质量进行评价,一定程度上排除了企业对会计收益的操纵。

(5) 销售商品、提供劳务收到的现金对营业收入的比率

$$销售商品、提供劳务收到的现金对营业收入的比率=\frac{销售商品、提供劳务收到的现金}{营业收入}$$

销售商品、提供劳务收到的现金对营业收入的比率又称销售收现率,反映企业每确认一元营业收入最终有多少货款真正流入企业。该指标衡量企业经营活动效益,比率越高,说明企业销售政策越完善、回款能力越强、销售经营状况越好。该指标不能太高或太低,太高意味着企业销售信用过紧,太低则意味着企业赊销过多,盈利质量低下。

(6) 购买商品、接受劳务支付的现金对营业成本的比率

$$购买商品、接受劳务支付的现金对营业成本的比率=\frac{购买商品、接受劳务支付的现金}{营业成本}$$

购买商品、接受劳务支付的现金对营业成本的比率又称采购付现比率,反映企业采购原材料等确认的成本中实际支付现金的比例。比值越高,说明企业的现金流出越多,采购等活动中赊购的量越少,企业享有的信用额度越少。

(7) 现金购销比率

现金购销比率(cash paid to supplies/cash from sales)是指企业在经营活动中购买商品、接受劳务支付的现金与销售商品、提供劳务收到的现金的比率。用公式表示为

$$现金购销比率 = \frac{买商品、接受劳务支付的现金}{销售商品、提供劳务收到的现金}$$

该比率的分子和分母分别对应企业经营活动中的投入与产出。在企业正常经营的情况下,这一比率应该对应利润表中的营业成本率(成本费用总额/营业收入总额)。该指标可以分析企业在上下游产业链中的地位。收到现金占比高、支付现金占比低,往往意味着企业回款迅速、付款延迟,这样的企业对上下游都处于强势地位。该指标不能太高或太低。太高意味着企业难以享受到采购信用,太低则意味着企业赊账过多,对供应商挤压过甚。

6. 上市公司的特殊比率

（1）每股收益

每股收益(earnings per share,EPS)也称每股盈余或每股盈利,反映企业一定时期平价发行在外的普通股加权平均数。用公式表示为

$$每股收益 = \frac{可供普通股股东分配的净利润}{发行在外的普通股加权平均数}$$

一般来说,在利润质量较好的情况下,每股收益越高,表明股东的投资效益越好,股东获取较高股利的可能性也就越大。这个指标是普通股股东最关心的指标之一,而且其数值之间影响企业支付普通股股利的多少,如果没有足够的股东收益就不能支付股利,当然,股利的支付还要受到企业现金状况等情况的影响。

（2）市盈率

市盈率(price earnings ratio,PE ratio)是普通股市价与普通股每股收益的比率,是普通股每股市价与每股收益的比率。用公式表示为

$$市盈率 = \frac{普通股每股市价}{普通股每股收益}$$

市盈率反映市场对企业的期望的指标。市盈率越高,市场对企业的未来越看好。但是,这个比率不能用于不同行业间企业的比较,市盈率与企业的增长率相关,不同行业的增长率不同,不同行业的企业之间比较这个数据是没有意义的。

市盈率的问题之一是会计利润会受到各种会计政策和会计估计的影响,也会受到不同行业发展前景预期的影响,这使得企业间的比较产生困难。

（3）每股净资产

每股净资产就是每股股票的账面价值,它表示每份股票所对应的股东权益的高低。用公式表示为

$$每股净资产 = \frac{资产总额}{发行在外的普通股加权平均数}$$

我国 A 股股票面值一般为 1 元,发行价格一般高于面值,如果每股净资产低于 1 元,表明该公司已经蚀本,有破产的风险。每股净资产是股票市价的一道警戒线,如果股票交易市价低于每股净资产,基本可以说明股票没有投资价值。

（4）股利支付率

股利支付率(dividend payout ratio)是每股股利与每股收益之比。用公式表示为

$$股利支付率 = \frac{每股股利}{每股收益}$$

股利支付率反映在企业的获利总额中普通股股东实际获取的份额。此比率越高,股东获取的份额越大。可以通过该指标分析企业的股利政策,因为股票价格会受股利政策的影响,企业为了稳定股票价格可能采取不同的股利政策。

(5)股利保障倍数

股利保障倍数(times dividend eared)是利润总额与股利支付金额之比。用公式表示为

$$股利保障倍数 = \frac{归属于普通股的税后净利}{股利支付金额}$$

股利保障倍数反映了企业的净利润与股利支付数之比。此比率越大,表明企业留存的利润越多。该比率也是对股利安全性的一种计量,反映股利和盈利之间的关系。据此,信息使用者可以分析在什么条件下企业的盈利仍能保障目前股利的分配。

(6)市净率

市净率(price-to-book ratio,P/B,PBR)也称为净资产倍率,是股票市价与每股净资产的比率。用公式表示为

$$市净率 = \frac{股票市价}{每股净资产}$$

表示市场对公司股票的认知程度。市净率越高,表示市场认知度越高,同时,也表示风险越大。由于股票市价随时变动,一般用每年4月的最后一个交易日的收盘价比前一年每股净资产来计算。市净率的高低需要与行业或市场平均水平相比较来判断。市净率可用于股票投资分析,一般来说,市净率较低的股票,投资价值较高,相反,则投资价值较低;但在判断投资价值时还要考虑当时的市场环境以及公司经营情况、盈利能力等因素。

(7)市销率

市销率(price-to-sales,PS)反映股票交易价格与每股销售额的比值,市销率越低,说明该公司股票的投资价值越大。用公式表示为

$$市销率 = \frac{股票市价}{每股销售额} = \frac{股票总市值}{营业收入总额}$$

市销率是国际资本市场新兴起来的市场比率,主要用于创业板的企业或高科技企业股票投资价值分析。收入分析是评估企业经营前景至关重要的一步。没有销售,就不可能有收益。用该指标来选股可以剔除那些市盈率很低但主营业务没有核心竞争力而主要是依靠非经营性损益而增加利润的股票(上市公司)。因此,该项指标既有助于考察公司收益基础的稳定性和可靠性,又能有效把握其收益的质量水平。

(8)每股经营现金流

$$每股经营现金流 = \frac{经营活动现金净流量}{流通在外的加权平均普通股股数}$$

每股经营现金流表明企业经营活动为每股普通股带来的现金净流入,也可以理解为企业维持期初现金净流量不变的前提下,派发现金股利的理论最大额。有些企业每股收益、每股未分配利润很高,但每股经营现金流却很低,这就意味着该企业没有足够的现金流来支撑收益,无法保证分红派息。

7. 杜邦财务分析体系

长期以来,许多人都在考虑提高企业股东财富最大化的途径是什么,哪些因素影响了企

业股东财富实现,以及如何加强企业财务控制等问题。20世纪,杜邦公司在总结自身管理经验基础上,从净资产收益率开始,将相关联的财务指标逐层分解,构建财务分析体系,全面地对企业财务状况进行分析,从而全面地了解企业的财务信息,同时分析了相关联的指标间的钩稽关系,为分析股东财富影响因素及合理实施财务控制打下了基础。我们把这种分析方法称为杜邦财务分析体系。它是利用各个主要财务比率之间的内在联系,对企业财务状况进行综合分析评价的一种方法。具体体系如下图3-6所示。

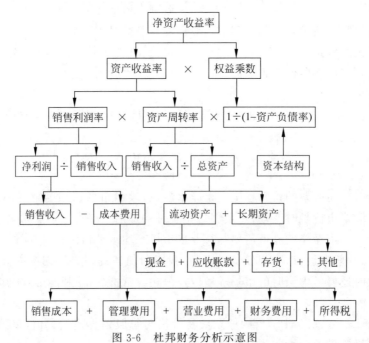

图 3-6　杜邦财务分析示意图

杜邦财务分析图不仅反映主要财务指标的相互关系,还将净利润、总资产等指标进行层层分解,这样就可以全面系统地揭示出企业财务状况这个系统内部各个因素之间的相互关系。在杜邦财务分析体系中,包含了以下几种主要的财务指标关系。

(1) 净资产收益率同总资产净利率和权益乘数的关系

$$净资产收益率=总资产净利率×权益乘数$$

即

$$\frac{净利润}{股东权益}=\frac{净利润}{资产总额}×\frac{资产总额}{股东权益}$$

(2) 资产收益率同销售利润率和资产周转率的关系

$$资产收益率=销售利润率×资产周转率$$

即

$$\frac{净利润}{资产总额}=\frac{净利润}{销售收入}×\frac{销售收入}{资产总额}$$

(3) 权益乘数同资产负债率的关系

$$权益乘数=1÷(1-资产负债率)$$

即

$$\frac{资产总额}{股东权益}=1\div\left(1-\frac{负债总额}{资产总额}\right)$$

在上述公式中,"资产收益率=销售利润率×资产周转率"这一等式被称为杜邦等式。

杜邦财务分析体系是对企业财务状况进行全面综合分析。它通过几种主要的财务指标之间钩稽的关系,全面系统地反映出企业的财务状况。杜邦财务分析图可以提供下列主要的财务指标关系。

第一,净资产收益率是一个综合性较强的财务指标,是杜邦财务分析体系的核心。净资产收益率反映了股东投入资金的获利能力,反映企业筹资、投资、资产运营等活动的效率,提高净资产收益率是所有者财富最大化的基本保证。所以,投资人、经营者都十分关心这一财务指标。决定股东权益净利率高低因素有三个方面:销售利润率、资产周转率和权益乘数。这样分解后,可以把净资产收益率这一综合性指标发生变化的原因具体化。

第二,资产收益率也是一个重要财务比率,综合性也较强。它是销售利润率和资产周转率的乘积,同时受到销售利润率和资产周转率的影响。因此,要进一步从销售成果和资产运营两方面来分析。销售利润率的高低需要从销售额和销售成本两个方面进行。这方面的分析是有关盈利能力的分析。这个指标可以分解为销售成本率、销售其他利润率和销售税金率。销售成本率还可进一步分解为毛利率和销售期间费用率。深入的指标分解可以将销售利润率变动的原因定量地揭示出来,如售价太低,成本过高,还是费用过大。当然管理人员还可以根据企业的一系列内部报表和资料进行更详尽的分析。资产周转率是反映运用资产以产生销售收入能力的指标。对资产周转率的分析,则需对影响资产周转的各因素进行分析。除了对资产的各构成部分从占用量上是否合理进行分析外,还可以通过对流动资产周转率、存货周转率、应收账款周转率等有关资产组成部分使用效率的分析,判明影响资产周转的问题出在哪里。

第三,销售利润率反映了企业净利润与销售收入的关系,从这个意义上看,提高销售利润是提高企业获利能力的关键所在。要想提高销售利润率,一是要扩大销售收入,二是要降低成本费用。

扩大销售收入具有重要的意义,它首先有利于提高销售利润率,同时它也是提高资产周转率的必要前提。降低成本费用是提高销售净利率的另一重要因素,利用杜邦分析图可以研究企业成本费用的结构是否合理,从而加强成本费用控制。这里联系到资本结构来分析,还应研究利息费用同利润总额(或息税前利润)的关系,如果企业承担的利息费用太多,就需要查明企业的负债比率是否过高,防止资本结构不合理影响企业所有者的收益。

第四,资产周转率综合反映了企业资产营运的能力,对此要联系销售收入分析企业资产的使用是否合理,流动资产和非流动资产的比例安排是否恰当。企业资产的营运能力和流动性,既关系到企业的获利能力,又关系到企业的偿债能力。如果企业持有的现金超过业务需要,就可能影响企业的获利能力;如果企业占用过多的存货和应收账款,则既要影响获利能力,又会影响偿债能力。为此,要进一步分析各项资产的占用数额和周转速度。

第五,权益乘数反映了股东权益同企业总资产的关系。主要受资产负债率影响。负债比率越大,权益乘数越高,说明企业有较高的负债程度,给企业带来较多的杠杆利益,同时也给企业带来了较多的风险。在总资产需要量既定的前提下,企业应适当开展负债经营,相对减少股东权益所占的份额,充分利用财务杠杆作用来获取杠杆利益,就可使此项财务指标提高。因此,企业既要合理使用全部资产,又要妥善安排资本结构,这样才能有效地提高净资产收益率。

从图 3-6 中可以看出,净资产收益率与企业的销售规模、成本费用高低、资产营运、资本结构有着密切的联系,这些因素构成一个相互依存的体系。只有把这个体系内各因素的关系安排好、协调好,才能使净资产收益率达到最大,才能实现股东财富最大化的理财目标。净资产收益率也反映企业投资人的投资报酬率,具有很强的综合性。销售利润率、资产周转率和权益乘数三个指标分别反映了企业的盈利能力和资产营运能力和资本结构状况。通过杜邦财务分析体系,可以解释净资产收益率这样一项综合性指标发生升降的具体原因,定量地说明企业经营管理中存在的问题,提供了更明确的、更有价值的财务信息。

另外,需要说明的是,杜邦财务分析体系不仅是解释指标变动的原因和变动趋势,还为实施财务控制措施指明方向。

3.3.4　财务报告的前景分析

1. 前景分析的意义

传统的财务报表是建立在历史成本和实际交易的基础上的,反映的是公司过去和当前的财务状况、经营成果和现金流动的情况。但财务报表分析的目的是面向未来做出决策。因此,财务报表分析的关键是根据历史财务报表信息预测公司未来的发展前景,从而作出相应的投资和信贷等决策。

前景分析是将商业模式分析、会计分析和财务指标分析的各项结果加以总结整理,识别企业价值创造的动因,判断价值动因的可持续性。前景分析包括对企业未来一定期间的收入、盈利、现金流量、投资以及资产负债进行预测,并进行敏感性分析或情景分析,对公司价值进行评估,提出完善公司发展战略的建议。

2. 管理层讨论与分析

在进行前景分析时,可以关注公司披露的"管理层讨论与分析"。"管理层讨论与分析"是公司管理部门在年度报告中对公司的基本情况、业绩指标及其实现情况、战略目标、资源、风险等做出的文字性说明,用来帮助报告使用者更好地理解报告信息,预测公司的发展前景。

中国证券监督管理委员会于 2003 年修订的《公开发行证券的公司信息披露内容与格式准则 2 号——年度报告的内容与格式》第二章"年度报告内容"指出"公司董事会报告中应当对财务报告与其他必要的统计数据以及报告期内发生或将要发生的重大事项进行讨论与分析,以有助于投资者了解其经营成果、财务状况(含现金流量情况)。讨论与分析不能只重复财务报告的内容,应着重于其已知的、可能导致财务报告难以显示公司未来经营成果与财务状况的重大事项和不确定性因素,包括已对报告期产生重大影响但对未来没有影响的事项,以及未对报告期产生影响但对未来具有重大影响的事项等"。

中国证券监督管理委员会在 2007 年 1 月 30 日公布的《上市公司信息披露办法》中提出了进一步的要求,其中第二十一条指出"年度报告应记载以下内容……(六)董事会报告;(七)管理层讨论与分析……",首次明确提出了"管理层讨论与分析",并把管理层讨论与分析内容从此前的董事会报告中分离出来,单独作为报告的一部分。同时还要求上市公司的中期报告也披露管理层讨论与分析。这一要求对财务报表使用者了解公司未来发展前景提供了帮助。

3.3.5　财务分析案例

1. 公司背景分析

M 公司前身为珠海市利海冷气工程股份有限公司,1989 年经珠海市工业委员会、中国人民银行珠海分行批准设立,1994 年经珠海市体改委批准更名,1996 年 11 月 18 日经中国证券监督管理委员或证监发字〔1996〕321 号文件批准于深圳证券交易所上市。截至 2018 年 12 月 31 日,公司注册资本及股本为人民币 6 015 730 878.00 元。

M 公司的实际控制人为珠海市人民政府国有资产监督管理委员会,股权相对分散是 M 公司股权结构的一大特点。公司的核心管理人员基本稳定。

公司是一家集研发、生产、销售、服务于一体的国际化家电企业,拥有格力、TOSOT、晶弘三大品牌,产业覆盖空调、生活电器、高端装备、通信设备等四大领域,包括以家用空调、商用空调、冷冻冷藏设备、核电空调、轨道交通空调、光伏空调等为主的空调领域;以智能装备、数控机床、工业机器人、精密模具、精密铸造设备等为主的高端装备领域;以厨房电器、健康家电、环境家电、洗衣机、冰箱等为主的生活电器;以物联网设备、手机、芯片、大数据等为主的通信设备领域。

公司走自主培养人才的道路,4 个国家级研发中心,14 个研究院,900 多个实验室,近 1.2 万名研发人员,并已建立"电机与控制"和"建筑节能"两个院士工作站,获批建立博士后科研工作站和广东省博士工作站。2018 年,研发投入 72.68 亿元,同比增长 26.04%。公司掌控了从上游压缩机、电机等零部件研发生产到下游废弃产品回收利用的全产业链。

限于篇幅公司的行业发展现状及行业地位具体分析见公司年报。

2. 会计分析

会计分析主要是对公司财务报表信息质量进行基本判断。我们借助公司的审计报告加以考察。

注册会计师对公司出具的是一份标准无保留意见的审计报告。这就意味着,注册会计师的审计过程符合以下条件。

(1) 注册会计师已按照中国注册会计师审计准则的规定执行了审计工作,完成了预定的审计程序,在审计过程中未受到阻碍和限制。

(2) 注册会计师在其判断和评估的基础上选择了恰当的审计程序。

(3) 审计工作涉及实施审计程序,以获取有关财务报表金额和披露的审计证据。注册会计师相信获得的审计证据是充分、适当的,为发表审计意见提供了基础。

注册会计师认为,公司的财务报表在所有重大方面符合以下条件。

(1) 财务报表的编制符合《企业会计准则》的相关规定。

(2) 公允反映了公司 2018 年 12 月 31 日的合并和公司财务状况以及 2018 年度的合并和公司经营成果和现金流量。

(3) 与公司报表编制和公允列报相关的内部控制制度较为完善。

(4) 管理层选用的会计政策是恰当的,做出的会计估计是合理的。

(5) 财务报表不存在重大错报风险。

(6) 会计处理方法遵循了一致性原则。

（7）不存在影响会计报表的重要的未确定事项，不存在应调整而未被审计单位调整的重要事项。

3. 财务比率分析

本书以 M 公司 2018 年报表数据（母公司数据）为基础，M 公司的基本财务报表及计算的基本财务比率如表 3-6～表 3-10 所示。

表 3-6　M 公司资产负债表

2018 年度　　　　　　　　　　　　　　　　　　　　　金额单位：千元

资　　产	2018-12-31	2017-12-31	负债及所有者权益	2018-12-31	2017-12-31
流动资产：			**流动负债：**		
货币资金	102 696 932	97 829 294	短期借款	17 759 081	12 174 152
以公允价值计量且其变动计入当期损益的金融资产	412 114	300 195	衍生金融负债	45 079	38 010
衍生金融资产	73 920	16 064	应付票据		9 123 099
应收票据	32 516 211	28 046 281	应付账款		38 206 787
应收账款	2 531 172	1 384 794	预收款项	13 470 829	16 548 929
预付账款	11 907 653	8 728 589	应付职工应酬	1 114 026	808 745
其他应收款	3 898 631	4 220 316	应交税费	2 902 885	2 848 508
存货	8 529 209	10 803 399	其他应付款	1 795 358	783 159
其他流动资产	12 311 913	5 261 234	其他流动负债	63 348 221	60 900 715
流动资产小计	174 877 657	156 590 165	**流动负债合计**	145 351 331	141 432 105
非流动资产：			**非流动负债：**		
可供出售金融资产	764 190	493 798	长期应付职工薪酬	130 840	112 709
长期股权投资	12 538 945	8 459 425	递延所得税负债	311 380	254 611
投资性房地产	26 778	29 080	递延收益	30 607	27 780
固定资产	3 124 307	3 368 303	**非流动负债合计**	472 827	395 100
在建工程	168 095	115 844	**负债合计**	145 824 159	141 827 206
无形资产	748 344	513 798	**所有者权益：**		
长期待摊费用			股本	6 015 731	6 015 731
递延所得税资产	10 931 513	10 512 001	资本公积	179 565	190 973
其他非流动资产	130 259	122 822	其他综合收益	−330 284	−69 906
非流动资产合计	28 432 431	23 615 071	盈余公积	3 497 114	3 497 114
			未分配利润	48 123 804	28 744 119
			所有者权益合计	57 485 929	38 378 031
资产总计	203 310 088	180 205 236	**负债及所有者权益总计**	203 310 088	180 205 236

表 3-7　M 公司利润表　　　　　　　　　　　　　　单位：千元

项　　目	2018 年度	2017 年度
一、营业收入	161 753 766	133 341 973
减：营业成本	143 565 129	118 528 779
税金及附加	794 981	776 986

续表

项　　目	2018 年度	2017 年度
销售费用	19 690 157	15 281 079
管理费用	940 247	2 178 003
研发费用	5 120 484	
利息费用	−2 190 327	445 738
资产减值损失	70 695	22 622
加：其他收益	70 645	163 132
投资净收益	3 846 958	11 373 774
其中：对联营企业和合营企业的投资收益	129 542	6 487
公允价值变动净收益	50 759	−246 882
资产处置收益	−318	−492
二、营业利润	22 156 682	26 102 726
加：营业外收入	39 340	23 308
减：营业外支出	5 214	3 154
三、利润总额	22 190 808	26 122 879
减：所得税费用	2 811 123	2 188 852
四、净利润	19 379 685	23 934 028
加：其他综合收益	−260 378	−51 570
五、综合收益总额	19 119 307	23 882 458

表 3-8　M 公司现金流量表

2018 年度　　　　　　　　　　　　　　　　　　　单位：千元

项　　目	2018 年度	2017 年度
一、经营活动现金流量		
销售商品、提供劳务收到的现金	104 307 760	97 723 784
收到的税费返还	1 879 978	1 411 864
收到的其他与经营活动有关的现金	8 310 656	1 830 313
经营活动现金流入小计	114 498 394	100 965 960
购买商品、提供劳务支付的现金	74 899 175	58 716 405
支付给职工以及为职工支付的现金	3 342 084	3 135 458
支付的各项税费	9 482 566	8 769 149
支付的其他与经营活动有关的现金	13 157 728	13 669 947
经营活动现金流出小计	100 881 552	84 290 960
经营活动产生的现金流量净额	13 616 842	16 675 000
二、投资活动产生的现金流量		
收回投资收到的现金	1 520 300	
取得投资收益收到的现金	39 636	14 417
处置固定资产、无形资产和其他长期资产收到的现金	5 324	1 860
收到其他与投资活动有关的现金	5 025 218	680 972
投资活动现金流入小计	6 590 478	697 248
购建固定资产、无形资产和其他长期资产支付的现金	684 487	422 892
投资支付的现金	11 009 107	6 228 154
取得子公司及其他营业单位支付的现金	1 247 087	

项　　目	2018 年度	2017 年度
支付其他与投资活动有关的现金	7 785 360	43 617 033
投资活动现金流出小计	20 726 041	50 268 078
三、筹资活动产生的现金流量		
吸收投资收到的现金		
取得借款收到的现金	23 443 353	16 322 199
收到其他与筹资活动有关的现金	1 727 535	1 386 994
筹资活动现金流入小计	25 170 887	17 709 194
偿还债务支付的现金	17 648 574	10 911 556
分配股利、利润或偿付利息支付的现金	768 899	11 029 438
支付其他与筹资活动相关的现金	458 538	
筹资活动现金流出小计	18 876 010	21 940 994
筹资活动产生的现金流量净额	6 294 877	−4 231 800
四、汇率变动对现金及现金等价物的影响	953 015	−2 888 344
五、现金及现金等价物净增加额	6 729 171	−40 015 974
加：年初现金及现金等价物余额	25 586 692	65 602 666
六、年末现金及现金等价物余额	32 315 862	25 586 692

表 3-9　M 公司（合并）所有者权益（股东权益）变动表

2018 年度　　　　　　　　　　　　　　　　　　　　　单位：千元

项　　目	实收资本（或股本）	本 年 金 额					
		资本公积	减：库存股	其他综合收益	盈余公积	未分配利润	所有者权益合计
一、上年年末余额	6 015 731	190 973		−69 906	3 497 114	28 744 119	38 378 031
加：会计政策变更							
前期差错更正							
二、本年年初余额	6 015 731	190 973		−69 906	3 497 114	28 744 119	38 378 031
三、本年增减变动金额				−260 378		19 379 684	
（一）净利润							
（二）直接计入所有者权益的利得和损失							
1. 可供出售金融资产公允价值变动金额							
2. 权益法下被投资单位其他所有者权益变动的影响							
3. 与计入所有者权益项目相关的所得税影响							
4. 其他							
综合收益总额：上述（一）和（二）小计				−260 378	19 379 684		19 119 307
（三）所有者投入和减少的资本		−11 409					−11 409

续表

项　　　目	实收资本(或股本)	本 年 金 额					
		资本公积	减：库存股	其他综合收益	盈余公积	未分配利润	所有者权益合计
1. 股份支付计入所有者权益的金额							
2. 其他		−11 409					−11 409
(四) 利润分配							
1. 提取盈余公积							
2. 对所有者(股东)的分配							
3. 其他							
(五) 所有者权益内部结转							
1. 资本公积转增资本							
2. 盈余公积转增资本							
3. 盈余公积弥补亏损							
4. 其他							
四、本年年末余额	6 015 731	179 565		−330 284	3 497 114	48 123 804	57 485 929

表 3-10　M 公司基本财务比率

比率名称	计算公式	分子/千元	分母/千元	比率值
流动比率	流动资产/流动负债	174 877 657	145 351 331	1.2
速动比率	流动资产/速动资产	174 877 657−8 529 209	145 351 331	1.14
资产负债率	负债总额/资产总额	145 824 159	203 310 088	71.72%
利息保障倍数	(利润总额＋利息费用)/利息费用	22 190 808＋1 032 860＝23 223 668	1 032 860	22.48
毛利率	毛利润/营业收入	161 753 766−119 138 891＝42 614 875	161 753 766	26.35%
费用率	费用总额/营业收入	19 690 157＋940 247＋5 120 484−2 190 327＝23 560 561	161 753 766	14.57%
总资产报酬率	(利润总额＋利息费用)/平均总资产	22 190 808＋1 032 860＝23 223 668	(203 310 088＋180 206 237)/2＝191 757 662	12.11%
净资产收益率	净利润/平均净资产	19 379 685	(57 485 929＋38 378 031)＝47 931 980	40.43%
应收账款周转率	营业收入/(平均应收账款＋平均应收票据)	161 753 766	(35 047 383＋29 431 075)/2＝32 239 229	5.02 次
存货周转率	营业成本/平均存货	119 138 891	(8 529 209＋10 803 399)/2＝9 666 304	12.33 次
总资产周转率	营业收入/平均总资产	161 753 766	(203 310 088＋180 206 237)/2＝191 757 662	0.843 5

续表

比率名称	计算公式	分子/千元	分母/千元	比率值
现金收入比	经营活动现金流量净额/营业收入	13 616 842	161 753 766	8.42%
现金购销比率	购买商品、接受劳务支付的现金/销售商品、提供劳务收到的现金	104 307 760	74 899 175	139.26%

几点说明:

（1）财务比率的计算采用的是母公司报表数字。

（2）存货周转率和应收账款周转率应该使用未扣除减值准备之前的原值,但考虑到公司减值准备占相应资产的规模较小,并且数据获取较为困难,计算中均直接采用报表中扣除减值准备后的净值数据。

（3）我们仅计算了当年公司的有关财务比率。一般情况下,只有将其与公司以前年度的相关指标进行比较后,才能了解公司在年度间的发展变化情况;也只有在将其与同行业同类公司的相关比率进行比较后,才能了解公司在行业中的相对竞争优势以及经营战略上的差异等方面的内容。尽管如此,我们仍然可以利用上述指标对公司的财务状况进行初步评价。

首先,公司的盈利能力比率除了毛利率、总资产报酬率、费用率、净资产收益率外,还包括存货周转率、总资产周转率等指标。结合相关资产周转速度的快慢,都能得出公司当年的盈利能力比较强的结论。

其次,公司流动比率大大低于经验数据2:1,能否得出公司短期偿债能力比较弱的结论?从公司的流动负债结构可以看出,公司预收账款对流动负债占比较高,预收账款是商业负债,不需要公司用货币资金支付,没有偿债压力,因此,不认为公司存在短期偿债压力。

最后,公司的长期融资能力方面,公司资产负债率接近72%,一般会据此认为,公司运用长期负债进一步融资的能力受到了严重制约。与前面的分析相对应,公司的负债中预收账款占比较高,况且公司的绝大多数负债为经营性负债,资产中公司的预收款金额较大,这反而说明公司可以获得在上下游公司的资金,在产业链中具有较强的议价能力,在商业结算中掌握相当大的主动权,公司具有较强的竞争力,这一点也可以从现金购销比率大于100%得到印证。再看公司有息负债(银行借款)较低,没有长期借款,因此,公司实际偿还负债的压力远远没有资产负债率表现得那么大,公司的长期融资能力不会受太大的影响。

通过简单的比率分析,我们可以初步得出结论:公司盈利能力较强,营运能力较强。虽然公司的短期和长期偿债比例较差,但公司特殊的债务结构恰恰表明公司在行业中具有较强的议价能力和竞争力。因此,我们必须对传统的财务比率评价方法有客观的认识,不能仅仅采用这些财务指标对公司整体的财务状况做出过于简单的、机械的评价。

4. 公司发展前景分析

通过对公司的背景分析、会计分析和财务比率分析,我们认为公司营运能力、偿债能力、现金流量状况比较好,盈利能力还有上升空间。

通过查阅年报,我们可以看到公司坚持走自主创新发展之路的信心和决心;通过创新驱动发展战略,实现重点产品的技术突破,在不断降低成本的同时提高产品的性能;通过进一步提升产品的开发效率,聚焦智能制造来持续调整产品结构,在满足消费需求的同时创造需求,从而巩固产品的市场份额。

另外,公司在多元化转型的进程中积极拓展新产业布局,加快智能装备和模具产业的市场拓展,紧密围绕机器人和精密机床两大领域进行深入研究,努力完成公司自主制造系统的转型升级,为"中国制造2025"提供自主研发的高端装备。当然,在多元化战略实施过程中,公司也将面临一定的战略失败风险。

综上所述,如果公司继续选择专业化发展战略,在当前财务状况良好,公司在行业中占据龙头地位,有较强的盈利能力、市场占有率和技术研发能力的情况下,公司近几年仍会有较为明朗的发展前景。但如果公司考虑到自身行业的"天花板"和目前的发展机遇,选择走多元化的发展道路,可能会创造更大的发展空间,使公司的盈利能力迈上一个新台阶,但这有赖于多元化战略能够取得预期效果。

本章小结

财务报告是公司利益相关者获取公司财务状况的载体,由于信息使用者多为外部信息使用者,财务报告必须遵循会计准则,按照一定的形式和信息质量要求来编制。

财务报告包括四大报表、财报附注、审计报告及其他相关信息。在四大报表中,最基本、最重要的报表是资产负债表,其他报表在不同程度上解释了两个资产负债表日之间财务状况的变化情况,它们之间存在一定的钩稽关系。财务报表附注是对四大基本报表中列示项目的文字描述或明细资料,以及对未能在这些报表中列示项目的补充说明。

分析一家上市公司,首先要了解公司的商业模式,通过财务报表也能透视公司的商业模式。在把握公司商业模式的基础上,通过多财务报表的会计分析判断财务报告的质量,通过相关财务比率的纵向和横向分析,可以判断公司的财务状况,结合公司的商业模式、财务状况及公司面临的内外部条件可以预测公司未来发展前景。

思考题

1. 投资人为什么要进行财务报表分析?
2. 阅读公司资产负债表应重点关注哪些信息?
3. 阅读公司利润表表应重点关注哪些信息?
4. 什么样的公司可以称为现金奶牛?
5. 如何判断一个公司的利润质量?
6. 如何从所有者权益变动表分析公司的竞争力?
7. 四大财务报表之间有什么关系?
8. 财务报表附注的重要性有哪些?
9. 如何分析公司商业模式的财务报表特征?
10. 如何通过会计分析判断公司财务报表的质量?
11. 通常要分析哪些财务比率?

第4章

资本成本、杠杆效应与资本结构

【学习要点】

1. 了解资本成本的概念和作用,熟悉资本成本确定的一般方法。

2. 掌握个别资本成本、综合资本成本的计算。

3. 理解经营杠杆、财务杠杆和综合杠杆的原理及影响因素,掌握杠杆系数的计算方法。

4. 了解资本结构的含义,掌握资本结构理论,熟悉资本结构理论研究的发展。

引例

2020年7月3日晚间,中国核电发布公告称,公司拟向包括控股股东中国核工业集团有限公司及关联方中核新兴产业基金在内的不超过35名的特定投资者非公开发行不超过4 669 635 137股的募集资金。募集资金总额不超过76亿元人民币,将用于福建漳州核电厂1、2号机组项目和补充流动资金。

公司本次非公开发行募集资金拟用于漳州核电项目的投资建设,该项目有助于提高公司整体装机容量及发电能力,从而大力提高公司盈利能力和经营稳定性。募资完成后,将有利于降低中国核电资产负债率,降低企业财务风险。此外,募资补充流动性也能减少公司利息支出,提升盈利水平,改善公司资金状况。从长远来看,能够优化公司资本结构,最终助力整体业务跨越式发展壮大。

需要思考的是:什么是公司资本结构?为什么中国核电非公开发行募集资金用于漳州核电项目投资建设可以优化公司资本结构?

4.1 资本成本的认知

4.1.1 资本成本的概念

资本成本(cost of capital)是公司融资需要解决的首要问题,是选择融资方式,进行融资决策的基础和前提。资本成本对于投资者来说是资本的机会成本,是投资者在同等风险投资中所能获得的最大期望收益率,对于公司来说是资金的使用成本。

资本成本是公司为了维持其市场价值和吸引力所需的资金,而在进行项目投资时所必须达到的报酬率,或者是公司为了使其股票价格保持不变而必须获得的投资报酬率。在市场经济环境中,多方面因素的综合作用决定着公司资本成本的高低,其中主要有总体经济环境、证券市场条件、公司内部的经营和融资状况、项目融资规模。

总体经济环境决定了整个经济中资本的供给和需求,以及预期通货膨胀的水平。总体经济环境变化的影响,反映在无风险收益率上。显然,如果整个社会经济中的资金需求和供给发生变动,或者通货膨胀水平发生变化,投资者也会相应改变其所要求的收益率。具体地说,如果货币需求增加,而供给没有相应增加,投资人便会提高其投资收益率,公司的资本成本就会上升;反之,则会降低其要求的投资收益率,使资本成本下降。如果预期通货膨胀水平上升,货币购买力下降,投资者也会提出更高的收益率来补偿预期的投资损失,导致公司资本成本上升。

证券市场条件影响证券投资的风险。证券市场条件包括证券的市场流动难易程度和价格波动程度。如果某种证券的市场流动性不好,投资者想买进或卖出证券相对困难,变现风险加大,要求的收益率就会提高;或者虽然存在对某证券的需求,但其价格波动较大,投资的风险大,要求的收益率也会提高。

公司内部的经营和融资状况,指经营风险和财务风险的大小。经营风险是公司投资决策的结果,表现在资产收益率的变动上;财务风险是公司筹资决策的结果,表现在普通股收益率的变动上。如果公司的经营风险和财务风险大,投资者便会有较高的收益率要求。

融资规模是影响公司资本成本的另一个因素。公司的融资规模大,资本成本较高。比如,公司发行的证券金额很大,资金筹集费和资金占用费都会上升,而且证券发行规模的增大还会降低其发行价格,由此也会增加公司的资本成本。

1. 资本的机会成本

从投资者的角度上来讲,资本成本是投资的期望收益率,是一种机会成本。货币是一种稀缺资源,将货币用于一项资本投资时,就意味着放弃了货币其他用途带来的收益。因此,该项投资的回报率至少等同或高于其他相同风险的投资项目时,才能吸引投资者投资。

2. 融资成本

从公司的角度来讲,资本成本是公司的融资成本,是指公司为融通和使用资本而付出的代价。融资成本包括两个部分:一是融通资本付出的成本,包括手续费、担保费和佣金等;二是使用资本的成本,包括股票的股息、银行借款和债券利息等。

4.1.2 资本成本的种类

资本成本的高低可以通过资本成本率来衡量。资本成本率是公司融资决策、投资决策、经营业绩以及整个公司价值衡量的重要的经济评价指标。资本成本主要分为以下三类。

（1）个别资本成本。个别资本成本是指不同类型融资的资本成本，如股权资本成本、债务资本成本等。个别资本成本是单一融资方式的资本成本水平的体现，也反映了投资者对某一融资方式期望的收益率。

（2）综合资本成本。综合资本成本是个别资本成本按照资本结构权数进行加权平均得到的综合资本成本，因此综合资本成本也被称为加权资本成本。综合资本成本反映了公司整体融资的资本成本水平。

（3）边际资本成本。边际资本成本指每增加一单位资本投入而增加的成本支出。边际资本成本是公司在追加融资时需要考虑的资本成本。

4.1.3 资本成本的作用

资本成本是选择融资方式、进行资本结构决策的重要依据。不同的资本来源，具有不同的成本，为了以较少的支出取得公司融资所需的资金，就必须分析各种资本成本的高低，并加以合理配置。资本成本对决策的影响主要体现在以下几个方面。

1. 资本成本在融资决策中的作用

资本成本是选择融资方式、进行资本结构决策和选择追加融资方案的前提和依据，是公司融资时要考虑的首要问题，与公司的经济效益直接相关。

个别资本成本是比较各种融资方式的依据。可供公司融资的方式日益多元化，在评价、比较各种方式时，资本成本的高低是选择融资方式的主要依据，公司融资一般选择融资成本最低的融资方式。

综合资本成本是衡量资本结构合理性的依据。综合资本成本最低时的资本结构往往是最佳的，这时公司价值达到最大化。因此，衡量资本结构是否达到最佳状态，主要的标准是综合资本成本是否达到最低化。

边际资本成本是公司选择追加融资方案的依据。公司为了扩大生产规模，需要通过融资增加资金。当融资数额增加时，资本成本也会不断变化，这时需要计算资本的边际成本，来决定是否追加融资。

2. 资本成本在投资决策中的作用

资本成本影响公司的投资项目评价、投资方案比较和投资决策。一般而言，只有当投资项目的预期收益率高于资本成本率时，经济上才是合理的，投资项目才可行；反之，当投资项目的预期收益率低于资本成本时，投资项目将不可行。国际上通常将资本成本率视为投资项目的"最低收益率"，或项目应否采纳的"取舍率"。在预测分析中，还常常以资本成本作为贴现率，来计算各投资方案的净现值、现值指数等指标，以比较不同方案的优劣。

3. 资本成本在公司价值评价中的作用

资本成本是评价公司价值和业绩水平的基准。公司价值评估和绩效考核经历从利润导向到价值管理导向长期发展的过程。由于计算利润的成本只反映了公司的发生成本,但没有考虑到股东投资的机会成本,容易造成公司管理者的短期行为,忽视公司的长期价值创造。以经济增加值(economic value added,EVA)为核心的公司价值管理体系强调了公司经营所使用的资本和债务是有成本的,强化了资本使用效率这个目标,认为公司盈利只在高于其资本成本时才能为股东创造价值。

4.2 资本成本的计量

4.2.1 个别资本成本的计量

1. 个别资本成本计量的一般方式

无论是股权融资还是债务融资,都要为融入的资金付出成本。融资成本包括融资费和资金占用费。个别资本成本率是公司资本占用费与有效融资额的比率,其中有效融资额是融资总额与融资费的差额。个别资本成本率的基本公式为

$$K = \frac{D}{P - F}$$

或

$$K = \frac{D}{P(1 - f)}$$

式中,K 表示资本成本率,以百分率表示;D 表示资本占用费(如利息或者股利);P 表示融资总额;F 表示融资费;f 表示融资费率,即融资费占融资总额的比率。

在个别资本成本的计量中,要区分债务融资成本的计算和股权融资成本的计算。长期债务融资方式包括银行借款、发行债券、融资租赁等。公司负债融资的利息费用在税前利润中列支,有抵减所得税的效应。公司股权融资计量涉及优先股、普通股和留存收益资本成本的计算。由于优先股股利和普通股股利在税后支付,公司股权融资实际的财务负担高于债务融资。

2. 债务资本成本的计量

债务资本成本(cost of debt)是公司举债所付出的成本,由借款利息和借款手续费等构成。按照公司所得税法的规定,借款利息计入税前成本费用,可以起到抵税的作用,因此减少了公司实际利息的支付水平。债务资本成本的计量要对债务成本进行税的调整,计算税后的债务资本成本。

债务资本成本的计算公式为

$$K_d = \frac{D}{P(1 - f)}(1 - T)$$

式中,K_d 表示债务资本成本;T 表示所得税税率。

【例 4-1】 云星公司获得 3 年长期借款 100 万元,年利税率 5%,每年付息一次,到期一次还本,融资费用率 0.5%,公司所得税税率 25%。该项长期借款的资本成本率是多少?

$$K_d = \frac{100 \times 5\%}{100 \times (1 - 0.5\%)} \times (1 - 25\%) = 3.7\%$$

公司举债的方式较多,可以向银行借款,也可以发行债券。公司发行债券的成本主要包括债券利息和融资费。债券的利息也是在税前支付的,债券的融资费包括申请费、注册费、印刷费等。不同的债务融资方式,有不同的融资条件和特点。银行贷款融资的要求比较多,如最低存款余额、贷款承诺费等。银行要求借款人必须保留一定比例的最低存款余额,实际上是减少了借款的可用资金,从而增加举债成本。除此之外,举债成本还应考虑利率的期限结构影响。如果需要考虑时间价值的因素,债务资本的计量可以采用折现法,即已知债务资本的现金流,计算得到的折现率就是资本成本率。

3. 股权资本成本的计量

股权资本成本又称权益资本成本(cost of equity)。从投资者的角度来说,公司融资权益成本就是投资者的股权投资,公司为其融资所支付的成本实际上就是投资者的预期收益。因此,股权资本成本就是投资者所期望的回报率,包括因投资而付出的机会成本和投资风险补偿。股权资本成本的决定因素包括机会成本(即无风险报酬率)和风险报酬率。

根据权利和义务的不同,股权一般可分为普通股和优先股。

(1) 普通股资本成本的计量

普通股(common stock)是指在公司的经营管理和盈利及财产的分配上享有普通权利的股份,代表满足所有债权偿付要求及优先股东的收益权与求偿权要求后对公司盈利和剩余财产的索取权,它构成公司资本的基础,是股票的一种基本形式,也是发行量最大、最为重要的股票形式。

普通股融资通常有两种方式:外部股权融资和内部留存收益。普通股的股利率是不固定的,需要根据每年的盈利情况而定。按照普通股的股价原理,以投资的期望收益率来表示普通股的资本成本率。普通股资本成本的确定方法主要有未来股利现值法和风险确定法。

① 未来股利现值法。未来股利现值法根据股票的发行价和未来的股利通过折现的方法来确定其折现率,即为股权的资本成本。但由于普通股的未来股利存在不确定性,因此通常需要合理地假设股利的增长率。如果未来股利的增长率为固定增长,则可以通过固定增长率模型(即戈登模型)来计量,即普通股成本率=股利率+增长率。

计算公式为

$$K_c = \frac{D_1}{P_0(1-f_c)} + g$$

式中,K_c 表示普通股成本率;D_1 表示第 1 年年底每股股利;P_0 表示股票现在的价格;g 表示股利期望年均增长率;f_c 表示普通股融资费率。

【例 4-2】 丽川航旅公司按照 10 元的价格发行普通股,发行费率为发行价的 1%,公司股利增长率预计稳定在 5%,公司派息率保持在 50% 水平不变,每股盈利(EPS)为 1 元。该公司发行普通股融资的资本成本是多少?

$$D_1 = 1 \times 50\% = 0.5(元)$$

$$P_0(1-f_c) = 10 \times (1-1\%) = 9.9(元)$$

$$K_c = \frac{D_1}{P_0(1-f_c)} + g = \frac{0.5}{9.9} + 5\% = 10.05\%$$

固定增长模型中的股利率,可以通过第 1 年年底的每股股利和股票的现价计算得出,固定增长率是给定的条件。由于未来每股股利增长率变化会对权益成本的估算产生巨大影响,因此本模型中把股利增长率设为固定值。每股固定增长率要求公司的利润要保持稳定增长,并且实行稳定的股利分配政策。

② 资本资产定价模型法。资本资产定价模型法基于经典金融理论中的资产定价理论,采用资产定价模型 CAPM 计量股权资本成本,其公式为

$$K_c = R_f + (R_m - R_f)\beta_i$$

式中,K_c 表示普通股成本率;R_f 表示无风险报酬率;β_i 表示某种股票的风险对证券市场风险的敏感程度;R_m 表示证券市场的平均报酬率。

CAPM 阐述了在投资者都采用马科维茨的理论进行投资管理的条件下市场均衡状态的形成,把资产的预期收益与预期风险之间的理论关系用一个简单的线性关系表达出来了,即认为一个资产的预期收益率与衡量该资产风险的一个尺度 β 值之间存在正相关关系。CAPM 公式中的右边第一个是无风险收益率,比较典型的无风险回报率是 10 年期的政府债券。如果股票投资者需要承受额外的风险,那么他将需要在无风险回报率的基础上多获得相应的溢价。

【例 4-3】 印仑公司准备发行普通股融资,此时国债利率为 5%,市场平均收益率为 10%,根据同类上市公司的 β 系数预测该股票的 β 系数为 1.2,计算该公司的股权资本成本。

$$K_c = 5\% + (10\% - 5\%) \times 1.2 = 11\%$$

(2) 优先股资本成本的计量

优先股(preferred stock)是相对于普通股而言的。主要指在利润分红及剩余财产分配的权利方面,优先于普通股。优先股在公司分配盈利时,拥有优先股票的股东比持有普通股票的股东,分配在先,而且享受固定数额的股息,即优先股的股息率都是固定的。在公司解散,优先股在普通股之前分配剩余财产。

优先股资本成本可以基于普通股固定增长率模型设定,由于优先股未来股利的增长率为 $0(g=0)$,因此优先股资本成本计算公式如下:

$$K_p = \frac{D}{P(1 - f_p)}$$

式中,K_p 表示优先股资本成本率;D 表示优先股每股年股利;P 表示优先股发行价格;f_p 表示优先股融资费率。

【例 4-4】 凯立公司发行一种优先股,发行价为每股 10 元,公司承诺该优先股将一直保持每股每年支付 0.3 元的股息,融资费用为股金总额的 1%,则优先股的资本成本为

$$K_p = \frac{0.3}{10 \times (1 - 1\%)} = 3.03\%$$

(3) 留存收益的资本成本的计量

留存收益也叫留用利润,包括盈余公积金和未分配利润,是公司资金的重要来源之一。留存收益是税后净利形成的,属于普通股股东,相当于普通股股东对公司追加的投资,同股东投入的股本一样,也要求有一定的报酬,所以,留存收益也要计算成本。留存收益属于股东,但未以股利形式分配给股东,属于内部权益融资,因此,留存收益成本的计算与普通股成本基本相同,但不用考虑融资费用。其计算公式为

$$K_E = \frac{D}{P} + g \quad \text{或} \quad K_E = \frac{D}{P}$$

4.2.2 综合资本成本的计量

综合资本成本又叫加权平均资本成本(weighted average cost of capital,WACC),是指分别以各种资本成本为基础,以各种资金占全部资本的比重为权数计算出来的综合资本成本。它是综合反映资本成本总体水平的一项重要指标。决定综合资本成本高低因素主要有债务资本成本、股权资本成本、资本结构以及所得税税率等。用公式表示如下:

$$WACC = \sum_{i=1}^{n} K_i W_i$$

式中,WACC 表示综合资本成本;K_i 表示第 i 种融资方式的个别资本成本;W_i 表示第 i 种融资方式的个别资本成本占全部资本的比重(权数)。

【例 4-5】 假定云之尚公司的债务成本为 8%,所得税税率为 25%,资产负债率是 50%,股权成本为 10%,其综合资本成本是多少?

$$WACC = 8\% \times (1 - 25\%) \times 50\% + 10\% \times 50\% = 8\%$$

如果个别资本成本占全部资本的比重按账面价值确定,其资料较容易取得。但当资本的账面价值与市场价值差别较大时,如股票、债券的市场价格发生较大变动,计算结果会与实际有较大的差距,从而贻误融资决策。为了克服这一缺陷,个别资本占全部资本的比重的确定还可以按市场价值或目标价值确定,分别是市场价值权数、目标价值权数。

市场价值权数指债券、股票以市场价格确定权数。这样计算的加权平均资本成本能反映公司目前的实际状况。同时为弥补证券市场价格变动频繁的不便,也可选用平均价格。

目标价值权数是指债券、股票以未来预计的目标市场价值确定的权数。这种权数能体现期望的资本结构,而不是像账面价值权数和市场价值权数那样只反映过去和现在的资本结构,所以按目标价值权数计算的加权平均资本成本更适用于公司筹措新资金。

边际资本成本的计算方法如下。

边际资本成本(marginal cost of capital,MCC)是指公司每新增加一个单位的资金而增加的成本。在现行资本结构下,只要各种资金成本不变,其新增资本的成本也不会变化。随着公司投资规模的扩大及融资条件的变化,当某种资本的增加突破一定的限度时,就会引起资本成本的变化。在维持原有的资本结构不变的前提下,必然会导致综合资本成本即边际资金成本的增加,而且随着新筹措资本的不断增加,边际资本成本也将会不断上升。

边际资本成本确定的基本过程是:第一,确定公司的最佳资本结构作为未来融资所应维持的标准;第二,确定各种融资方式的资本成本;第三,计算融资总额分界点,即某一特定的资本成本条件下可以筹集到的资金数额;第四,计算边际资本成本,即按照不同融资区间的资本成本计算加权资本成本。

【例 4-6】 岩盐公司每年可以取得 150 万元的税后利润,其分红比例为 40%。公司目前的资本结构为债务 40%,成本率 8%;股权为 60%,其中优先股占 10%,成本率 12%;普通股占 50%,成本率 14%。如果该公司的资本结构不变,并且所有普通股资本都是通过留存收益形式形成的,那么,公司可以新筹措的资本额度为

$$(150 \times 40\%) \div 60\% = 100(万元)$$

公司的资本额在 100 万元以内,其加权成本率为

$$WACC = 40\% \times 8\% + 10\% \times 12\% + 50\% \times 14\% = 11.4\%$$

如果 100 万元的长期资本仍然无法满足公司业务发展的需求,需要筹集 20 万元,并且维持资本结构不变。公司资本成本会随着资本量的增加而提高,假定新股发行成本为 17%,其他资本成本不变,则公司加权成本率为

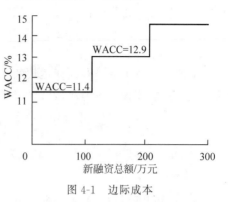

图 4-1　边际成本

$$WACC = 40\% \times 8\% + 10\% \times 12\%$$
$$+ 50\% \times 17\%$$
$$= 12.9\%$$

12.9% 即为公司的边际成本,如图 4-1 所示。

边际成本的变化并不是随着融资额的增加而连续上升,而是呈阶梯式跳跃状上升。其跳跃点称为突破点(break point),是指一旦融资额突破该点,资本成本就会发生变化。突破点的计算公式为

$$突破点 = \frac{可用一特定成本筹措到的某种资本限额}{该资本的资本结构}$$

4.3　杠　杆　效　应

杠杆效应是影响公司资本结构决策的一个重要因素。杠杆效应包括经营杠杆和财务杠杆两类。

4.3.1　经营杠杆与经营风险

1. 经营杠杆原理

经营杠杆(operating leverage)也称营业杠杆,是指在公司生产经营中,由于存在固定成本而导致息税前利润变动率大于产销量变动率的规律。根据成本性态,在一定产销量范围内,产销量的增加一般不会影响固定成本总额,但会使单位产品固定成本降低,从而提高单位产品利润,并使利润增长率大于产销量增长率;反之,产销量减少,会使单位产品固定成本升高,从而降低单位产品利润,并使利润下降率大于产销量的下降率。如果不存在固定成本,所有成本都是变动的,那么息税前利润就等于边际贡献,息税前利润变动率就会同产销量变动率完全一致,也不会有杠杆作用。但事实上,一般公司经营成本中都会有固定成本,只要有固定成本存在,息税前利润的变动率与产销量变动率就会不一致。当产销量发生较小变动时,息税前利润率会以较大幅度变动,体现出经营杠杆作用。公司可以通过扩大营业额而降低单位营业额的固定成本,从而增加营业利润,由此形成公司的营业杠杆。

2. 经营杠杆系数

不同的公司,经营杠杆作用的程度不完全相同。为了反映经营杠杆的作用程度,对经营杠杆进行量化,需要测算经营杠杆系数。经营杠杆系数(degree of operating leverage,

DOL)是息税前利润的变动率相当于产销量(或销售收入)变动率的倍数。其计算公式为

$$DOL = \frac{\Delta EBIT / EBIT}{\Delta S / S} = \frac{\Delta EBIT / EBIT}{\Delta Q / Q}$$

式中,DOL 表示经营杠杆系数;EBIT 表示变动前的息税前利润;$\Delta EBIT$ 表示息税前利润的变动额;S 表示变动前的营业额;ΔS 表示营业额的变动额;Q 表示变动前的产销量;ΔQ 表示产销量的变动额。

上述公式是根据经营杠杆系数的定义计算的,但利用该公式必须根据变动前和变动后的有关资料才能计算。为此,可以推导出另外一个简化的公式:

$$DOL = \frac{S - C}{S - C - F}$$

式中,DOL 表示营业杠杆系数;S 表示销售收入;F 表示固定成本总额;C 表示变动成本总额。

3. 经营杠杆与经营风险的关系

经营风险(business risk)也称营业风险,是指与公司经营相关的风险,尤其是指利用营业杠杆而导致息税前利润变动的风险。影响营业风险的因素有很多,如产品需求、产品售价、单位产品变动成本以及营业杠杆的变动等。其中营业杠杆对营业风险的影响最为明显,公司利用营业杠杆获利,同时也要承担相应的营业风险,需要在营业杠杆利益与风险之间作出权衡。

由于经营杠杆系数影响着公司的息税前利润,从而也就制约着公司的融资能力和资本结构。因此,经营杠杆系数是影响资本结构决策的一个重要因素。总之,营业杠杆度越高,表示公司营业利润对销售量变化的敏感程度越高,经营风险也越大;营业杠杆度越低,表示公司营业利润受销售量变化的影响越小,经营风险也越小。

4.3.2 财务杠杆与财务风险

1. 财务杠杆原理

财务杠杆(financial leverage)又称融资杠杆,是指由于债务的存在而导致普通股每股利润变动大于息税前利润变动的杠杆效应。由于利息费用、优先股股利等财务费用是固定不变的,因此,当息税前利润增加时,每股普通股负担的固定财务费用将相对减少,从而给投资者带来额外收益。由于财务杠杆受多种因素的影响,在获得财务杠杆利益的同时,也伴随着不可估量的财务风险。

财务杠杆作用是负债和优先股融资在提高公司所有者收益中所起的作用,是以公司的投资利润与负债利息率的对比关系为基础的。当投资利润率大于负债利息率时,公司盈利。公司所使用的债务资金所创造的收益(即息税前利润)除债务利息之外还有一部分剩余,这部分剩余收益归公司所有者所有。此时,财务杠杆将发生积极的作用,其作用后果是公司所有者获得更大的额外收益。这种由财务杠杆作用带来的额外利润就是财务杠杆利益。当投资利润率小于负债利息率时,公司所使用的债务资金创造的利益不足支付债务利息,对不足以支付的部分公司便需动用权益性资金所创造的利润的一部分来加以弥补。这样便会降低公司使用权益性资金的收益率。此时,财务杠杆将产生负面作用,其作用后果使公司所有者承担更大的额外损失。这些额外损失便构成了公司的财务风险,甚至导致破产。这种不确

定性就是公司运用负债所承担的财务风险。

由此可见,当负债在全部资金所占比重很大,从而所支付的利息也很大时,其所有者会得到更大的额外收益,若出现投资利润率小于负债利息率时,其所有者会承担更大的额外损失。通常把利息成本对额外收益和额外损失的效应称为财务杠杆的作用。

2. 财务杠杆系数

财务杠杆系数(degree of financial leverage,DFL)是指公司税后利润的变动率相当于息税前利润变动率的倍数。它反映着财务杠杆的作用程度。对股份有限公司而言,财务杠杆系数则表现为普通股每股税后利润变动率相当于息税前利润变动率的倍数。

为了反映财务杠杆的作用程度,估计财务杠杆利益的大小,评价财务风险的高低,需要测算财务杠杆系数。其测算公式是:

$$DFL = \frac{\Delta NP/NP}{\Delta EBIT/EBIT} = \frac{\Delta EPS/EPS}{\Delta EBIT/EBIT}$$

式中,DFL 表示财务杠杆系数;ΔNP 表示净利润或者净收益的变动额;NP 表示净利润或者净收益;ΔEPS 表示普通股每股收益的变动额;EPS 表示普通股每股收益;$\Delta EBIT$ 表示息税前利润变动额;EBIT 表示息税前利润额。

有时我们难以取得每股收益和息税前利润的变动额,由于

$$\Delta EPS = \Delta EBIT(1-T)/N$$

故

$$EPS = (EBIT - I)(1-T)/N$$

式中,I 表示债务年利息额;T 表示所得税税率;N 表示流通在外普通股股数。

代入财务杠杆系数公式得

$$DFL = \frac{EBIT}{EBIT - I}$$

上式表示,财务杠杆系数取决于 EBIT 和债务利息 I,而 EBIT 决定于资产创造收益的能力。如果资产创造的收益大于债务利息,其超额收益归权益资本收益,使得股东权益收益率提高。

【例 4-7】 假设湾度建设公司全部资本为 100 万元,债务比率为 40%,债务成本率为 5%,公司使用所得税税率为 25%,当息税前利润分别为 8 万元时,计算财务杠杆系数:

$$DFL = \frac{8}{8 - 100 \times 40\% \times 5\%} = 1.33$$

财务杠杆系数等于 1.33,说明当息税前利润增长时,每股利润以 1.33 倍的幅度增长。

3. 财务杠杆系数与财务风险的关系

财务风险(financial risk)是指公司因使用债务资本,而产生的在未来收益不确定情况下由主权资本承担的附加风险。如果公司经营状况良好,使得公司投资收益率大于负债利息率,则获得财务杠杆正效应,如果公司经营状况不佳,使得公司投资收益率小于负债利息率,则获得财务杠杆负效应,甚至导致公司破产,这种不确定性就是公司运用负债所承担的财务风险。

公司财务风险的大小主要取决于财务杠杆系数的高低。公司增加负债,会增加固定的利息负担,当息税前利润不变时,财务杠杆系数增大。当公司的息税前利润变动时,公司的

每股利润变动的幅度越大,给公司带来的财务风险越大。一般来说,在其他因素不变的条件下,固定财务成本越高,财务杠杆系数越大,财务风险越大。

4.3.3 综合杠杆与公司风险

1. 综合杠杆原理

综合杠杆(comprehensive leverage)是经营杠杆和财务杠杆结合在一起发挥的连锁作用。由于经营中存在固定成本,会产生经营杠杆作用,使息税前利润的变动率大于产销量的变动率;同样,由于资本结构中存在固定的财务费用,产生财务杠杆作用,使公司每股利润变动率大于息税前利润的变动率。如果两种杠杆共同作用,那么产销量稍有变动,就会使每股利润产生很大的变动。综合杠杆可以用于衡量销售量的变动对普通股每股收益变动的影响程度。

2. 综合杠杆系数

综合杠杆系数(degree of comprehensive leverage,DCL)是指每股利润变动率相当于产销量或销售额变动率的倍数,是经营杠杆系数和财务杠杆系数的乘积,其计算公式是:

$$DCL = DOL \times DFL \frac{\Delta EBIT/EBIT}{\Delta S/S} \times \frac{\Delta EPS/EPS}{\Delta EBIT/EBIT} = \frac{\Delta EPS/EPS}{\Delta S/S}$$

上式说明,公司通过增加收入,能否最终增加净利润,取决于经营杠杆和财务杠杆。经营杠杆体现了公司的经营决策,而财务杠杆体现了公司的财务决策,因此,综合杠杆的综合作用体现了公司两种重要决策的综合影响。

3. 综合杠杆与风险的关系

综合杠杆系数反映公司的总风险程度,并受经营风险和财务风险的影响。因此,为达到公司总风险程度不变而提高公司总收益的目的,可以通过降低经营杠杆系数来降低经营风险,如采取减少固定成本或扩大销售,而同时适当提高负债比例的方法来提高财务杠杆系数,以增加公司收益。虽然这样做会使财务风险提高,但如果经营风险的降低能够抵消财务风险提高的影响,则公司总风险仍会下降。于是,就会产生公司总风险不变或者下降,而总收益提高的现象。

4.4 资 本 结 构

资本结构是公司金融研究的主要问题之一。国外对此进行了大量的研究,提出了一系列资本结构理论,如传统理论、MM 理论和权衡理论等。

资本结构是指公司各种资本的价值构成及其比例关系,是公司一定时期融资组合的结果。广义的资本结构是指公司全部资本的构成及其比例关系。公司一定时期的资本可分为债务资本和股权资本,也可分为短期资本和长期资本。狭义的资本结构是指公司各种长期资本的构成及其比例关系,尤其是指长期债务资本与(长期)股权资本之间的构成及其比例关系。最佳资本结构便是使股东财富最大或股价最大的资本结构,亦即使公司资本成本最小的资本结构。

显然,资本结构与融资决策尤其是长期融资决策有关,或者说与融资偏好有关。资本结构有两个基本问题：第一，公司能否通过改变负债和权益之间的比率来增加其市场价值或实现财富增值；第二，如果资本结构确实有这样的影响力，那么，是什么因素决定了负债和权益的最佳比率，从而使得公司价值最大化以及资本成本最小化。

4.4.1 资本结构理论

1. MM 理论（无税）[①]

美国经济学家莫迪格利安尼（Modigliani）和默顿·米勒（Miller）于 1958 年发表的《资本成本、公司财务和投资管理》一书中，提出了最初的 MM 理论。这时的 MM 理论不考虑所得税的影响，得出的结论是公司的价值与其资本结构无关。公司的价值取决于其实际资产，而不是其各类债权和股权的市场价值。此后，又对该理论做出了修正，加入了所得税的因素，由此而得出的结论为：公司的资本结构影响公司的总价值，负债经营将为公司带来税收节约效应。该理论为研究资本结构问题提供了一个有用的起点和分析框架。

（1）基本假设。MM 定理的基本假设有：

第一，所有的实物资产归公司所有。

第二，资本市场无摩擦。无税环境，没有交易成本，没有破产成本。

第三，公司只能发行两种类型证券，一种是有风险的股票，另一种是无风险的债券。

第四，公司和个人均能够按照无风险利率借入和贷出。

第五，投资者对公司未来现金流的预期都是相同的。

第六，现金流是恒定和永续的。

第七，所有公司可以按风险等级归类。在某一等级上，公司股票的收益与相同等级上的其他公司股票的收益比例完全相等。

第八，公司融资决策不改变其投资所产生的现金流。

最关键的假设是第七个假设，该假设指出，相同风险等级公司的股票拥有相同的期望收益率和相同的预期收益分配率，因此，股票相互间完全可以替代。可见，米勒和莫迪利安尼构建了一个完美世界。

（2）命题 I：任何公司的市场价值与其资本结构无关。

在符合 MM 理论假设的前提下，公司价值只与公司所有资产的预期收益额和公司所对应的资本化率有关，而与资本结构无关，即公司无法改变其资本结构的比例来改变其流通在外证券的总价值。无论公司有无负债，其价值等于公司所有资产的预期收益额除以适于该公司风险等级的报酬率。其中公司所有资产的预期收益额表现为公司的息税前盈利（EBIT）；与公司风险等级相适应的必要报酬率可用平均资产成本率等价表述。该命题用公式表示如下：

$$V = \frac{\overline{X}}{\rho} = \frac{\text{EBIT}}{\rho}$$

$$V_u = \frac{\text{EBIT}}{R_{su}}$$

① Franco Modigliani, Merton H. Miller. The cost of capital, corporation and the theory of investment[J]. *American Economic Review*, 1958, 48(3): 261-269.

$$V_{\mathrm{L}} = \frac{\mathrm{EBIT}}{R_{\mathrm{a}}}$$

$$V = V_{\mathrm{u}} = V_{\mathrm{L}} = \frac{\mathrm{EBIT}}{R_{\mathrm{su}}} = \frac{\mathrm{EBIT}}{R_{\mathrm{a}}}$$

式中,V 表示公司的价值;$\bar{X}$ 表示公司所有资产的预期收益额;ρ 表示与公司风险等级相适应的必要报酬率;EBIT 表示息税前盈利;V_{u} 表示无杠杆公司的价值;R_{su} 表示无杠杆公司普通股的必要报酬率;V_{L} 表示杠杆公司的价值;$R_{\mathrm{a}} = \sum_{i=1}^{n} W_i R_i$ 表示公司加权平均资本成本率。

MM 理论的命题 I 说明,两家公司除资本结构外,其他情况完全相同,则两家公司的价值也完全相同。决定其价值大小的主要因素是公司的基本获利能力和风险程度,或者说公司的价值取决于公司的现金流特征而非资本结构。换言之,对公司的股东而言,既没有任何较好的也没有任何较坏的资本结构,这个结论就是著名的 MM 命题 I。

无税 MM 理论证明:如果一家负债经营的公司(也称杠杆公司),其负债和股东权益合计数的市场价值大于另一家无负债但风险等级相同的公司(也称无杠杆公司)的市场价值,就存在无风险套利的可能性。此时,持有杠杆公司股票的投资者抛售股票进行套现转而购买无杠杆公司股票来实现无风险套利。套利力量很强大,杠杆公司股价将下行而无杠杆公司股票则将上行,很快会实现无套利均衡,即两家公司的市场价值相等。

【例 4-8】 设两家公司 U 和 L,除了资本结构不同以外,其他均一样,包括风险等级、预期息税前盈利等均相同;U 公司为无杠杆公司,L 公司为杠杆公司。两家公司目前的不均衡价值如表 4-1 所示。

表 4-1 套利条件下两家公司的不均衡价值

项　　目	公司 U	公司 L
预期 EBIT/万元	80 000	80 000
利息费用/万元	0	24 000
净收益(税后)/万元	80 000	56 000
公司风险等级	K	K
公司期望收益率/%	10	10
公司总价值/万元	800 000	848 000
股票的收益率/%	10	12.5
股票的市场价值/万元	80 000	448 000
债券的利息率/%		5
债券的市场价值/万元	0	400 000

设某一投资者目前拥有 1% 杠杆公司股票,预期收益率为 12.5%,遵循无税 MM 论的假设条件,他可以借助以下交易获得套利利润。

第一,将其目前手中拥有的 1% 杠杆公司股票全部卖掉,共 4 480 万元。

第二,举借与杠杆公司负债 1% 等值的款项(即 4 000 万元),承诺的利率为 5%(200 万元)。

第三,购买无杠杆公司的股票。

套利过程可以用表 4-2 表示。

表 4-2　持有 L 公司股票的投资者的套利过程　　　　　　　　单位：万元

项　　　目	计　算　过　程	金　　额
投资者原有收益	4 480×12.5%	560
投资者现有收益		
其中：投资收益	8 480×10%	848
减：利息费用	4 000×5%	200
现有收益		648
无风险所得		88

表 4-2 显示，该投资者原来拥有杠杆公司(L 公司)1%股票，通过交易，将这部分转换成风险等级相同的无杠杆公司(U 公司)1%股票。通过套现公司 L 股票 4 480 万元及按无风险利率借入 4 000 万元，投资者购得价值 8 480 万元无杠杆公司股票，获得无风险套利所得88 万元。这样的套利机会如同一个货币机器，它引导投资者追逐公司 U，致使公司 U 股价上行，公司 L 股价下行，迫使价格回归到均衡点，很快使公司 U 和公司 L 的价值相等。

此时两种投资策略对投资者而言没有差别，由此得出 MM 命题的基本结论：杠杆公司的价值等同于无杠杆公司的价值。MM 命题 I 实际上提出了一个非常重要的理论，即无套利均衡理论。这也是 MM 理论对现代微观金融理论研究的一个重大贡献。

(3) 命题 II：公司的加权平均资本成本与公司资本结构无关。

MM 命题 II 的含义是：杠杆公司的权益成本(普通股的必要报酬率)会随着负债融资程度的提高而增加。按照 MM 命题 I 的推论，公司的加权资本成本与公司的资本结构无关，而且 MM 理论假设所有负债利率都相同，即负债成本不随财务杠杆的变化而固定不变。由于负债的抵税作用带给公司的利益会被上升的权益成本所抵消，所以公司的价值不会由于负债的增加而上升。因此，在均衡时，有杠杆公司的加权平均成本将会等于无杠杆公司的权益成本。该命题从资本成本的角度说明了公司价值与资本结构无关的结论。

由于公司举债会增大财务风险，在公司经营好的时期，杠杆公司的股东可以获得比无杠杆公司股东更高的收益。但在公司经营不好的时期，杠杆公司股东的收益将比无杠杆公司股东低，表明杠杆公司的股东承受的风险将更高，投资者的期望收益率将随着财务杠杆的提高而增加。

因此，权益的期望报酬率与财务杠杆正相关，即杠杆公司的权益成本等于无杠杆公司的权益成本加上风险溢价。风险溢价的高低取决于公司负债率的高低。用公式表示如下：

$$R_{SL} = R_{su} + (R_{su} - R_d)\frac{B}{S_L}$$

式中，R_{SL} 表示杠杆公司普通股的必要报酬率；R_{su} 表示无杠杆公司普通股的必要报酬率；R_d 表示无风险利率；B 表示公司的债务水平；S_L 表示权益资本。

命题 II 的证明如下：

$$杠杆公司的价值 = \frac{杠杆公司的每年收益}{杠杆公司的资本成本}$$

$$无杠杆公司的价值 = \frac{无杠杆公司的每年收益}{无杠杆公司的资本成本}$$

$$杠杆公司的每年收益＝无杠杆公司的每年收益$$
$$\Rightarrow 杠杆公司的资本成本＝无杠杆公司的资本成本$$

杠杆公司的资本成本表示为

$$R_a = R_d \frac{B}{V_L} + R_{SL} \frac{S_L}{V_L}$$

通过推导由 $R_{su} = R_a$ 得到

$$R_{SL} = R_{su} + (R_{su} - R_d) \frac{B}{S_L}$$

米勒和莫迪利安尼据此认为,在完美资本市场中,管理者无法通过金融交易来改变公司价值。这个研究在 20 世纪 50 年代被认为是具有开创性的工作,无税 MM 理论从此广受赞誉。值得注意的是,我们在学习无税 MM 理论时需避免两种误读。

① 在完美资本市场中,若杠杆增加了公司 EPS,那么,公司股票价格是否也会提升?

【例 4-9】 假设民翔公司无杠杆,预计每年产生的 EBIT 为 1 000 万元,流通在外的股数为 1 000 万股,每股价格 10 元/股。公司拟借款 2 000 万元,按 10 元/股的价格进行股票回购,借款年利率为 8%。设资本市场是完美的。

在完美市场中,若公司继续保持无杠杆,那么,EBIT 就是公司的税后利润,该公司预计 EPS 为

$$EPS = 1\,000 \div 1\,000 = 1(元/股)$$

在完美资本市场中,若公司举债回购,那么,

$$公司的税后利润＝1\,000 - 2\,000 \times 8\% = 840(万元)$$
$$回购后公司股数＝1\,000 - 2\,000 \div 10 = 800(万股)$$

公司的 EPS 为

$$EPS = \frac{840}{800} = 1.05(元/股)$$

显然,公司杠杆提高之后,公司的 EPS 增加了 0.05 元/股,那么,股价是否由此提高呢?

在无杠杆时,公司的期望收益率为

$$R_{su} = \frac{EPS}{P} = \frac{1}{10} = 10\%$$

根据无税 MM 理论命题 2,公司举债回购后,其股权期望收益率为

$$R_{SL} = R_{su} + (R_{su} - R_d) \frac{B}{S_L} = 10\% + (10\% - 8\%) \times \frac{2\,000}{8\,000} = 0.105(元/股)$$

显然,股价没有发生变动。理由是,公司增加杠杆后,EPS 提高了,但是,股东因增加了风险,要求更高的期望收益率。这些效果恰好相互抵消,公司股价没有发生变化。

② 在完美资本市场中,公司增发新股之后,股权可能被稀释,因此公司股价可能降低吗?

【例 4-10】 假设文星公司无杠杆,预计每年产生的 EBIT 为 1 000 万元,流通在外的股数为 1 000 万股,每股价格 10 元/股。之前已宣布准备投资一个收益可观的项目,所需资金 2 000 万元拟按每股 10 元增发新股解决。设资本市场是完美的。

在完美市场中,公司在发行新股之前,公司股权和资产的市值为

$$V = 1\,000 \times 10 = 10\,000(万元)$$

在完美资本市场中,公司市值已经包含了拟投资项目的净现值。

公司增加新股之后,公司的资产增加了 2 000 万元,同时,流通在外的股数增加了 200 万股,因此公司的股价为

$$p = \frac{10\,000 + 2\,000}{1\,000 + 200} = 10(元/股)$$

可见,在完美资本市场中,公司一定会按公允价格发行新股,因此发行新股不会给东带来利得或损失,发行新股筹集到的资金恰好抵消了股权的稀释,因此股价不变。

(4) MM 理论(无税)总结:

① 根据命题 I,投资者利用自制的财务杠杆,个人能够复制或者消除公司财务杠杆的影响。

② 根据命题 II,由于股权风险与财务杠杆成正相关,因此,股权成本随财务杠杆的增大而增加。

③ MM 理论的结论显示,管理层无法通过重新包装公司的证券来改变公司的价值。MM 理论认为,公司用负债取代权益并不能降低公司的总资本成本,尽管负债的成本比权益的成本低。这是因为当公司增加负债时,权益的风险也随之增大。随着风险的增加,权益资本成本也随之提高,说明公司利用相对便宜的债务资本会被随着提高的权益资本成本所抵消。事实上,MM 理论证明这两种作用正好相互抵消,因此公司的价值和公司的总资本成本都不随财务杠杆的变动而变动,即公司的价值与资本结构无关。

④ MM 理论得出的"不相干定理"表明公司的负债权益比可以是任意值,借入多少债务或者发行多少股票只是管理者所做的随心所欲的管理决策。然而,现实的世界并非如此,某些行业的公司选择较高的负债权益比,而其他一些行业的公司则选择较低的负债权益比,或者说几乎所有的行业都有该行业公司所遵循的负债权益比。这说明,公司选择资本结构并进行财务杠杆决策时并非随意的。当我们重新审视 MM 理论中不切实际的假设时,可以发现两个问题:一是忽略了税收;二是没有考虑破产成本和其他代理成本。

2. 有税 MM 模型(有税)[①]

莫迪利安尼和米勒教授 1963 年在《美国经济评论》上发表的《企业所得税和资本成本:一项修正》的论文中,考虑了税收(企业所得税)的影响。税法规定,利息可以在税前扣除,但股东的股利不能在税前扣除。这种差异激励公司尽可能使用债务融资。公司通过举债,所支付的利息通过税前扣除,产生了税盾效应,从而增加了公司价值。两人由此提出了有公司所得税的 MM 理论模型。通过两个命题来说明在存在公司税的情况下,公司价值与其债务成正相关。

有税的 MM 理论也有包括两个命题。

(1) 命题 I 是杠杆公司的价值等于无杠杆公司的价值加上负债的节税利益。

存在公司所得税的条件下,杠杆公司的价值等于有相同风险但无杠杆公司的价值加上负债的节税利益。负债的节税利益相当于节税额(税盾)的现值。

假设:T_c 为所得税税率;D 为债务额;R_d 为预期债务收益率,或者叫债务利率。

在有公司所得税条件下,公司支付的所有利息都可以免税,从而使公司所得税减少,其减少额为节税额,通常被称为负债的税盾。用公式表示为

$$负债的税盾 = R_d D T_c$$

在 MM 理论的零增长假设条件下,节税额是一个年金值,只要公司期望有正的税盾效益,就可以假设税盾的现金流与债务利息的风险相同,其价值可以用债务资本成本作为折现率进行折现来确定。假设现金流为永续年金,其税盾现值可用公式表示为

$$税盾现值 = \frac{预计的利息支付额 \times 公司所得税税率}{预期债务收益率} = \frac{R_d D T_c}{R_d} = T_c D$$

在有公司所得税的条件下,无杠杆公司每年税后现金流为 $EBIT(1 - T_c)$。MM 理论假设公司为零增长,无杠杆公司每年税后现金流假设为永续年金,则无杠杆公司的价值表现为永续年金的现值,可以用完全权益公司的资本成本即无杠杆公司的权益期望收益率作为折现率进行折现计算其价值,用公式表示为

$$V_u = \frac{EBIT(1 - T_c)}{R_{su}}$$

如前所述,由于税盾的作用,财务杠杆的提高增加了公司的价值,我们将无杠杆公司的价值加上税盾现值即为杠杆公司的价值。用公式表示为

$$V_L = \frac{EBIT(1 - T_c)}{R_{su}} + \frac{R_d D T_c}{R_d}$$

即

$$V_L = V_u + T_c D$$

【例 4-11】 力建公司为无杠杆公司,预计每年产生的 EBIT 为 1 000 万元,流通在外的股数为 1 000 万股,每股价格 10 元/股。力建公司拟举借永久性债务 2 000 万元进行股票回购,年利率 6%。假如举债回购后,公司的风险水平未发生变化。设公司所得税税率为 25%。力建公司在股票回购前后的价值分别是多少?

若不进行举债回购,那么公司的股权资本成本或期望收益率为

$$R_{su} = \frac{EPS}{P} = \frac{1\,000/[1\,000 \times (1 - 25\%)]}{10} = 7.5\%$$

力建公司无杠杆时的价值为

$$V_{回购前} = \frac{EBIT(1 - T_c)}{R_{su}} = \frac{1\,000 \times (1 - 25\%)}{7.5\%} = 10\,000(万元)$$

若举债进行回购,公司每年的利息税盾为 30 万元($2\,000 \times 6\% \times 25\%$)。由于该公司债务为永久性债务,因此,利息税盾具有年金特点。利息税盾现值为

$$利息税盾现值 = \frac{R_d D T_c}{R_d} = \frac{2\,000 \times 6\% \times 25\%}{6\%} = 500(万元)$$

股票回购后,公司的价值为

$$V_{回购后} = \frac{EBIT(1 - T_c)}{R_{su}} + \frac{R_d D T_c}{R_d}$$

$$= \frac{1\,000 \times (1 - 25\%)}{7.5\%} + \frac{2\,000 \times 6\% \times 25\%}{6\%} = 10\,500(万元)$$

(2) 命题 II:公司加权平均资本成本与资本结构有关,杠杆越大,公司加权平均资本成本越小。

命题 II 的含义是:在存在公司所得税条件下,有杠杆作用公司的加权平均资本成本低于无杠杆作用公司的股权资本成本;杠杆作用大的公司的加权平均资本成本低于杠杆作用小的

公司的加权平均成本。这表明,在有公司所得税条件下,公司的加权平均资本成本受资本结构的影响,并且随着负债率的提高而降低,从而增加公司的价值,将更加促使公司使用债务融资。

无税条件下的 MM 命题 II 假定权益的期望收益率与财务杠杆成正相关,该结论产生的原因在于权益的风险随着财务杠杆而增大,这一结论在有税条件下同样成立,即杠杆公司的权益成本会随着公司负债融资程度的提高而增加,杠杆公司的权益成本等于无杠杆公司的权益成本加上风险溢价。

但在无税条件下,风险溢价的高低取决于公司负债率的高低。而在有税条件下,风险溢价的高低不仅取决于公司的负债率,还取决于所得税率。公式表示如下:

$$R_{\mathrm{SL}} = R_{\mathrm{su}} + (R_{\mathrm{su}} - R_{\mathrm{d}})(1 - T_{\mathrm{c}}) \times \frac{B}{S_{\mathrm{L}}}$$

式中,R_{SL} 表示杠杆公司普通股的必要报酬率;R_{su} 表示无杠杆公司普通股的必要报酬率;R_{d} 表示无风险利率;B 表示公司的债务水平;S_{L} 表示权益资本;T_{c} 为所得税税率,$0 < T_{\mathrm{c}} < 1$。

由于所得税税率 T_{c} 在 $0 \sim 1$。因此,与无税条件下的 MM 命题 I 相比,尽管考虑财务杠杆的影响,权益成本还会随着负债率的提高而上升,但由于所得税对债务利息的税盾效应,杠杆公司的权益成本上的速度明显减慢。而且,若加上节税利益因素,公司负债越多,其加权平均资本成本会降低,公司的值将会越高。可见,考虑公司所得税因素,公司资本结构与公司价值成正相关。

【例 4-12】 假定杰睿公司无负债,并且负债的市值(B)等于负债额(D),$B = D$,所得税税率为 25%,息税前盈利 EBIT 是 100 万元,权益资本收益率为 10%;假定公司借款 200 万元,利率为 5%,请分析资本结构的变化对公司价值和资本成本的影响。

无负债时公司的价值为

$$V_{\mathrm{u}} = \frac{\mathrm{EBIT}(1 - T_{\mathrm{c}})}{R_{\mathrm{a}}} = \frac{100 \times (1 - 25\%)}{10\%} = 750 (万元)$$

负债后公司的价值为

$$V_{\mathrm{L}} = V_{\mathrm{u}} + T_{\mathrm{c}} D = 750 + 25\% \times 200 = 800 (万元)$$

由于 $V = B + S$,$B = D$ 则

$$S_{\mathrm{L}} = V - D = 800 - 200 = 600 (万元)$$

公司股东权益成本为

$$R_{\mathrm{SL}} = R_{\mathrm{su}} + (R_{\mathrm{su}} - R_{\mathrm{d}})(1 - T_{\mathrm{c}}) \times \frac{B}{S_{\mathrm{L}}}$$

$$= 10\% + (10\% - 5\%) \times (1 - 25\%) \times \frac{200}{600}$$

$$= 11.25\%$$

当公司负债后,股东权益成本随着公司风险提高而上升,公司的加权平均成本为

$$R_{\mathrm{a}} = \frac{\mathrm{EBIT}(1 - T_{\mathrm{c}})}{V_{\mathrm{L}}} = \frac{100 \times (1 - 25\%)}{800} = 9.375\%$$

分析公司资本成本随着负债率的提高而发生的变化。

当公司无负债时,即 $D = 0$ 时,$R_{\mathrm{s}} = 10\%$,$R_{\mathrm{a}} = 10\%$。

当公司有负债时,即 $D > 0$ 时,$R_{\mathrm{s}} = 11.25\%$,$R_{\mathrm{a}} = 9.375\%$。

由于公司负债,股东权益成本随着公司风险提高而上升 1.25%;但由于负债成本 5%

低于负债后的权益成本 11.25%，并且有节税利益，而使公司负债后的加权平均成本降低了 0.625%；该例子没有考虑负债率的提高，公司风险增大，债权人要求的回报率也将提高的影响；同时如果公司继续增加负债，财务危机成本增大，无论是债务成本还是股权成本都将提高，从而使加权平均成本提高。

3. 米勒模型[①]

米勒于 1977 年发表了《负债与税收》一文，以美国当时的税法为标准，探讨了公司所得税和个人所得税同时存在时负债对公司价值的影响。将个人所得税纳入 MM 模型体系，形成了米勒模型。该模型证明了个人所得税会在一定程度上抵消负债的税收效应。

米勒模型指出，在保持 MM 理论的基本假设前提下，将个人所得税纳入影响因素后，对投资者而言，无杠杆公司的价值为

$$V_u = \frac{\text{EBIT}(1 - T_c)(1 - T_{ps})}{R_{su}}$$

上式表示，无杠杆公司的价值受息税前收益（EBIT）、资本成本（R_{su}）、个人所得税税率（T_{ps}）和公司所得税税率（T_c）的影响。其中，公司价值与 R_{su} 和 T 成反比，即个人所得税降低了公司的价值。由于投资者投资于普通股的收入可能来自股利，也可能来自资本利得，当这两种收入适用的个人所得税率不一致时，则为这两种税率的加权平均税率。

如果公司负债，从投资者的角度，可以将杠杆公司的现金流分解为属于股东的净现金流量和属于债权人的净现金流量。则

$$CF_L = 属于股东的净现金流量 + 属于债权人的净现金流量$$
$$= (\text{EBIT} - I)(1 - T_c)(1 - T_{ps}) + I(1 - T_{pd})$$
$$= \text{EBIT}(1 - T_c)(1 - T_{ps}) - I(1 - T_c)(1 - T_{ps}) + I(1 - T_{pd})$$

式中，I 表示年利息费用（设公司债务为永久性债务）；T_{pd} 表示适用于利息收入的个人所得税率；T_{ps} 表示个人股票收入所得税率。

源于股票的个人收入有两部分，即股利和资本利得。这两种不同的收入适用不同的税率，前者适用所得税税率，后者适用资本利得税税率。为方便起见，用表示这两种税率的加权平均税率。源于债权的个人收入为利息收入，适用利息收入的个人所得税税率，用 T_{pd} 表示。

当 $T_c > 0$、$T_{ps} > 0$、$T_{pd} > 0$，上式中的现金流具有永续年金的特征，米勒将杠杆公司的市场价值表示为

$$V_L = \frac{\text{EBIT}(1 - T_c)(1 - T_{ps})}{R_{su}} - \frac{I(1 - T_c)(1 - T_{ps})}{R_b} + \frac{I(1 - T_{pd})}{R_b}$$
$$= V_u + \frac{I(1 - T_{pd})}{R_b}\left[1 - \frac{(1 - T_c)(1 - T_{ps})}{1 - T_{pd}}\right]$$
$$= V_u + \left[1 - \frac{(1 - T_c)(1 - T_{ps})}{1 - T_{pd}}\right]B$$

对该模型的进一步讨论，可得以下结论。

第一，假定不考虑税盾效应，即所有的 T 为 0，那么 $V_L = V_u$，米勒模型就是无税 MM 模型的表达式。

---

① M. H. Miller. Debt and taxes. Journal of Finance，1977，2(2)：337-347.

第二,假定不考虑个人所得税,即 $T_{ps}=T_{pd}=0$,那么,$V_L=V_u+T_cB$,米勒模型就是有税 MM 模型的表达式。

第三,假定股票个人所得税税率和利息收入个人所得税税率相同,即 $T_{ps}=T_{pd}$,那么它们对杠杆公司价值的影响恰好相互抵消,$V_L=V_u+T_cB$。

第四,假定$(1-T_c)(1-T_{ps})=1-T_{pd}$,那么 $V_L=V_u$,这意味着利息税盾效应正好被个人所得税所抵消,资本结构对资本成本和公司价值无影响。

第五,当 $T_{ps}<T_{pd}$ 时,因财务杠杆而获得的收益减少。

显然,米勒模型比无税 MM 模型和有税 MM 模型更具一般性。

4. 破产成本理论

有公司税的 MM 理论揭示了财务杠杆能增加公司价值,其含意是公司应最大限度地发行债务。这与现实世界不相一致,现实世界中的公司一般只选择适中的债务。这说明公司使用债务要受到很多限制,其中因过度使用债务而导致公司破产成本的提高是影响公司使用债务的重要因素之一。

公司一旦破产或财务失败,将付出巨大的成本和代价,这种压力会使公司运用债务融资的动力少了许多。负债过度的公司一旦停止对其负债承担责任,将受到非常严厉的惩罚,公司将陷入财务困境甚至面临破产,其管理者通常面临职业危机。贝克斯特(Baxter,1967)是首次提出该理论的学者之一。之后,斯蒂格利茨(1973)、克劳斯和利曾伯格(1973)进一步发展了该理论。

(1) 直接破产成本和间接破产成本

① 直接破产成本。直接破产成本包括:破产程序中支付给律师、会计师、资产评估师的费用;破产清算过程中存货的贬值;设备和建筑物的耗损。由于股东的责任以其出资额(资本金)为限,一旦公司破产,股东最多损失股权或投资额,但无须以个人财产补偿公司损失。因此,一旦公司破产,股东无法补偿的损失实际上转嫁给了债权人。

需要提醒的是,尽管这些直接破产费用几乎是天文数字,但是,对大公司而言,这笔费用相对于公司破产前市场价值而言则微不足道。因此,它不可能成为公司正常经营时举债的障碍。

② 间接破产成本。间接破产成本是指公司处于财务困境时所面临的一些损失,包括供应商和客户流失,以及管理者在公司处于财务困境时采取的一些有损公司利益的短视行为、融资灵活性降低、资本性支出和研发大受影响等。例如,当供应商和客户发现公司陷入财务困境和支付困难时,为维护自身的利益,往往采取逃避的行为,如缩短收款期、中断供货等,这些行为增加了公司成本。公司一旦陷入财务困境,资本市场的态度就会发生变化,公司便会发生融资困难,即使能筹集到资金,也必须付出高融资成本。为摆脱财务困境,公司很可能会被迫放弃收益可观的投资以及削减研发支出等。

尽管明显存在间接破产成本,但它们并非是显性成本,且不易估算。因此,间接破产成本很难估算且争议颇大。许多实证研究表明,这部分费用其实很大。

(2) 间接破产成本与资本结构的关系

与破产相关的成本主要是指间接破产成本,间接破产成本对公司资本成本和公司价值都会造成影响。随着公司资本结构中债务水平的上升,破产风险也随之增加,因此债权人所要求的收益率会随着杠杆的增加而上升,公司权益资本成本也会随债务的增加而上升,加权平均资本成本呈 U 形,即加权平均资本成本出现先降后升的态势。当债务资本达100%时,公司 WACC 就是债务资本成本。

除了破产清算过程本身需要公司承担一部分经营失败的费用之外,较小的破产概率并不能对资本结构的决策机制造成显著影响。也就是说,财务杠杆的增大并不意味着公司必将面临破产,只有当负债融资使得公司面临的财务失败比无杠杆公司更加严峻时,才需要避免继续使用杠杆或避免加大杠杆。

间接破产成本在以下条件下才会影响公司对杠杆的运用:第一,破产会减少该公司产品的需求或增加产品成本;第二,破产会使公司管理者恶意经营或因财务上的动机采取减少公司总价值的行为;第三,陷入破产境地的公司将承担未陷入破产危机的同类公司无须背负的巨额成本。

在这些情况下,间接破产成本就此形成,并减少杠杆公司的价值。因此,间接破产成本以复杂的但又是可以预测的方式显著地影响公司的资本结构决策,公司在使用或加大杠杆时,或多或少会受破产间接成本的负面影响。

5. 权衡理论

"权衡理论"形成于 20 世纪 70 年代,早期的权衡理论以斯科特和迈尔斯等人为代表,后期权衡理论则以迪安吉罗和马苏利斯为代表。其主要观点是公司的最优资本结构应该在税盾效应、破产成本等因素之间进行权衡。

早期权衡理论是针对 MM 理论的假设条件而提出的,基于纯粹的利息税盾效应与破产成本权衡之上。根据前文对有税 MM 理论的介绍,公司可以通过增加债务资本获得利息税盾效应,增加其市场价值。然而,随着债务资本的增加,公司的财务风险也随之增大,公司面临财务困境的概率上升,甚至可能招致破产,致使公司的市场价值下行。因此,公司最佳资本结构是对利息税盾效应和破产概率增加所导致的各种相关成本上升进行均衡的结果。

根据权衡理论,杠杆公司市场价值为无杠杆公司市场价值加上利息税盾效应现值,再减去破产成本的现值。用公式表示为

$$V_L = V_U + T_c D - \text{PVCFD}$$

式中,$T_c D$ 和 PVCFD 分别表示利息税盾效应现值和破产成本现值。资本结构与公司价值的关系如图 4-2 所示。

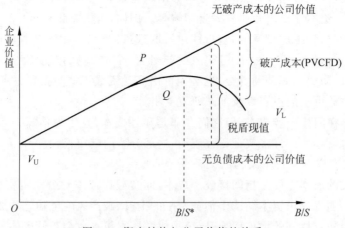

图 4-2　资本结构与公司价值的关系

图 4-2 显示,如果公司资本均为权益资本,即公司财务杠杆为零,公司的市场价值则为 V_U。随着公司债务资本的增加,公司财务杠杆开始发挥效应,利息税盾效应使公司的价值提高。在公司价值低于 P 时破产风险很低,不发生破产成本,公司的价值是无杠杆公司价值与利息税盾效应现值之和,公司价值与杠杆之间的关系可视同线性关系。

但是,当公司价值超过 P 时,财务杠杆的负面影响开始起作用,出现了破产成本,公司价值与杠杆呈现出非线性关系,由于边际利息税盾效应大于边际破产成本,公司会继续增加债务资本。当公司价值处于 Q 点时,由于边际利息税盾效应等于边际破产成本,此时,公司价值达到最大化,杠杆水平反映的是最佳资本结构。过了 Q 点,边际利息税盾效应小于边际破产成本,公司价值开始呈下行趋势。

权衡理论达到了现代资本结构理论研究的最高境界。权衡理论引入均衡的概念,使资本结构有了最优解。权衡理论进一步放宽了 MM 理论中无破产成本的假设,其结论具有现实解释力。必须注意的是,权衡理论中所涉及的破产成本(尤其是间接破产成本)在估算上存在很大分歧。西方学者认为,间接破产成本占公司市值的比例通常大于直接破产成本占公司市值的比例,但这部分成本的估算十分困难。

4.4.2 新资本结构理论

20 世纪 70 年代末,经济学理论和分析方法的发展给了资本结构理论全新的研究工具和视角。资本结构理论没有简单地循着 MM 理论的研究套路,而是在研究方法和入手点方面具有创意。就研究方法而言,在研究中引入了大量最新的经济学分析方法,如代理理论、信息不对称理论等。就切入点而言,试图通过引入"信号""动机""激励"等概念,从公司"内部因素"对公司资本结构进行研究。主要流派为信号传递理论、代理成本理论、新优序融资理论等。

1. 信号传递理论[①]

1977 年,罗斯将斯宾塞(Spenser)的信号理论引入资本结构研究中,研究和探讨如何在信息不对称条件下将资本结构作为信号向市场传递有关公司价值的信息,以此来影响投资者的融资决策。

罗斯的研究仅仅释放了 MM 理论中关于充分信息的假设,而保留了 MM 理论的其他假设条件。也就是说,该理论建立在信息灵通的经理人与信息不灵通的外部股东之间存在信息不对称的基础上。

他认为,公司管理者在获得有关公司收益真实分配、预期现金流量等的信息方面具有垄断优势,而外部投资者则处于劣势。当有好的内部消息时,公司管理者会有很强的意愿将这一正面消息传递给外部投资者,从而提升该公司的股票价格。但是,在信息不对称的条件下,管理者不能简单地声称他们有好消息,而是会向股东适当地描述,但这些陈述仅能随着时间的流逝被证实或证伪。

资本结构就是这样的信号,公司管理者可以通过采用不同的杠杆水平向外界传递消息。

---

① Ross Stephen. The determination of financial structure: The incentive signaling approach. Bell Journal of Economics,1977,8(1):23-40.

如果公司采取高杠杆,外部投资者会认为该公司未来拥有良好的预期。由于低质量的公司都有很高的期望边际破产成本,因此,低质量公司的管理者不会轻易通过举债来仿效高质量公司,刻意模仿可能导致低质量公司不堪重负而破产。

罗斯运用单期模型对包括A(好公司)、B(坏公司)两类公司进行了研究。他认为,在信息不对称的情况下,资本结构可以成为一种信号,由内部人将公司未来预期传递出来。资本结构满足了以下两个条件,便是一个良好的信号。

条件一:信号必须是明确的。

A(好公司)和B(坏公司)是两类不同的公司,但是,在信息不对称情况下,外部投资者并不知晓,不能完全进行识别。罗斯认为,设 D^* 为B公司所持有的最大的债务水平,否则,B公司未来的债务偿付义务将有大麻烦,甚至面临破产危险。此时,外部投资者通过观察公司的债务,就能判定该公司是否为"好"公司。即当 $D > D^*$ 时,外部投资者认为,该公司属于"好"公司,A公司未来的债务偿付就不会有麻烦;当 $D \leqslant D^*$ 时,投资者认为,该公司属于"坏"公司。

条件二:管理者必须有一直提供正确信号的动机,即有发布正确信号的激励。

罗斯认为,在一个好公司里,可以设计一套以激励为基础的管理者报酬合约,引导公司管理者为其公司采取较高杠杆的资本结构。为了显示该激励信号过程如何进行,假设公司管理者被限制不能交易其任职公司的股票。这样排除了他们通过发布虚假信息获利的可能性。

该理论暗示管理层可以选择财务杠杆,作为向社会公众传递有关公司未来预期的明确信号的方式。然而,"坏公司"无法模仿信号传递方式,因为这些公司没有足够的现金流量,公司破产可能性较高。

罗斯的分析很简洁,且方法新颖,但该模型的缺陷在于没有建立一个判断公司管理者向外输出错误信号的机制。这种判断的理由有两点:一是尽管罗斯设立了对破产公司经营者进行惩罚的机制,但在破产和经营不佳之间仍存在一个较大的最敏感决策区域;二是罗斯对证券持有人的约束条件未做考虑。

信号模型曾被广泛运用于公司金融学领域。除了罗斯模型外,还有几个颇有影响的模型,即塔尔莫(Talmon)模型、汉克尔(Heikel)模型和利兰-派尔模型等。

20世纪70年代之后,资本结构研究并未停滞,学界仍对该领域怀有极大的兴趣,并形成了非常有影响的理论,如市场择时理论、产品市场竞争理论等。但是,鉴于这些新理论尚待检验以及限于篇幅等原因,我们仅介绍这些经典的资本结构理论。

2. 代理成本理论

代理成本理论的代表人物是詹森(Jensen)和麦克林(Meckling)。他们认为,债务融资和权益融资都存在代理问题,资本结构取决于公司承担的总代理成本,也就是说,总代理成本最小时的资本结构是最合理的。

(1)外部股权的代理成本和对外负债的代理成本

詹森和麦克林将公司资本划分成三类:由管理层持有的内部股权、由公司外部股东持有的外部股权和债务。与这些资本相对应,公司的代理成本可以分成两类:与外部股权资本有关的全部代理成本、与对外负债有关的代理成本。

① 与外部股权资本有关的代理成本。詹森和麦克林观察到,当一个企业家拥有某公司100%股份时,公司的所有权和控制权合一,意味着企业家将为其行为承担所有成本,并获得

全部收益。比如,作为公司唯一所有者的业主(也是经理)决定捐建一所学校,那么,该业主(经理)将承担这一行为的所有成本。

一旦公司唯一业主(经理)将公司股票的一部分 α 出售给外部投资者,所有权和经营权开始分离,经理(代理人)与外部股东(委托人)之间的利益冲突便会产生。公司唯一业主(经理)在出售部分股权 α 后,其持股比例降至 $1-\alpha$,因此,他只需为其行为承担 $1-\alpha$ 的成本。这就给了经理一种激励,通过卖掉公司的一部分股票,他在以额外津贴方式挪用大量公司资源时降低了 α 成本,而仅仅承担了 $1-\alpha$ 成本。比如,若上文提到的个体业主经理将一部分所有权作为外部权益出售给新的所有者(即新股东),那么,业主(经理)的捐赠行为是将牺牲新股东利益来最大化自身财富。

然而,为了保全自身利益,外部股东愿意在监控和管束经理行为方面花费更多的资源。监控成本和管束成本是经理与外部股东冲突所产生的主要代理成本,但不是全部。监控成本是指为约束经理人行为,由外部股东向经理人提供的适当激励,通常是货币性的激励,比如,高额的工资和奖金;管束成本是指为了限制经理人行为而应付给经理人的消费资源,通常是非货币性激励,比如,提供豪华的办公条件和交通工具。

经理人和外部股东的最大冲突在于:当经理的股份下降后,其付出巨大热情和代价去寻求净现值(NPV)大于零的项目激情和冲动也会下降。这种冲突所产生的代理成本也称剩余损失或剩余成本,即经理的决策可能是次优决策,不能最大化外部股东福利或导致外部股东福利减少而形成的一种成本。比如,从人性的角度看,为避免焦虑和学习成本,经理尤其是有声望的经理不愿从事能够最大化全体股东价值的高风险项目。

② 与对外负债有关的代理成本。债务具有到期还本付息的硬约束特点,因此,债务融资对公司经理具有正向激励,为按时履约,经理不敢懈怠。然而,债务融资在缓解经理和外部股东之间冲突的同时,却产生了新的利益冲突,即公司股东(代理人)和债权人(委托人)之间的冲突。

在高杠杆的融资结构下,公司股东具有举债进行过度投资的动机和倾向,即使成功概率很低,他们也会乐意为之。理由是如果投资成功,股东获得大部分收益;如果投资失败,债权人将承担大部分损失。公司的这种行为会损害债权人的利益,因此债权人会采取有效的方法来阻止这种侵害行为。

债权人会运用两种办法来限制经理和外部股东的行为:一是签订债务契约,在债务契约中加入详细限制性条款,这些条款能够限制经理们诸多不利于债权人的行为,从而形成了由债权人对经理和股东进行监控和管束形成的代理成本。二是提高要求收益率,致使经理和股东承担了额外的债务融资成本,该额外债务融资成本也可以理解为另一种债务代理成本。

(2) 外部股权和负债的代理成本均衡

在詹森和麦克林构建的模型中,若公司为无杠杆公司,则公司价值等于经理持有股票和外部股东所持股票的市场价值之和。为减少股权代理成本,在公司的资本结构中用债券代替股票。此时,公司价值等于经理持有股票的市场价值、外部股东所持股票的市场价值和债券市场价值的总和。

资本结构与代理成本的关系为:杠杆与外部股权资本的代理成本 $A_{so}(E)$ 成反比,而与债务资本的代理成本 $A_b(E)$ 成正比。总代理成本为 $A_t(E)=A_{so}(E)+A_b(E)$。资本结构与代理成本之间的关系如图 4-3 所示。

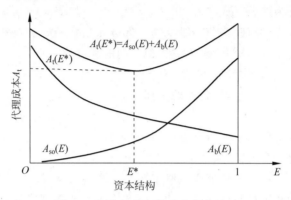

图 4-3 资本结构与代理成本的关系

资料来源：Jensen and Meckling. Theory of the firm：managerial behavior，agency cost and capital structure. Journal of Financial Economics，1976，3(4)：305-360.

在图 4-3 中，横坐标 E 表示外部股权资本与债务资本之比，E 越大，公司杠杆越小；反之，则越大。纵坐标表示代理成本。

就与外部股权资本有关的代理成本 $A_{so}(E)$ 而言，当 E 等于 0 时，由于没有外部股权，经理利用外部股权的动机最小。反之，这种动机增强，代理成本随之上升。因此，与外部股权资本有关的代理成本与 E 成正比。

就与债务资本有关的全部代理成本 $A_{b}(E)$ 而言，当 E 为 0 时，所有外部资本几乎全部来自债务，此时，经理试图从债权人手中转移财富的动机非常强，代理成本达到最高。反之，公司债务资本很少，经理可以转移的财富减少，同时，在公司总资本需求不变的情况下，经理本身权益下降，经理从债权人手中转移财富的冲动锐减。因此，与债务资本有关的代理成本和 E 成反比。

公司资本结构的均衡点为总代理成本 $A_{t}(E)$ 最小时所对应的 E^*，在这个均衡点上，每增加 1 元的负债，其代理成本正好等于所减少的相同金额的股权代理成本。该均衡点 E^* 可以通过"存货模型"算出。然而，在现实经济活动中，由于资本结构受制于诸多因素，因此，该均衡点不易求解。

3. 新优序融资理论[①]

优序理论(peaking order)在迈尔斯(Stewart C. Myers)等学者提出新优序理论之前就已形成。优序理论认为，公司融资有顺序，且按照自有资金(包括留存收益和折旧)举债、发新股这一固有的顺序安排资金。但在新优序理论诞生之前，学界和业界对这一现象的解释一直不能被人们普遍接受。新优序理论则开创性地运用信息不对称理论对融资顺序进行了全新的诠释。

(1) 假设

第一，股利政策是黏性的。公司管理者会努力保护持续稳定的股利支付，并且不会根据公司当前收益的暂时波动来调增或调减股利。

---

① Stewart C. Myers. The capital structure puzzle. Journal of Finance，1984，39(3)：574-592.

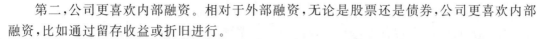

第二,公司更喜欢内部融资。相对于外部融资,无论是股票还是债券,公司更喜欢内部融资,比如通过留存收益或折旧进行。

第三,如果必须进行外部融资,公司会对其能发行的证券进行排序,首先是最安全的债券,然后是有些风险的债券、可转换债券、优先股,增发普通股则作为最后的融资手段。

第四,信息不对称。公司管理者要比外部投资者更了解公司的状况。如果公司管理者发现了一个非常好的净现值为正值的投资机会的话,他们无法将这一信息传递给外部投资者,因为他们的言论不会被相信。

第五,公司管理者和股东的利益一致,他们之间没有代理冲突。

(2) 基本内容

新优序理论研究的主要内容为,资本结构作为一种信号在信息不对称情况下会对融资次序产生影响。同时,不同的融资次序也会对资本结构的变化产生影响。新优序理论的两个重要结论及其理由分别为:发债优于发新股,安全债券优先发行。

① 发债优于发新股。公司如果寻求外部资金,债券融资比股票融资优先。一般的原则是"先于风险证券而发行安全证券"。

假定公司必须筹措 N 元资金,实施一个有价值的投资机会。该投资机会的净现值为 y,放弃这个投资项目时公司的价值为 x。在信息不对称条件下,公司内部人知道 x、y 的值,但是,外部投资者不知道,他们仅仅知道可能值的联合概率分布。设信息不对称,资本市场是完善的,且为半强式有效。

为获得净现值为 y 的投资机会,公司通过不附权方式(即公司老股东没有优先认购权)发行股票筹集 N 元。在信息不对称条件下,N 可能不是股票的真实价值,真实价值只有公司内部人知晓。

设 ΔN 是股票的溢价或折价数,$\Delta N = N_1 - N$,$\Delta N > 0$ 表示新股折价(即按低于真实价值的价格)发行,$\Delta N < 0$ 表示新股溢价发行。

如果 $\Delta N < 0$,也就是股票溢价发行。那么老股东可以从溢价中获得好处。但是,在信息不对称情况下,存在逆向选择问题,外部投资者会认为此时的股票价值被高估,不愿为该股票支付新股发行消息宣告前的价格,股价会下滑。国外实证研究显示,新股发行后股价平均下跌 3%。因此,即便股票溢价发行,老股东还是会承受股价下跌的损失,且无法独享投资机会的好处(y)。为避免这一风险,公司老股东不愿选择发新股,而会考虑选择举债方式为投资机会(y)筹集资金。

如果 $\Delta N > 0$,也就是股票折价发行。那么新股东既可以从被低估的股票价值中获益,又可以和老股东分享净现值为正值的投资机会。但由于信息不对称,老股东还可能要承受股价下跌的损失。为独享或更多地获取投资机会的好处(y),老股东不愿选择发新股,而会考虑选择债务融资,甚至不排除老股东为保全其利益不惜放弃净现值为正值的好项目。尽管发行债券可能会遇到逆向选择问题,但是债券价值被低估的程度一般比股权小,这是发债优于发行新股的重要原因。

② 安全债券优先发行。由上文可知,对公司老股东而言,证券融资的折价($\Delta N > 0$)是不利的。如果我们能减少或降低证券的 ΔN,那么,投资机会可在不稀释现有股票的真实价值的情况下融资,公司现有股东的价值能够实现最大化。减少 ΔN 的方法是发行最安全的证券。

由于证券的发行价与真实价值通常是不匹配的,通常越安全的证券,其 ΔN 就越小。如果发行的债券为无风险债券,则 ΔN 趋于零。这就是优先发行最安全债券的理由。

(3) 局限性

新优序理论并不能解释现实生活中所有资本结构的规律,比如,它不能解释税收、破产成本等外部因素对实际负债与权益比率的影响。该理论的另一个缺陷是忽视了典型的代理成本。迈尔斯和马吉夫之后,许多学者循着他们的思路,一方面对他们的模型进行了修正,另一方面推进了该理论的发展。

4.4.3 资本结构的影响因素

现实中的资本结构决策是一个极其复杂的问题,受到多种因素的影响,需要对多种影响因素进行权衡,其中最主要的影响因素有:

1. 经营风险和财务风险

经营风险和财务风险是影响公司资本结构决策最重要的两个因素,体现了公司对这两种杠杆的利用程度及其所体现的风险。按照杠杆原理,公司经营的主要杠杆有营业杠杆、财务杠杆以及两种杠杆综合作用所形成的联合杠杆。一般情况下,公司的经营风险和财务风险(business risks and financial risks)越大,公司的债务比率越低。

按照 MM 理论的不相干定理,公司的经营风险决定其风险等级,而公司经营风险的高低由其息税前盈利(EBT)的标准差来衡量。因此,公司经营杠杆的利用程度直接影响公司经营风险的大小,最终影响公司的价值和股东的收益;而在公司经营风险既定的情况下,财务杠杆的利用程度所决定的财务风险又是影响公司价值及其股东收益的重要因素。对于负债经营的公司来说,由于存在相对固定的利息费用,当息税前利润变动时,税后利润发生更大的变化,从而使得股东收益的不确定性增加。因此,杠杆的利用所体现的利益与风险是公司资本结构决策的重要因素。公司的资本结构决策应当在杠杆利益与风险之间进行权衡。

2. 公司税收

在存在公司所得税条件下,税收是影响债务使用的一个重要因素。按照税法规定债务利息可以在税前扣除,从而可以降低公司债务的资本成本,增加公司的价值。但这种税盾效应对于不同的公司来说其作用也大不相同。比如,公司债务比率已经很高,可以税前扣除的利息额很大,或者公司当年亏损而不用纳税,或者享受税收优惠而可以延期纳税等,那么,比起那些实际税率很高的公司来说,债务的抵税作用所带来的优势就小得多。如果公司的财务决策要同时考虑股东的税负,个人所得税才会影响公司的融资决策。

3. 融资的灵活性

融资的灵活性(financial flexibility)是指公司面临不利情况时的融资能力。通常情况下,稳定的资金来源对于一个长期投资项目的成功起着至关重要的作用。但当市场上资金供应不足,或者公司正面临经营困境时,资金供应者倾向于把资金提供给那些实力雄厚的公司。因此,未来潜在的资金需求和资金短缺等因素都会影响公司的资本结构,即公司未来对资金的需求越大,资金短缺对公司的影响越大,其负债比率越低。

4. 管理者对风险的态度

现实中,不同公司的管理者对风险的态度有着很大的差异,有稳健型的管理者也有冒险型的管理者。通常情况下,一个冒险型的管理者会选择较高的负债比率,而一个稳健型的管理者则选择较低的负债比率。实际上,这个因素并不影响公司的最佳资本结构,但会影响管理者对资本结构的选择。

4.4.4　资本结构的优化

1. 最佳资本结构的衡量

资本结构优化是指通过对公司资本结构的调整,使其资本结构趋于合理化,达到既定目标的过程。公司资本结构决策就是要确定公司的最佳资本结构。按照 MM 理论,最佳资本结构是指能使公司的平均资本成本最低、公司价值最大的负债权益结构。因此,从理论上讲,可以用加权平均资本成本和公司价值作为判断标准。

（1）公司价值比较决策法

公司价值比较法是以公司价值为标准,通过测算公司价值最大所对应的资本结构即为最佳资本结构。这种决策方法的理论依据是资本结构的权衡理论,更符合公司价值最大化目标。但其测算过程比较复杂,而且公司举债所产生的财务危机成本很难准确地计量。因此,以公司价值为标准来选择最佳资本结构,在理论上虽成立,但在实务中却很难做到。

（2）资本成本比较决策法

按照资本结构的理论分析,无论是债务资本还是股权资本,其资本成本都将随着资本结构的变化而变化,当加权资本成本达到最低时所对应的资本结构,即为最佳资本结构。这种决策方法在理论上同样是成立的。但在实务中,随着公司举债规模的扩大,债务资本成本会上升,因为利率会随着资金供求的变化而变化,并且举债规模越大,债权人的风险越大,相应的监督成本也会增大。股权成本同样也会随着公司举债规模的扩大而上升,因为举债会导致风险的增大,股东所要求的风险补偿增加。但对于公司负债率的提高所导致的债务成本及股权成本的上升却很难准确计量。因此,以资本成本为标准来选择最佳资本结构的方法在实务中也很难做到。

对于公司实行资本结构优化战略管理,使公司能够在资本结构优化的过程中,建立产权清晰、权责分明、管理科学的现代企业制度,优化公司在产权清晰基础上形成的公司治理结构,对公司改革的成败具有重大的意义。对于股份企业上市公司,在资本结构优化的过程中,建立一种使约束与激励机制均能够有效发挥作用的合理的公司治理结构,促使公司实现价值的最大化,对于我国资本市场的发育与完善而言,也是相当重要的。

2. 资本结构优化的影响因素

（1）外部影响因素

① 国家的发达程度。不同发达程度的国家存在不同的资本结构。与其他国家相比,发展中国家在资本形成、资本积累和资本结构的重整过程中存在着制约资本问题的以下障碍:一是经济发展状况落后,人均收入水平低,资本流量形成的源头枯萎;二是发展中国家储蓄不足,金融机构不健全,金融市场不发达,难以将分散、零星的储蓄有效地转化为投资,进而形成资本。而在发达国家,健全、良好、完备的金融组织机构、资本市场起着保障组织、汇集

储蓄,使其顺利转化为投资的十分重要的中介作用。

② 经济周期。在市场经济条件下,任何国家的经济都处于复苏、繁荣、衰退和萧条的阶段性周期循环中。一般而言,在经济衰退、萧条阶段,由于整个经济不景气,很多公司举步维艰,财务经常陷入困难,甚至有可能恶化。因此,在此期间,公司应采取紧缩负债经营的政策。而经济繁荣、复苏阶段,经济形式向好,市场供求趋旺,多数公司销售顺畅,利润水平不断上升,因此公司应该适度增加负债,充分利用债权人的资金从事投资和经营活动,以抓住发展机遇。同时,公司应该确保本身的偿债能力,保证有一定的权益资本作后盾,合理确定债务结构,分散与均衡债务到期日,以免因债务到期日集中而加大公司的偿债压力。

③ 公司所处行业的竞争程度。宏观经济环境下,公司因所处行业不同,其负债水平不能一概而论。一般情况下,如果公司所处行业的竞争度较弱或处于垄断地位,如通信、自来水、煤气、电力等行业,销售顺畅,利润稳定增长,破产风险很小甚至不存在,因此可适当提高负债水平。相反,如果公司所处行业竞争程度较高,投资风险较大,如家电、电子、化工等行业,其销售完全是由市场决定的,利润平均化趋势是利润处于被平均甚至降低的趋势,因此,公司的负债水平应低一点,以获得稳定的财务状况。

④ 税收机制。国家对公司筹资方面的税收机制一定程度上影响了公司的筹资行为,使其对筹资方式做出有利于自身利益的选择,从而调整了公司的资本结构。根据我国税法规定,公司债务的利息可以计入成本,从而冲减公司的利润,进而减少公司所得税,财务杠杆提高会因税收挡板效应而提高公司的市场价值。因此,对有较高边际税率的公司应该更多地使用债务来获得避税收益,从而提高公司的价值。

(2) 内部影响因素

① 公司规模。公司规模制约着公司的资本规模,也制约着公司的资本结构。一般而言,大型企业倾向于多角化、纵向一体化或横向一体化经营。多角化经营战略能使公司有效分散风险,具有稳定的现金流,不易受财务状况的影响,因而使公司面临较低的破产成本,在一定程度上能够承受较多的负债。纵向一体化经营战略能够节约公司的交易成本,提高公司整体的经营效益水平,既提高了公司的负债能力,同时也提高了内部融资的能力,因此对于实行纵向一体化战略的公司,无法确定其规模与负债水平的关系。对于实行横向一体化战略的公司,由于公司规模的扩张会提高产品的市场占有率,因此会带来更高、更稳定的收益,所以,可以适当提高公司的负债水平。

② 资产结构。1984 年,迈尔斯和梅勒夫在分析了管理者与外部信息不对称问题后认为,公司通过发行由抵押担保的债务可以降低债权人由于信息不对称带来的信用风险,因此,在有形资产作担保的情况下,债权人更愿意提供贷款,公司的有形资产越多,其担保的价值越大,因而可以筹集更多的资金。对于固定资产和存货等可抵押资产,其价值越大,公司可获得的负债越多。资产结构会以多种方式影响公司的资本结构。根据有关学者的研究,有以下结论:一是拥有大量固定资产的公司主要通过长期负债和发行股票筹集资金。二是拥有较多流动资产的公司,更多地依赖流动负债来筹集资金。三是资产适于进行抵押贷款的公司举债较多,如房地产公司的抵押贷款就非常多。四是以技术开发为主的公司负债则很少。

③ 公司获利能力。融资顺序理论认为,公司融资的一般顺序是首先使用内部融资,其次是债务融资,最后才是发行股票。如果公司的获利能力较低,很难通过留存收益或其他权

益性资本来筹集资金,只好通过负债筹资,这样导致资本结构中负债比重加大;当公司具有较强的获利能力时,就可以通过保留较多的盈余为未来的发展筹集资金,公司筹资的渠道和方式选择的余地较大,既可以筹集到生产发展所需要的资金,又可以使综合资本成本尽可能最低。

④ 公司偿债能力。通过流动比率、速动比率、资产负债率、产权比率、有形净值债务率等财务指标的分析,评价公司的偿债能力,同时还应考虑长期租赁,或有事项等因素对公司偿债能力的影响。

⑤ 股利政策。股利政策主要是关于税后利润如何分配的筹资政策。如果公司不愿意接受债券筹资的高风险和产权筹资的稀释作用,则可以考虑用内部积累的方式筹集投资所需的部分或全部的资金。如果公司决定采用内部筹资,则股利分配金额将会减少,负债水平将会降低。

⑥ 所有者和经营者对公司权利和风险的态度。公司资本结构的决策最终是由所有者和经营者做出的。一般情况下,如果公司的所有者和经营者不想失去对公司的控制,则应选择负债融资,因为增加股票的发行量或扩大其他权益资本范围,有可能稀释所有者权益和分散经营权。同时,所有者和经营者对风险的态度也会影响资本结构:对于比较保守、稳健、对未来经济持悲观态度的所有者及经营者,偏向尽可能使用权益资本,负债比重相对较小;对于敢于冒险、富于进取精神、对经济发展前景比较乐观的所有者和经营者,偏向于负债融资,充分发挥财务杠杆的作用。

 **本章小结**

资本成本对于投资者来说是资本的机会成本,是投资者在同等风险投资中所能获得的最大期望收益率,对于公司来说是资金的使用成本。资本成本是选择融资方式、进行资本结构决策的重要依据。

资本成本包括个别资本成本、综合资本成本和边际资本成本。个别资本成本是指不同类型融资的资本成本,如股权资本成本、债务资本成本等。综合资本成本是个别资本成本按照资本结构权数进行加权平均得到的综合资本成本,因此综合资本成本也称为加权资本成本。综合资本成本反映了公司整体融资的资本成本水平。边际资本成本是指每增加一单位资本投入而增加的成本支出。边际资本成本是公司在追加融资时需要考虑的资本成本。

个别资本成本的计量包括个别资本成本计量的一般方式、债务资本成本的计量、股权资本成本的计量。

杠杆效应包括经营杠杆和财务杠杆两类。经营杠杆是指在公司生产经营中,由于存在固定成本而导致息税前利润变动率大于产销量变动率的规律。财务杠杆是指由于债务的存在而导致普通股每股利润变动大于息税前利润变动的杠杆效应。

经营杠杆系数(DOL)是息税前利润的变动率相当于产销量(或销售收入)变动率的倍数。财务杠杆系数(DFL)是指公司税后利润的变动率相当于息税前利润变动率的倍数。它反映着财务杠杆的作用程度。综合杠杆是经营杠杆和财务杠杆结合在一起发挥的连锁作用。综合杠杆系数(DCL)是指每股利润变动率相当于产销量或销售额变动率的倍数,是经营杠杆系数和财务杠杆系数的乘积。

资本结构是指公司各种资本的价值构成及其比例关系,是公司一定时期融资组合的结果。无税 MM 理论问世以来,资本结构理论成了公司金融的核心内容之一。20 世纪 50 年代至今,对它的研究已持续了半个多世纪。基于税收和破产因素的研究轨迹可归纳为:以无税 MM 理论为基础,逐步释放假设条件,形成两大流派。一是研究利息税盾效应与资本结构关系的"税收学派";二是研究破产成本(后派生至财务困境成本)与资本结构关系的"破产成本学派"或"财务困境成本学派"。这两大学派最后归于"权衡理论"。

在符合 MM 理论假设的前提下,公司价值只与公司所有资产的预期收益额和公司所对应的资本化率有关,而与资本结构无关,即公司无法改变其资本结构的比例来改变其流通在外证券的总价值。现代资本结构理论进一步拓展了影响资本结构的外部因素,比如税收、破产因素等,并且将资本成本的内涵放大,逐步将财务困境成本或破产成本引入资本结构的讨论之中。将融资决策和资本结构选择置于利息税盾效应和众多成本的均衡之中,将公司外部因素对资本结构影响的研究推向极致。总之,MM 理论问世以来,现代资本结构理论在放松假设—提出问题—形成理论—再提出问题的循环中发展,形成了许多流派。

新资本结构理论虽然沿袭了现代资本结构的大部分假设条件,但是,它们将视角锁定在信号等内部因素上,使用最新的诸如信息不对称理论等经济学分析方法研究资本结构。主要流派为信号理论、代理成本理论、新优序融资理论等。

资本结构的影响因素:①经营风险和财务风险;②公司税收;③融资的灵活性;④管理者对风险的态度。

资本结构优化是指通过对公司资本结构的调整,使其资本结构趋于合理化,达到既定目标的过程。公司资本结构决策就是要确定公司的最佳资本结构。按照 MM 理论,最佳资本结构是指能使公司的平均资本成本最低、公司价值最大的负债权益结构。

思考题

1. 解释资本成本的含义。
2. 简述资本成本的作用。
3. 简述债务资本成本与股权资本成本的差异。
4. 解释留存收益与发行普通股融通权益资本的成本差异。
5. 什么是经营杠杆和财务杠杆?
6. 阐述资本结构的含义。
7. 简述 MM 理论在无税条件下的两个命题的含义。
8. 简述 MM 理论在有税条件下的两个命题的含义。
9. 简述资本结构权衡理论的内容。
10. 什么是破产成本?

 练习题

1. 某公司发行一种债券,期限为 10 年,利率为 6%,在每年年底支付利息,每张债券的面值为 1 000 元,现在的市场售价为 920 元,债券的到期收益率是多少? 如果公司的所得税

税率为 25%,那么公司发行债券的税后成本是多少?

2. A 公司下一年度会支付每股 1.2 元的股利,股票目前的售价为每股 20 元,如果预计的股利以每年 5% 的速度增长,则普通股的成本是多少?

3. 假设 M 公司没有债务,其加权资本成本是 12%,如果目前公司权益的市场价值是 4 000 万元,在有税条件下,公司的 EBIT 是多少?

4. 假定 A 公司目前的普通股市场价值为每股 10 元,公司发行在外的普通股达 1 000 万股,公司每年的净收益为 1 000 万元,假设收益率为 10%,并且保持不变(注:公司净收益与投资项目资本需要相同)。现在公司有一个净现值为 1 000 万元的投资机会,期望投资收益率仍为 10%,该公司有两种股利分配和为投资筹集资本的方案。

方案一:将净收益 1 000 万元全部作为股利发放,然后通过发行股票筹资 1 000 万元。

方案二:不发放股利,利用净收益 1 000 万元来满足投资需要。

试比较两种方案对公司股票价值的影响。

5. GM 公司的负债权益比为 2.5,公司加权资本成本为 15%,债务的税前资本成本为 10%,所得税率为 25%。

(1) 权益资本成本是多少?

(2) 无杠杆的权益资本成本是多少?

(3) 公司的负债权益比为 0.75,公司的加权资本成本是多少? 如果公司的负债权益比为 1.5,公司的加权资本成本是多少?

第 5 章

筹资决策

引例

盛夏橱柜公司是南京一家上市公司,专业生产、销售整体橱柜。近年来,我国房地产行业快速发展,居民对公司生产的不同类型的整体橱柜需求旺盛,其销售收入增长迅速。公司预计在南京及其周边地区的市场潜力较为广阔,销售收入预计每年将增长 50%～100%。为此,公司决定在 2021 年年底前在南京郊区建成一座新厂。公司为此需要筹措资金 5 亿元,其中 2 000 万元可以通过公司自有资金解决,剩余的 4.8 亿元需要从外部筹措。2020 年 8 月 31 日,公司总经理周楠召开总经理办公会议研究筹资方案,并要求财务经理陆华提出具体计划,以提交董事会会议讨论。公司在 2018 年 8 月 31 日的有关财务数据如下:

资产总额为 27 亿元,资产负债率为 50%;公司有长期借款 2.4 亿元,年利率为 5%,每年年末支付一次利息。其中 6 000 万元将在 2 年内到期,其他借款的期限尚余 5 年,借款合同规定公司资产负债率不得超过 60%;公司发行在外普通股 3 亿股。公司 2019 年完成净利润 2 亿元。2020 年预计全年可完成净利润 2.3 亿元。公司适用的所得税税率为 25%。假定公司一直采用固定股利支付率分配政策,年股利支付率为每股 0.6 元。随后,公司财务经理陆华根据总经理办公会议的意见设计了两套筹资方案,具体如下。

方案一：以增发股票的方式筹资 4.8 亿元。公司目前的普通股每股市价为 10 元。拟增发股票每股定价为 8.3 元，扣除发行费用后，预计净价为 8 元。为此，公司需要增发 6 000 万股股票以筹集 4.8 亿元资金。为了给公司股东以稳定的回报，维护其良好的市场形象，公司仍将维持其设定的每股 0.6 元的固定股利支付率分配政策。

方案二：以发行公司债券的方式筹资 4.8 亿元。鉴于目前银行存款利率较低，公司拟发行公司债券。设定债券年利率为 4％，期限为 10 年，每年付息一次，到期一次还本，发行总额为 4.9 亿元，其中预计发行费用为 1 000 万元。

你的看法是什么，你会选择以哪种方式筹资呢？最后，财务经理陆华通过两种筹资方式的优缺点分析，选择了方案二的筹资方式，她的理由如下。

方案一是采用增发股票筹资方式，优点是公司不必偿还本金和固定的利息并且可以降低公司资产负债率，以 2019 年 8 月 31 日的财务数据为基础，资产负债率将由 50％ 降低至 42.45％，缺点是公司现金股利支付压力增大。公司以后每年需要为此支出现金流量 3 600 万元，比在发行公司债券方式下每年支付的利息多支付现金 1 640 万元，现金支付压力较大；采用增发股票方式还会使公司每股收益和净资产收益率下降，从而影响盈利能力指标；公司无法享有发行公司债券所带来的利息费用的纳税利益；容易分散公司控制权。

方案二可以相对减轻公司现金支付压力。由于公司当务之急是解决当前的资金紧张问题，而在近期，发行公司债券相对于增发股票可以少支出现金，其每年支付利息的现金支出仅为 1 960 万元，每年比增发股票方式少支出 1 640 万元，从而可以减轻公司的支付压力；因发行公司债券所承担的利息费用还可以为公司带来纳税利益。如果考虑这一因素，公司发行公司债券的实际资金成本将低于票面利率 4％。工厂投产后每年因此而实际支付的净现金流量很可能要小于 1 960 万元；保证普通股股东的控制权；可以发挥财务杠杆作用。缺点是发行公司债券会使公司资产负债率上升。以 2019 年 8 月 31 日的财务数据为基础，资产负债率将由 50％ 上升至 57.86％，导致公司财务风险增加。但是，57.86％ 的资产负债率水平符合公司长期借款合同的要求。

因此，将上述两种筹资方案进行权衡，公司采用发行公司债券的方式较佳。通过以上的例子，我们看到了股权筹资和债券筹资带来的财务后果是完全不同的，下面的知识对企业筹资展开详细介绍。

5.1 筹资管理概论

5.1.1 企业筹资的概念和动机

企业筹资是为满足其经营活动、投资活动、资本结构调整等需要，运用一定的筹资方式，通过一定的渠道，采取适当的方式，获取所需资金的一种融资行为。筹资是企业一切金融活动的起点,没有资金的筹集就无法进行资金的投放,筹资的规模、结构和成本直接影响企业效益的好坏,进而影响企业收益分配。因此,筹资在企业财务管理中处于极其重要的地位。

筹资动机是为了企业自身生存发展,目的是取得更大的投资收益。从公司金融角度来看,筹资主要是投资、运营、分配的综合需要,筹资是公司金融活动的起点,筹资决策是基于投资、运营、分配之上的,否则就会变成毫无根据的盲目筹资。筹资动机通常分为以下几类。

第一,创立性筹资动机。创立性筹资动机是指企业设立时,为取得资本金并形成开展经营活动的基本条件而产生的筹资动机。资金是企业生存发展的第一关,任何企业或者公司在设立时都需要按照公司章程由全体股东认缴出资额。比如,企业在创建时,需要核定长期资本需要量和流动资金需要量,购建厂房设备等,安排铺底流动资金,这些都是通过筹措注册资本和资本公积等股权资金实现的,不足部分通过筹集银行借款等债务资金来满足。

第二,支付性筹资动机。支付性筹资动机是指为了满足经营业务活动的正常波动所形成的支付需要而产生的筹资动机。企业在开展经营活动过程中,经常会出现超出维持正常经营活动资金需求的季节性、临时性的交易支付需要,如购买原材料的大额支付、提前偿还的银行借款、集中发放员工工资、发放股东股利等。这些情况除了正常经营活动的资金投入外,还需要通过临时性的筹资来满足经营活动资金波动性需要,维持企业的支付能力。

第三,扩张性筹资动机。扩张性筹资动机往往是为了扩大经济规模或者提高对外投资额度的需要而开展的筹资动机,凡是具有良好的发展前景、处于成长时期的企业通常会产生这种筹资动机。在进行扩张性筹资时,需要在筹资时间和数量上服从于投资决策和投资计划的安排,避免资金的闲置和投资时机的贻误,同时,扩张性筹资动机会造成企业资产总规模的增加和资本结构的明显变化。

第四,调整性筹资动机。调整性筹资动机是企业因调整现有资本结构的需要而产生的筹资动机。企业产生调整性筹资动机的具体原因一般包括两方面,一方面是优化资本结构,合理利用财务杠杆效应。由于企业的资本结构中有可能出现债务比例过高而造成财务风险增大,或者股权资本比例过高而造成企业资本成本负担过重,通过筹资可以达到增加股权或者负债等方式,优化资本结构。另一方面是偿还到期债务,进行债务结构内部调整。比如,当流动性负债比例过大时会使企业偿债压力变大,可以通过长期债务筹集来偿还短期债务,或者通过举借新债来偿还旧债保持资本结构,调整性的筹资动机最终目的往往是调整资本结构,而不是追加企业经营资金,这类动机的筹资往往不会改变企业的资本总额,主要是调整资本内部结构。

第五,混合性筹资动机。企业筹资的目的可能不是单纯和唯一的,混合性筹资动机是指企业通过追加筹资的方式,既满足了经营活动、投资活动的需要,又达到了调整资本结构的目的。这类情况很多,可以归纳为混合性筹资动机,如企业对外产权投资需要大额资金,其资金来源通过增加长期贷款或发行公司债券的方式进行,这种情况既扩张了企业规模,也使得企业资本结构发生了较大的变化,除了增加了企业的资产总额和资本规模,也会导致企业的资产结构和资本结构同时发生改变。

5.1.2　筹资的类型

筹资类型主要指所筹集资金的资本类型,采用的分类标准不同,筹资类型的分类也不同,一般分以下几种筹资类别。

1. 股权筹资、债务筹资及衍生工具筹资

按取得的资金的权益属性不同可分为股权筹资、债务筹资及衍生工具筹资,这种分类是最常见的企业筹资分类方法。

股权筹资获取的资金是由股东投入的、企业依法长期拥有、能够自主调配运用的资本。股权资本是企业从事生产经营活动和偿还债务的基本保证,是代表企业基本资信状况的一个主要指标。股权资本通过吸收直接投资、发行股票、利用留存收益等方式获取,往往是企业所有者投入企业的资金及经营中形成的积累,其出资人是企业股东。股权筹资形成的股权资本在企业持续经营期间内,投资者不得抽回,因而也称为企业的自有资本、主权资本或权益资本。股权资本由于一般不用还本,形成了企业的永久性资本,因而财务风险小,但付出的资本成本相对较高。

债务筹资主要是企业通过借款、发行债券、融资租赁以及赊购商品或服务等商业信用的方式取得的资金,并形成了在规定期限内需要清偿的债务,这部分资金的出资人是企业的债权人。债务筹资,由于债务筹资到期要归还本金和支付利息,对企业的经营状况不承担责任,因而具有较大的财务风险,但付出的资本成本相对较低。

衍生工具筹资兼具股权与债权筹资的性质,我国上市公司目前最常见的衍生工具筹资方式是发行可转换债券和发行认股权证等形式。

2. 内部筹资与外部筹资

筹集资金的来源范围,企业筹资分为内部筹资和外部筹资两种类型。

内部筹资是指企业通过利润留存而形成的筹资来源。内部筹资数额大小主要取决于企业可分配资金的多少和利润分配政策,一般无须花费筹资费用,因此降低了资本成本。内部筹资指使用企业内部积累,包括企业税后利润、盈余公积和未分配利润。

外部筹资是指企业向外部筹措资金而形成的筹资来源。企业如果处于初创期,内部筹资的可能性是有限的;处于成长期的企业,内部筹资往往难以满足需要,这就需要企业广泛地开展外部筹资,如发行股票或债券,取得商业信用或银行借款等。企业向外部筹资大多需要花费一定的筹资费用,从而提高了筹资成本。一般来说,企业筹资主要指外部筹资。

3. 直接筹资与间接筹资

按是否借助于金融机构为媒介来获取社会资金,企业筹资分为直接筹资和间接筹资两种类型。

直接筹资是企业直接与资金供应者协商融通资金的筹资活动,无须通过金融机构来筹措资金,是企业直接从社会取得资金的方式。直接筹资方式主要是有发行股票、发行债券、吸收直接投资等。直接筹资既可以筹集股权资金,也可以筹集债务资金,相对来说,直接筹资的筹资手续比较复杂,筹资费用较高;但筹资领域广阔,能够直接利用社会资金,有利于提高企业的知名度和资信度。

间接筹资是企业借助银行等金融机构融通资本的筹资活动。在间接筹资方式下,银行等金融机构发挥中介作用,预先集聚资金,然后提供给企业。间接筹资的基本方式是向银行借款、融资租赁等,间接筹资形成的主要是债务资金,主要用于满足企业资金周转的需要。间接筹资手续相对比较简便,筹资效率高,筹资费用较低,但容易受金融政策的制约和影响。

4. 长期筹资和短期筹资

按所筹集资金的使用期限是否超过一年,企业筹资分为长期筹资和短期筹资两种类型。

长期筹资是指企业筹集使用期限在一年以上的资金。长期资金形成的可以是股权资金,也可以是债务资金,所形成的长期资金主要用于购建固定资产、形成无形资产、进行对外长期投资、垫支铺底流动资金、产品和技术研发等。长期筹资通常采取吸收直接投资、发行股票、发行债券、长期借款、融资租赁等方式,长期筹资主要在于更新企业的生产和经营能力,扩大企业生产经营规模,以及对外投资筹集资金等目的。

短期筹资是指企业筹集使用期限在一年以内的资金,短期筹资经常利用商业信用、短期借款、保理业务等方式来筹集。从资金权益性质来看,短期资金主要用于企业的流动资产和资金日常周转,一般在短期内需要偿还。

5.1.3 筹资管理的内容

1. 科学预计资金需要量

资金是企业的血液,是企业生产经营的基本前提,是企业生存和发展的财务保障。在一般情况下,企业资金的需求来自两方面:一方面是经营运作的资金需要;另一方面是投资发展的资金需要。企业创立时,要按照规划的生产经营规模,核定长期资本需要量和流动资金需要量;企业正常营运时,要根据年度经营计划和资金周转水平,核定维持营业活动的日常资金需求量;企业扩张发展时,要根据生产经营扩张规模或对外投资对大额资金的需求,安排专项的资金。

2. 合理安排筹资渠道、选择筹资方式

在确定了资金需求之后,企业要解决资金从什么渠道和以什么方式取得。这就是筹资渠道和筹资方式的选择问题。一般来说,企业最基本的筹资渠道是直接筹资和间接筹资。直接筹资是企业直接从社会取得资金;间接筹资是企业通过银行等金融机构从社会取得资金。内部筹资主要依靠企业的利润留存积累。外部筹资主要有两种方式,即股权筹资和债务筹资。

3. 降低资本成本、控制财务风险

资本成本是企业筹集和使用资金所付出的代价,包括资金筹集费用和使用费用。一般来说,债务资金比股权资金的资本成本要低。即使同是债务资金,由于借款、债券和租赁的性质不同,其资本成本也有差异。企业在筹资管理中,要合理利用资本成本较低的资金,努力降低企业的资本成本率。财务风险,是企业无法如期足额地偿付到期债务的本金和利息的风险。企业筹集资金在降低资本成本的同时,要充分考虑财务风险。

5.1.4 筹资方式

筹资方式是指企业筹集资金所采取的具体形式,它受到法律环境、经济体制、融资市场等筹资环境的制约,特别是受国家对金融市场和融资行为方面的法律法规制约。一般情况下,企业最基本的筹资方式就是两种,即股权筹资和债务筹资。股权筹资形成企业的股权资金,通过吸收直接投资、公开发行股票等方式取得;债务筹资形成企业的债务资金,通过向

银行借款、发行公司债券、利用商业信用等方式取得。至于发行可转换债券等筹集资金的方式,属于兼有股权筹资和债务筹资性质的混合筹资方式。

1. 吸收直接投资

吸收直接投资是指企业以投资合同、协议等形式定向地吸收国家、法人单位、自然人等投资主体资金的筹资方式。这种筹资方式不以股票这种融资工具为载体,通过签订投资合同或投资协议规定双方的权利和义务,主要适用于非股份制公司筹集股权资本。吸收直接投资是一种股权筹资方式,股东共同投资、共同经营、共担风险、共负盈亏。

2. 发行股票

发行股票是指企业以发售股票的方式取得资金的筹资方式,只有股份有限公司才能发行股票。股票是股份有限公司发行的,表明股东按其持有的股份享有权益和承担义务的可转让的书面投资凭证。股票的发售对象,可以是社会公众,也可以是定向的特定投资主体。这种筹资方式只适用于股份有限公司,而且必须以股票作为载体,是一种股权筹资方式。

3. 发行债券

发行债券是指企业以发售公司债券的方式取得资金的筹资方式,它是一种债务筹资方式。按中国证券监督管理委员会颁布的《公司债券发行与交易管理办法》《公司法》和《证券法》等法律法规规定,除了地方政府融资平台公司以外,所有公司制法人均有资格发行公司债券。公司债券是公司依照法定程序发行、约定还本付息期限、标明债权债务关系的有价证券。发行公司债券,适用于向法人单位和自然人两种渠道筹资。

4. 向金融机构借款

向金融机构借款是指企业根据借款合同从银行或非银行金融机构取得资金的筹资方式,它是一种债务筹资方式。这种筹资方式广泛适用于各类企业,它既可以筹集长期资金,也可以融通短期资金,具有灵活、方便的特点。

5. 融资租赁

融资租赁也称资本租赁或财务租赁,是指企业与租赁公司签订租赁合同,从租赁公司取得租赁物资产,通过对租赁物的占有、使用取得资金的筹资方式,它是一种债务筹资方式。融资租赁方式不直接取得货币性资金,通过租赁信用关系,直接取得实物资产,快速形成生产经营能力,然后通过向出租人分期交付租金方式偿还资产的价款。

6. 商业信用

商业信用是指企业之间在商品或劳务交易中,由于延期付款或延期交货所形成的借贷信用关系,它是一种债务筹资方式。商业信用是由于业务供销活动而形成的,它是企业短期资金的一种重要的和经常性的来源。

7. 留存收益

留存收益是指企业从税后净利润中提取的盈余公积金,以及从企业可供分配利润中留存的未分配利润。留存收益是企业将当年利润转化为股东对企业追加投资的过程,它是一种股权筹资方式。

5.1.5　企业筹资方式的影响因素和决策程序

选择最优的筹资方式是探讨各种筹资方式的意义所在,每个企业有不同的情况和条件,选择出适合自己企业的筹资方式是企业需要重点关注的问题,一般需要从下面几个方面加以分析。

第一,法律法规。法律法规对企业的某些筹资方式具有完全否决权。现行我国关于企业筹资法律法规有《中华人民共和国证券法》《中华人民共和国公司法》《股票发行与交易暂行管理条例》《公司债券发行与交易管理办法》等,企业筹资首先要选择合法筹资方式。

第二,筹资环境。筹资环境是影响企业筹资活动的各种因素的集合。有企业内部的因素,也有外部的因素。它们一方面对企业的筹资活动提供机会和条件,另一方面对企业筹资进行制约与干预。筹资环境主要包括企业财务报表现状、生产经营特点和状况、金融市场、金融机构、金融政策、宏观经济政策、物价变动、关于企业生产经营的法律法规、税收利息政策等。

第三,筹资动机。企业筹资简单地说是为了自身的生存和发展,但我们可以更具体地把筹资动机分解为"企业筹集资金去做什么?""什么时候需要用筹集的资金?"两个问题。这两个问题是筹资前要明确的两个问题。筹资动机实际上是投资决策、运营决策、利润分配决策相互作用的结果。

"企业筹集资金去做什么?"为我们分析筹集资金是短期资金还是长期资金提供了依据。长期资金的筹集方式包括股东直接投资、发行股票、企业内部积累、发行债券、银行借款、融资租赁;短期资金的筹集方式包括银行借款、融资租赁、发行商业票据、企业商业信用等。"企业筹集资金去做什么?"也为我们核算筹集资金量提供了原始条件。关于资金量的估算已经有定性分析和定量分析估算方法,但这主要是从理论上的探讨,在实践中更偏重于从筹资动机的"企业筹集资金去做什么?"结合上述理论分析方法来确定筹集资金量。"什么时候需要用筹集的资金?"是我们筹资活动时间计划的依据。根据需要资金的时间不同,确定筹资计划,计算单项筹资的资金成本,从而选择资金成本最低的筹资方式。

第四,资本结构。基于权衡模型的最优资本结构和目标资本结构计算可以为我们提供使企业价值最大,加权资本成本最低,且收益利息在规定范围内的资本结构范围。筹资方式的选择一定要有利于优化资本结构,即资金成本低,企业价值大,在目标资本结构范围内。因此,企业目标资本结构影响权益资金和债务资金的比例,从而影响筹资方式的选择。

权益资金能增强企业的信誉和偿债能力,没有固定的负担与到期日,财务风险小,分散企业控制权,资金成本高,无杠杆利益,一般来说,权益资金的筹资方式主要包括股东直接投入、发行股票、企业内部积累等。

筹集负债资金有固定负担,财务风险大,降低了企业经营灵活性,资金成本低,不影响企业控制权,有杠杆利益。通常来说,负债资金的筹资方式包括发行债券、银行借款、融资租赁、发行商业票据、企业商业信用。

第五,财务风险。财务风险是指企业由于筹资原因引起的资金来源结构的变化所造成的股东收益的可变性和偿债能力的不确定。财务风险的大小与各种具体资金来源的比重密切相关,调控财务风险就是要调节各种具体资金来源的比重。比如,在筹资过程中,可以根据"企业筹资的 EBIT-EPS 分析法"来判断财务杠杆的大小,从而确定财务风险和最优的筹资方式。

第六,经济增加值(EVA)。由于EVA=投资额×(投资利润率-资金成本率),当估算投资后EVA大于零或更大时,应按"先内后外,先债后股"的筹资顺序选择筹资方式,即先采用内部筹资后采用外部筹资,外部筹资又先采用债务资金,后采用权益资金。

第七,企业资本市场的状况。分析筹资方式对企业现有资本市场的股票、债券价格的影响,要特别认真分析负面影响带来的后果。筹资方式还要尽可能有利于企业长期发展,有利于以后资金的筹集。

第八,对企业长期规划中后续筹资的影响。筹资方式还要尽可能有利于企业长期发展,有利于以后资金的筹集。

根据上述影响筹资方式的选择因素,企业应充分利用有利的筹资条件,综合考虑以上各个方面的影响,从企业的资本来源和资本结构出发,结合企业特点及长远规划,选择不同的筹资方式,以满足其自身不断发展的需要。

企业需要采用科学的筹资方式,创造最大的投资收益。一般可以按照以下程序进行科学决策:明确筹资动机;测算筹集资金量;确定资金需要的时间分配;根据筹资环境淘汰不适合的筹资方式;根据法律法规淘汰被限制的筹资方式;测算EVA确定内部筹资还是外部筹资;测算各筹资方式的资金成本;进行EPS-EBIT分析和目标资本结构分析;计算确定筹资方式和各方式的筹资量;测算对企业现有资本市场的影响和后续筹资的影响;按各筹资方式的筹资量和资金需要时间进行筹资活动。

5.1.6 筹资原则

企业筹资管理的基本要求,是要在严格遵守国家法律法规的基础上,分析影响筹资的各种因素,权衡资金的性质、数量、成本和风险,合理选择筹资方式,提高筹资效果。

1. 筹措合法

筹措合法原则是指企业筹资要遵循国家法律法规,合法筹措资金。无论是直接筹资还是间接筹资,企业最终都通过筹资行为向社会获取了资金,筹资活动不仅为自身的生产经营提供了资金来源,也会影响投资者的经济利益,影响着社会经济秩序。企业的筹资行为和筹资活动必须遵循国家的相关法律法规,依法履行法律法规和投资合同约定的责任,合法合规筹资,依法披露信息,维护各方的合法权益。

2. 规模适当

规模适当原则是指要根据生产经营及其发展的需要,合理安排资金需求。企业筹集资金要合理预测确定资金的需要量。筹资规模与资金需要量应当匹配一致,既要避免因筹资不足影响生产经营的正常进行,又要防止筹资过多造成资金闲置。

3. 取得及时

取得及时原则是指要合理安排筹资时间,适时取得资金。企业筹集资金,需要合理预测确定资金需要的时间。要根据资金需求的具体情况,合理安排资金的筹集到位时间,使筹资与用资在时间上相衔接。既避免过早筹集资金形成的资金投放前的闲置,又防止取得资金的时间滞后,错过资金投放的最佳时机。

4. 来源经济

来源经济原则是指要充分利用各种筹资渠道,选择经济、可行的资金来源。企业所筹集的资金都要付出资本成本的代价,进而给企业的资金使用提出了最低报酬要求。不同筹资渠道和方式所取得的资金,其资本成本各有差异,企业应当在考虑筹资难易程度的基础上,针对不同来源资金的成本,认真选择筹资渠道,并选择经济、可行的筹资方式,力求降低筹资成本。

5. 结构合理

结构合理原则是指筹资管理要综合考虑各种筹资方式,优化资本结构。企业筹资要综合考虑股权资金与债务资金的关系、长期资金与短期资金的关系、内部筹资与外部筹资的关系,合理安排资本结构,保持适当的偿债能力,防范企业财务危机。

5.2 股 权 筹 资

公司的股权资金是通过股权筹资形成的,这种筹资方式也是企业资金的基本来源渠道。股权筹资的主要方式包括吸收直接投资、发行普通股股票和利用留存收益三种。

5.2.1 吸收直接投资

吸收直接投资是指企业按照"共同投资、共同经营、共担风险、共享收益"的原则,直接吸收国家、法人、个人和外商投入资金的一种筹资方式。吸收直接投资是非股份制企业筹集权益资本的基本方式,采用吸收直接投资的企业,资本不分为等额股份,无须公开发行股票。吸收直接投资的实际出资额中,注册资本部分,形成实收资本;超过注册资本的部分,属于资本溢价,形成资本公积。

1. 吸收直接投资的种类

(1) 国家投资

国家投资是指有权代表国家投资的政府部门或机构,以国有资产投入公司,这种情况下形成的资本叫国有资本。根据《公司国有资本与公司财务暂行办法》的规定,在公司持续经营期间,公司以盈余公积、资本公积转增实收资本的,国有公司和国有独资公司由公司董事会或经理办公会决定,并报主管财政机关备案;股份有限公司和有限责任公司由董事会决定,并经股东大会审议通过。吸收国家投资一般具有产权归属国家,资金的运用和处置受国家约束,在国有公司中采用比较广泛等特征。

(2) 法人投资

法人投资是指法人单位以其依法可支配的资产投入公司,这种情况下形成的资本称为法人资本。吸收法人资本一般具有发生在法人单位之间,以参与公司利润分配或控制为目的,出资方式灵活多样等特点。

(3) 合资经营

合资经营是指两个或两个以上不同国家的投资者共同投资、创办企业,并且共同经营、共担风险、共负盈亏、共享利益的一种直接投资方式。在我国,中外合资经营企业也称股权式合营企业,它是外国公司、企业和其他经济组织或个人同中国的公司、企业或其他经济组织在中国境内共同投资举办的企业。

（4）吸收社会公众投资

社会公众投资是指社会个人或本公司职工以个人合法财产投入公司,这种情况下形成的资本称为个人资本,吸收社会公众投资的特点包括,投资者较多,每人投资的数额相对较少,以参与公司利润分配为基本目的等。

2. 吸收直接投资的形式和程序

吸收直接投资的形式包括吸收货币资产、实物投资和无形资产(土地使用权、工业产权、特定债权等)投资三大类。

货币资产投资是吸收直接投资的最重要的出资方式,企业有了货币资金,便可以购买获取其他物质资源,支付各种费用,满足企业创建时的开支和随后的日常周转需要。

实物投资是指投资者以房屋、建筑物、设备等固定资产和材料、燃料、商品产品等流动资产所进行的投资。实物投资中实物的作价,可以由出资各方协商确定,也可以聘请专业资产评估机构评估确定。国有及国有控股企业接受其他企业的非货币资产出资,需要委托有资格的资产评估机构进行资产评估。

土地使用权是指土地经营者对依法取得的土地在一定期限内有进行建筑、生产经营或其他活动的权利。土地使用权具有相对的独立性,在土地使用权存续期间,包括土地所有者在内的其他任何人和单位,不能任意收回土地和非法干预使用权人的经营活动。

工业产权通常是指专有技术、商标权、专利权、非专利技术等无形资产。吸收工业产权等无形资产出资的风险较大。因为以工业产权投资,实际上是把技术转化为资本,使技术的价值固定化。而技术具有强烈的时效性,会因其不断老化落后而导致实际价值不断减少甚至完全丧失。

特定债权是指企业依法发行的可转换债券以及按照国家有关规定可以转作股权的债权。此外,对无形资产出资方式的限制,《中华人民共和国公司法》规定,股东或发起人不得以劳务、信用、自然人姓名、商誉、特许经营权或者设定担保的财产等作价出资。

吸收直接投资的程序主要包括以下几个步骤。

第一,确定筹资数量。资金的需要量应根据企业的生产经营规模和供销条件等来核定,确保筹资数量与资金需要量相适应。

第二,寻找投资单位。企业既要广泛了解有关投资者的资信、财力和投资意向,又要通过信息交流和宣传,使出资方了解企业的经营能力、财务状况以及未来预期,以便于公司从中寻找最合适的合作伙伴。

第三,协商和签署投资协议。找到投资伙伴后,双方进行具体协商,确定出资数额、出资方式和出资时间。

第四,取得所筹集的资金。签署投资协议后,企业应按规定或计划取得资金。如果采取现金投资方式,通常还要编制拨款计划,确定拨款期限、每期数额及划拨方式,如为实物、工业产权、非专利技术、土地使用权投资,一个重要的问题就是核实财产。财产数量是否准确,特别是价格有无高估低估的情况,关系到投资各方的经济利益,必须认真处理,必要时可聘请专业资产评估机构来评定,然后办理产权的转移手续取得资产。

3. 吸收直接投资筹资的优缺点

第一,高效快速地形成生产能力。吸收直接投资不仅可以取得一部分货币资金,而且能够直接获得所需的先进设备和技术,尽快形成生产经营能力。

第二,便于信息沟通。吸收直接投资的投资者比较单一,股权没有社会化、分散化,甚至有的投资者直接担任公司管理层职务,公司与投资者易于沟通。

第三,资本成本较高。相对于股权筹资来说,吸收直接投资的资本成本较高。当企业经营较好,盈利较多时,投资者往往要求将大部分盈余作为红利分配,因为企业向投资者支付的报酬是按其出资数额和企业实现利润的比率来计算的。不过,吸收投资的手续相对比较简便,筹资费用较低。

第四,控制权集中,不利于企业治理。采用吸收直接投资方式筹资,投资者一般都要求获得与投资数额相适应的经营管理权。如果某个投资者的投资额比例较大,则该投资者对企业的经营管理就会有相当大的控制权,容易损害其他投资者的利益。

第五,不利于产权交易。吸收投入资本由于没有证券为媒介,不利于产权交易,难以进行产权转让。

5.2.2 发行普通股股票

股票是股份有限公司为筹措股权资本而发行的有价证券,是公司签发的证明股东持有公司股份的凭证。股票作为一种所有权凭证,代表着股东对发行公司净资产的所有权,股票只能由股份有限公司发行。

1. 股票的定义和特征

股票是一种有价证券,是股份有限公司在筹集资本时向出资人公开发行的,代表持有人(即股东)对公司的所有权,并根据所持有的股份数依法享有权益和承担义务的可转让的书面凭证。股票是一种有价的、要式的、证权性、资本性的综合权利证券。股票的特点主要包括以下几点。

第一,永久性。公司发行股票所筹集的资金属于公司的长期自有资金,没有期限,无须归还,一般情况下,股东不能要求发行企业退还股金。

第二,流通性。股票作为一种有价证券,在资本市场上可以自由转让、买卖和流通,也可以继承、赠送或作为抵押品。股票特别是上市公司发行的股票具有很强的变现能力,流动性很强。

第三,风险性。由于股票的永久性,股东成了企业风险的主要承担者。风险的表现形式有股票价格的波动性、红利的不确定性、破产清算时股东处于剩余财产分配的最后顺序等。

第四,参与性。股东作为股份公司的所有者,拥有参与企业管理的权利,包括重大决策权、经营者选择权、财务监控权、公司经营的建议和质询权,股东还有承担有限责任、遵守公司章程等义务。

股东最基本的权利是按投资的股份额,依法享有公司管理权、收益获取权、公司重大决策参与权和选择公司管理者的权利,拥有股份转让权、优先认股权和剩余财产要求权,并以其所持股份为限对公司承担责任。

2. 股票的种类

(1) 按股东权利和义务,分为普通股股票和优先股股票。

普通股股票简称普通股,是公司发行的代表着股东享有平等的权利、义务,不加特别限制的,且股利不固定的股票。普通股是最基本的股票,股份有限公司通常情况只发行普通股。

优先股股票简称优先股,是公司发行的相对于普通股具有一定优先权的股票。其优先权利主要表现在股利分配优先权和分取剩余财产优先权上。优先股股东在股东大会上无表决权,在参与公司经营管理上受到一定限制,仅对涉及优先股权利的问题有表决权。

(2) 按票面有无记名,分为记名股票和无记名股票。

记名股票是在股票票面上记载有股东姓名或将名称记入公司股东名册的股票,无记名股票不登记股东名称,公司只记载股票数量、编号及发行日期。

我国《公司法》规定,公司向发起人、国家授权投资机构、法人发行的股票,为记名股票;向社会公众发行的股票,可以为记名股票,也可以为无记名股票。

(3) 按发行对象和上市地点,分为 A 股、B 股、H 股、N 股和 S 股等。

A 股即人民币普通股票,由我国境内公司发行,境内上市交易,它以人民币标明面值,以人民币认购和交易。B 股即人民币特种股票,由我国境内公司发行,境内上市交易,它以人民币标明面值,以外币认购和交易。H 股是注册地在内地、上市在中国香港的股票,在纽约和新加坡上市的股票,分别称为 N 股和 S 股。

3. 股份有限公司的设立、股票的发行与上市

(1) 股份有限公司的设立

设立股份有限公司,应当有 2 人以上 200 人以下为发起人,其中须有半数以上的发起人在中国境内有住所。股份有限公司的设立,可以采取发起设立或者募集设立的方式。发起设立,是指由发起人认购公司应发行的全部股份而设立公司。募集设立,是指由发起人认购公司应发行股份的一部分,其余股份向社会公开募集或者向特定对象募集而设立公司。以募集设立方式设立股份有限公司的,发起人认购的股份不得少于公司股份总数的 35%;法律、行政法规另有规定的,从其规定。

(2) 股份有限公司首次发行股票的程序

第一,发起人认足股份、交付股资。发起方式设立的公司,发起人认购公司的全部股份;募集方式设立的公司发起人认购的股份不得少于公司股份总数的 35%。发起人可以用货币出资,也可以非货币资产作价出资。

第二,提出公开募集股份的申请。募集方式设立的公司,发起人向社会公开募集股份时,必须向国务院证券监督管理部门递交募股申请,并报送批准设立公司的相关文件,包括公司章程、招股说明书等。

第三,公告招股说明书,签订承销协议。公开募集股份申请经国家批准后,应公告招股说明书。招股说明书应包括公司的章程、发起人认购的股份数、本次每股票面价值和发行价格、募集资金的用途等。同时,与证券公司等证券承销机构签订承销协议。

第四,招认股份,缴纳股款。发行股票的公司或其承销机构一般用广告或书面通知的办法招募股份。认股者一旦填写了认股书,就要承担认股书中约定的缴纳股款义务。如果认股者的总股数超过发起人拟招募的总股数,可以采取抽签的方式确定哪些认股者有权认股。认股者应在规定的期限内向代收股款的银行缴纳股款,同时交付认股书。股款认足后,发起人应委托法定的机构验资,出具验资证明。

第五,召开创立大会,选举董事会、监事会。发行股份的股款募足后,发起人应在规定期限内(法定30天)主持召开创立大会。创立大会由发起人、认股人组成,应有代表股份总数半数以上的认股人出席方可举行。创立大会通过公司章程,选举董事会和监事会成员,并有权对公司的设立费用进行审核,对发起人用于抵作股款的财产作价进行审核。

第六,办理公司设立登记,交割股票。经创立大会选举的董事会,应在创立大会结束后30天内,办理申请公司设立的登记事项。登记成立后,即向股东正式交付股票。

(3)股票的发行方式

股票发行包括两种,即公开间接发行和非公开直接发行。

公开间接发行股票是指股份公司通过中介机构向社会公众公开发行股票。采用募集设立方式成立的股份有限公司,向社会公开发行股票时,必须由有资格的证券经营中介机构,如证券公司、信托投资公司等承销。这种发行方式的发行范围广,发行对象多,易于足额筹集资本。公开发行股票,同时还有利于提高公司的知名度,扩大其影响力,但公开发行方式审批手续复杂严格,发行成本高。

非公开直接发行股票是指股份公司只向少数特定对象直接发股票,不需要中介机构承销。用发起设立方式成立和向特定对象募集方式发行新股的股份有限公司,向发起人和特定对象发行股票,采用直接将股票销售给认购者的自销方式。这种发行方式弹性较大,企业能控制股票的发行过程,节省发行费用。但发行范围小,不易及时足额筹集资本,发行后股票的变现性差。

(4)股票上市条件、上市暂停、上市终止和特别处理

① 股票上市的条件。申请证券上市交易的公司应当向证券交易所提出申请,由证券交易所依法审核同意,并由双方签订上市协议。我国《证券法》规定,股份有限公司申请股票上市,应当符合下列条件:股票经国务院证券监督管理机构核准已公开发行;公司股本总额不少于人民币3 000万元;公开发行的股份达到公司股份总数的25%以上;公司股本总额超过人民币4亿元的,公开发行股份的比例为10%以上;公司最近3年无重违法行为,财务会计报告无虚假记载。

科创板是最早在上海证券交易所适用注册制的市场板块,科创板在我国目前多层次资本市场中有着独特地位。2019年3月1日,中国证监会制定并公布《科创板首次公开发行股票注册管理办法(试行)》,根据该办法的规定,首次公开发行股票并在科创板上市,应当符合发行条件、上市条件以及相关信息披露要求,依法经上海证券交易所发行上市审核并报经中国证券监督管理委员会履行发行注册程序。

就上市标准而言,不同于主板和中小企业板以及创业板,科创板更加注重企业科技创新能力,允许符合科创板定位、尚未盈利或存在累计未弥补亏损的企业在科创板上市,同时综合考虑预计市值、收入、净利润、研发投入、现金流等因素,设置多元包容的上市条件。申请公开发行股票的公司,除符合科创板定位外,还应当符合下列基本发行条件:一是具备健全且运行良好的组织机构,具有完整的业务体系和直接面向市场独立经营的能力,不存在对持续经营有重大不利影响的情形;二是会计基础工作规范,内部控制制度健全且有效执行,最近3年财务会计报告被出具标准无保留意见审计报告;三是发行人及其控股股东、实际控制人最近3年不存在贪污、贿赂、侵占财产、挪用财产或者破坏社会主义市场经济秩序的刑事犯罪,不存在严重损害社会公共利益的重大违法行为;四是证监会规定的其他条件。因此,相比主板和中小企业板以及创业板的上市条件,科创板的上市条件更加精简优化。同

时,对于现行发行条件中可以由投资者判断的事项,则逐步转化为更加严格及更加全面、深入、精准的信息披露制度体系。

就发行审核程序而言,科创板的首次公开发行申请报上海证券交易所审核并经证监会注册。首先,上海证券交易所负责科创板发行上市审核。上海证券交易所受理企业公开发行股票并上市的申请,审核并判断企业是否符合发行条件、上市条件和信息披露要求。审核工作主要通过提出问题、回答问题方式展开,督促发行人完善信息披露内容。证监会对上海证券交易所审核工作进行监督。其次,证监会负责科创板股票发行注册。上海证券交易所审核通过后,将审核意见及发行人注册申请文件报送证监会履行注册程序。注册工作不适用发行审核委员会审核程序,按证监会制定的程序进行,依照规定的发行条件和信息披露要求,在 20 个工作日内作出是否同意注册的决定。

② 股票上市的暂停、终止与特别处理。当上市公司出现经营情况恶化、存在重大违法违规行为或其他原因导致不符合上市条件时,就可能被暂停或终止上市。上市公司出现财务状况或其他状况异常的,其股票交易将被交易所"特别处理(special treatment,ST)"。"财务状异常"是指以下几种情况。

最近 2 个会计年度的审计结果显示的净利润为负值;最近 1 个会计年度的审计结果显示其股东权益低于注册资本;最近 1 个会计年度经审计的股东权益扣除注册会计师和有关部门不予确认的部分后,低于注册资本;注册会计师对最近 1 个会计年度的财产报告出具无法表示意见或否定意见的审计报告;最近一份经审计的财务报告对上年度利润进行调整,导致连续 2 个会计年度亏损;经交易所或中国证监会认定为财务状况异常的。"其他状况异常"是指自然灾害、重大事故等导致生产经营活动基本中止,公司涉及的可能赔偿金额超过公司净资产的诉讼等情况。

在上市公司的股票交易被实行特别处理期间,其股票交易遵循下列规则:股票报价日涨跌幅限制为 5%;股票名称改为原股票名前加"ST";上市公司的中期报告必须经过审计。

(5) 股票上市交易的优缺点

对企业而言,股票上市的好处在于便于更多地筹措新资金、促进股权流通转让,以及确定公司价值。证券市场上有众多的资金供应者,因此股票上市后更容易吸引社会资本投资者,还可以通过增发、配股、发行可转换债券等方式进行再融资。对于上市公司来说,即时的股票交易行情,就是对公司价值的市场评价,市场行情也能够为公司收购兼并等资本运作提供询价基础。

但股票上市也有对公司不利的一面,比如,上市成本较高,手续复杂严格;公司将负担较高的信息披露成本;信息公开的要求可能会暴露公司的商业机密;股价有时会歪曲公司的实际情况,影响公司声誉;可能会分散公司的控制权,造成管理上的困难。

4. 上市公司的股票发行

上市的股份有限公司在证券市场上发行股票,包括公开发行和非公开发行两种类型。公开发行股票又分为首次上市公开发行股票和上市公开发行股票,非公开发行即向特定投资者发行,也称定向发行。

首次上市公开发行股票(initial public offering,IPO)是指股份有限公司对社会公开发行股票并上市流通和交易。实施 IPO 的公司,自股份有限公司成立后,持续经营时间应当在 3 年以上(经国务院特别批准的除外),应当符合中国证监颁布的《首次公开发行股票并上市管理办法》规定的相关条件,并经中国证监会核准。

上市公开发行股票是指股份有限公司已经上市后,通过证券交易所在证券市场上对社会公开发行股票。上市公司公开发行股票包括增发和配股两种方式。增发是指上市公司向社会公众发售股票的再融资方式,而配股是指上市公司向原有股东配售发行股票的再融资方式。

上市公司非公开发行股票是指上市公司采用非公开方式,向特定对象发行股票的行为,也叫定向募集增发。定向增发的对象可以是老股东,也可以是新投资者,但发行对象不超过 10 名,发行对象为境外战略投资者的,应当经国务院相关部门预先批准。

5. 引入战略投资者

中国在新股发行中引入战略投资者时,允许战略投资者在公司发行新股中参与配售。战略投资者是指与发行人具有合作关系或有合作意向和潜力,与发行公司业务联系紧密且欲长期持有发行公司股票的法人。从国外风险投资机构对战略投资者的定义来看,一般认为战略投资者是能够通过帮助公司融资、提供营销与销售支持的业务,或通过个人关系增加投资价值的公司或个人投资者。

战略投资者的基本要求是:要与公司的经营业务联系紧密;要出于长期投资目的而较长时期地持有股票;要具有相当的资金实力,且持股数量较多。战略投资者具有资金、技术、管理、市场、人才等方面的优势,能够增强企业的核心竞争力和创新能力。上市公司引入战略投资者,使其能够和上市公司之间形成紧密的、伙伴式的合作关系,并由此增强公司经营实力、提高公司管理水平、改善公司治理结构。

对战略投资者的基本资质条件要求是:拥有比较雄厚的资金、核心的技术、先进的管理等,同时要有较好的实业基础和较强的投融资能力。战略投资者的作用主要体现在以下几点。

第一,能够提升公司形象,提高资本市场认同度。战略投资者往往都是实力雄厚的境内外大公司、大集团,甚至是国际、国内 500 强,他们对公司股票的认购是对公司潜在未来价值的认可和期望。

第二,能够优化股权结构,健全公司法人治理。战略投资者在公司占一定股权份额并长期持股,能够分散公司控制权,战略投资者参与公司管理,能够改善公司治理结构。战略投资者带来的不仅是资金和技术,更重要的是能带来先进的管理水平和优秀的管理团队。

第三,提高公司资源整合能力,增强公司的核心竞争力。战略投资者往往都有较好的实业基础,能够带来先进的工艺技术和广阔的产品营销市场,并致力于长期投资合作,能够促进公司产品结构和产业结构的调整升级,有助于形成产业集群,整合公司的经营资源。

第四,达到阶段性的融资目标,加快实现公司上市融资的进程。战略投资者具有较强的资金实力,并与发行人签订有关配售协议,长期持有发行人股票,能够为新上市的公司提供长期稳定的资本,帮助上市公司用较低的成本融得较多的资金,提高公司的融资效率。

现阶段,我国上市公司确定战略投资者还处于募集资金最大化的实用原则阶段,即谁的申购价格高,谁就能成为战略投资者,管理型、技术型的战略投资者还很少见。资本市场中的战略投资者,目前多是追逐持股价差、有较大承受能力的股票持有者,一般都是大型证券投资机构。

6. 发行普通股的筹资特点

第一,分离所有权和经营权,有利于公司自主经营管理。公司通过对外发行股票筹资,公司的所有权与经营权相分离,分散了公司控制权,有利于公司自主管理、自主经营。普通股筹资的股东众多,公司其日常经营管理事务主要由公司的董事会和经理层负责。但公司的控制权分散,公司也容易被经理人控制。

第二,资本成本较高。由于股票投资的风险较大,收益具有不确定性,投资者就会要求较高的风险补偿。因此,股票筹资的资本成本较高。

第三,有利于提高公司的社会声誉,促进股权流通和转让。普通股筹资会形成股东的大众化,为公司带来了广泛的社会影响。特别是上市公司,其股票的流通性强,有利于市场确认公司的价值。普通股筹资以股票作为媒介,便于股权的流通和转让,便于吸收新的投资者。但是,流通性强的股票交易,也容易在资本市场上被恶意收购。

第四,不易及时形成生产能力。普通股筹资吸收的一般都是货币资金,还需要通过购置和建造形成生产经营能力。相对吸收直接投资方式来说,不易及时形成生产能力。

5.2.3 利用留存收益

1. 留存收益的作用

企业通过合法有效地经营所实现的税后净利润,归属于企业的所有者。但是,企业将本年度的利润部分甚至全部留存下来的主要目的在于:首先,收益的确认和计量是建立在权责发生制基础上的,企业有利润,但企业不一定有相应的现金净流量增加,因而企业不一定有足够的现金将利润全部或部分派给所有者。其次,法律法规从保护债权人利益和要求企业可持续发展等角度出发,限制企业将利润全部分配出去。《公司法》规定,企业每年的税后利润,必须提取10%的法定盈余公积金。最后,企业基于自身扩大再生产和筹资的需求,也会将一部分利润留存下来。

2. 留存收益的筹资来源

第一,提取盈余公积金。盈余公积金是指有指定用途的留存净利润,盈余公积金是从当期企业净利润中提取的积累资金,其提取基数是本年度的净利润。盈余公积金主要用于企业未来的经营发展,经投资者审议后也可以用于转增股本(实收资本)和弥补以前年度经营亏损,但不得用于以后年度的对外利润分配。

第二,提取未分配利润。未分配利润是指未限定用途的留存净利润。未分配利润一般包括净利润当中本年没有分配给公司的股东投资者,这部分净利润未指定用途,可以用于企业未来的经营发展、转增资本(实收资本)、弥补以前年度的经营亏损及以后年度的利润分配。

3. 利用留存收益的筹资特点

第一,没有筹资费用。企业从外界筹集长期资本,与普通股筹资相比较,留存收益筹资不需要发生筹资费用,资本成本较低。

第二,能够保持公司的控制权分布。利用留存收益筹资,不用对外发行新股或吸收新投资者,由此增加的权益资本不会改变公司的股权结构,不会稀释原有股东的控制权。

第三,筹资数额有限。留存收益的最大数额是企业到期的净利润和以前年度未分配利润之和,不像外部筹资一次性可以筹集大量资金。如果企业发生亏损,那么当年就没有利润留存。另外,股东和投资者从自身期望出发,往往希望企业每年发放一定的利润,保持一定的利润分配比例。

5.2.4　股权筹资的特点分析

股权筹资的优点主要包括以下三点。

第一,股权筹资是企业稳定的资本基础。股权资本没有固定的到期日,是企业的永久性资本,除非企业清算时才有可能予以偿还。这对于保障企业对资本的最低需求,促进企业长期持续稳定经营具有重要意义。

第二,股权筹资是企业良好的信誉基础。股权资本作为企业最基本的资本,代表了公司的资本实力,是企业与其他单位组织开展经营业务,进行业务活动的信誉基础。同时,股权资本也是其他方式筹资的基础,尤其可为债务筹资,包括银行借款、发行公司债券等提供信用保障。

第三,股权筹资带来的财务风险较小。股权资本不用在企业正常运营期内偿还,没有还本付息的财务压力。相对于债务资本而言,股权资本筹资限制少,资本使用上也无特别限制。企业可以根据其经营状况和业绩的好坏,决定向投资者支付报酬的多少,资本成本负担比较灵活。

股权筹资的缺点主要包括以下三点。

第一,资本成本负担较重。股权筹资的资本成本高于债务筹资,这主要是由于以下的三个原因:投资者投资于股权特别是投资于股票的风险较高,投资者或股东相应要求得到较高的报酬率;从企业成本开支的角度来看,股利、红利从税后利润中支付,而使用债务资本的资本成本允许税前扣除;普通股的发行、上市等方面的费用也十分庞大。

第二,控制权变更可能影响企业长期稳定发展。利用股权筹资,由于引进了新的投资者或出售了新的股票,必然会导致企业控制权结构的改变,分散了企业的控制权。控制权的频繁迭变,势必要影响企业管理层的人事变动和决策效率,影响企业的正常经营。

第三,信息沟通与披露成本较大。投资者或股东作为企业的所有者,有了解企业经营业务、财务状况、经营成果等的权利。企业需要通过各种渠道和方式加强与投资者的关系管理,保障投资者的权益。特别是上市公司,其股东众多而分散,只能通过公司的公开信息披露了解公司状况,这就需要公司花更多的精力,有些还需要设置专门的部分,用于公司的信息披露和投资者关系管理。

5.3　债务筹资

债务筹资形成了企业的债务资金,银行借款、向社会发行公司债券和融资租赁是债务筹资的三种基本形式,商业信用也是一种债务资金,它是企业间的商品或劳务交易形成的,往往归属在营运资金范畴内。

5.3.1　银行借款

银行借款是指企业向银行或其他非银行金融机构借入的、需要还本付息的款项,包括偿还期限超过一年的长期借款和不足一年的短期借款,主要用于企业购建固定资产和满足流动资金周转的需要。

1. 银行借款的种类

(1) 按提供贷款的机构,分为政策性银行贷款、商业银行贷款和其他金融机构贷款

政策性银行贷款是指执行国家政策性贷款业务的银行向企业发放的贷款,通常为长期贷款。如国家开发银行贷款,主要满足企业承建国家重点建设项目的资金需要;中国进出口信贷银行贷款,主要为大型设备的进出口提供的买方信贷或卖方信贷;中国农业发展银行贷款,主要用于确保国家对粮、棉、油等政策性收购资金的供应。

商业性银行贷款是指由各商业银行,如中国工商银行、中国建设银行、中国农业银行、中国银行等,向工商企业提供的贷款,用以满足企业生产经营的资金需要,包括短期贷款和长期贷款。

其他金融机构贷款,如从信托投资公司取得实物或货币形式的信托投资贷款,从财务公司取得的各种中长期贷款,从保险公司取得的贷款等。其他金融机构的贷款一般较商业银行贷款的期限要长,要求的利率较高,对借款企业的信用要求和担保的选择比较严格。

(2) 按机构对贷款有无担保要求,分为信用贷款和担保贷款

信用贷款是指以借款人的信誉或保证人的信用为依据而获得的贷款。企业取得这种贷款,无须以财产作抵押。对于这种贷款,由于风险较高,银行通常要收取较高的利息,往往还附加一定的限制条件。

担保贷款是指由借款人或第三方依法提供担保而获得的贷款。担保包括保证责任、财务抵押、财产质押,由此,担保贷款包括保证贷款、抵押贷款和质押贷款三种基本类型。

保证贷款是指按《中华人民共和国担保法》(以下简称《担保法》)规定的保证方式,以第三人作为保证人承诺在借款人不能偿还借款时,按约定承担一定保证责任或连带责任而取得的贷款。

抵押贷款是指按《担保法》规定的抵押方式,以借款人或第三人的财产作为抵押物而取得的贷款。抵押是指债务人或第三人不转移财产的占有,将该财产作为债权的担保,债务人不履行债务时,债权人有权将该财产折价或者以拍卖、变卖的价款优先受偿。作为贷款担保的抵押品,可以是不动产、机器设备、交通运输工具等实物资产,可以是依法有权处分的土地使用权,也可以是股票、债券等有价证券等,它们必须是能够变现的资产。如果贷款到期借款企业不愿偿还贷款,银行可取消企业对抵押品的赎回权。抵押贷款有利于降低银行贷款的风险,提高贷款的安全性。

质押贷款是指按《担保法》规定的质押方式,以借款人或第三人的动产或财产权利作为质押物而取得的贷款。质押是指债务人或第三人将其动产或财产权利移交给债权人占有,将该动产或财务权利作为债权的担保,债务人不履行债务时,债权人有权以该动产或财产权利折价或者以拍卖、变卖的价款优先受偿。作为贷款担保的质押品,可以是汇票、支票、债券、存款单、提单等信用凭证,可以是依法可以转让的股份、股票等有价证券,也可以是依法可以转让的商标专用权、专利权、著作权中的财产权等。

(3) 按企业取得贷款的用途,分为基本建设贷款、专项贷款和流动资金贷款

基本建设贷款是指企业因从事新建、改建、扩建等基本建设项目需要资金而向银行申请借入的款项。

专项贷款是指企业因为专门用途而向银行申请借入的款项,包括更新改造技改贷款、大修理贷款、研发和新产品研制贷款、小型技术措施贷款、出口专项贷款、引进技术转让费周转金贷款、进口设备外汇贷款、进口设备人民币贷款及国内配套设备贷款等。

流动资金贷款是指企业为满足流动资金的需求而向银行申请借入的款项,包括流动基金借款、生产周转借款、临时借款、结算借款和卖方信贷。

2. 银行借款程序和保护条款

银行借款的程序一般包括以下两个步骤。

第一,企业提出申请,银行审批。企业根据筹资需求向银行书面申请,按银行要求的条件和内容填报借款申请书。银行按照有关政策和贷款条件,对借款企业进行信用审查,依据审批权限,核准公司申请的借款金额和用款计划。银行审查的主要内容包括公司的财务状况、信用情况、盈利的稳定性、发展前景、借款投资项目的可行性、抵押品和担保情况。

第二,签订合同,取得借款。借款申请获批准后,银行与企业进一步协商贷款的具体条件,签订正式的借款合同,规定贷款的数额、利率、期限和一些约束性条款。借款合同签订后,企业在核定的贷款指标范围内,根据用款计划和实际需要,一次或分次将贷款转入公司的存款结算户,以便使用。

长期贷款由于具有金额高、期限长、风险大的特点,除借款合同的基本条款之外,债权人通常还在借款合同中附加各种保护性条款,以确保企业按要求使用借款和按时足额偿还借款,保护性条款一般分为例行性保护条款、一般性保护条款和特殊性保护条款。

例行性保护条款作为例行常规,在大多数借款合同中都会出现。比如,要求企业定期向提供贷款的金融机构提交财务报表,以使债权人随时掌握公司的财务状况和经营成果;不准在正常情况下出售较多的非产成品存货,以保持企业正常生产经营能力;如期清偿应缴纳税金和其他到期债务,以防被罚款而造成不必要的现金流失;不准以资产作其他承诺的担保或抵押;不准贴现应收票据或出售应收账款,以避免或有负债等。

一般性保护条款是对企业资产的流动性及偿债能力等方面的要求条款,这类条款应用于大多数借款合同。比如,要求企业保持资产流动性,要求企业需持有一定最低限度的货币资金及其他流动资产,以保持企业资产的流动性和偿债能力,一般规定了企业必须保持的最低营运资金数额和最低流动比率数值;限制企业非经营性支出。如限制支付现金股利、购入股票和职工加薪的数额规模,以减少企业资金的过度外流;限制企业资本支出的规模。控制企业资产结构中的长期性资产的比例,以减少公司日后不得不变卖固定资产以偿还贷款的可能性;限制公司再举债规模。目的是防止其他债权人取得对公司资产的优先索偿权;限制公司的长期投资。如规定公司不准投资于短期内不能收回资金的项目,不能未经银行等债权人同意而与其他公司合并等。

特殊性保护条款是针对某些特殊情况而出现在部分借款合同中的条款,只有在特殊情况下才能生效。比如,要求公司的主要领导人购买人身保险;借款的用途不得改变;违约惩罚条款等。

这些条款结合使用,将有利于全面保护银行等债权人的权益,由于借款合同是经双方充分协商后决定的,其最终结果取决于双方谈判能力的大小,而不是完全取决于银行等债权人的主观意愿。

3. 银行借款的筹资特点

第一,筹资速度快。与发行债券、融资租赁等债权筹资方式相比,银行借款的程序相对简单,所花时间较短,公司可以迅速获得所需资金。

第二,资本成本低。利用银行借款筹资,比发行债券和融资租赁的利息负担要低。而且,无须支付证券发行费用、租赁手续费用等筹资费用。

第三,筹资弹性大。在借款之前,公司根据当时的资本需求与银行等贷款机构直接商定贷款的时间、数量和条件。在借款期间,若公司的财务状况发生某些变化,也可与债权人再协商,变更借款数量、时间和条件,或提前偿还本息。因此,借款筹资对公司具有较大的灵活性,特别是短期借款更是如此。

第四,限制条款多。与发行公司债券筹资相比较,银行借款合同对借款用途有明确规定,通过借款的保护性条款,对公司资本支出额度、再筹资、股利支付等行为有严格的约束,以后公司的生产经营活动和财务政策必将受到一定程度的影响。

第五,筹资数额有限。银行借款的数额往往受到贷款机构资本实力的制约,难以像发行公司债券、股票那样一次筹集到大笔资金,无法满足公司大规模筹资的需要。

5.3.2 发行公司债券

公司债券又称企业债券,是企业依照法定程序发行的、约定在一定期限内还本付息的有价证券,公司债券可以采用公开发行和非公开发行两种方式。债券是持有人拥有公司债权的书面证书,它代表持券人同发债公司之间的债权债务关系。

1. 债券的发行和上市条件

在我国,根据《中华人民共和国公司法》(以下简称《公司法》)的规定,股份有限公司和有限责任公司,具有发行债券的资格,公开发行公司债券筹集的资金,必须用于核准的用途,不得用于弥补亏损和非生产性支出。

根据《中华人民共和国证券法》(以下简称《证券法》)规定,公开发行公司债券,应当符合下列条件:股份有限公司的净资产不低于人民币3 000万元,有限责任公司的净资产不低于人民币6 000万元;累计债券余额不超过公司净资产的40%;最近3年平均可分配利润足以支付公司债券1年的利息;筹集的资金投向符合国家产业政策;债券的利率不超过国务院限定的利率水平;国务院规定的其他条件。

根据《证券法》规定,公司申请公司债券上市交易,应当符合下列条件:公司债券的期限为1年以上;公司债券实际发行额不少于人民币5 000万元;公司申请债券上市时仍符合法定的公司债券发行条件。

2. 公司债券的种类

(1) 担保债券和信用债券

按有无特定财产担保,分为担保债券和信用债券。担保债权是指以抵押方式担保发行人按期还本付息的债券,主要是指抵押债券。抵押债券按其抵押品的不同,又分为不动产抵押债券、动产抵押债券和证券信托抵押债券。信用债券是无担保债券,是仅凭公司自身的信用发行的、没有抵押品作抵押担保的债券。在公司清算时,信用债券的持有人因无特定的资产作担保品,只能作为一般债权人参与剩余财产的分配。

（2）可转换债券与不可转换债券

按是否能够转换成公司股权，分为可转换债券与不可转换债券。可转换债券是指债券持有者可以在规定的时间内按规定的价格转换为发债公司的股票。这种债券在发行时，对债券转换为股票的价格和比率等都做了详细规定，可转换债券的发行主体是股份有限公司中的上市公司。不可转换债券是指不能转换为发债公司股票的债券，大多数公司债券属于这种类型。

（3）公开发行公司债券和非公开公司发行债券

资信状况符合规定标准的公司债券可以向公众投资者公开发行，也可以自主选择向合格投资者公开发行，未达到规定标准的公司债券只能向合格投资者发行。公开发行公司债券应当委托信用评级，非公开发行公司债券没有强制性要求。公开发行公司债券核准备案经中国证监会核准，非公开发行公司债券核准备案向中国证券业协会备案。

（4）记名公司债券和无记名公司债券

按是否记名，分为记名公司债券和无记名公司债券。记名公司债券是在公司债券存根簿上载明债券持有人的姓名及住所、债券持有人取得债券的日期及债券的编号等债券持有人信息。记名公司债券可以由债券持有人以背书方式或者法律、行政法规规定的其他方式转让；转让后由公司将受让人的姓名或者名称及住所记载于公司债券存根簿。无记名公司债券应当在公司债券存根簿上载明债券总额、利率、偿还期限和方式、发行日期及债券的编号。无记名公司债券的转让，由债券持有人将该债券交付给受让人后即发生转让的效力。

3. 公司债券发行的程序和偿还方式

公司债券的发行程序一般以下几个步骤。

第一，作出发债决议。拟发行公司债券的公司，需要公司董事会制订公司债券发行的方案，并由公司股东大会批准，作出决议。

第二，提出发债申请。根据《证券法》规定，公司申请发行债券由国务院证券管理部门批准。公司申请应提交公司登记证明、公司章程、公司债券募集办法、资产评估报告和验资报告等正式文件。

第三，公告募集办法。企业发行债券的申请经批准后，要向社会公告公司债券的募集办法。公司债券募集分为私募发行和公募发行，私募发行是以特定的少数投资者为对象发行债券，而公募发行则是在证券市场上以非特定的广大投资者为对象公开发行债券。

第四，委托证券经营机构发售。公司债券的公募发行采取间接发行方式，在这种发行方式下，发行公司与承销团签订承销协议。承销团由数家证券公司或投资银行组成，承销方式有代销和包销两种：代销是指承销机构代为推销债券，在约定期限内未售出的余额可退还发行公司，承销机构不承担发行风险；包销是由承销团先购入发行公司拟发行的全部债券，然后再售给社会上的投资者，如果约定期限内未能全部售出，余额要由承销团负责认购。

第五，交付债券，收缴债券款。债券购买人向债券承销机构付款购买债券，承销机构向购买人交付债券。然后，债券发行公司向承销机构收缴债券款，登记债券存根簿，并结算发行代理费。

债券偿还时间按其实际发生与规定的到期日之间的关系，分为提前偿还、到期分批偿还和到期一次偿还三种偿还方式。

提前偿还又称提前赎回，是指在债券尚未到期之前就予以偿还。只有在公司发行债券的合同中明确规定了有关允许提前偿还的条款，公司才可以进行此项操作。提前偿还所支付的价格通常要高于债券的面值，并随到期日的临近而逐渐下降，具有提前偿还条款的债券可使公司筹资有较大的弹性。当公司资金有结余时，可提前赎回债券；当预测利率下降时，也可提前赎回债券，而后以较低的利率来发行新债券。

到期分批偿还是指一个公司在发行同一种债券的当时就为不同编号或不同发行对象的债券规定了不同的到期日，这种债券就是分批偿还债券。因为各批债券的到期日不同，它们各自的发行价格和票面利率也可能不相同，从而导致发行费较高；但由于这种债券便于投资人挑选最合适的到期日，因而便于发行。

到期一次偿还是指发行债券的公司在债券到期日，一次性归还债券本金，并结算债券利息。

4. 公司债券的筹资特点

第一，筹资数额大。利用发行公司债券筹资，能够筹集大额的资金，满足公司大规模筹资的需要。这是在银行借款、融资租赁等债权筹资方式中，企业选择发行公司债券筹资的主要原因，也能够适应大型公司经营规模的需要。

第二，限制条件少。与银行借款相比，债券筹资筹集资金的使用具有相对的灵活性和自主性。特别是发行债券所筹集的大额资金，能够也主要用于流动性较差的公司长期资产上。从资金使用的性质来看，银行借款一般期限短、额度小，主要用途为增加适量存货、增加小型设备等；反之，期限较长、额度较大，用于公司扩展、增加大型固定资产和基本建设投资的需求多采用发行债券方式筹资。

第三，资本成本负担较高。相对于银行借款筹资，发行债券的利息负担和筹资费用都比较高。而且债券不能像银行借款一样进行债务展期，加上大额的本金和较高的利息，在固定的到期日，将会对公司现金流量产生巨大的财务压力。不过，尽管公司债券的利息比银行借款高，但公司债券的期限长、利率相对固定。在预计市场利率持续上升的金融市场环境下，发行公司债券筹资，能够锁定资本成本。

第四，提高公司的社会声誉。公司债券的发行主体，有严格的资格限制。发行公司债券，往往是股份有限公司和有实力的有限责任公司所为。通过发行公司债券，一方面筹集了大量资金，另一方面也扩大了公司的社会影响。

5.3.3 融资租赁

【例 5-1】 技术改造设备的融资租赁。

银滩燃气有限公司，在建设"气化站"过程中遇到资金问题。后来该企业采用了融资租赁方式，向金海岸企业发展股份有限公司租赁了小区气化站设备，租期 2 年，按季度支付租金。这样一来，该公司只支付了 24 万元的租赁保证金，就融来了 120 万元的设备，投入不多却保证了企业技术升级发展，租赁到期后，银滩燃气公司又支付了 100 万元"转让费"，就此获得该套设备的产权。

租赁是指通过签订资产出让合同的方式，使用资产的承租方通过支付租金，向出让资产的出租方取得资产使用权的一种交易行为。在这项交易中,租赁行为产生了资金与实物相结合基础上的分离,承租方通过得到所需资产的使用权,完成了筹集资金的行为,因此,可以将租赁看作是以商品形态与货币形态相结合提供的信用活动,它不同于一般的借钱还钱、借物还物的信用形式,而是借物还钱,由此可见,租赁的基本特征主要体现所有权与使用权相分离;融资与融物相结合;分期支付租金等三个方面。租赁的现金流以分期支付租金的方式来体现,出租方的资金一次投入,分期收回;对于承租方而言,通过租赁可以提前获得资产的使用价值,分期支付租金便于分期规划未来的现金流出量。

1. 融资租赁和经营租赁

租赁分为融资租赁和经营租赁。融资租赁是由租赁公司按承租单位要求出资购买设备,在较长的合同期内提供给承租单位使用的融资信用业务,它是以融通资金为主要目的的租赁。融资租赁使银行信贷和财产信贷融合在一起,成为企业融资的一种特定形式。融资租赁的主要特点包括:第一,出租的设备由承租企业提出要求购买,或者由承租企业直接从制造商或销售商那里选定。第二,租赁期较长,接近于资产的有效使用期,在租赁期间双方无权取消合同。第三,由承租企业负责设备的维修、保养。第四,租赁期满,按事先约定的方法处理设备,包括退还租赁公司,或继续租赁,或企业留购。通常采用企业留购办法,即以很少的"名义价格"(相当于设备残值)买下设备。

经营租赁是由租赁公司向承租单位在短期内提供设备,并提供维修、保养、人员培训等的一种服务性业务,又称服务性租赁。经营租赁的特点包括:第一,出租的设备一般由租赁公司根据市场需要选定,然后再寻找承租企业。第二,租赁期较短,短于资产的有效使用期,在合理的限制条件内承租企业可以中途解约。第三,租赁设备的维修、保养由租赁公司负责。第四,租赁期满或合同中止以后,出租资产由租赁公司收回。经营租赁比较适用于租用技术过时较快的生产设备。

2. 融资租赁流程

(1) 选择租赁公司,提出委托申请。当企业决定采用融资租赁方式以获取某项设备时,需要了解各个租赁公司的资信情况、融资条件和租赁费率等,分析比较选定一家作为出租单位,最后向租赁公司申请办理融资租赁。

(2) 签订购货协议。由承租企业和租赁公司中的一方或双方,与选定的设备供应厂商进行购买设备的技术谈判和商务谈判,在此基础上与设备供应厂商签订购货协议。

(3) 签订租赁合同。承租企业与租赁公司签订租赁设备的合同,如需要进口设备,还应办理设备进口手续。租赁合同是租赁业务的重要文件,具有法律效力。融资租赁合同的内容可分为一般条款和特殊条款两部分。

(4) 交货验收。设备供应厂商将设备发运到指定地点,承租企业要办理验收手续。验收合格后签发交货及验收证书交给租赁公司,作为其支付货款的依据。

(5) 定期交付租金。承租企业按租赁合同规定,分期交纳租金,这也就是承租企业对所筹资金的分期还款。

(6) 合同期满处理设备。承租企业根据合同约定,对设备续租、退租或留购。

3. 融资租赁方式和租金

(1) 直接租赁。直接租赁是融资租赁的主要形式,承租方提出租赁申请时,出租方按照承租方的要求选购,然后再出租给承租方。

(2)售后回租。售后回租是指承租方由于急需资金等各种原因,将自己资产售给出租方,然后以租赁的形式从出租方原封不动地租回资产的使用权。在这种租赁合同中,除资产所有者的名义改变之外,其余情况均无变化。

(3)杠杆租赁。杠杆租赁是指涉及承租人、出租人和资金出借人三方的融资租赁业务。一般来说,当所涉及的资产价值昂贵时,出租方自己只投入部分资金,通常为资产价值的20%～40%,其余资金则通过将该资产抵押担保的方式,向第三方(通常为银行)申请贷款解决。租赁公司然后将购进的设备出租给承租方,用收取的租金偿还贷款,该资产的所有权属于出租方。出租人既是债权人也是债务人,如果出租人到期不能按期偿还借款,资产所有权则转移给资金的出借者。

融资租赁每期租金的多少,取决于以下三个主要因素:第一,设备原价及预计残值。包括设备买价、运输费、安装调试费、保险费等,以及该设备租赁期满后,出售可得的市价。第二,利息额的多少。指租赁公司为承租企业购置设备垫付资金所应支付的利息。第三,租赁手续费额度。指租赁公司承办租赁设备所发生的业务费用和必要的利润。

租金的支付方式有以下几种分类方式:第一,按支付间隔期长短,分为年付、半年付、季付和月付等方式。第二,按在期初和期末支付,分为先付和后付。第三,按每次支付额,分为等额支付和不等额支付。实务中,承租企业与租赁公司商定的租金支付方式,大多为后付等额年金。

我国融资租赁实务中,租金的计算大多采用等额年金法,通常要根据利率和租赁手续费率确定一个租费率,作为折现率。

4.融资租赁的筹资特点

第一,利用资金杠杆效应快速获得资产。融资租赁集"融资"与"融物"于一身,融资租赁使企业在资金短缺的情况下引进设备成为可能,因此当企业在资金缺乏情况下,能迅速获得所需资产。特别是针对中小企业、新创企业而言,融资租赁是一条重要的融资途径。有时,大型企业对于大型设备、工具等固定资产,也需要融资租赁解决巨额资金的需要,如商业航空公司的飞机,大多是通过融资租赁取得的。

第二,财务风险小,财务优势明显。融资租赁与购买的一次性支出相比,能够避免一次性支付的负担,而且租金支出是未来的、分期的,企业无须一次筹集大量资金偿还。还款时,租金可以通过项目本身产生的收益来支付,是一种基于未来的"借鸡生蛋、卖蛋还钱"的筹资方式。

第三,融资租赁筹资的限制条件较少。企业运用股票、债券、长期借款等筹资方式,都受到相当多的资格条件的限制,如足够的抵押品、银行贷款的信用标准、发行债券的政府管制等。相比之下,租赁筹资的限制条件很少。

第四,资金融通的期限和额度有弹性。通常为购置设备而贷款的借款期限比该资产的物理寿命要短得多,而租赁的融资期限却可接近其全部使用寿命期限。并且,其金额随设备价款金额而定,无融资额度的限制。

第五,资本成本负担较高。融资租赁的租金通常比举借银行借款或发行债券所负担的利息高得多,租金总额通常要高于设备价值的30%。尽管与借款方式比,融资租赁能够避免到期一次性集中偿还的财务压力,但高额的固定租金也给各期的经营带来了负担。

5.3.4 债务融资的优劣分析

债务筹资的优点主要包括以下几个方面。

第一,筹资速度较快。与股权筹资比,债务筹资不需要经过复杂的审批手续和证券发行程序,如银行借款、融资租赁等,可以迅速地获得资金。

第二,筹资弹性大。发行股票等股权筹资的时候,需要经过严格的政府审批,并且由于股权不能退还,股权资本在未来永久性地给企业带来了资本成本的负担。然而,利用债务筹资可以根据企业的经营情况和财务状况,灵活地商定债务条件,控制筹资数量安排取得资金的时间。

第三,资本成本负担轻。一般来说,债务筹资的资本成本要低于股权筹资。原因在于股利通常是从税后净利润中支付,不能抵税,而债务资本的利息可在税前扣除进行抵税;另外从投资人的风险来看,普通股的求偿权在债权之后,持有普通股的风险要大于持有债权的风险,股票持有人会要求有一定的风险补偿,所以股权资本的资本成本往往大于债务资本的资本成本。

第四,可以利用财务杠杆。债务筹资不改变公司的控制权,因而股东不会出于控制权稀释原因反对负债。债权人从企业那里只能获得固定的利息或租金,不能参加公司剩余收益的分配。当企业的资本报酬率(息税前利润率)高于债务利率时,会增加普通股股东的每股收益,提高净资产报酬率,提升企业价值。

第五,稳定公司的控制权。债权人无权参加企业的经营管理,利用债务筹资不会改变和分散股东对公司的控制权。在信息沟通与披露等公司治理方面,债务筹资的代理成本也较低。

债务筹资的缺点包括以下三个方面。

第一,不能形成企业稳定的资本基础。债务资本有固定的到期日,到期需要偿还,只能作为企业的补充性资本来源。再加上债务筹资往往需要进行信用评级,没有信用基础的企业和新创企业,往往难以取得足够的债务资本。现有债务资本在企业的资本结构中达到一定比例后,往往由于财务风险升高而不容易再取得新的债务资金。

第二,财务风险较大。债务资本有固定的到期日,有固定的利息负担,抵押、质押等担保方式取得的债务,资本使用上可能会有特别的限制。这些都要求企业必须有一定的偿债能力,要保持资产流动性及其资产报酬水平,作为债务清偿的保障,对企业的财务状况提出了更高的要求,否则会给企业带来财务危机,甚至导致企业的破产。

第三,筹资数额有限。债务筹资的数额往往受到贷款机构资本实力的制约,除了发行债券方式外,一般难以像发行债券股票那样一次筹集到大笔资金,无法满足公司大规模筹资的需要。

5.4 衍生工具筹资

衍生工具包括兼具股权性和债务性质的混合性融资工具和其他衍生工具,我国目前公司最常用的混合融资方式是可转换债券融资,认股权证融资则是我国目前最常见的其他衍生工具融资,同时优先股也具有债券和股票双重性质的融资方式。

5.4.1 可转换债券

1. 可转换债券概念、分类和特点

可转换债券是指持有人在一定期限内,按照事先规定的价格或者转换比例,自由地选择是否转换为公司普通股的一种权利凭证。可转换债券是融合公司债券与证券期权的一种混合型证券。

一般来说,按照转股权是否与可转换债券分离,可转换债券可以分为两类:一是一般可转换债券,其转股权与债券不可分离,持有者直接按照债券面额和约定的转股价格,在约定的期限内将债券转换为股票;二是可分离交易的可转换债券,这类债券在发行时附有认股权证,是认股权证和公司债券的组合,又被称为"可分离的附认股权证的公司债",发行上市后公司债券和认股权证各自独立流通、交易。认股权证的持有者认购股票时,需要按照认购价(行权价)出资购买股票。

可转换债券的特点包括以下三点。

第一,具有期权性。可转换债券给予了债券持有者未来的选择权,在事先约定的期限内,投资者可以选择将债券转换为普通股票,也可以放弃转换权利,持有至债券到期还本付息。由于可转换债券持有人具有在未来按一定的价格购买股票的权利,因此可转换债券实质上是一种未来的买入期权。

第二,具有资本转换性。可转换债券在正常持有期内,属于债权性质,到期转换成股票后,属于股权性质。在债券的转换期间中,持有人没有将其转换为股票,发行企业到期必须无条件地支付本金和利息。转换成股票后,债券持有人成为企业的股权投资者。资本双重性的转换,取决于投资者是否行权。

第三,具有风险的保障性。可转换债券一般都会有赎回条款与回售条款。发债公司在可转换债券转换前,可以按一定条件赎回债券,赎回条款是指当公司股票价格在一段时期内连续高于转股价格达到某一幅度时,公司会按事先约定的价格买回未转股的可转换公司债券。同样,可转换债券一般也会有回售条款,公司股票价格在一段时期内连续低于转股价格达到某一幅度时,债券持有人可按事先约定的价格将所持债券回售给发行公司。

2. 可转换债券的基本要素

可转换债券的基本要素是指构成可转换债券基本特征的必要因素,它们代表了可转换债券与一般债券的区别。

(1) 标的股票

可转换债券转换期权的标的物一般是发行公司自己的普通股票,也可以是其他公司的股票,如该公司的上市子公司的股票。

(2) 转换价格

转换价格是指可转换债券在转换期间内据以转换为普通股的折算价格,即将可转换债券转换为普通股的每股普通股的价格。比如,每股 30 元是指可转换债券到期时,将债券金额按每股 30 元转换为相应股数的股票。由于可转换债券在未来可以行权转换成股票,在债券发售时,所确定的转换价格一般比发售日股票市场价格高出一定比例,如高出 10%～30%,上市公司发行可转换公司债券,往往以发行前 1 个月股票的平均价格为基准,上浮一

定幅度作为转股价格。

（3）票面利率

可转换债券的票面利率一般会低于普通债券的票面利率，有时甚至还低于同期银行存款利率。因为可转换债券的投资收益中，除了债券的利息收益外，还附加了股票买入期权的收益部分。一个设计合理的可转换债券在大多数情况下，其股票买入期权的收益可以弥补债券利息收益的差额。

（4）转换比率

转换比率是指每一份可转换债券在既定的转换价格下能转换为普通股股票的数量。在债券面值和转换价格确定的前提下，转换比率为债券面值与转换价格的比值，公式如下：

$$转换比率 = \frac{债券面值}{转换价格}$$

（5）转换期

转换期是指可转换债券持有人能够行使转换权的有效期限。可转换债券的转换期可以与债券的期限相同，也可以短于债券的期限，至于选择哪种，要看公司的资本使用状况、项目情况、投资者要求等。由于转换价格高于公司发债时股价，投资者一般不会在发行后立即行使转换权。

（6）赎回条款

赎回条款是指发债公司按事先约定的价格买回未转股债券的条件规定，赎回一般发生在公司股票价格在一段时期内连续高于转股价格并达到某一幅度时。赎回条款通常包括：不可赎回期与赎回期；赎回价格（一般高于可转换债券的面值）；赎回条件（分为无条件赎回和有条件赎回）等。

发债公司在赎回债券之前，要向债券持有人发出赎回通知，要求他们在将债券转股与卖回给发债公司之间作出选择。一般情况下，投资者大多会将债券转换为普通股。可见，设置赎回条款最主要的功能是强制债券持有者积极行使转股权，因此又被称为加速条款。同时也能使发债公司避免在市场利率下降后，继续向债券持有人支付较高的债券利率所蒙受的损失。

（7）回售条款

回售条款是指债券持有人有权按照事前约定的价格将债券卖回给发债公司的条件规定。回售一般发生在公司股票价格在一段时期内连续低于转股价格达到某一幅度时。回售对于投资者而言实际上是一种卖权，有利于降低投资者的持券风险，与赎回一样，回售条款也有回售时间、回售价格和回收条件等规定。

（8）强制性转换条款

强制性转换条款是指在某些条件具备之后，债券持有人必须将可转换债券转换为股票，无权要求偿还债权本金的规定。可转换债券发行之后，其股票价格可能出现巨大波动。如果股价长期表现不佳，又未设计回售条款，投资者就不会转股。公司可设置强制性转换调整条款，保证可转换债券顺利地转换成股票，预防投资者到期集中挤兑引发公司破产的情况发生。

3. 可转换债券的发行条件

发行可转换债券的公司，按照国家相关规定，必须满足以下基本条件：最近 3 个会计年度加权平均净资产收益率平均不低于 6%；本次发行后累计公司债券余额不超过最近一期期末公司净资产额的 40%；最近 3 个会计年度实现的年均可分配利润不少于公司债券 1 年的利息。发行分离交易的可转换公司债券，除符合公开发行证券的一般条件外，还应当符合的其他规定。

所附认股权证的行权价格应不低于公告募集说明书日前 20 个交易日公司股票均价和前 1 个交易日的均价；认股权证的存续期间不超过公司债券的期限，自发行结束之日起不少于 6 个月；募集说明书公告的权证存续期限不得调整；认股权证自发行结束后不少于 6 个月方可行权，行权期间为存续期限届满前的一段期间，或者是存续期限内的特定交易日。

4. 可转换债券的筹资特点

第一，筹资的灵活性强。可转换债券将传统的债务筹资功能和股票筹资功能结合起来，筹资性质和时间上具有灵活性。债券发行企业先以债务方式取得资金，到了债券转换期，如果股票市价较高，债券持有人将会按约定的价格把债券转换为股票，避免了企业还本付息之负担。如果公司股票长期低迷，投资者不愿意将债券转换为股票，企业即时还本付息清偿债务，也能避免未来长期的股权资本成本负担。

第二，资本成本较低。可转换债券的利率低于同一条件下普通债券的利率，降低了公司的筹资成本；此外，在可转换债券转换为普通股时，公司无须另外支付筹资费用，又节约了股票的筹资成本。

第三，筹资的效率高。可转换债券在发行时，规定的转换价格往往高于当时本公司的股票价格。如果这些债券将来都转换成了股权，这相当于在债券发行之际，就以高于当时股票市价的价格新发行了股票，以较少的股份代价筹集了更多的股权资金。因此，在公司发行新股时机不佳时，可以先发行可转换债券，以其将来变相发行普通股。

第四，财务压力较大。可转换债券存在不转换的财务压力，如果在转换期内公司股价处于恶化性的低位，持券者到期不会转股，会造成公司因集中兑付债券本金而带来财务压力。可转换债券还存在回售的财务压力。若可转换债券发行后，公司股价长期低迷，在设计有回售条款的情况下，投资者集中在一段时间内将债券回售给发行公司，加大了公司的财务支付压力。

5.4.2 认股权证

认股权证由上市公司发行，保障持有人有权在一定时间内以约定价格认购该公司发行的一定数量的股票的一种证明文件。广义的权证（warrant），是一种持有人有权于某一特定期间或到期日，按约定的价格认购或沽出一定数量的标的资产的期权。按买或卖的不同权利，权证可分为认购权证和认沽权证，又称看涨权证和看跌权证。认股权证，属于认购权证。

认股权证本质上是一种股票期权，属于衍生金融工具，具有实现融资和股票期权激励的双重功能。但认股权证本身是一种认购普通股的期权，它没有普通股的红利收入，也没有普通股相应的投票权。同时，它具有一定的投资价值，投资者可以通过购买认股权证获得市场价与认购价之间的股票差价收益，因此，它是一种具有内在价值的投资工具。认股权证的特点包括以下三个方面。

第一,认股权证是一种融资促进工具。认股权证的发行人是发行标的股票的上市公司,认股权证通过以约定价格认购公司股票的契约方式,能保证公司能够在规定的期限内完成股票发行计划,顺利实现融资。

第二,认股权证有助于改善上市公司的治理结构。采用认股权证进行融资,融资的实现是缓期分批实现的,上市公司及其大股东的利益和投资者是否在到期之前执行认股权证密切相关,因此,在认股权证有效期间,上市公司管理层及其大股东任何有损公司价值的行为,都可能降低上市公司的股价,从而降低投资者执行认股权证的可能性,这将损害上市公司管理层及其大股东的利益。因此,认股权证将有效约束上市公司的道德风险,并激励他们更加努力地提升上市公司的市场价值。

第三,作为激励机制的认股权证有利于推进上市公司的股权激励机制。认股权证是常用的员工激励工具,通过给予管理者和重要员工一定的认股权证,可以把管理者和员工的利益与企业价值成长紧密联系在一起,建立一个管理者与员工通过提升企业价值以实现自身财富增值的利益驱动机制。

5.4.3 优先股

优先股是指股份有限公司发行的具有优先权利、相对优先于一般普通种类股份的股份种类。优先股既有债券的特点,也有股票的特性,因此优先股筹资属于混合筹资,其筹资特点兼有债务筹资和股权筹资的性质。

优先股的特点包括以下三个方面。

第一,股息固定。相对于普通股而言,优先股的股利收益是事先约定的,也是相对固定的。由于优先股的股息率事先已经作规定,因此优先股的股息一般不会根据公司经营情况而变化,而且优先股一般也不再参与公司普通股的利润分红。但优先股的固定股息率各年可以不同,另外,优先股也可以采用浮动股息率分配利润。

第二,权利优先。优先股在每年度利润分配和剩余财产清偿分配方面,具有比普通股股东优先的权利。优先股可以先于普通股获得股息,公司的可分配利润先分配给优先股,剩余部分再分配给普通股。在剩余财产方面,优先股清偿顺序先于普通股而次于债权人。一旦公司处于清算,剩余财产先分给债权人,再分给优先股股东,最后分给普通股股东。

第三,权利范围较小。优先股的优先权是相对于普通股而言的,优先股股东没有选举权和被选举权,对公司重大经营事项没有表决权,优先股股东也不可以要求无法支付股息的公司进入破产程序,不能向人民法院提出企业重整、和解或者破产清算申请。

公司发行优先股筹资的作用包括以下五个方面。

第一,有利于丰富资本市场的投资结构。优先股有利于为投资者提供多元化投资渠道,增加固定收益型产品。看重现金红利的投资者可投资优先股,而希望分享公司经营成果成长的投资者则可以选择普通股。

第二,有利于股份公司股权资本结构的调整。发行优先股,是股份公司股权资本结构调整的重要方式。公司资本结构调整中,既包括债务资本和股权资本的结构调整,也包括股权资本的内部结构调整。

第三,有利于保障普通股收益和控制权。优先股的每股收益是固定的,只要净利润增加并且高于优先股股息,普通股的每股收益就会上升。另外,优先股股东无表决权,因此不影响普通股股东对企业的控制权,也基本上不会稀释原普通股的权益。

第四,有利于降低公司财务风险。优先股股利不是公司必须偿付的一项法定债务,如果公司财务状况恶化、经营成果不佳,这种股利可以不支付,从而相对避免了企业的财务负担。由于优先股没有规定最终到期日,它实质上是一种永续性借款。

第五,会给公司带来一定的财务压力。资本成本相对于债务较高,主要是由于优先股股息不能抵减所得税,而债务利息可以抵减所得税。这是利用优先股筹资的最大不利因素。其次是股利支付相对于普通股的固定性。针对固定股息率优先股、强制分红优先股、可累积优先股而言,股利支付的固定性可能成为企业的一项财务负担。

随着近些年来金融产业和政策的完善发展,企业筹资方式和筹资渠道也向具有多元化发展的趋势。近些年来,也出现了一些创新筹资方式,比如股权众筹融资、企业应收账款证券化、融资租赁债权资产证券化、商圈融资、供应链融资、绿色信贷、能效信贷、商业票据融资、中期票据融资等新型融资模式。

 本章小结

企业筹资是企业为满足其经营活动、投资活动、资本结构调整等需要,运用一定筹资方式,通过一定的渠道,采取适当的方式,获取所需资金的一种财务行为。资金筹集是企业一切财务活动的起点,筹资的数量、结构、方式直接影响企业效益的好坏,进而影响企业收益分配。因此,筹资在企业财务管理中处于非常重要的地位。

股权资金是通过股权筹资形成的,这种筹资方式也是企业资金的基本来源渠道。在股权筹资的三种主要方式包括吸收直接投资、发行普通股股票和留存收益。

债务筹资形成了企业的债务资金,这种筹资渠道往往会增加企业债务压力,银行借款、发行债券和融资租赁是债务筹资的三种基本形式。

衍生工具包括兼具股权性和债务性质的混合性融资工具和其他衍生工具,我国目前公司最常用的混合融资方式是可转换债券融资,认股权证融资则是我国目前最常见的其他衍生工具融资,优先股也是同时具有债券和股票双重性质的融资方式。

思考题

1. 企业的筹资方式一般包括哪几种类型?
2. 比较分析经营性租赁和融资租赁的区别。
3. 引入战略性投资者的作用是什么?
4. 可转换债的筹资特点有哪些?
5. 比较分析普通股和优先股的差别。

第6章

▶ 投资决策

【学习要点】

1. 了解公司投资的内容、不同投资类型对公司的影响。
2. 熟悉公司投资决策的原则和程序。
3. 掌握项目现金流及其构成,估算项目现金流的方法。
4. 熟悉项目投资决策方法的计算和优缺点。
5. 掌握 NPV 法与 PI 和 IRR 法的异同点。

引例

　　上海市经济和信息化委员会、闵行区政府、云南白药集团三方 2020 年 7 月 30 日就云南白药上海国际中心项目举行签约仪式。该项目选址闵行南虹桥区域,建设总投资 15 亿～20 亿元人民币,运营规模超过 100 亿元人民币,旨在通过上海的平台优势,助力推动生物医药大健康产业向高端化、智能化、国际化发展,逐步构建涵盖研发、生产、市场推广等业务发展平台。

　　云南白药上海国际中心项目将主要包括建立云南白药集团国际运营中心、布局创新研发体系、建设云南白药精准定制肌肤管理平台等内容。同时,项目还将设立生物医药产业发展基金,在全球范围内投资引进创新研发类项目,依托上海强大的产业资源与金融资本优势,加速创新项目孵化周期和产业化进程。

　　需要思考的是:该项目投资对于云南白药集团的意义有哪些? 云南白药集团投资的决策原则是什么?

6.1　投资的认知

投资是公司最基本也最重要的业务活动,它决定着公司的生存和发展,可以说没有投资也就没有公司的存在。从公司金融的角度来讲,公司的投资状况在很大程度上影响着公司的融资能力,因为资源跨期配置的有效性取决于公司投资所体现的经济增长,公司投资的内容是多样化的。但金融资产的投资本身不是目的,而是通过金融资产的投资实现实体经济的扩张。

6.1.1　投资的含义

投资通常是指为获取利润而投放资本于企业的行为,主要是通过购买国内外企业发行的股票和公司债券来实现。因此,在西方国家,投资一般是指间接投资,主要包括如何计算股票和债券的收益、怎样评估风险和如何进行风险定价,帮助投资者选择获利最高的投资机会。而在我国,投资概念既包括直接和间接的股票、债券投资,也包括购置和建造固定资产、购买和储备流动资产的经济活动,有时也用来指购置和建造固定资产、购买和储备流动资产(包括有价证券)的经济活动。

从金融学的角度来讲,投资的含义更趋向在未来一定时期内获得某种比较持续稳定的现金流收益,是未来收益的累积。其含义可以从以下几方面来理解。

1. 投资的目的是获取未来的收益

由于未来的不确定性,因而其收益也具有很大的不确定性,即所谓风险。这就决定了投资过程必须解决收益和风险两个最基本的问题,投资决策过程实际上是进行收益和风险的权衡过程。

2. 投资的行为过程是货币转化为资本的过程

从理论经济学角度来讲,投资是通过购买资本货物并转化为在未来产生收益的资产。能否产生收益以及产生多少收益取决于资本化资产的选择,这正是资本投资决策的关键。因而,做好投资决策十分重要。

6.1.2　公司投资的类型

公司是一个重要的微观经济主体,投资是其主要的业务经营活动,直接影响着公司的长期发展和经济增长。但不同行业的公司在投资方面具有明显的行业特征,其投资方向的选择及其资产的构成都有着很大的差异,按照企业财务会计制度来分析,这种差异主要体现在对固定资产和存货的投资选择上。从总体上讲,公司投资所形成的资产最终都将通过资产负债表的资产方得到全面反映。无论是何种类型的公司,也无论其资产的类型千差万别,公司投资的资产都可以分为两类,即真实资产(又称实物资产)和金融资产。因此,公司的投资也可以分为真实资产投资和金融资产投资。正确认识这两类资产的差别,对于公司进行科学合理的投资决策具有十分重要的意义。一般来说,真实资产和金融资产存在很大的差别,除了存在形态和运行规律不同以外,最主要的区别表现在以下几个方面。

一是价格决定机制不同。真实资产的价格主要取决于供求关系,这是经济学最基本的原理。而金融资产的价格主要决定于未来的预期,从金融学的角度来讲,投资者购买某公司的股票所愿意支付的价格主要取决于投资者对未来所能产生的现金流的预期,而这种预期又主要来源于公司的实体经济增长。

二是收益来源不同。真实资产投资的收益主要来源于利润,或者说来源于投资所能提供的产品的市场价格和经营成本的差异,而价格的波动幅度相对较小,所以真实资产投资收益的波动性也相对较小。金融资产投资的收益来源于公司的利润分配和资本利得,而金融资产的价格波动相对较大,所以其投资收益的波动性很大。

三是风险程度不同。从理论上讲,风险取决于收益的波动性,正是由于这两类资产的投资收益的波动性不同,一般情况下,金融资产的投资风险比真实资产的投资风险要大得多。由于存在以上区别,对公司来说,其投资操作的差异性很大,同时也会对企业未来的发展产生不同的影响。

1. 真实资产投资

公司真实资产的类型很多,如土地、房屋、机器设备以及无形资产及其他资产等,其投资活动通常表现为实体经济的投资行为。真实资产投资往往与企业扩大生产规模、提高生产能力相关,关系着企业未来的发展。固定资产投资占用的资金较大,投资期限长,同时也往往带来较大的投资收益。固定资产投资能为企业带来更多的现金流,影响企业的产销能力并影响企业的财务状况,而净营运资本投资则保证公司的正常营运。因此,企业若要扩大市场规模,将企业做大做强,则实物投资是企业首先需要重视的。在资产负债表中,真实资产的内容很多,其投资类型也有多种分类。

(1) 按照期限结构和对公司的影响,分为短期资产和长期资产

① 短期资产投资。短期资产属于公司的经营性投资,公司的主营业务就在于此,是产生现金流的主要来源。短期资产的内容很多,但总体上可以分为货币性资产、应收账款和存货等。不同类型公司的差别主要在存货投资的规模和结构上得到集中的体现,或者说通过分析公司存货的规模和结构可以得到公司行业特征的信息,而货币性资产和应收账款等短期资产对于所有公司都具有同样的意义。

② 长期资产投资。公司长期资产的类型也很多,但对公司长期发展起决定作用的主要有固定资产和无形资产。其中,无形资产属于公司的价值型投资,即投资无形资产有助于提升公司的价值;固定资产属于公司的资本性投资,直接影响公司微观生产力的先进水平和公司的市场竞争能力,决定了公司未来的发展方向,是最具代表性的战略性投资。

(2) 从现金流量的相关性看,分为独立投资、互斥投资和相关性投资

独立投资是指该项目的投资不受其他项目的影响,与其他投资方案完全互相独立、互不排斥的一个或一组方案。在方案决策过程中,选择或拒绝某一独立方案与其他方案的选择毫无关系。例如,想投资开发几个项目时,这些方案之间的关系就是独立的。更严格地讲,独立投资的定义是:若方案间加法法则成立,则这些方案是彼此独立的。例如,现有 A、B 两个方案(假设投资期为一年),仅向 A 方案投资,其投资额为 200 万元,收益为 250 万元;仅向 B 方案投资时,投资额为 300 万元,收益为 350 万元。若以 500 万元同时向两个方案投资,收益正好为 600 万元,则说明这两个方案间加法法则成立,即 A、B 两个方案是相互独立的。

互斥投资则指选择其中某一项目就必须放弃另一项目,二者不能同时选择。对互斥项

目进行投资决策时应注意：一是每个项目不仅要进行单独评价，即评价自身的营利性，还要进行横向的相互比较；二是只能选择一个项目或一个都不选。对互斥项目进行选优，可以采用净现值法、内部收益率法、投资回收期法等。但是，由于每一种方法所使用的评价指标其经济意义有所不同，所以，在实际决策中还应根据项目的具体特点和要求选用适当的评价方法。

相关性投资是指投资项目现金流量具有相关性，每一项投资活动决策都会受到其他投资活动的影响和制约。如果采纳或放弃某个投资项目，可以显著地影响另外一个投资项目，则可以说这两个项目在经济上是相关的，如对油田和输油管道的投资便属于相关性投资。相关性投资的决策则较难制定，需把两个或多个项目联系起来进行综合分析，才能作出投资决策。

（3）从对生产的作用来看，分为生产性投资和非生产性投资两类

生产性投资往往与企业的生产经营活动密切相关，指投入生产、建筑等物质生产领域，形成各种类型的生产性企业资产的投资。它一般又分为固定资产投资和流动资产投资。生产性投资通过循环和周转，不仅能收回投资，而且能实现投资的增值和积累。非生产性投资一般不会直接对公司的生产经营活动产生影响，比如对员工的教育、对员工生活区的服务设施投资。

2. 金融资产投资

金融资产主要是指股票、债券等有价证券，其投资活动通常表现为虚拟经济的投资行为，在公司的资产负债表上表现为以股权和债权为内容的长期投资，尤其以股权投资最为重要。从公司的角度来讲，金融资产的投资本身不是目的，而是通过股权投资实现公司并购重组，从而实现公司实体经济投资的扩张。因此，金融资产的投资是公司的扩张战略。本章主要讨论公司进行真实资产投资的理论和投资决策。

6.2 公司投资的决策原则及程序

6.2.1 公司投资的决策原则

公司投资的最根本目的是增加利润，实现公司价值最大化，使公司不断地发展壮大。然而公司能否实现这一目标，关键在于公司能否在瞬息万变的市场环境中，抓住有利的投资机会，做出科学合理的投资决策。为此，公司在投资过程中必须坚持以下原则。

1. 加强市场调查研究，及时捕捉投资机会

市场调查是掌握市场信息的重要途径，通过市场调查，企业可以获得市场的最新动态，捕捉到有利的投资机会，及时了解所面临的经营形势和经营环境，并根据市场供需环境和竞争环境及时调整公司经营策略。在激烈的市场竞争环境下，商品供需状况变化快，消费者对产品的性能要求、数量需求都在不断地变化，及时对产品进行升级更新并调整生产规模以满足消费者不断变化的需求，是企业在竞争中保持优势地位，争夺市场份额的必要条件。同时，日新月异的技术进步也要求企业随时关注行业的最新动态，并不断提高技术水平。

2. 建立科学的投资决策制度,加强投资项目的可行性研究

投资项目的可行性研究是投资决策的科学前提,也是重要的投资决策制度。对投资项目的可行性评价应立足于现实、客观的基础,一般评价投资项的可行性,侧重于评价项目的收益是否大于成本,即实施该项目是否能为企业带来收益。若实施该项目能为企业带来正的净现值,则项目可行;反之,则不可行。项目可行性不仅应满足带来收益的要求,更应注重技术上的可行性以及财力、人力和物力等方面是否可行。这就需要公司在投资项目时,不仅要考虑项目在经济上的盈利性,更要根据自身的投资经验、资金筹措能力、人力资源等情况综合考虑,衡量是否有能力完成该项目。

3. 及时筹措资本,保证投资项目的有效资源配置

公司投资尤其是一些影响公司未来增长的投资,如新建房、新增机器设备等大型投资,往往具有占用金额大、回收时间长、变现能力差等特点。因此,要保证投资顺利进行,必须及时筹措资本。公司投资的资金主要有两个来源:一是留存收益;二是外部融资。公司要保持一定的增长率就需要有相应的投资,以实现增长。当需要满足的增长率较低时可以通过内部融资满足。但当要追求较高的增长率,投资一些大项目时,内部融资就难以满足。公司项目投资往往具有金额大、投资期限长、面临的不确定因素多等特点。要保证项目的顺利进行,需要公司有强大的融资能力。通常一个有较多投资机会、预期增长率较高的公司,其对新资产的需求大大高于留存收益,及时地进行外部融资,筹措所需资本,对这类公司来说尤为重要。

4. 注重投资项目的预算规划控制,提高投资收益的稳定性

由于投资项目的时间长,未来不确定性因素多而且影响大,为了更好地控制风险,提高投资收益的稳定性,实现投资的目标,客观上需要对投资项目进行全面而科学地规划,尤其是对投资项目未来的现金流进行科学合理的预测,并在投资实施过程中进行严格的控制,即所谓运用预算达到企业的目标。这正是资本预算的重点和难点。

5. 权衡收益与风险的关系,有效控制投资风险

在每一个投资项目中,对风险与收益的权衡是投资所要解决的首要问题。在一定收益的前提下,风险小的项目更受企业青睐;在风险一定的前提下,收益大的项目更受企业欢迎。但现实中需要企业作出判断选择的项目,通常具有不同的收益率及风险,这就需要企业充分考虑投资的各种不确定性,并将这种不确定性反映在预期的现金流及折现率上,并按照一定的原则进行决策,这是权衡收益与风险的重要方法之一。

以上五方面原则,实际上是对整个投资过程实施有效控制和管理的基本准则。在投资决策之前,要进行全面的市场调查,选准投资项目,加强投资项目的可行性研究,并根据投资的需求安排资源配置,实现投资和融资的协调。收益和风险的权衡是整个投资决策的核心问题。按照经典金融理论,收益与风险是共存的,收益越大,风险也越大。收益的增加是以风险的增大为代价的,而风险的增加将会引起公司价值下降,不利于公司金融目标的实现。所以,公司在进行投资决策时,必须在考虑收益的同时认真分析风险的影响,只有在收益和风险达到有效均衡时,才有可能增加公司价值。

6.2.2　公司投资的决策程序

公司投资尤其是进行实体经济的投资,对于公司未来的发展以及股东的收益都具有决定性的影响。加强实体经济的投资,尤其是公司长期发展战略的资本性投资尤为重要,它决定了公司长期的经济增长。按照罗斯在《公司金融》一书中的分析,公司相当一部分的战略性投资决策就是寻找"净现值为正"的投资项目。如果公司投资一项能产生正净现值的项目,即项目价值大于成本,公司的股票价格就会上涨。这不仅能够增加公司的价值,而且可以提高股东的收益。如果公司管理层遵循这个法则,无论是公司还是投资者都有利可图。为此,公司在真实资产的投资过程中,除了重视投资规划、选择好的投资项目以外,加强投资决策过程的科学管理,对于降低投资风险、提高投资收益是非常重要的。一般来说,公司投资的决策程序大体包括如下内容。

1. 投资项目的提出

良好的投资项目是企业保持长期经济增长的基础。只有投资于能产生"正净现值"的项目,才能增加公司的价值。投资项目的提出,主要是提出拟投资的方向和内容。然而,发现好的投资机会并非易事,所以这一步骤将主要根据公司的投资目标以及对投资环境及其市场的分析,提出公司备选的投资项目以及项目的具体内容。决策者要根据自己希望达到的目标提出投资计划。一般来说,公司的高级管理层主要侧重于决定企业发展方向的战略性投资,如增加新产品生产线,投资于其他的行业等;而中级管理层则侧重于战术投资,比如为了提高现有的生产能力而更新技术设备、增加工人等。

2. 投资项目的评价

项目的评价包括一系列的前期准备工作,计划制订者需要收集信息,对各种机会进行研究,将资金投放到最有价值的项目上。具体需要做以下工作。

一是收集项目的有关数据。项目资料的收集与整理是项目评价的基础与依据,决定着项目财务分数据的可信度。因此,在项目资料收集时,既要横向比较,根据经验验证数据的可信度,同时也要纵向比较,分析未来可能发生的变化。

二是在已收集数据的基础上,进行进一步分析,估算出项目未来的现金流。对现金流的估算是来决策的依据,一个投资项目能否通过,往往取决于项目未来的净现值是否为正。在确定了项目的现金流后,还需要确定公司投资项目的资本成本,并以一定的折现率将现金流贴现。

三是在前两步基础上对项目进行评价。首先,要评价项目经济效果,测算项目的净现值,以此来评价投资项目是否可行。若是评价对一国经济有重要影响的项目,还需评价该项目对社会经济,自然资源、生态环境以及社会环境的影响。若公司的备选项目不止一个时,由于不同的项目投资的方向、投资的期限等不同,投资效果难以进行比较,这时需要对项目的评价标准进行排序,如按净现值大小进行排序。其次,在评价项目时,还需根据公司的资金状况,考虑资金约束,若公司资金不足还需要考虑外部融资,即资本约束下的投资评价。若公司难以从市场融资,公司的人力、物力难以满足项目的需要,则即使项目具有较大的经济效益,也难以实施,因此公司在选择项目时要"量力而为"。最后,在评价项目时还需要动态考虑各种变化的因素,比如项目的实施时间、项目的地点选择等。总之,项目评价是一个综合分析的过程,同时是一个科学决策的过程。其中,投资项目的现金流测算和项目评价方法的选择是投资过程中科学决策的关键,是本章讨论的重点内容。

3. 投资项目的决策

在对投资项目进行科学评价后,要根据评价的结论以及其他相关因素选择出最优的项目,当然也包括否决所有项目。公司根据前面两个步骤对各个潜在的投资机会进行分析后,根据项目的评价结果,结合公司的资金状况和融资能力以及公司的目标进行项目的选择。

4. 投资项目的实施

项目的实施是对已经选定的项目在整个生命周期内实施具体的投资和项目管理的过程。主要包括为项目的顺利进行而进行融资,按照项目的规划设计方案具体实施项目的投资,以及项目建成后的经营管理等。比如,项目为新建厂房,则项目的实施包括按照厂房建设方案进行厂房的施工、试产、竣工验收以及正式投产等一系列的工作。值得注意的是,在项目实施过程中,尤其是对于一些投资规模较大的项目,投资周期往往比较长,受不确定性因素的影响较大,风险的控制就成为项目实施的关键,并将其贯穿于整个项目实施的过程中。

5. 投资项目的总结

项目投资的总结主要是将项目的实施结果与此前期望达到的目标进行对比,找出偏差以及导致偏差的原因,并及时地实施项目控制。项目投资不仅需要在事前进行科学的评估论证,实施投资过程的控制,还需要进行事后的全面总结和信息反馈,为以后的投资积累管理经验,从而不断地提高投资管理水平。

6.3 项目现金流

6.3.1 项目现金流及其构成

1. 现金流量的概念

现金流量是指与投资直接相关的现金的流入或流出量。现金流入量通常是指该投资项目引起的企业现金收入额,具体包括:投资项目完成后每年可增加的企业现金收入,这是最主要的现金流入量;报废时的残值收入或中途的变价收入等。现金流出量通常是指该投资项目引起的企业现金支出额,具体包括在固定资产上的投资、在流动资产上的投资、营业现金支出、其他现金支出等。

现金净流量是指一定时期内现金流入量和现金流出量的差额,又叫作增量现金流,是公司金融决策所关注的最重要的概念。项目现金流的测算,就是要对投资项目的全部现金流进行全面的测算,从而保证资本预算决策的科学性。

2. 项目现金流的构成

现金流量估算是指从项目投资开始到项目生产服务期限终了为止每年净现金流量的估算。以反映整个项目的资金运动状况,并为计算分析项目盈利能力提供数据资料。估算期为项目的整个寿命期。

项目现金流虽然受多种因素的影响而表现出复杂的形式,但一般而言,投资项目现金流的构成通常可以分为三部分:初始现金流、营业现金流、终结现金流。现分述如下。

（1）初始现金流

初始现金流通常是指项目建设期的现金流构成,其时间通常是项目建设开始到项目建成投产时的整个期间所发生的现金流,主要包括固定资产上的投资、流动资产上的投资、其他投资费用等。如果是对原有项目的更新,还包括原有固定资产的变价收入和变价损益的纳税影响等。即按照税法规定,当固定资产变卖出现变价损益时,将减少或者增加纳税,从而减少或者增加资金初始现金流。

（2）营业现金流

营业现金流通常是指项目建成投产到项目结束期间的现金流,主要涉及投产后所产生的收入和成本费用等所形成的现金流。假定所有收支都是现金结算,没有商业信用行为,即没有应收账款和应付账款,则营业现金流表现为现金流入量与现金流出量之差,可以通过如下公式计算:

$$经营净现金流＝每年营业收入－付现成本－所得税$$

或者可以通过对净利润进行调整来计算:

$$每年净现金流＝净利润＋折旧$$

或者

$$经营现金＝当年收入×（1－所得税率）－当年付现成本$$
$$×（1－所得税率）＋当年折旧×所得税率$$

（3）终结现金流

终结现金流主要是指项目结束时所产生的现金流,主要包括固定资产残值的变价净收入,原有垫支在各种流动资产上的资金的收回。如果项目结束需要对原有生态环境进行恢复,必将发生恢复性费用,则终结现金流还应该包括恢复所产生的现金流。

6.3.2　项目现金流的测算

1. 现金流量测算的原则

（1）增量现金流原则

罗斯在《公司金融》一书中认为现金流状况比利润状况更重要。其原因有:第一,现金流是企业"造血功能"的体现。只有在投资中不断地产生现金流才能保证公司的发展,企业有利润的年份不一定有多余的现金流用于其他项目的投资,因此在投资决策时更重视现金流;第二,收益的计算中包含一些非现金流项目,而最终支给股东的只能是现金,因此强调现金流符合股东的利益;第三,收益在各年份的分布受折旧等会计政策、会计方法变动以及人为因素影响,而现金流的分布则不受这些因素的影响,可以保证项目评估的客观性。公司金融课程和财务会计课程有很大的不同,公司金融通常运用现金流,而财务会计则强调收入和利润。当考虑一个项目时,我们对项目产生的现金流进行折现而不是对收益折现。然而,评价一个投资项目,仅仅强调现金流是不完全的,在计算项目的净现值时所运用的现金流应该是因项目而产生的现金流增量。投资项目的增量现金流,通常是指接受或者拒绝某个投资项目以后,企业总现金流因此而发生的变化。能否产生增量现金流是衡量资本预算项目好坏的重要标准。

（2）相关成本原则

为了准确计算项目的增量现金流,需要正确分析和判断企业各种支出因素对总现金流所产生的影响,尤其是要区分相关成本和非相关成本。相关成本是指与特定决策有关并在分析评价时必须加以考虑的成本,比如机会成本、重置成本、未来成本等都属于相关成本。其中,机会成本(opportunity costs)是公司进行某项投资而丧失其他投资机会的收益,在计算项目现金流时应该作为相关成本来考虑。相反,在分析评价时不必加以考虑的成本是非相关成本,比如沉没成本(sunk cost)等往往是非相关成本,例如以前发生的市场调查研究费用以及咨询费用等。由于沉没成本是在过去已经实际发生的,因此它并不会因公司接受或者拒绝某一项目投资的决策而发生变化。所以在计算项目现金流时应该忽略这类成本。

(3) 副效应原则

项目的投资往往会对公司其他方面(如原有其他项目等)产生影响,这种影响就是副效应,即新建项目对原有项目现金流所产生的影响,包括积极的和消极的影响。罗斯在《公司金融》一书中把副效应分为协同效应(synergy)和侵蚀效应(erosion)。协同效应通常是指投资新项目,同时增加原有项目的销量和现金流;而侵蚀效应则是指投资新项目,同时减少原有项目的销量和现金流。在投资项目的现金流测算中,尤其重要的是要考虑侵蚀效应(负效应)对项目现金流的影响。除此之外,项目投资还要考虑对净营运资本的影响,即新项目的建设除了考虑固定资产的投资需求外,还要考虑追加净营运资本的需求。

2. 项目现金流测算假设

(1) 全投资假设

假设在确定项目的现金流时,只考虑全部投资的运动情况,而不具体区分自有资金和借入资金等具体形式的现金流量。即使实际存在借入资金也将其作为自有资金对待。

(2) 建设期投入全部资金假设

不论项目的原始总投资是一次投入还是分次投入,除个别情况外,假设它们都是在建设期内投入的。

(3) 经营期与折旧年限一致假设

假设项目主要固定资产的折旧年限或使用年限与经营期相同。

(4) 时点指标假设

为了便于利用资金时间价值的形式,不论现金流量具体内容所涉及的价值指标实际上是时点指标还是时期指标,均假设按照年初或年末发生。

3. 投资项目现金流量测算例解

【例 6-1】 海韵公司准备于 2020 年 7 月购入一设备以扩充生产能力。现有甲、乙两个方案可供选择,甲方案需投资 200 000 元,使用寿命为 5 年,采用直线法计提折旧,5 年后设备无残值。5 年中每年销售收入为 120 000 元,每年的付现成本为 40 000 元。乙方案需投资 240 000 元,另外在第 1 年初垫支营运资金 48 000 元,采用直线折旧法计提折旧,使用寿命也为 5 年,5 年后有残值收入 40 000 元。5 年中每年的销售收入为 160 000 元,付现成本第 1 年为 60 000 元,以后随着设备陈旧,逐年将增加修理费 8 000 元。假设甲、乙两方案的建设期均为 0 年,所得税率为 25%,试计算两个方案的现金流量。

为计算现金流量,先计算两个方案每年的折旧额:

$$甲方案每年折旧额 = 200\,000 \div 5 = 40\,000(元)$$

$$乙方案每年折旧额 = (240\,000 - 40\,000) \div 5 = 40\,000(元)$$

下面先用表 6-1 计算两个方案的营业现金流量,然后,再结合初始现金流量和终结现金流量编制两个方案的全部现金流量表,如表 6-2 所示。

表 6-1 投资项目营业现金流量计算表 单位:元

项 目	第 1 年	第 2 年	第 3 年	第 4 年	第 5 年
甲方案					
销售收入①	120 000	120 000	120 000	120 000	120 000
付现成本②	40 000	40 000	40 000	40 000	40 000
折旧③	40 000	40 000	40 000	40 000	40 000
税前利润④=①-②-③	40 000	40 000	40 000	40 000	40 000
所得税⑤=④×25%	10 000	10 000	10 000	10 000	10 000
税后净利⑥=④-⑤	30 000	30 000	30 000	30 000	30 000
营业现金流量⑦=①-②-⑤=③+⑥	70 000	70 000	70 000	70 000	70 000
乙方案					
销售收入①	160 000	160 000	160 000	160 000	160 000
付现成本②	60 000	68 000	76 000	84 000	92 000
折旧③	40 000	40 000	40 000	40 000	40 000
税前利润④=①-②-③	60 000	52 000	44 000	36 000	28 000
所得税⑤=④×25%	15 000	13 000	11 000	9 000	7 000
税后净利⑥=④-⑤	45 000	39 000	33 000	27 000	21 000
营业现金流量⑦=①-②-⑤=③+⑥	85 000	79 000	73 000	67 000	61 000

表 6-2 投资项目现金流量计算表 单位:元

项 目	0	1	2	3	4	5
甲方案						
固定资产投资	−200 000					
营业现金流量		70 000	70 000	70 000	70 000	70 000
现金流量合计	−200 000	70 000	70 000	70 000	70 000	70 000
乙方案						
固定资产投资	−240 000					
营运资金垫支	−48 000					
营业现金流量		85 000	79 000	73 000	67 000	61 000
固定资产残值						40 000
营运资金回收						48 000
现金流量合计	288 000	85 000	79 000	73 000	67 000	149 000

应当注意的是,在确定投资项目的初始现金流量、营业现金流量和终结现金流量时,不应包含与融资相关的内容。虽然融资的目的是投资,投资活动中使用的资金是融资得来的,但二者不可混为一谈。投资项目的现金流量只包括与投资项目本身相关的内容,即使是为了某项投资而专项借入的资金,其本金的借入与偿还、初始筹资费用和各年利息费用的支付也不应计入投资项目的现金流量中。否则,同一个投资项目会因为是使用自有资金还是借入资金而出现截然不同的现金流量,进而可能带来截然不同的决策结果。企业筹资成本的高低的确会在一定程度上影响投资决策,但它是以折现率的形式出现的,而不是以现金流量

的形式出现。如果从投资项目的现金流量中扣除各年利息,然后再按资金成本进行折现,就对融资成本进行了重复考虑。因此,融资活动的现金流量应在融资管理中予以考虑,投资活动的现金流量则在投资管理中进行分析,二者通过资本成本这条纽带相互联系,而不是在现金流量上不分彼此。

6.4 项目投资决策方法

项目投资决策方法通常分为折现法和非折现法。其中,折现法主要包括折现回收期、净现值、盈利指数和内部收益率等方法。非折现法主要包括非折现回收期法和平均会计收益率法。

6.4.1 投资回收期法

1. 投资回收期的概念

投资回收期是指预期从投资项目的净现金流量中收回该项目总投资额所需的时间(年限),是用来评价企业长期投资项目的重要指标。投资回收期有折现回收期和非折现回收期两种。

非折现回收期(non-discounted payback period)是指每年的净现金流累计达到初始投资额的时间。比如,一个初始投资为 5 万元的项目,前 3 年的净现金流依次为 3 万元、2 万元和 1 万元。项目前 2 年的现金流累计达到初始投资 5 万元,因此项目的非折现回收期为 2 年。

折现回收期(discounted payback period)是通过折现来计算回收期的方法。与非折现回收期法比较,折现回收期考虑了现金流的时间价值,将项目未来的现金流折现为现值来计算达到初始投资额的时间,即为折现回收期。

2. 投资回收期的计算

(1) 非折现投资回收期

非折现投资回收期是指目标项目所产生的预期现金流可以收回目标项目期初投资额的最短时间。设 NCF_t 为第 t 期产生的预期现金流,NCF_0 为目标项目的期初投资额,则

$$\mathrm{NCF}_1 + \mathrm{NCF}_2 + \cdots + \mathrm{NCF}_t \geqslant - \mathrm{NCF}_0$$

上式表示,目标项目经营至第 t 期期末就能全部收回期初投资额,因此,该项目的投资回收期为 t。

(2) 折现投资回收期

折现投资回收期是指目标项目所产生的预期现金流的现值可以收回项目期初投资额的最短时间。设平均贴现率为 i,NCF_t 为第 t 期产生的预期现金流,NCF_0 为目标项目的期初投资额,则

$$\frac{\mathrm{NCF}_1}{1+i} + \frac{\mathrm{NCF}_2}{(1+i)^2} + \cdots + \frac{\mathrm{NCF}_t}{(1+i)^t} \geqslant - \mathrm{NCF}_0$$

上式表示,该项目经营至第 t 期期末就能收回期初投资额,因此该项目的投资回收期为 t 期。

3．投资回收期的决策规则

投资回收期法的决策过程很简单,通常是选择一个具体的回收期决策标准,比如 3 年,所有回收期等于或者小于 3 年的项目都可行,而回收期在 3 年以上的项目都不可行。如果是在两个项目之间选择一个,即互斥项目的决策,则选择投资回收期最短的项目作为可行项目。

4．投资回收期法例解

【例 6-2】 根据例 6-1 所示的甲项目现金流量信息可以计算甲方案的投资回收期:

$$pp = \frac{200\,000}{70\,000} = 2.86(年)$$

当项目的建设期不等于 0,投资是分期投入的,或经营期各期的净现金流量不相等时,我们只能计算累计的净现金流量,去求项目的回收期,使累计的净现金流量等于零的年份就是项目投资回收的时间。

【例 6-3】 根据表 6-3 列出项目乙项目的初始投资和经营期净现金流量计算该项目的非折现回收期。

表 6-3 项目乙计算期的净现金流量表 单位:元

项 目	0	第 1 年	第 2 年	第 3 年	第 4 年	第 5 年
净现金流量	−288 000	85 000	79 000	73 000	67 000	149 000
累计净现金流量	−288 000	−203 000	−124 000	−51 000	16 000	165 000

累计净现金流量等于零的年份在第 4 年内,所以回收期:

$$pp = 3 + \frac{51\,000}{67\,000} = 3.76(年)$$

5．投资回收期法的评价

投资回收期法的优点:一是方法简单易行;二是尽快收回投资可以降低因科技发展所导致的固定资产无形磨损的风险损失,并且可以根据现代科学技术的新发展调整公司的投资战略。

投资回收期法的局限性:一是投资回收期法没有体现回收期内现金流在时间序列上的差异。如果两个项目的回收期相同,但现金流的时间序列分布不同,从而导致回收期内的现金流的现值不同,而投资回收期法没有体现这种现金流分布的时间差异。二是投资回收期法没有考虑回收期以后的现金流。投资的目的不仅仅是收回投资,更主要的是为了获取收益,但回收投资以后的现金流才是收益的来源。因此,投资回收期法忽略了所有在回收期以后的现金流,由于投资回收期法只顾及短期利益,一些有价值的长期项目将被拒绝。三是投资回收期法决策依据的主观臆断性。运用投资回收期法进行决策,一般需要确定一个回收期作为决策标准,而这种标准回收期的确定往往是主观臆断的,缺乏科学性。四是非折现回收期法还有一个重要的缺陷,就是没有进行合理的折现,缺乏比较的基础。

基于回收期法的上述优缺点,具体使用时会存在很大的差异。一般来说,公司在处理规模相对较小、产品价格的市场波动性较大或者产品生命周期较短的投资项目,往往采用投资回收期法来进行决策。特别是对那些具有良好发展前景而又难以进入资本市场的小企业，可以采用这种方法，因为资金的快速回收有利于这类公司适应市场变化以调整投资方向和扩大再投资。如果公司面临较大型项目的投资决策，尤其是在进行关系重大的投资决策时，比如是否购买大型设备或者为了扩大规模而建造一条生产线等项目时，投资回收期法就不会被采用，而改为其他诸如净现值法等进行投资决策。

6.4.2 平均会计收益率法

1. 平均会计收益率的概念

平均会计收益率（average accounting return，AAR）是指投资项目年平均会计收益除以整个项目期限内的年平均账面投资额。其中，年平均会计收益通常是指年平均净利润，而年平均账面投资额是固定资产账面的年平均数。

2. 平均会计收益率的概念

平均会计收益率用公式表示如下：

$$平均会计收益率 = \frac{年平均会计收益}{年平均账面投资额} \times 100\%$$

3. 平均会计收益率法的决策规则

平均会计收益率法的决策过程简单，通常要确定一个目标会计收益率作为比较的标准，如果平均会计收益率大于或者等于目标会计收益率，项目可行；相反，则不可行。如果在两个互斥项目中选择一个项目，则选择平均会计收益率最高的项目作为可行项目。因为很显然，平均收益率越高，说明经济效益越好。

4. 平均会计收益率法例解

【例6-4】 仍以例6-1为例，计算两项目的会计收益率。

$$项目甲的平均会计收益率 = \frac{30\,000}{200\,000} \times 100\% = 15\%$$

$$项目乙的平均会计收益率 = \frac{(45\,000 + 39\,000 + 33\,000 + 27\,000 + 21\,000)/5}{288\,000} \times 100\%$$
$$= 11.3\%$$

若公司要求的会计收益率不低于12%，则项目乙将被舍弃，项目甲将被接受。

5. 平均会计收益率法的评价

平均会计收益率法的优点：一是方法简单易行；二是计算依据采用会计资料，其数据易得。平均会计收益率法的局限性：一是平均会计收益率法的计算和评价使用的数据来源于会计资料，而没有使用现金流，缺乏一定的可靠性；二是平均会计收益率法没有考虑时间价值，缺乏比较的基础；三是平均会计收益率法的决策标准的选择存在主观臆断性。正如回收期法一样，平均会计收益率法未能提出如何确定一个合理的目标收益率。

6.4.3 净现值法

1. 净现值的概念

净现值（net present value，NPV）是指投资项目未来现金流入量现值与其现金流出量现值之间的差额,即投资项目从投资开始到项目寿命终结时,所有的现金流量按预定的贴现率折算成项目开始时的价值。若现金流入的现值大于现金流出的现值,净现值为正值,表明投资不仅能获得预定的期望利益,而且还可得到以正值差额表示的现值利益,这在经济上是有利的;反之,若现金流入的现值小于现金流出的现值,则表明投资收益低于预期报酬率,这在经济上是无利的。

2. 净现值的计算

净现值的基本计算公式为

$$NPV = \sum_{t=0}^{n} \frac{NCF_t}{(1+i)^t}$$

式中:NPV 表示净现值;i 表示折现率;NCF_t 表示第 t 年的净现金流量。

3. 净现值法的决策规则

净现值的决策规则称为净现值法则(NPV rule)可以归纳如下。

对于独立项目(independent project),就是对其接受或者放弃的决策不受其他项目投资决策影响的投资项目,或者说各个投资项目的决策相互独立。其决策规则是:接受净现值为正的项目,拒绝净现值为负的项目。即:净现值>0,项目可行;净现值<0,不应投资。而对于净现值等于 0 的项目,一般不应接受,但如果公司没有更好的投资项目,暂时接受那些流动性大的净现值等于 0 的项目,可以弥补固定成本的支出,这对公司实施过渡性的投资还是有益的,这就叫作有条件地接受净现值等于 0 的投资项目。

对于互斥项目(mutually exclusive investment),就是多个项目的决策之间相互排斥。假定有两个投资项目 A 和项目 B,选择项目 A 就必然放弃项目 B。比如,在一块土地上可以建筑商务楼或住宅,就项目本身而言都是可行的,但由于是互斥项目,则只能选择其一,如建筑商务楼就只能放弃建筑住宅的项目。在这种情况下的决策规则是:首先是项目的 NPV 要大于 0,其次是选择 NPV 最大的项目作为最佳项目。

4. 净现值法例解

【例 6-5】 根据例 6-1 所举海韵公司甲、乙项目的资料为例,假设资金成本率为 10%。试计算甲、乙两方案的净现值并作出评价。

$$年金现值系数(P/A, 10\%, 5) = 3.790\,8$$
$$复利现值系数(P/F, 10\%, 1) = 0.909\,1$$
$$(P/F, 10\%, 2) = 0.826\,4$$
$$(P/F, 10\%, 3) = 0.751\,3$$
$$(P/F, 10\%, 4) = 0.683$$
$$(P/F, 10\%, 5) = 0.620\,9$$

甲方案的净现值计算如下:

$$NPV = -200\,000 + 70\,000(P/A, 10\%, 5)$$
$$= -200\,000 + 70\,000 \times 3.790\,8$$
$$= -200\,000 + 265\,356$$
$$= 65\,356(元)$$

乙方案的净现值计算如下:

$$
\begin{aligned}
NPV &= -288\,000 + 85\,000 \times (P/F,10\%,1) + 79\,000 \times (P/F,10\%,2) \\
&\quad + 73\,000 \times (P/F,10\%,3) + 67\,000 \times (P/F,10\%,4) \\
&\quad + 149\,000 \times (P/F,10\%,5) \\
&= -288\,000 + 85\,000 \times 0.909\,1 + 79\,000 \times 0.826\,4 + 73\,000 \times 0.751\,3 \\
&\quad + 67\,000 \times 0.683 + 149\,000 \times 0.620\,9 \\
&= -288\,000 + 335\,679 \\
&= 47\,679(元)
\end{aligned}
$$

从上面计算中我们可以看出,两个方案的净现值均大于零,都是可取的。但甲方案的净现值大于乙方案,故海韵公司应选用甲方案。

5. 净现值法的评价

净现值法的优点:一是净现值法使用了现金流,并且是运用投资项目有效期限内的所有现金流进行评估;二是净现值对现金流进行了合理的折现。值得注意的是,这里所说的合理折现,是指折现时通常选择资本成本率作为折现率,由于资本成本率是项目投资的最低收益率,所以具有一定的合理性。

净现值法的局限性有以下两方面。

(1) 净现值是一个绝对数,无法比较项目的收益率。解决这一问题可以采用盈利指数法以及内部收益率法进行评估。

(2) 净现值法虽然进行了合理的折现,但使用资本成本率作为折现率具有一定的局限性。因为如果项目的现金流分布所体现的风险很大,而选择资本成本率作为折现率,所计算的净现值同样具有很大的风险。要解决这一问题,从理论上讲应当是在选择折现率时尽可能选择与现金流风险相适应的折现率。如何选择适当的折现率,现在仍然是一个未知问题。虽然净现值法还存在一些局限性,但由于该方法所具有的优点,使得净现值法成为资本预算中最常用也是最重要的方法。

6.4.4 盈利指数法

1. 盈利指数的概念

盈利指数法(profitability index,PI)是项目未来现金流量的现值与初始投资额的现值的比率,以相对数来评价和选择投资方案。盈利指数的实质是以现值来衡量项目投资的投入与产出比。

2. 盈利指数的计算

盈利指数的计算公式为

$$
PI = \frac{\displaystyle\sum_{t=1}^{n} \frac{NCF_t}{(1+i)^t}}{NCF_0}
$$

式中,PI 表示盈利指数;i 表示折现率;NCF_t 表示第 t 年的净现金流量。值得注意的是,该公式中的 NCF_0 是指项目的初始投资额的现值,如果其初始投资并非发生在投资初期,就必须进行折现。

3. 盈利指数法的决策规则

对于独立项目,其决策规则是:接受 PI 大于 1 的项目,放弃 PI 小于 1 的项目。即:

PI>1,项目可行；PI<1,项目不可行。

对于互斥项目,在 PI 大于 1 的项目中选择最大的项目作为最佳项目。

4. 盈利指数法例解

【**例 6-6**】　根据例 6-1 以海韵公司甲、乙项目的资料为例,假设资金成本率为 10%。试计算甲、乙两方案的现值指数并作出评价。

甲方案的现值指数计算如下：

$$PI = 265\ 356 \div 200\ 000 = 1.33$$

乙方案的现值指数计算如下：

$$PI = 335\ 679 \div 288\ 000 = 1.16$$

从上面计算中我们可以看出,两个方案的现值指数均大于 1,都是可取的。但甲乙两个项目是互斥项目。由于甲方案的现值指数大于乙方案,故海韵公司应选用甲方案。

5. 盈利指数法的评价

盈利指数法是净现值法计算的变形,同样采用的是项目所有的现金流,并且进行了合理的折现,因此具有净现值法的优点。所不同的是,净现值法用绝对数进行评估,而盈利指数法采用相对数进行评估,能够有效地反映项目的现值收益率。其缺陷：一是盈利指数是一个比率,无法显示其投资规模上的差异；二是仍然没有解决适当折现问题,即适当折现率的选择问题。

6.4.5　内部收益率法

1. 内部收益率的概念

内部收益率(internal rate of return,IRR)是指当 NPV=0 时的折现率。其特征：IRR 体现了项目内在价值,本身不受资本市场利息率的影响,IRR 的高低取决于项目的现金流量,是投资项目的完全内生变量,这就是该指标被称为内部收益率的原因所在,即 IRR 是项目本身的收益率(或者是项目的预期报酬率),而资本成本率是项目最低所要求达到的报酬率。其计算公式表示为

$$NPV = \sum_{t=0}^{n} \frac{NCF_t}{(1+IRR)^t} = 0$$

2. 内部收益率的计算

内部收益率的计算相对较复杂些,需要多次运用 NPV 法来计算确定,即所谓试误法。就是多次假定一个折现率来计算 NPV,直至净现值等于 0 时所对应的折现率就是内部收益率。

(1) 当项目的全部投资额均为建设起点一次投入,建设期为零,经营期每年净现金流量都相等时,我们可以按下面步骤来计算内部收益率。

第一步,计算年金现值系数。

第二步,查年金现值系数表,在相同的期数内,找出与上述年金现值系数相临近的较大较小的两个贴现率。

第三步,根据上述两个邻近的贴现率和已求得的年金现值系数,采用内插法计算出该投资方案的内部收益率。

（2）如果每年的 NCF 不相等，则需要按下列步骤计算。

第一步，先预估一个贴现率，并按此贴现率计算净现值。如果计算出的净现值为正数，则表示预估的贴现率小于该项目的实际内部收益率，应提高贴现率，再进行测算；如果计算出的净现值为负数，则表明预估的贴现率大于该方案的实际内部收益率，应降低贴现率，再进行测算。经过如此反复测算，找到净现值由正到负并且比较接近于零的两个贴现率。

第二步，根据上述两个邻近的贴现率再来用插值法，计算出方案的实际内部收益率。

3. 内部收益率法的决策规则

采用内部收益率来评估独立项目时，通常是以内部收益率与资本成本率或者投资所要求的最低收益率来进行比较。如果内部收益率大于资本成本率，项目可行；如果内部收益率小于资本成本率，项目不可行；而在评估互斥项目时，在内部收益率大于资本成本率的项目中选择内部收益率最大的项目作为可行项目。

4. 内部收益率法例解

【例 6-7】 以例 6-1 中海韵公司甲、乙项目的资料为例，假设资金成本率为 10%。试计算甲、乙两方案的内部收益率，并作出评价。

甲方案内部收益率的计算如下：

$$年金现值系数 = 200\,000 \div 70\,000 = 2.857\,1$$

查年金现值系数表，第 5 期与 2.857 1 邻近的年金现值系数在 22% 和 23% 之间，现用插值法可以计算内部收益率

$$
\left.\begin{array}{l} 22\% \\ ?\% \\ 23\% \end{array}\right\} \begin{array}{l} x\% \\ -1\% \end{array} \qquad \left.\begin{array}{l} 2.863\,6 \\ 2.857\,1 \\ 2.803\,5 \end{array}\right\} \begin{array}{l} 0.006\,5 \\ 0.060\,1 \end{array}
$$

$$
\frac{22\% - ?\%}{22\% - 23\%} = \frac{2.863\,6 - 2.857\,1}{2.863\,6 - 2.803\,5} \rightarrow \frac{x\%}{-1\%} = \frac{0.006\,5}{0.060\,1}
$$

$$
x = -0.006\,5 / 0.060\,1 = -0.11
$$

甲方案的内部收益率 $= 22\% - x\% = 22\% - (-0.11\%) = 22.11\%$

乙方案的每年 NCF 不相等，因而，必须逐次进行测算（见表 6-4），测算过程如下。

表 6-4　逐次测算表

时间（t）	NCF	测试 15%		测试 16%	
		复利现值系数	现值/元	复利现值系数	现值/元
0	−288 000	1	−288 000	1	−288 000
第 1 年	85 000	0.869 6	73 916	0.862 1	73 278.5
第 2 年	79 000	0.756 1	59 731.9	0.743 2	58 712.8
第 3 年	73 000	0.657 5	47 997.5	0.640 7	46 771.1
第 4 年	67 000	0.571 8	38 310.6	0.552 3	37 004.1
第 5 年	149 000	0.497 2	74 082.8	0.476 1	70 938.9
NPV			6 038.8		−1 294.6

$$15\% \left.\begin{array}{l} \\ ?\% \\ 16\% \end{array}\right\} x\% \right\} -1\% \qquad 6\,038.8 \left.\begin{array}{l} \\ 0 \\ -1\,294.6 \end{array}\right\} 6\,038.8 \right\} 7\,333.4$$

$$\frac{15\% - ?\%}{15\% - 16\%} = \frac{6\,038.8 - 0}{6\,038.8 - (-1\,294.6)} \rightarrow \frac{x\%}{-1\%} = \frac{6\,038.8}{7\,333.4}$$

$$x = -6\,038.8 \div 7\,333.4 = -0.82$$

甲方案的内部收益率＝$15\% - x\% = 15\% - (-0.82\%) = 15.82\%$

从以上计算两个方案的内部收益率以看出,甲方案的内部收益率较高,故甲方案效益比乙方案好。

5. 内部收益率法的评价

内部收益率法的优缺点。内部收益率法考虑了资金的时间价值,反映了投资项目的真实报酬率,而且不受贴现率高低的影响,比较客观,概念也易于理解。但这种方法的计算过程比较复杂。特别是每年 NCF 不相等的投资项目,一般要经过多次测算才能算出。有时可能出现多个 IRR,难以进行决策。

6.4.6 投资决策方法的比较

1. 贴现投资回收期法与净现值法比较

贴现投资回收期法和净现值法具有一致性:若目标项目的净现值大于零,则目标项目的贴现投资回收期一定小于项目存续期。在实践中,贴现投资回收期法与净现值法存在相悖之处,体现在以下两点。

第一,不是所有贴现投资回收期小于存续期的目标项目均被接受。根据贴现投资回收期法,目标项目是否被接受取决于公司规定的最长可接受的投资回收期 T,只有低于投资回收期 T 的项目才会被考虑。但是,可接受的最长投资回收期 T 是主观任意决定的,缺乏市场统一的标准,不具科学性。

第二,贴现投资回收期最短的目标项目可能并非最优。因为贴现投资回收期法忽视了项目在贴现回收期之后的收益,即忽视了贴现回收期之后的预期现金流。因此,贴现投资回收期法未能考虑到投资回收期之后至存续期结束之前目标项目所产生的预期现金流或投资收益。对于一个更有后劲或更具成长性的目标项目来说,很可能会被贴现投资回收期拒绝。

【例 6-8】 设公司有两个备选投资项目,拟择其一进行投资。两个备选项目的相关料见表 6-5～表 6-7。

表 6-5 两个备选项目的相关资料 单位:万元

项 目	0	第 1 年	第 2 年	第 3 所	第 4 年	NPV/10%
项目一	−200	50	60	80	130	43.933
项目二	−200	100	80	60	50	36.25

表 6-6 项目一累计净现金流量 单位:万元

项 目	0	第 1 年	第 2 年	第 3 年	第 4 年
净现金流量贴现	−200	45.455	49.584	60.104	88.79
累计净现金流量	−200	−154.545	−104.961	−44.857	43.933

表 6-7　项目二累计净现金流量　　　　　　　　　　　　　单位：万元

项　目	0	第 1 年	第 2 年	第 3 年	第 4 年
净现金流量贴现	−200	90.91	66.112	45.078	34.15
累计净现金流量	−200	−109.09	−42.978	2.1	36.25

根据题意,可以得到两个备选项目的贴现投资回收期,即

项目一的投资回收期为 $3+44.857÷88.79=3.51$(年)

项目二的投资回收期为 $2+42.978÷45.078=2.95$(年)

从贴现投资回收期的长短进行判断,应该选择项目二,但是,项目一更具后劲和成长性,理由是它的 NPV 更大,更能够最大化股东财富和价值。

可见,与净现值法相比较,贴现投资回收期法不是一个最理想的资本预算方法。贴现投资回收期法可能会将一些好项目拒之门外或者屏蔽了最优项目,而仅接受了次优项目。

2. 盈利指数法与净现值法比较

盈利指数和净现值的原理是相同的。但是,在存在资本约束或其他约束条件下,盈利指数和净现值法则在项目评价上会出现排序上的差异。

【例 6-9】 设德信公司拥有三个备选项目,三个备选项目的现金流、净现值、盈利指数见表 6-8。

表 6-8　A、B、C 项目的净现值和盈利指数　　　　　　　　　　　单位：万元

项　目	0	第 1 年	第 2 年	NPV/10%	PI
项目 A	−100	90	90	56.2	1.56
项目 B	−200	160	160	91.31	1.46
项目 C	−100	70	70	21.49	1.21

由上表可知,项目 A、B、C 都为盈利性项目,都值得投资。如果投资者存在资本约束,设可用资金只有 200 万元,那么,投资者究竟应该如何选择？ 显然,在预算约束条件下,投资者有两种选择：方案一是选择项目 B,方案二是同时选择项目 A 和项目 C。

项目 A 的盈利指数最高,项目 B 次之,项目 C 最低。因此,单凭各项目盈利指数高低来判断方案一和方案二的优劣缺乏依据。有两种修正办法。

第一,使用净现值法进行评价。方案一的净现值为 91.31 万元,方案二的净现值是项目 A 和项目 C 净现值的加总,即 77.69 万元(56.2＋21.49)。显然,从最大化股东财富角度看,方案一更可取。

第二,计算方案二的盈利指数。计算项目 A 和 C 的合并 PI,即(156.2＋121.49)/200＝1.39,低于方案一的 PI,说明方案一更可取。

因此,在存在资本约束的情况下,用净现值法进行决策,比盈利指数法更简便和直接。

3. 内部收益率法和净现值法比较

(1) 内部收益率法和净现值法的结论一致

在评价独立的常规项目是否可行方面,内部收益率法和净现值法的结论是一致的。独立常规项目通常有四项假设。

第一,目前备选项目只有一个。

第二,以投资者最低可接受的要求收益率作为目标项目的贴现率。

第三,目标项目的现金流只在期初是负值(表示是投资),在其他时期内均为正值(表示为收益)。

第四,在目标项目存续期内,各期的贴现率都是相同的。

在以上假设条件下,内部收益率准则和净现值准则的投资分析结论是一致的,项目NPV与贴现率之间的同向关系。

【例6-10】 假定宏德公司将项目投资的要求收益率确定为资本成本率,即公司可接受的最低投资回报率为10%。设项目初始投资额为1 000万元,预计每年年底的现金净流入为715万元,项目存续期为2年,那么此时该项目的内部收益率为

$$-1\,000 + \frac{715}{1+\text{IRR}} + \frac{715}{(1+\text{IRR})^2} = 0$$

运用Excel,得到该项目的IRR约为28%,大于公司最低可接受的投资回报率10%,表明在内部收益率原则下,该项目是可以接受的。

我们可以运用测试法和内插法计算目标项目的内部收益率。由于当下的计算手段已大大进步,我们运用诸如Excel等工具就能轻松算得内部收益率,因此内部收益率的计算已不是问题。

在例6-8中,目标项目的IRR为28%,贴现率为0时的NPV为430万元,贴现率为10%的NPV为241万元。它们之间的关系见图6-1。

图6-1形象地描述了独立常规项目的NPV与贴现率之间的关系,只要投资者最低可接受的报酬率小于28%(内部收益率),该项目的NPV一定大于零。

(2)内部收益率法和净现值法的结论不一致。

在评价互斥项目时,内部收益率法和净现值法给出的结论很可能不一致。现举两例予以说明。

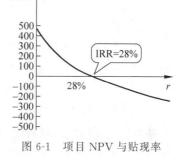

图6-1 项目NPV与贴现率之间的关系

第一,当投资者目前拥有多个备选项目,但只能择其一或二进行投资时,内部收益率法和净现值法可能存在不一致的结论。

【例6-11】 设龙升公司仅拥有两个备选项目,两个目标项目的现金流和内部收益率见表6-9,受资本约束,公司只能择其一进行投资。

表6-9 A、B项目的净现值和内部收益率 金额单位:万元

项 目	0	第1年	第2年	NPV/10%	IRR/%
项目A	−100	90	90	56.2	50.01
项目B	−200	160	160	91.31	37.98

此例中,A、B项目的净现值和内部收益率就出现了悖论。根据净现值法,B项目更优,而根据内部收益率法,则A项目更优。这种悖论关系见图6-2。

图6-2中两条曲线分别表示A、B两个项目的NPV和IRR之间的关系,曲线与横坐标的交点为项目的内部收益率。两条曲线相交点对应横坐标上的r^*是均衡点,也就是两个项目无差异点。在均衡点的右边,IRR和NPV的方向一致,没有排序差异。在均衡点左边,

则存在排序差异,IRR 和 NPV 的方向相反。

这种排序上的差异通常与目标项目未来预期现金流的规模大小和分布有关。一般来说,现金流入量的数额在时间上、分布上的差异越大,排序差异出现的可能性就越大。

第二,当目标项目的现金流不只在期初是负值(表示为投资),在其他时期内,有时表现为正值(表示为收益),有时表现为负值(表示为追加投资)时,内部收益率就可能出现无解或多解(见图 6-3),而净现值法只有唯一解。

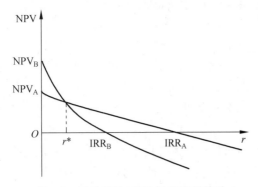

图 6-2　互斥项目 NPV 与 IRR 的关系

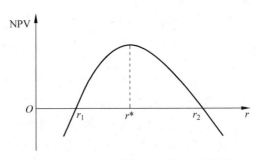

图 6-3　项目净现值与贴现率之间的关系

由图 6-3 可知,当目标项目预期现金流呈现正负交错的非正常形态时,图中曲线与横坐标很可能有两个交点(r_1 和 r_2),即出现两个解。如果贴现率小于 r_1,或贴现率大于 r_1,但小于 r^* 时,那么,运用内部收益率法和净现值法得出的评价结论相悖。比如,当贴现率小于 r_1 时,内部收益率法认为该项目可行,而净现值法则认为该项目不可行。当贴现率大于 r^* 时,运用内部收益率准则和净现值准则得出的评价结论一致。

如果曲线与横坐标没有交点,则说明无解。净现值则始终只有唯一解。

净现值法是最优的项目决策方法。当净现值法和内部收益率法出现不一致时,究竟该如何选择?答案是选用净现值法。理由是:净现值法是更好的资本预算方法,是最不易犯投资决策错误的项目决策方法。具体来说,有以下三个方面理由。

第一,净现值更简便、直接。当运用内部收益率法和净现值法得出的评价结果不一致时,净现值法更能够自圆其说。

第二,净现值法更合理。内部收益率法隐含了一个假设条件,即公司对目标项目存续期内所获得的现金流按内部收益率进行再投资,而净现值法隐含的假设是项目存续期内所获得的现金流按最低可接受的要求收益率(资本成本)进行再投资。

对于一个盈利项目而言,其内部收益率远高于投资者最低可接受的要求收益率,也远高于投资者一般预期收益率。显然,最低可接受的要求收益率更接近于目标项目在存续期内再投资收益率的合理估计。因此,在评价目标项目投资价值时,净现值法提供了更加合理的价值尺度和评价方法。

第三,净现值法具有唯一解。当目标项目产生的未来预期现金流呈现正负交错的情况时,即该目标项目为非常规现金流项目时,会产生多个 IRR,或出现无解情况,从而导致内部收益率法无所适从,无法评价项目价值。

在存续期内呈现非常规现金流量的项目会出现零个或不止一个内部收益率,但净现值法不会出现这类问题。内部收益率起作用时,净现值也起作用;在大多数内部收益率不起作用的实例中,净现值却仍然可以被很好地运用。显然,多解或无解的内部收益率法无法为目标项目提供合理的投资评价,而拥有唯一解的净现值法能够给出合理的投资评价。

值得注意的是,在实践中,财务经理往往偏好内部收益率法,其原因是他们更加关心报酬率而不是实际的收益,内部收益率对财务决策者来说更加容易理解。

6.5　杠杆公司的项目投资决策方法

前面讨论的项目投资决策方法,主要适用于全权益公司,因为全权益公司用于投资的资本都为权益资本,不存在负债融资所带来的影响。但在现实中,负债融资是极其普遍的,甚至有些公司的负债率很高。在存在企业所得税和财务危机成本的条件下,负债因其节税效应而增加公司价值,但同时又因其加大了破产的可能性和与之相关的成本,从而降低了公司的价值。因此杠杆企业的资本预算方法要考虑负债连带影响,这里主要介绍几种适用于杠杆企业的资本预算方法:调整净现值法、权益现金流量法、加权资本成本法。这三种方法都是为了解决同一个问题,即存在债务融资的情况下如何估计公司净现值。

6.5.1　调整净现值法

前述的净现值法是假定初始投资额为权益资本,不存在负债融资的副效应的影响。如果初始投资额中含有负债融资,必然对项目的净现值产生影响。调整这种负债融资副效应的影响而计算的净现值,称为调整净现值法(adjusted present value,APV)。可用如下公式表示:

$$APV = NPV + NPVF$$

上式表示:一个项目为杠杆企业创造的价值(APV)等于一个无杠杆企业的项目净现值(NPV)加上筹资方式的副效应的净现值(NPVF)。这种副效应一般包括以下几个方面的影响。

(1) 负债的节税效应。如前所述,负债的节税效应(利益)是节税额的现值,即负债的价值与所得税率之积,节税效应将增加项目的价值,即

$$节税效应 = T_c B$$

(2) 新债务的发行成本。它将降低项目的价值。

(3) 财务危机成本。它将增加公司的成本,从而降低项目的价值。

(4) 债务融资的利息补贴。它将增加项目的价值。

尽管以上四个方面的影响都很重要,但新债务的发行成本和债务融资的利息补贴实际上可以包含在负债融资的资本成本率上。所以最重要的因素是负债的节税效应和财务危机成本两个因素。这里重点考察负债节税效应的影响。

【例 6-12】　假定某公司的一个投资项目,已知条件如下。

初始投资:400 000 元;

现金流入:每年销售收入 500 000 元,永续年金;

付现成本:销售收入的 70%;

所得税率 25%,全权益公司的资本成本率为 30%。

如果该项目和该公司的资金全部采用权益融资,则项目的现金流量如表 6-10 所示。

表 6-10 项目的现金流量   单位：元

项　　目	现 金 流 量
现金流入	500 000
付现成本	−350 000
经营利润	150 000
所得税/25%	−37 500
无杠杆现金流（UCF）	112 500

以全权益公司的资本成本率 30% 为折现率，项目的净现值为

$$\text{NPV} = \frac{112\,500}{0.3} - 400\,000 = -25\,000（元）$$

由于 NPV 为负，所以项目不可行。

如果采用部分负债融资进行该项目的建设，假设银行进行项目贷款控制的负债率为 40%，即举债 166 666.7 元，其余为权益资本，即权益资本为 400 000−166 666.7＝233 333.3（元），则杠杆公司的项目净现值为调整后的净现值 APV：

$$\text{APV} = \text{NPV} + \text{NPVF} = \text{NPV} + T_{\text{c}}B$$
$$= -25\,000 + 0.25 \times 166\,666.7 = 16\,666.7（元）$$

式中，T_{c} 表示所得税率；B 表示负债额。

其调整净现值 APV 为正，项目可行。

特别说明：银行进行项目贷款控制的负债率为 40%，作为一个固定比例，是指负债是项目现值的一定比例，而不是初始投资额的一定比例。项目的现值是初始投资额（现值）与项目的调整净现值之和，即 400 000＋16 666.7＝416 666.7（元）。按照银行控制的负债价值比 40% 计算，

项目举债额为 416 666.7×40%＝166 666.7（元）

6.5.2 权益现金流量法

权益现金流量法（flow to equity，FTE）是杠杆公司资本预算的另一种方法，这种方法只对杠杆企业项目所产生的属于权益所有者的现金流量进行折现，折现率为权益资本成本率。权益现金流量法的计算过程主要分为三个步骤。

（1）计算有杠杆企业项目的权益现金流（LCF）。

【例 6-13】 假定贷款利率为 10%，永续性的权益现金流量如表 6-11 所示。

表 6-11 永续性的权益现金流量   单位：元

项　　目	现 金 流 量
现金流入	500 000
付现成本	−350 000
利息：166 666.7×10%	−16 666.7
息后利润	133 333.3
所得税（25%）	−33 333.325
有杠杆企业项目权益现金流（LCF）	100 000

也可以直接由无杠杆现金流(unleveraged cash flow,UCF)计算有杠杆现金流(leveraged cash flow,LCF)。权益所有者的现金流量在无杠杆和有杠杆两种情况下的差异关键在于税后的利息支付。假定负债为无限期债务,所以不涉及本金偿还的问题。

用公式表示为

$$UCF - LCF = (1 - T_C)R_B B$$

$$LCF = UCF - (1 - T_C)R_B B$$

$$= 112\ 500 - (1 - 25\%) \times 10\% \times 166\ 666.7$$

$$= 112\ 500 - 12\ 500$$

$$= 100\ 000(元)$$

式中,T_C 表示所得税率;R_B 表示贷款利率;B 表示负债额。

(2) 计算 R_S(杠杆公司的资本成本)

已知无杠杆企业权益资本成本为 30%,目标负债价值比为 40%,即 2/5,则目标负债权益比为 2/3,根据有税条件下的 MM 理论命题二:

$$R_S = R_{SU} + \frac{B}{S}(1 - T_C)(R_{SU} - R_B)$$

$$= 30\% + 2/3 \times 0.75 \times (0.3 - 0.1) = 40\%$$

式中,R_S 表示杠杆公司的资本成本;R_{SU} 表示无杠杆公司的资本成本;B/S 表示负债权益比;T_C 表示所得税率;R_B 表示贷款利率。

(3) 估价

假定项目的现金流是永续的,有杠杆企业项目的权益现金流量的现值可用公式表示为

$$PV = \frac{有杠杆企业项目的权益现金流}{R_S}$$

$$PV = \frac{LCF}{R_S} = \frac{100\ 000}{0.4} = 250\ 000(元)$$

由于初始投资是 400 000 元,借款是 166 666.7 元,所以企业必须自己投入权益资本 400 000 - 166 666.7 = 233 333.3(元),项目的净现值就是其有杠杆现金流量(LCF)的现值减去初始投资中来自权益的部分,则

$$NPV = 250\ 000 - 233\ 333.3 = 16\ 666.7(元)$$

与前述调整净现值法计算的结果一致。

6.5.3　加权平均资本成本法

有杠杆企业进行项目投资,既有负债融资又有权益融资,其融资成本是债务资本成本和权益资本成本的加权平均数,所以杠杆公司进行项目估价时要采用加权平均资本成本(weighted average cost capital,WACC)。其计算公式为

$$R_a = \frac{S}{S + B}R + \frac{B}{S + B}R_B(1 - T_C)$$

式中,R_a 表示加权资本成本;S 表示权益融资额;B 表示负债额;R_B 表示贷款利率;T_C 表示所得税率。

前例中,公司的目标负债价值比为 2/5,其加权资本成本为

$$R_a = \frac{3}{5} \times 40\% + \frac{2}{5} \times 10\% \times (1 - 25\%) = 0.24 + 0.03 = 27\%$$

运用加权平均资本成本对无杠杆现金流量（UCF）进行折现，项目的净现值计算公式为

$$NPV = \sum_{t=1}^{n} \frac{UCF_t}{(1 + R_a)^t} - CF_0$$

由于项目现金流量为永续性的，则

$$NPV = \frac{112\,500}{27\%} - 400\,000 = 16\,666.7(元)$$

6.5.4　三种方法的比较

上述三种方法是适用于杠杆企业的项目决策方法。尽管这三种方法存在差异，但估价计算的结果却是一致的。

1. APV 与 WACC 比较

在三种方法中，APV 与 WACC 较类似，项目的现金流量均为无杠杆现金流量（UCF），但 APV 法采用全权益资本成本率作为折现率，折现计算得到无杠杆公司项目的价值，然后加上负债的节税现值，得到有杠杆情况下的项目价值；而 WACC 将 UCF 按加权平均资本成本折现，因为 WACC 比全权益资本成本低。两种方法得到的结果是一致的。

2. 估价主体

权益现金流量法（FTE）与其他两种方法的差异较大，主要是主体上的差异。FTE 只评估流向权益所有者的现金流量（LCF），其他两种方法是评估流向整个项目的现金流量（UCF）。由于 LCF 已经扣除了利息支付，而 UCF 则不扣除利息支付，相应的，在初始投资中也应扣除债务融资的部分。这样，FTE 法同样可以得出与前面两种方法相同的结果。

3. 方法的运用

如前所述，三种方法计算得到相同的净现值，这在理论上说是如此。但在实践中，在特定的条件下，总是有某种方法更便于计算，或者说不同方法的运用存在适用性上的差异。

如果某项目的风险在整个生命周期内保持不变，就可以假定全权益资本成本率保持不变（这种情况多数时候比较符合现实）。如果负债价值比在项目整个生命周期内保持不变的话，则杠杆公司权益资本成本率和加权资本成本率也保持不变。在这种情况下，运用 FTE 或 WACC 法，都很容易计算。但如果负债价值比逐年变化，FTE 法和 WACC 法的折现率要每年发生变动，这就使计算变得十分繁杂，误差也随之增大。APV 法的计算以未来各期的负债绝对水平为基础，当能够准确地知道未来各期的负债绝对水平时，用 APV 法就很容易计算。但当未来各期的负债绝对水平不确定时，这种方法就会出问题。因此，对三种方法采用的一般原则是：若项目的目标负债价值比适用于项目的整个生命周期，用 FTE 法和 WACC 法；若项目生命周期内其负债绝对水平已知，用 APV 法。在很多情况下，用 APV 法是比较好的。对一般的资本预算，要决定哪一种方法更适合，需要考虑管理层制定负债政策的目标是保持负债绝对水平不变还是负债价值比不变，这涉及资本结构问题。

6.6 项目投资决策实例

6.6.1 设备更新决策

设备更新主要涉及是否购置新设备、是否进行大修、设备最佳使用寿命等决策问题,下面依次举例说明上述类型的固定资产更新决策评价方法。

1. 继续使用旧设备与购置新设备的决策

【例 6-14】 华睿公司考虑用一台全自动化的新设备来代替半自动化的旧设备,以提高效率,减少成本,增加收益。旧设备原购置成本为 30 000 元,使用 5 年,估计还可再使用 5 年,已提折旧 15 000 元,假定使用期满后无残值。如果现在销售可得价款 15 000 元,使用该设备每年可获收入 37 500 元,每年的付现成本为 22 500 元。该公司现准备用一台新设备来代替原有的旧设备,新设备的购置成本为 45 000 元,估计可使用 5 年,期满有残值 7 500 元,使用新设备后,每年收入可达 60 000 元,每年付现成本为 30 000 元。假设所得税税率为 25%,新、旧设备均用直线折旧法计提折旧。

先计算两个方案每年的营业现金净流量如下。

继续使用旧设备:

$$年折旧额 = \frac{15\ 000}{5} = 3\ 000(元)$$

$$税前利润 = 37\ 500 - (22\ 500 + 3\ 000) = 12\ 000(元)$$

$$税后净利 = 12\ 000 \times (1 - 25\%) = 9\ 000(元)$$

$$现金净流量 = 9\ 000 + 3\ 000 = 12\ 000(元)$$

更换新设备:

$$年折旧额 = \frac{45\ 000 - 7\ 500}{5} = 7\ 500(元)$$

$$税前利润 = 60\ 000 - (30\ 000 + 7\ 500) = 22\ 500(元)$$

$$税后净利 = 22\ 500 \times (1 - 25\%) = 16\ 875(元)$$

$$现金净流量 = 16\ 875 + 7\ 500 = 24\ 375(元)$$

然后,再结合初始现金流量和终结现金流量编制两个方案的全部现金流量表,如表 6-12 所示。

表 6-12 投资项目现金流量计算表 单位:元

项 目	第 0 年	第 1 年	第 2 年	第 3 年	第 4 年	第 5 年
继续使用旧设备: 初始投资 营业净现金流量	−15 000	12 000	12 000	12 000	12 000	12 000
现金流量	−15 000	12 000	12 000	12 000	12 000	12 000
更换新设备: 初始投资 营业净现金流量 固定资产残值	−45 000	24 375	24 375	24 375	24 375	24 375 7 500
现金流量	−45 000	24 375	24 375	24 375	24 375	31 875

假设企业所要求的最低投资报酬率为 15%，试分析评价华睿公司是否该用全自动化的新设备代替半自动化的旧设备。

在本例中，一个方案是继续使用旧设备，另一个方案是出售旧设备并购置新设备，两个方案的生产经营期相同。因此，我们可以计算两个方案各自的净现值，比较其净现值的大小确定两个方案孰优孰劣。

继续使用旧设备：

$$\text{NPV} = 12\,000 \times (P/A,15\%,5) - 15\,000$$
$$= 12\,000 \times 3.352\,2 - 15\,000$$
$$= 25\,226.4(\text{元})$$

更换新设备：

$$\text{NPV} = 24\,375 \times (P/A,15\%,5) + 7\,500 \times (P/F,15\%,5) - 45\,000$$
$$= 24\,375 \times 3.352\,2 + 7\,500 \times 0.497\,2 - 45\,000$$
$$= 40\,438.9(\text{元})$$

上述计算结果表明，更换新设备方案的净现值大于继续使用旧设备方案的净现值，故企业应采纳更换新设备方案。

2. 设备大修与更新的决策

【例 6-15】 云鸿企业有一台旧设备，需要大修理后才能继续使用，工程技术人员经过分析后提出两个方案：方案一是进行大修理；方案二是不修理，购买一台新设备替换旧设备。两个方案的有关数据资料如表 6-13 所示。

表 6-13

项　　目	设　　备	
	旧	新
原始价值/元	27 500	32 000
预计使用年限	10	10
已使用年限	6	0
尚可使用年限	4	10
大修理支出/元	6 000	0
最终残值/元	2 500	2 000
目前变现价值/元	12 500	32 000
年运行成本/元	8 500	5 000

假设该企业采用直线法计提折旧，适用的所得税税率为 25%，要求的最低投资报酬率为 10%，设备大修理支出的摊销年限为 4 年。请判断哪个方案更优。

先计算两个方案的营业现金净流量。

$$\text{NCF(大修)} = -8\,500 \times (1-25\%) + \left(\frac{27\,500-2\,500}{10} + \frac{6\,000}{4}\right) \times 25\%$$
$$= -5\,375(\text{元})$$

$$\text{NCF(更新)} = -5\,000 \times (1-25\%) + \left(\frac{32\,000-2\,000}{10}\right) \times 25\%$$
$$= -3\,000(\text{元})$$

由此,可编制投资方案的现金流量表如表 6-14 所示。

表 6-14 投资方案的现金流量表 单位:元

项 目	0	第 1 年	第 2 年	第 3 年	第 4 年	第 5～9 年	第 10 年
大修:							
初始投资(12 500＋6 000)	−18 500						
营业现金流量		−5 375	−5 375	−5 375	−5 375		
终结现金流量					2 500		
现金流量合计	−18 500	−5 375	−5 375	−5 375	−3 375		
更新:							
初始投资	−32 000						
营业现金流量		−3 000	−3 000	−3 000	−3 000	−3 000	−3 000
终结现金流量							2 000
现金流量合计	−32 000	−3 000	−3 000	−3 000	−3 000	−3 000	−1 000

由表 6-14 可以看出,上述投资方案的现金流量主要是现金流出,即使有少量的残值变现收入,也属于支出抵减,而非实质上的流入增加。由于没有适当的现金流入,无论哪个方案都不能计算其净现值和内部收益率。

通常,在收入相同时,成本较低的方案是好方案。那么,是否可以通过比较两个方案的总成本来判别方案的优劣呢?仍然不妥。因为旧设备尚可使用 4 年,而新设备可使用 10 年,两个方案取得的"产出"并不相同。因此,我们可比较其 1 年的成本,即获得 1 年的生产能力所付出的代价,据此判断方案的优劣。

习惯上,我们固定资产使用 1 年的成本称为固定资产的年平均成本,它是指某资产引起的现金流出的年平均值。如果不考虑货币的时间价值,它是资产未来使用年限内的现金流出总额与使用年限的比值。如果考虑货币的时间价值,它是资产未来使用年限内现金流出的总现值与年金现值系数的比值,即平均每年的现金流出。

为此,为比较大修方案与更新方案的优劣,我们应计算考虑货币时间价值的平均年成本。

大修方案:

现金流出的总现值 $= 5\,375 \times (P/A, 10\%, 3) + 3\,375 \times (P/F, 10\%, 4) + 18\,500$
$$= 5\,375 \times 2.486\,9 + 3\,375 \times 0.683\,0 + 18\,500$$
$$= 34\,172.21(元)$$

平均年成本 $= \dfrac{34\,172.21}{(P/A, 10\%, 4)} = \dfrac{34\,172.21}{3.169\,9} = 10\,780.22(元)$

更新方案:

现金流出的总现值 $= 3\,000 \times (P/A, 10\%, 9) + 1\,000 \times (P/F, 10\%, 10) + 32\,000$
$$= 3\,000 \times 5.759 + 1\,000 \times 0.385\,5 + 32\,000$$
$$= 49\,662.5(元)$$

平均年成本 $= \dfrac{49\,662.5}{(P/A, 10\%, 10)} = \dfrac{49\,662.5}{6.144\,6} = 8\,082.3(元)$

通过以上计算可知,更新旧设备的平均年成本较低,不宜对旧设备进行大修。

6.6.2　项目寿命不等的投资决策

项目的寿命不同,就不能对它们的净现值、内部收益率和现值指数进行直接比较。为了使投资项目的各项指标具有可比性,必须设法使两个项目在相同的寿命周期内进行比较。下面举例加以说明。

【例 6-16】　华骏公司准备更新一套旧设备,现有两种新设备可供选择:一是 A 设备,需 100 万元的初始投资,每年产生 40 万元的净现金流量,项目的使用寿命为 4 年,4 年后必须更新且无残值;二是 B 设备,需初始投资 115 万元,使用寿命为 6 年,每年产生 35 万元的净现金流量,6 年后必须更新且无残值。企业的资本成本为 10%,那么,该企业该选用哪个项目呢?

两个项目之间的寿命是不同的,为了使指标的对比更加合理,必须考虑对相同年度内的两个项目的净现值进行比较,或者是对两个项目的年均净现值进行比较,这便出现了进行合理比较的两种基本方法——最小公倍寿命法和年均净现值法。

1. 最小公倍寿命法

使投资项目的寿命周期相等的方法是最小公倍数。也就是说,求出两个项目使用年限的最小公倍数。对于前面所举的 A 项目和 B 项目来说,它们的最小公倍寿命为 12 年。对于 A 项目,假定第 5 年年初和第 9 年年初可重复投资,对于 B 项目,假定第 7 年年初可重复投资。12 年内的现金流量如表 6-15 所示。

表 6-15　现金流量表　　　　　　　　　　　　　　单位:万元

项　　　目	0	第1年	第2年	第3年	第4年	第5年	第6年	第7年	第8年	第9年	第10年	第11年	第12年
A项目:													
第1年年初投资的现金流量	−100	40	40	40	40								
第5年年初投资的现金流量						−100	40	40	40	40			
第9年年初投资的现金流量										−100	40	40	40	40
现金流量合计	−100	40	40	40	−60	40	40	40	−60	40	40	40	40
B项目:													
第1年年初投资的现金流量	−115	35	35	35	35	35	35						
第7年年初投资的现金流量							−115	35	35	35	35	35	35
现金流量合计	−115	35	35	35	35	35	−80	35	35	35	35	35	35

现在我们来计算项目的净现值。

项目 A 第 4、8 年重复投资后的现金净流量−60 可以写成−100+40。因此,

$$\begin{aligned}
\text{A 项目 12 年期} &= -100 + 40(P/A,10\%,12) - 100(P/F,10\%,4) - 100(P/F,10\%,8)\\
\text{的净现值} &= -100 + 40 \times 6.8137 - 100 \times 0.6830 - 100 \times 0.4665\\
&= 57.6(\text{万元})
\end{aligned}$$

项目 B 第 6 年重复投资后的现金净流量 -80 可以写成 $-115+35$。因此，

$$\begin{aligned}
\text{B 项目 12 年期} &= -115 + 35 \times (P/A,10\%,12) - 115(P/F,10\%,6)\\
\text{的净现值} &= -115 + 35 \times 6.8137 - 115 \times 0.5645\\
&= 58.56(\text{万元})
\end{aligned}$$

这时，我们可以把两个项目的净现值进行了比较，因为项目 A 的净现值为 57.6 万元，而项目 B 的净现值为 58.56 万元，因此，该企业应选用项目 B。

2. 年金法

年金法是把项目总的净现值转化为项目每年的平均净现金流量。

对上例中的两个项目来说，可用上述公式分别计算项目 A 和项目 B 的年均净现金流量。

先计算两个项目的净现值如下：

$$\begin{aligned}
\text{NPV}_\text{A} &= 40 \times (P/A,10\%,4) - 100\\
&= 40 \times 3.1699 - 100\\
&= 26.8(\text{万元})
\end{aligned}$$

$$\begin{aligned}
\text{NPV}_\text{B} &= 35 \times (P/A,10\%,6) - 115\\
&= 35 \times 4.3553 - 115\\
&= 37.44(\text{万元})
\end{aligned}$$

$$\text{NCF}_\text{A} = \frac{26.8}{(P/A,10\%,4)} = \frac{26.8}{3.1699} = 8.45(\text{万元})$$

$$\text{NCF}_\text{B} = \frac{37.44}{(P/A,10\%,6)} = \frac{37.44}{4.3533} = 8.6(\text{万元})$$

从上面计算可以看出，项目 B 的年均净现值比项目 A 高，故应选用项目 B。由此可见，年金法与最小公倍寿命法的决策结果是一致的。

6.6.3 资本限额决策

资本限额是指企业资金有一定限度，不能投资于所有可接受的项目。为了使企业获得最大的利益，应投资于一组使净现值最大的项目。由于在原始投资额相同的条件下，现值指数大的投资项目的净现值也大，因此，可按投资项目现值指数的大小并结合净现值进行各种组合排队，选择能实现净现值最大的投资组合。

【例 6-17】 某企业有五个可供选择的项目 A、B、C、D、E，详细情况如表 6-16 所示。试分别就以下情况做出投资方案组合决策。

(1) 投资总额不超过 30 万元。

(2) 投资总额不超过 40 万元。

(3) 投资总额不超过 50 万元。

（4）投资总额不超过 70 万元。

表 6-16 项目情况表

投资项目	初始投资/万元	现值指数 PI	净现值 NPV/万元
A	30	1.44	13.2
B	14	1.35	4.9
C	20	1.49	9.8
D	15	1.16	2.4
E	10	1.25	2.5

依题意,将各方案按现值指数由大到小顺序排列,并计算累计原始投资和累计净现值。其结果如表 6-17 所示。

表 6-17 原始投资与累计净现值　　　　　　　　单位:万元

顺序	项目	原始投资	累计原始投资	净现值	累计净现值
1	C	20	20	9.8	9.8
2	A	30	50	13.2	23
3	B	14	64	4.9	27.9
4	E	10	74	2.5	30.4
5	D	15	89	2.4	32.8

根据表 6-17 所示的数据按投资组合决策原则做出如下决策。

（1）投资总额不超过 30 万元时,投资限额内的各种可能投资组合如下。

组合 1:C 和 E 方案,投资总额共 30 万元,累计净现值共 12.3 万元;

组合 2:A 方案,投资总额 30 万元,净现值 13.2 万元;

组合 3:B 和 E 方案,投资总额共 24 万元,累计净现值共 7.4 万元;

组合 4:E 和 D 方案,投资总额共 25 万元,累计净现值 4.9 万元;

组合 5:B 和 D 方案,投资总额 29 万元,累计净现值 7.3 万元。

经比较可知,组合 2 方案的净现值最大。因此,最佳投资方案为组合 2:A 方案。

（2）投资总额不超过 40 万元,投资限额内的各种可能投资组合如下。

组合 1:C 和 E 方案,投资总额 30 万元,累计净现值 12.3 万元;

组合 2:C 和 B 方案,投资总额 34 万元,累计净现值 14.7 万元;

组合 3:C 和 D 方案,投资总额 35 万元,累计净现值 12.2 万元;

组合 4:A 和 E 方案,投资总额 40 万元,累计净现值 15.7 万元;

组合 5:B、E 和 D 方案,投资总额 39 万元,累计净现值 9.8 万元。经比较可知,组合 4 方案的累计净现值最大。因此,最佳投资方案为组合 4:A 和 E 方案。

（3）投资总额不超过 50 万元,投资限额内的最佳投资组合是 C 和 A。截止到 A 投资项目(第 2 项)的累计投资额恰好达到限定投资额,这时 C 和 A 的方案组合的净现值和现值指数都是最大的,故第 1 至第 2 项的项目组合 C 和 A 为最优的投资组合。其投资总额为 50 万元,累计净现值为 23 万元。

（4）投资总额不超过 70 万元,投资限额内的各种可能投资组合如下。

组合 1:C、A 和 B 方案,投资总额 64 万元,累计净现值 27.9 万元;

组合 2：C、A 和 E 方案，投资总额 60 万元，累计净现值 25.5 万元；

组合 3：C、A 和 D 方案，投资总额 65 万元，累计净现值 25.4 万元；

组合 4：A、B、E 和 D 方案，投资总额 69 万元，累计净现值 23 万元；

组合 5：C、B、E 和 D 方案，投资总额 59 万元，累计净现值 19.6 万元。

经比较可知，组合 1 方案的累积净现值最大。因此，最佳投资方案为组合 1：C、A 和 B 方案。

 ## 本章小结

从金融学的角度来讲，投资的含义更趋向在未来一定时期内获得某种比较持续稳定的现金流收益，是未来收益的累积。投资的目的是获取未来的收益。投资的行为过程是货币转化为资本的过程。

投资类型也有多种分类：按照期限结构和对公司的影响，分为短期资产和长期资产；从现金流量的相关性看，分为独立投资、互斥投资和相关性投资；从对生产的作用来看，分为生产性投资和非生产性投资两类。

公司投资的决策原则：①加强市场调查研究，及时捕捉投资机会；②建立科学的投资决策制度，加强投资项目的可行性研究；③及时筹措资本，保证投资项目的有效资源配置；④注重投资项目的预算规划控制，提高投资收益的稳定性；⑤权衡收益与风险的关系，有效控制投资风险。

公司投资的决策程序大体包括以下内容：①投资项目的提出；②投资项目的评价；③投资项目的决策；④投资项目的实施；⑤投资项目的总结。

现金流量是指与投资直接相关的现金的流入或流出量。现金净流量是指一定时期内现金流入量和现金流出量的差额，又叫作增量现金流。投资项目现金流的构成通常可以分为三部分：初始现金流、营业现金流、终结现金流。现金流量测算的原则包括增量现金流原则、相关成本原则、副效应原则。

项目投资决策方法通常分为折现法和非折现法。其中，折现法主要包括折现回收期、净现值、盈利指数和内部收益率等方法。非折现法主要包括非折现回收期法和平均会计收益率法。

投资回收期是指预期从投资项目的净现金流量中收回该项目总投资额所需的时间（年限），是用来评价企业长期投资项目的重要指标。投资回收期有折现回收期和非折现回收期两种。非折现回收期是指每年的净现金流累计达到初始投资额的时间。折现回收期是通过折现来计算回收期的方法。

平均会计收益率是指投资项目年平均会计收益除以整个项目期限内的年平均账面投资额。

净现值（NPV）是指投资项目未来现金流入量现值与其现金流出量现值之间的差额，即投资项目从投资开始到项目寿命终结时，所有的现金流量按预定的贴现率折算成项目开始时的价值。

盈利指数法是项目未来现金流量的现值与初始投资额的现值的比率，以相对数来评价和选择投资方案。盈利指数的实质是以现值来衡量项目投资的投入与产出比。

内部收益率(IRR)是指当 NPV＝0 时的折现率。其特征：IRR 体现了项目内在价值，本身不受资本市场利息率的影响，IRR 的高低取决于项目的现金流量，是投资项目的完全内生变量，这就是该指标被称为内部收益率的原因所在，即 IRR 是项目本身的收益率(或者是项目的预期报酬率)，而资本成本率是项目最低所要求达到的报酬率。

 思考题

1. 投资对于公司的意义有哪些？
2. 公司投资有哪些类型？
3. 公司投资的决策原则是什么？
4. 公司投资决策程序如何？
5. 投资项目的现金流量是指什么？ 其构成如何？
6. 项目投资决策中为什么要使用现金流量而不是用利润指标？
7. 非贴现的现金流量指标包括哪些？ 该如何计算？ 有什么优缺点？
8. 贴现现金流量指标包括哪些？ 是如何计算的？ 在应用时应注意哪些问题？

练习题

1. A 公司 2019 年度销售收入为 2 亿元，付现成本为 0.5 亿元，折旧为 0.3 亿元，所得税税率为 25％。请计算该公司的经营现金流。

2. 河南某高科技企业正在考虑一项新项目，该项目需要 2 000 万元的初始固定资产投资，该笔投资将在 5 年内按直线法计提折旧，期末无残值。该项目估计每年能够产生 1 000 万元的销售收入，生产成本为 450 万元，该公司适用的所得税税率为 25％，贴现率为 10％。请计算这 5 年中，项目的净现金流。

3. 一个投资项目连续 5 年的现金流入为 700 万元，如果该项目的初始投资为 2 500 万元，请问该项目的投资回收期是多少？ 当初始投资为 3 000 万元时，投资回收期又是多少？

4. 长宇公司正考虑购买一台新的机器，初始投资 1 000 万元，可使用 5 年，按直线法计提折旧，预计平均每年能够创造 500 万元的净收入，适用的税率为 25％。请问这台机器的平均会计收益率是多少？

5. 某房地产公司拟进行一项投资，初始投资 3 000 万元，以后 5 年内产生的现金流如表 6-18 所示，假若公司的资本成本为 10％，请计算该项目的净现值。

表 6-18 某房地产公司现金流

年份	0	1	2	3	4	5
预计现金流	−3 000	600	800	700	700	900

6. 某公司正在考虑两个项目。项目一，会计收益率为 50％，净现值为 400 万元；项目二，会计收益率为 30％，净现值为 600 万元。请问该公司投资哪个项目更好？ 为什么？

7. 某公司准备投资一项目，目前有备选的甲和乙两个投资方案。

（1）甲方案的有关资料如下。

需要投资 6 000 万元，其中 5 400 万元用于购买设备，600 万元用于追加流动资金。预期该项目可使企业销售收入增加：第一年为 2 500 万元，第二年为 4 000 万元，第三年为 6 200 万元；经营成本增加：第一年为 500 万元，第二年为 1 000 万元，第三年为 1 200 万元；第三年年末项目结束，收回流动资金 600 万元，固定资产按 3 年用直线法折旧并不计残值。

（2）乙方案的资料如下：

$$\text{NCF}_0 = -5\,000 \text{ 万元}, \quad \text{NCF}_{1\sim6} = 1\,500 \text{ 万元}$$

假设公司适用的所得税税率为 25%，公司要求的最低投资报酬率为 10%。

要求：

（1）计算甲方案和乙方案的净现值。

（2）计算甲方案和乙方案的回收期。

（3）比较两种方案的优劣。

已知：$(P/A,10\%,6)=4.355\,3$，$(P/A,10\%,3)=2.486\,9$，$(P/F,10\%,1)=0.909\,1$，$(P/F,10\%,2)=0.826\,4$，$(P/F,10\%,3)=0.751\,3$。

第7章

投资决策的风险管理

【学习要点】

1. 敏感性分析方法。
2. 场景分析。
3. 盈亏平衡分析方法。
4. 投资决策的风险调整方法。
5. 蒙特卡洛模拟法。

引例

　　SX公司是一家主要从事光伏科技研发,光伏发电,光伏电站建设、运营和交易等的大型企业。SX公司拟在东部沿海某地区投资新建一所50MW渔光互补分布式光伏电站,建设期1年,生产经营期25年。渔光互补分布式光伏电站作为与水面资源相结合的一种绿色可再生能源项目,在展示中国可再生能源开发利用领域的先进技术和绿色环保理念的同时,也可以将水面丰富的太阳能资源加以利用。目前已经估算项目现金流量、分析投资回收期限、评估预期收益,采用NPV和IRR方法对光伏电站项目投资进行评价,还需要更多的关注偿债能力分析、项目风险承受能力分析以及环境和社会效益评价等方面全面分析评价光伏电站项目。

　　通过对项目的NPV和IRR进行测算,光伏电站项目投资回收期为7.33年,投产后每年的净现金流量均大于零,税后资本金IRR为22.88%,税后资本金NPV为15 879万元,该项目的IRR超出企业的基准收益要求,且NPV数值较为可观,说明该项目预期具有良好的收益能力。然而,光伏电站项目周期长,不确定因素较多,风险水平较高,仅通过NPV和IRR的测算很难让管理层作出正确的投资决策。通过对影响光伏电站项目的因素分析,主要有发电量、固定资产投资和电价,根据光伏电站的项目特点,一般情况下日照情况具有较高的稳定性,要注意项目建成后提高电站的运行维护管理质量可以提高发电量从而提高收益水平。固定资产投资主要受市场光伏组件价格和光伏系统建设成本影响,要注意预防受市场波动提高建设期投入资金从而降低内部收益率的不利情况。上网电价由国家宏观调控,不会出现较大变动,因此,发电量和固定资产投资两个因素对净现值和 IRR 的影响较大,选取税前全部投资 IRR、税后全部投资 IRR 和税后资本金 IRR 作为该光伏电站项目的敏感性分析指标进行敏感性分析。

从理论上来讲,NPV 法似乎是一种近乎完美的方法,它涵盖了其他资本预算方法具有的优点,但在实际应用中,净现值为正,并不一定表示项目是安全的,因为在资本预算中,有很多因素难以考虑周全,预期状态与现实有较大差距。因此,需要对投资产生潜在影响的因素进行系统分析,即为本章要学习的内容。

7.1　不确定条件下的投资决策

不确定性条件下的投资决策方法可分为以下三类。

第一类方法的指导思想是评价所有可能出现的现金流序列,如状态偏好法。这类方法从理论上看很完美,但现实中很难实现,故本章未做详细介绍。

第二类方法要求决策者提供资产明细,然后根据资产明细来估计资产价值。例如,决策者首先估计每个时期的期望现金流,然后使用合适的风险调整贴现率将上述现金流贴现来估计资产价值。在估计债券价值时,通常用出现可能性最大的现金流代替期望现金流。在资本资产定价模型(capital assets pricing model,CAPM)中,假设决策者已知 β 系数,β 系数表示资产价值与市场投资组合价值间的关系。在期权定价模型(option pricing models)中,决策者假设资产价值的变动服从某一特定概念分布,且明确说明该分布的参数。对于确定等值法(certainty equivalent approach),在每个时期,将不确定的现金流用唯一的衡量标准来衡量,该衡量标准能够同时反映概率和风险偏好。所有这些方法的目标都是估计出投资的市场价值。

第三类方法能够帮助决策者更好地理解投资方案的特征。针对某项投资,如果使用的评估方法不能够给出其市场价值的确切估计,此时对决策者而言,存续期适合第三类方法评估投资。这类方法中比较典型的有投资回收期分析、敏感性分析以及战略规划等,是本章介绍的主要内容。

7.1.1　敏感性分析

1. 敏感性分析的概念

敏感性分析又叫 What-if 分析法,是投资决策风险分析的一种重要技巧。它是假定其他条件不变的前提下,分析项目的净现值对某个主要变量变动的敏感性程度,以便确定主要变量在多大范围内变动时,投资项目仍然是可行的,即根据净现值对各因素变动的敏感度大小确定投资项目是否可行的主要因素。敏感性分析,在计算上没有新的变化,仍然是运用净现值的方法来计算某一因素变动的影响,需要估计各因素可能发生的变动,尤其是估计各因素在乐观状态和悲观状态下的可能值,并逐一计算项目 NPV 对每个因素变动的敏感程度。在分析中,尤其应注意分析各因素在悲观状态下的可能变动对项目 NPV 的影响。以便确定各影响因素在多大程度上的变动而使项目不可行,以及确定影响项目投资的主要影响因素。

根据敏感度的定义,敏感度可以用下式表示:

$$敏感度 = \frac{\dfrac{\Delta \text{NPV}}{\text{NPV}}}{\dfrac{\Delta X}{X}}$$

在上式中,X 表示某一变量;ΔX 表示某一变量的变化幅度。即某一变量变动 1 个百分点,项目 NPV 相应变动多少百分点。

敏感性分析主要有以下五个步骤。

步骤 1:计算项目的基准净现值。项目基准净现值可以理解为正常情形下,目标项目的净现值水平。

步骤 2:敏感度测试。选定一个变量,假定其发生一定幅度变化,在其他变量不变的情形下,重新计算项目的净现值。

步骤 3:计算选定变量的敏感系数。

步骤 4:重复步骤 2 和步骤 3,依次测试并计算出其他变量的敏感系数。

步骤 5:根据各变量呈现出的风险,对项目特定风险作出判断。

2. 案例分析

【例 7-1】 HCP 公司已开发出一种新产品,公司销售部门预测,如果产品的定价为 20 元/盒,则年销售量可达 16 万盒。根据工程部的报告,该项目需要增添一座新厂房,预计支出 96 万元,另外需要支出 64 万元购买机器设备。此外,公司将增加净流动资产 48 万元。以上支出均发生在第一年($t=0$),建设期为一年,厂房和设备从第二年开始采用直线法折旧,经济年限 5 年,期满后设备无残值,厂房预计可按 30 万元的价格出售。在 5 年中,每年固定成本(除折旧外)为 40 万元,每盒的可变成本为 10 元,所得税税率为 25%,且所有收支均发生在各年年底。假定所有收支均以现金形式结算,测算现金流量。

影响项目 NPV 的因素有:初始投资额 CF_0、价格 P、销售量 Q、可变成本 VC、固定成本 FC、所得税税率及资本成本率 K 等变量。假定其他条件不变,分析计算每一个变量在乐观状态和悲观状态下变动的可能值,项目净现金流及其 NPV 的变化,并分析其变动的影响。假定这些因素在预测正常值以及乐观状态和悲观状态下变动的可能值如表 7-1 所示。

表 7-1 基本资料

变 量	乐观状态	正 常 值	悲观状态
初始投资额 CF_0/万元	208	208	249.6
销售量 Q/盒	176 000	160 000	128 000

续表

变　　量	乐 观 状 态	正 常 值	悲 观 状 态
价格 P/元	21	20	16
可变成本 VC/元	10	10	12
固定成本 FC/元	66	66	66
资本成本率 K/%	8	10	12

解：正常状态下的 NPV 为 141.49 万元，具体计算步骤如下。

（1）初始现金流 $CF_0 = 96 + 64 + 48 = 208$（万元）

（2）每年的净现金流：

$$营业收入 = 20 \times 16 = 320（万元）$$

$$可变成本 = 10 \times 16 = 160（万元）$$

$$固定成本 = 40 + (160 - 30) \div 5 = 66（万元）$$

$$净利润 = (320 - 160 - 66) \times (1 - 25\%) = 70.5（万元）$$

$$净现金流 = 70.5 + (160 - 30) \div 5 = 96.5（万元）$$

（3）终结现金流 $= 30$ 万元

$$NPV = \sum_{t=1}^{n} \frac{CF_t}{(1+r)^t} - CF_0$$

$$= 96.5 \times PVIFA_{r,n} + 30 \times PVIF_{r,n} - 208$$

$$= 96.5 \times (4.3553 - 0.9091) + 30 \times 0.5645 - 208$$

$$= 141.49（万元）$$

悲观状态下，资本成本率、初始投资额和变动成本增加 20%，销售量、价格下降 20%，资本成本率、初始投资额、销售量、价格和变动成本等因素变动对项目 NPV 的影响，变量变动后现金流量测算如表 7-2 所示。

表 7-2　悲观状态下现金流量测算　　　　　金额单位：万元

变　　量	正常值	K	CF_0	Q	P	AVC	FC	税率
正常值	现金流	10%	208	160 000	20	10	66	25%
变动值		12%	249.6	128 000	16	12	66	25%
项　　目	t_0	t_1	t_2	t_3	t_4	t_5		
收入	320	320	320	256	256	320		
可变成本	160	160	160	160	160	192		
固定成本	66	66	66	66	66	66		
其中折旧	26	26	26	26	26	26		
EBIT	94	94	94	30	30	62		
所得税	23.5	23.5	23.5	7.5	7.5	15.5		
净利润	70.5	70.5	70.5	22.5	22.5	46.5		
净现金流	96.5	96.5	96.5	48.5	48.5	72.5		

（1）分析资本成本率 K 变动的影响

资本成本率 K 的变动直接影响折现率，假定悲观状态下，资本成本率 K 上升 20%，变动后的资本成本率为 12%，即 $10\% \times (1 + 20\%)$，并以此作为折现率进行计算和分析。

$$NPV = 96.5 \times PVIFA_{r,n} + 30 \times PVIF_{r,n} - 208$$
$$= 96.5 \times (4.111\,4 - 0.892\,9) + 30 \times 0.506\,6 - 208$$
$$= 117.78(万元)$$

即 NPV 的变动率为$(141.49 - 117.78) \div 141.49 = 16.76\%$

NPV 对折现率变动的敏感程度为 $16.76\% \div 20\% = 0.84$

（2）分析初始投资额变动的影响

假定初始投资额上升 20%，变动后的初始投资额为 249.6 万元，即 $208 \times (1 + 20\%)$，分析初始投资额变动的影响。

$$NPV = 96.5 \times PVIFA_{r,n} + 30 \times PVIF_{r,n} - 249.6$$
$$= 99.89(万元)$$

即 NPV 的变动率为$(99.89 - 141.49) \div 141.49 = -29.4\%$

NPV 对折现率变动的敏感程度为 $29.4\% \div 20\% = 1.47$

（3）分析收入变动的影响

影响收入变动的因素有销售量和价格两个因素。假定在悲观状态下，销售量或价格下降 20%，由此测算的现金流量相同。假定其他因素不变，分析销售变动对 NPV 的影响。如表 7-2 所示，销售量下跌 20% 后测算的净现金流量为 48.5 万元，分析销售量变动对 NPV 的影响。

$$NPV = 48.5 \times PVIFA_{r,n} + 30 \times PVIF_{r,n} - 208$$
$$= 48.5 \times (4.355\,3 - 0.909\,1) + 30 \times 0.564\,5 - 208$$
$$= -23.92(万元)$$

即 NPV 的变动率为$(-23.92 - 141.49) \div 141.49 = 116.91\%$

NPV 对折现率变动的敏感程度为 $116.91\% \div 20\% = 5.85$

即项目的 NPV 对销售量和价格变动的敏感度均为 5.85，所以销售量和价格是影响项目的主要因素。

（4）分析成本变动的影响

假定在悲观状态下，单位变动成本上升 20%，即 12 元，在其他条件不变的情况下，由此测算的现金流量为 72.5 万元。分析销售量变动对 NPV 的影响。

$$NPV = 72.5 \times PVIFA_{r,n} + 30 \times PVIF_{r,n} - 208$$
$$= 72.5 \times (4.355\,3 - 0.909\,1) + 30 \times 0.564\,5 - 208$$
$$= 58.78(万元)$$

即 NPV 的变动率为$(58.78 - 141.49) \div 141.49 = -58.45\%$

NPV 对折现率变动的敏感程度为 $58.45\% \div 20\% = 2.92$

综上计算，销售量和价格以及变动成本的变动对项目净现值的影响很大，或者说项目 NPV 对销售量和价格以及变动成本的敏感度高，是项目投资最主要的风险因素。

用同样的方法，也可以分别计算出乐观状态下，资本成本率、初始投资额、变动成本、销售量、价格等因素变动对项目 NPV 的敏感程度。用同样的方法也可以计算出某一变量在三种不同状态下可能的估计值，以此分析该变量变动对项目 NPV 的影响。

3. 评价

敏感性分析是假定其他变量处于正常估计值，分析某一变量在三种不同状态下的可能估计值,并以此计算该变量变动对项目 NPV 的影响。通过计算分析各变量变动的影响,可以找出影响 NPV 变动的主要变量;甚至可以通过敏感性分析其主要变量在多大幅度内变动而使项目变得不可行。敏感性分析具有上述优点,使得敏感性分析在实践中广泛运用。但这种方法也存在一些不足,一是对每一个变量的分析顺序不同,计算结果会存在差异。敏感性分析法的原理类似于经济分析中的因素分析法,而因素分析法具有因素排列的顺序性、因素替换的连环性以及分析结果的假定性等特点。因此,敏感性分析也同样应当注意顺序性和连环性的分析特点,而不是将所有因素的变动都与正常值进行比较。二是敏感性分析法孤立地处理每一个变量的变化,而实际上不同变量的变动很可能是相互关联的,或者说所有变量同时变动,而敏感性分析无法分析和评价这种变动的影响。三是项目持有人仅仅能够控制某些变量,因此,当敏感度大的变量属于不可控因素时,项目持有人并没有能力左右项目的未来现金流量。

7.1.2 场景分析

1. 场景分析的概念

场景分析(scenario analysis)是一种特殊的敏感性分析,考察所有变量同时变动对项目净现值产生影响的一种风险分析方法,弥补了敏感性分析仅仅从单个变量的变动角度考察项目变化的缺陷。这种方法主要是考察项目投资可能面临的不同场景,每种场景综合了各种变量变动的影响。通常情况下,可以设定最好的(best)、乐观的(optimistic)和悲观(pessimistic)的三种场景,所以又称为 BOP 分析法。BOP 分析法可以弥补敏感性分析法的不足,其基本原理是假定投资项目可能面临的不同场景,分析不同场景下各种变量可能发生的变动,并以此测算现金流,计算不同场景下的净现值,与基础 NPV 进行比较的风险分析技术。

场景分析主要有以下三个步骤。

步骤 1:设定项目投资所面临的不同场景,确定影响项目净现值的主要变量及可能变动幅度。

步骤 2:测算不同场景下的现金流,计算投资项目在不同场景下的净现值,存续期是计算出最佳或者最好情形下的 NPV。

步骤 3:将不同场景下的净现值与基础的 NPV 进行比较,分析项目的投资风险。

场景分析法适用于分析所有主要变量同时各种可能的 NPV,在计算方面没有新的变化,同样是运用净现值的方法进行计算,与 NPV 方法相比只是增加了不同场景 NPV 计算。

2. 案例分析

【例 7-2】 A 公司正在分析一个项目的可行性,现金流量预测如下。

3 年期项目,年销售 1 500 件,单价为 50 元,变动成本为 20 元,固定成本为 5 000 元/年,固定资产投资 60 000 元,直线折旧法,到期没有残值,所得税税率为 25%,资本成本为 15%,所有收支均发生在各年年底。基于这些数据我们得到三种场景下的 NPV。我们可以设定三种场景:最好场景、乐观场景和悲观场景,结果如表 7-3 和表 7-4 所示,最好场景是销售量和单价上升 20%,固定成本和可变成本下降 20%,悲观场景正好相反。

表 7-3　三种不同场景下变量明细表

变　量	最好场景	乐观场景	悲观场景
销售量	上升 20%	1 500	下降 20%
单价	上升 20%	50	下降 20%
可变成本	下降 20%	20	上升 20%
固定成本	下降 20%	5 000	上升 20%

表 7-4　三种不同场景下 NPV 计算结果

变　量	正常场景	乐观场景	悲观场景
收入	75 000.00	90 000.00	60 000.00
可变成本	30 000.00	24 000.00	36 000.00
固定成本	5 000.00	4 000.00	6 000.00
其中折旧	20 000.00	20 000.00	20 000.00
EBIT	20 000.00	42 000.00	−2 000.00
所得税	5 000.00	10 500.00	−500.00
净利润	15 000.00	31 500.00	−1 500.00
净现金流	35 000.00	51 500.00	18 500.00
第 1 年 NPV	30 434.78	44 782.61	16 086.96
第 2 年 NPV	26 465.03	38 941.40	13 988.66
第 3 年 NPV	23 013.07	33 862.09	12 164.05
NPV	19 912.88	57 586.09	−17 760.34

注：NPV 的具体计算步骤可参照上例，或第 6 章相关内容，在此不再赘述。

3. 评价

场景分析法是为了弥补敏感性分析法的不足而采用的一种风险分析技术。最主要的优点是：这种分析方法把项目的投资和未来的经济发展结合起来，这种结合体现在三种场景的假定，并在三种场景下综合所有主要因素的变动对项目进行风险分析，更加接近现实，有助于做出正确的投资决策和有效地控制风险。然而，准确的场景假定是建立在对未来经济发展的符合实际的判断基础上的，而这种判断往往是比较困难的，尤其对于那些投资规模大、周期长、实质性地影响企业未来发展的投资项目，如果对场景判断错误，会导致更加错误的决策。

7.1.3　盈亏平衡分析

1. 盈亏平衡分析的概念

盈亏平衡分析(break even analysis)是确定公司盈亏平衡时所需达到的销售量，即盈亏平衡点(break even point)，是敏感性分析的有效补充。该方法研究其他经济解释变量保持不变时，产品销售量与项目分析对象之间的关系。当项目所产生的预期销售量或预期销售收入超过盈亏平衡点时，就接受该项目，否则，应该放弃。盈亏平衡分析本质上也是一种单因素分析法，主要有会计利润盈亏平衡分析法和净现值盈亏平衡分析法。

会计利润盈亏平衡点是指会计利润为零时的销售量，也就是保本销售量。其分析原理如图 7-1 所示。

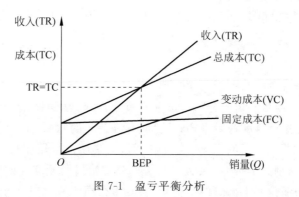

图 7-1　盈亏平衡分析

在图 7-1 中,总成本(TC)可分为固定成本(FC)和变动成本(VC);当总收入(TR)等于总成本时所对应的销售量就是盈亏平衡点的销量。在计算中,可以通过会计利润和净现值来计算盈亏平衡点。

2. 案例分析

【例 7-3】　根据例 7-1 的案例资料进行盈亏平衡分析。

解:会计利润的盈亏平衡点

$$AP = P \times Q - AVC \times Q - FC$$

当会计利润 AP=0 时,则盈亏平衡点为

$$Q_{BEP} = \frac{FC}{P - AVC} = \frac{660\,000}{20 - 10} = 66\,000(盒)$$

式中,$P - AVC$ 为单位边际贡献,当价格下降 20% 时为每盒 16 元,单位边际贡献为 6 元,盈亏平衡点的销量为

$$Q_{BEP} = \frac{FC}{P - AVC} = \frac{660\,000}{16 - 10} = 110\,000(盒)$$

同样的方法可以计算单位变动成本、固定成本、税收等因素变动对盈亏平衡点的影响。项目的销售量只有超过了盈亏平衡点才能产生利润,当影响因素发生变动时,盈亏平衡点的销售量将发生相应的变动,从而影响利润。

净现值盈亏平衡点:与会计利润相比,公司金融更强调现金流和现值,因此,需要计算净现值盈亏平衡点。其基本原理是净现值等于零时的销售量。在计算中,通常是假定在不同销售量下测算现金流,可以采用资本成本率为折现率对现金流进行合理折现计算净现值,在此基础上确定净现值为零时的销售量,即净现值盈亏平衡点。不同销售量下的 NPV 如表 7-5 所示。

表 7-5　不同销量下的 NPV

序号	销售量 Q	正常值
1	0	−328.9
2	100 000	−19.4
3	105 000	−7.4
4	110 000	4.7
5	160 000	125.3

从净现值的角度计算的盈亏平衡点约为 108 057 盒,而从会计利润角度计算的盈亏平衡点为 66 000 盒,两者相差 42 057 盒,从这个意义上来说,用净现值盈亏平衡点进行投资决策更稳健。

3．评价

无论是会计利润盈亏平衡点还是净现值盈亏平衡点,都是试图求达到盈亏平衡点时的销售量,这在进行投资项目的风险分析方面非常重要,因此盈亏平衡分析在项目评估中被广泛采用。但这两种方法计算的盈亏平衡点不同,存在差异的原因:①计算方法上的不同,净现值盈亏平衡点采用折现方法计算,而会计利润盈亏平衡点采用非折现方法;②用会计利润计算盈亏平衡点时,剔除了折旧,从而降低了抵补初始投资所需要的真实成本。因此,如果公司只实现会计利润盈亏平衡点的销售量,实际上公司仍然亏损,原因在于忽略了初始投资的机会成本。公司金融更注重现金流和现值,因此净现值盈亏平衡点比会计利润盈亏平衡点更重要。

7.2 投资决策的风险调整方法

净现值是投资决策中重要的分析方法,一般采用资本成本率进行折现,并没有体现风险程度的适当折现,使得项目的 NPV 计算不准确。在上一节的分析中,假定项目未来的现金流是确定的,但在实际的投资决策中,项目的现金流往往难以预测,真实的现金流和预计的现金流有较大的区别;同时,不同的项目,风险不同,适用的折现率也不同,因此,我们需要进一步调整折现率使得预期的净现值更接近真实的净现值。

$$\text{NPV} = \sum_{t=0}^{n} \frac{\text{CF}_t}{(1+r)^t}$$

根据公式我们可以发现,项目风险的调整可以从分子和分母两方面进行。首先是每一年的预期现金流和实际现金流很可能不一样,因此可以对现金流进行调整,使得现金流更接近真实水平;其次是对折现率进行风险调整,项目投资风险不同,使用折现率也不同。

7.2.1 调整现金流量法

1．基本原理

调整现金流法是把不确定的现金流调整为确定的现金流,然后用无风险收益率对项目调整后的现金流进行折现,计算 NPV 来评价投资项目。其调整后的 NPV 的计算方法:

$$\text{NPV} = \sum_{t=0}^{n} \frac{a_t \text{CF}_t}{(1+R_f)^t}$$

式中,CF_t 表示风险现金流;a_t 表示肯定当量系数;R_f 表示无风险报酬率。

a_t 表示肯定当量系数,是项目无风险现金流与风险现金流的比值,介于 0~1,或者是预计现金流中使投资者满意的无风险现金流的份额。通常按照现金流的标准差来确定相应的肯定当量系数,并对风险现金流进行调整。

2．案例分析

【例 7-4】 假定有一投资项目,需要初始投资 40 000 元,经济年限 5 年,每年可产生净现金流 12 000 元,资本成本率 10%,项目是否可行;如果按照项目现金流确定其肯定当量系数分别为:0.9,0.8,0.7,0.6,0.5,无风险报酬率为 5%,项目是否可行?

解:(1) $NPV = 12\,000 \times PVIFA_{10\%,5} - 40\,000 = 12\,000 \times 3.790\,8 - 40\,000 = 5\,489.6$(元)

该项目可行。

(2)按照肯定当量系数调整现金流如表 7-6 所示。

表 7-6 调整后的现金流量表

年 度	基础净现金流/元	肯定当量系数	调整后净现金流/元
第 1 年	12 000	0.9	10 800
第 2 年	12 000	0.8	9 600
第 3 年	12 000	0.7	8 400
第 4 年	12 000	0.6	7 200
第 5 年	12 000	0.5	6 000

按照无风险收益率 5%折现计算 NPV 得

$$NPV = \sum CF_t \times PVIF_{5\%,t} - 40\,000 = -3\,126.52$$

项目不可行。

3. 评价

调整现金流量法,在风险处理方面,主要是剔除现金流量中的风险因素,调整为无风险的现金流,用无风险收益率对调整后的无风险现金流进行折现计算净现值,其决策原理正确,可以保证项目 NPV 的准确性。但在风险处理中所采用的肯定当量系数的确定带有主观性。

7.2.2 折现率风险调整法

1. 基本概念

折现率风险调整法是根据项目的风险程度来调整折现率,再根据调整后的折现率计算项目的净现值判断投资项目是否可行的风险投资评估方法。该方法的理论依据是资本资产定价模型,风险大的项目,将使用较高的折现率;风险小的项目,将使用较低的折现率,从而使项目的现金流与折现率所体现的风险程度一致,以保证项目评估的准确性。

2. 案例分析

按照资本资产定价模型的理论分析,风险报酬率由无风险报酬率和风险溢价构成。调整后的折现率可表示为

$$调整后的折现率 R = R_f + 风险溢价$$

上式中:无风险报酬率是项目在无风险条件下投资者所要求得到的报酬率;而风险溢价可通过以下方法进行调整。

方法 1:按照 CAPM 模型进行调整。

$$R_i = R_f + (R_m - R_f)\beta_i$$

值得注意的是,资本资产定价模型是在有效的证券市场中建立的,实物资本市场与证券资本市场的有效性存在差异,但其基本逻辑是相同的。风险溢价的确定,可以引入市场平均

报酬率(用 R_m 表示)和项目的系数,可得风险溢价。

举例说明:如果资本成本率10%,无风险报酬率为4%,市场平均报酬率为15%,项目的 β 系数为1.2,则调整后的折现率为

$$4\% + (15\% - 4\%) \times 1.2 = 17.2\%$$

按照资本成本率为10%对项目现金流进行折现,其 NPV 可能大于0,项目可行;而按照调整后的折现率17.2%对项目现金流进行折现,其 NPV 可能小于0,项目不可行。

方法2:根据项目现金流分布的变异性进行调整。

项目风险溢价主要反映了项目现金流的分布特征,因此,首先应确定项目现金流分布的变异性,通常可用变异系数来表示。

$$V = \frac{\sigma}{\text{NPV}}$$

式中,V 表示变异系数;σ 表示标准差。变异系数反映项目本身现金流的分布,而风险溢价的高低还取决于决策人对风险的偏好,由此,风险溢价的估计带有主观性。而这种风险偏好可以通过一定系数来表示。假定其风险偏好系数如表7-7所示,则调整后的折现率可按如下方法计算确定:

调整后的折现率 $R = R_f +$ 风险偏好系数×变异系数

表7-7 风险偏好系数

风 险 程 度	风险偏好系数	风 险 程 度	风险偏好系数
无	0	正常	1
很低	0.6	高	1.3
低	0.8	很高	1.6

例如,如无风险报酬率为4%,变异系数为10%,风险偏好系数为1.3,则调整后的折现率 $R = 4\% + 10\% \times 1.3 = 17\%$,并以此作为折现率对项目现金流进行折现计算项目的 NPV。

3. 评价

折现率风险调整法,其优点主要是:对项目未来现金流分布的风险性按照对应风险等级的折现率进行折现,比按照在成本率进行折现计算的 NPV 更为准确。但也存在一定局限性:一是可能会夸大远期现金流量风险;二是调整折现率还受风险偏好的人为因素的影响;三是如果按照资本资产定价模型进行调整,还存在理论模型的移植和变量的选择问题。CAPM 模型产生于资本市场的研究,而资本预算属于真实资产投资,两类市场存在很大的差异。将研究资本市场的理论模型移植到真实资产的投资领域,至少存在变量的选择问题,对无风险收益率、市场平均收益率和 β 系数如何选择,是一个值得研究的问题。

7.2.3 决策树

1. 含义

决策树法(decision trees)主要用以说明识别 NPV 分析中的系列决策过程。一个投资项目的 NPV 主要取决于未来的现金流,而未来的现金流具有很大的不确定性。所在,在 NPV 分析中,首先需要解决的问题是确定未来的不确定性收益,然后按照一定的决策顺序

来分析项目的 NPV,这就是决策树法所要解决的主要问题。运用决策树可以根据变化的市场反应进行相机抉择,特别是根据市场的变化来决定是否投资,是否追加投资还是收缩投资。

2. 步骤及决策规则

用决策树法评估风险投资项目时,首先在考虑各年现金流量相互依存的前提下估算未来各年的现金流量和概率分布;然后计算每种可能的情况下投资项目的净现值;最后计算整个项目的期望净现值,用公式表示为

$$\overline{\mathrm{NPV}} = \sum_{i=1}^{n} \mathrm{NPV}_i \mathrm{P}_i$$

3. 案例分析

【例 7-5】　某公司有一投资项目,其初始投资额为 100 万元,经济年限 2 年,第一年有 60% 的可能性产生净现金流 80 万元,另各有 20% 可能性产生净现金流分别为 60 万元和 100 万元;第二年的净现金流量在很大程度上取决于第一年的净现金流量,该年度的净现金流及其条件概率分布如表 7-8 所示。

表 7-8　净现金流及其条件概率分布

现金流	概率	现金流	概率	现金流	概率
$\mathrm{CF}_1=60$	0.2	$\mathrm{CF}_1=80$	0.6	$\mathrm{CF}_1=100$	0.2
CF_2		CF_2		CF_2	
40	0.25	90	0.15	110	0.1
70	0.5	100	0.7	140	0.8
80	0.25	110	0.15	150	0.1

假定资本成本率为 10%,该项目是否可行?

解:这是一个特殊现金流分布的项目投资,即每年现金流取决于上一年的现金流。各年的现金流存在依存关系。根据 NPV 法,必须首先测算每年的现金流。按照已知条件计算分析结果如表 7-9 所示。

表 7-9　计算分析结果

$t=0$	$t=1$			$t=2$		
初始投资	概率	净现金流	加权平均	概率	净现金流	加权平均
				0.1	150	3
	0.2	100	20	0.8	140	22.4
				0.1	110	2.2
				0.15	110	9.9
100	0.6	80	48	0.7	100	42
				0.15	90	8.1
				0.25	80	4
	0.2	60	12	0.5	70	7
				0.25	40	2
加权平均			80			100.6

$$NPV = \sum_{i=1}^{n} \frac{CT_t}{(1+r)^t} - CF_0 = \frac{80}{1+10\%} + \frac{100.6}{(1+10\%)^2} - 100$$
$$= 80 \times 0.909\,1 + 100.6 \times 0.826\,4 - 100 = 55.87(万元)$$

NPV 大于 0, 项目可行。

4. 评价

如前所述, 决策树主要解决多种可能选择的系列决策问题, 主要适用于一些特殊的现金流分布, 即第 $t+1$ 时期的现金流取决于第 t 时期的现金流。一些投资项目可能面临多种选择时, 比如有些项目需要进行市场测试, 并根据测试的结果决定是否投资, 而测试有成功和失败可能; 如果测试成功决定投资, 也会存在多种可能的收益, 甚至存在根据市场状态决定是否扩大或者收缩投资等。面对一系列的多种选择问题, 决策树是解决问题的最好选择。但如果投资项目在较长时期存在复杂的决策分支, 使用决策树显得较为复杂。

7.3 蒙特卡洛模拟法

不确定条件下的投资决策主要解决的是项目现金流及其分布的测算, 敏感性分析法和场景分析法, 能够解释在特定条件下各变量的变化。虽然这两种方法在现实中广泛运用, 但仍存在一定缺陷。敏感性分析法将各因素单独分析, 忽略了各因素的联动变化的风险; 场景分析法则是假定一些特殊场景, 只考虑了某种情形下各因素的变动, 也未考虑所有会引起变动的因素; 折现率和现金流的风险调整都带有一定的假定性。这些方法始终未能解决现金流及其分布的较准确的测算。蒙特卡洛模拟法提供了一种可供选择的方法。

7.3.1 蒙特卡洛模拟法的基本原理

蒙特卡洛方法又称计算机随机模拟方法, 是对现实世界的不确定性建立模型的尝试, 是以概率统计理论为基础的一种方法。"蒙特卡洛模拟"的名称与欧洲著名的纸牌游戏有关, 蒙特卡洛是摩纳哥的一个赌城的名字, 用赌城的名字作为随机模拟的名称。早在 17 世纪, 人们就知道用事件发生的"频率"来决定事件的"概率"。从方法特征的角度来说, 可以追溯到 18 世纪后半叶的蒲丰(Buffon)随机投针试验。20 世纪 40 年代, 由于电子计算机的出现, 利用电子计算机可以实现大量的随机抽样的试验, 使得用随机试验方法解决实际问题有了可能。由蒲丰试验可以看出, 当所求问题的解是某个事件的概率, 或者是某个随机变量的数学期望, 或者是与概率、数学期望有关的量时, 通过某种试验的方法, 得出该事件发生的频率, 或者该随机变量若干个具体观察值的算术平均值, 通过它得到问题的解。这就是蒙特卡洛方法的基本思想。因此, 可能通俗地说, 蒙特卡洛方法是用随机试验的方法计算积分, 即将所要计算的积分看成服从某种分布密度函数 $f(r)$ 的随机变量 $g(r)$ 的数学期望。

$$\langle g \rangle = \int_0^\infty g(r)f(r)\mathrm{d}r$$

通过某种试验, 得到 N 的观察值 $r_1, r_2, r_3, \cdots, r_n$(用概率语言来说, 从分布密度函数 $f(r)$ 中抽取 N 个子样 $r_1, r_2, r_3, \cdots, r_n$), 将相应的 N 个随机变量的值 $g(r_1), g(r_2), \cdots,$ $g(r_n)$ 的算术平均值 $\overline{g}_N = \frac{1}{N}\sum_{i=1}^{N} g(r_i)$ 作为积分的估计值(近似值)。

7.3.2 蒙特卡洛模拟法的基本步骤

在用蒙特卡洛方法分析方案时,采用的分析方法和一个人在赌博时可能采用的分析方法一样,因为蒙特卡洛模拟法通过计算机来模拟不同策略的结果更便利,使得蒙特卡洛模拟法在资本决策中被采用。蒙特卡洛模拟法是运用计算机分析各种影响项目现金流的变量,模拟项目的运作过程,最终得出项目的现金流分布。专攻蒙特卡洛模拟的莱斯特·莫尼提出了这种方法的五个基本步骤。

步骤1:构建基本模型。

确定项目现金流构成及净现值和各变量之间的关系。通过把现金流分为三部分:年均收入、年均成本和初始投资。根据现金流与每年的销售收入、销售成本以及初始投资的关系构建模型。

步骤2:确定各变量的概率分布。

确定模型中各变量的概率分布,这是非常困难的一步,需要对每个变量进行模拟,这是蒙特卡洛模拟的核心步骤。

步骤3:通过计算机得出一种结果。

在步骤1、步骤2中已知道净现值和各变量的关系,以及各变量的概率分布,我们就可以从中随机选取变量,计算得出不同情境下的现金流。

步骤4:重复上述过程。

以上步骤仅得出了一种结果,而利用计算机,我们可以计算出无数种不同的结果,直到满意为止。

步骤5:计算项目净现值 NPV。

根据前述方法,分别计算项目净现值 NPV。

7.3.3 蒙特卡洛模拟法的案例分析

【例7-6】 MG 是一家电磁炉销售公司,目前有一款新型电磁炉 B,公司希望用蒙特卡洛方法对电磁炉 B 的销售现金流(销售现金流=销售收入)进行模拟。这里只详细介绍销售收入的模拟流程。

解:模拟步骤如下。

步骤1:构建销售收入模型。

$$电磁炉每年的销售收入=电磁炉行业的销售数量×电磁炉 B 的市场份额$$
$$×每台电磁炉 B 的销售价格$$

步骤2:确定模型中每个要素的分布。

假定整个行业的销售数量与电磁炉 B 的市场份额相互独立,即行业的销售量与该项目的市场份额无关。通过市场调查分析,本年度销售量为 1 000 台,预计下一年度的销售量将达到 1 100 台,整个电磁炉行业下年度销售量的分布表如 7-10 所示。

表 7-10 销售量分布

概率/%	30	40	30
下一年行业销售量/百万台	10	11	12

电磁炉 B 的市场份额,通过分析预测后其概率分布如表 7-11 所示。

表 7-11 概率分布

概率/%	10	20	30	25	15
下一年市场份额/百万台	1	2	3	4	5

接下来构建电磁炉销售价格的概率分布,通过分析其他竞争对手的定价来看,未来每个电磁炉的销售价格为 200 元,而且其价格与整个市场容量密切相关。经过定价模型筛选,可以将未来年度电磁炉价格模型定为:

电磁炉销售价格(元)=190 元+1 元×行业销售数量(百万台)±5 元

上式中,电磁炉销售价格以行业总销售量而定,并且通过±5 元的浮动来模拟随机变量,从而反映电磁炉销售价格的随机变化,±5 元出现的概率各为 50%,假定行业销售数量为 11 百万台,则电磁炉的销售价格如表 7-12 所示。

表 7-12 电磁炉的销售价格

概率/%	50	50
电磁炉销售价格/元	190+11+5=206	190+11-5=196

通过以上步骤,可以计算出下年度销售额的概率分布。用同样的方法可以模拟出未来各年度的销售额的概率分布。

步骤 3:通过计算机得出一种结果。

在构建的模型中,下年度的销售额由三部分组成,假定通过计算机随机抽取样本,即当整个行业销售量为 12 百万台,电磁炉 B 的市场份额为 3%,且价格的随机变动量为±5 元,则下年度电磁炉的销售价格为

销售价格=190+12+5=207(元)

由此计算下年度电磁炉 B 的销售收入:

销售收入=1 200×3%×207=7 452(万元)

至此,得出销售收入的一个结果,但没有计算出所有结果。根据步骤 1 构建的模型公式:净现金流=销售收入-销售成本-初始投资额,所以还必须模拟出未来每一年的收入和成本,最后还要对初始投资额进行模拟,通过对模型中每个变量进行模拟,就可以得出未来每一年的现金流。在这一步骤中,通过模拟得出每年的现金流只是所有结果中的一种,我们感兴趣的是每年各种结果产生的现金流分布。通过计算机无数次的随机抽样,便可以得到这一分布,这正是下一步骤需要解决的问题。

步骤 4:重复上述过程。

通过之前三个步骤,我们已经得出一个结果。然而蒙特卡洛模拟法的核心是通过反复大量操作来实现的。依据特定条件,计算机随机生成多个结果,即生成未来现金流的分布,这个分布就是蒙特卡洛模拟法得出的结果。

步骤 5:计算项目净现值 NPV。

根据下一年度的现金流概率分布,我们可以计算出下一年度现金流的期望值。用同样的方法我们可以计算出未来年度的期望现金流,然后通过选取合适的贴现率,进而可以计算出投资项目的净现值。

蒙特卡洛模拟法通常被认为优于敏感性分析法和场景分析法。蒙特卡洛模拟法充分考

虑了各变量间的相互影响,能够提供比较全面的分析,但该方法在现实中并不常用,在投资决策中也很少有企业使用这种方法。一是运用这种方法在具体模拟中很复杂;二是蒙特卡洛模拟的核心是确定各变量的概率分布。但要模拟各个变量的分布及其变量间的相互作用并非易事,我们很难客观准确地描述某个变量的概率分布。人为地选择该分布的各种参数只会使输出的结果具有主观随意性,甚至缺乏参考价值。

本章小结

敏感性分析考察的是 NPV 对各种基本假设条件变化的敏感程度。通过敏感性分析我们可以清楚地知道,哪些因素会对项目未来 NPV 产生较大影响,从而重点去考察这些会对项目 NPV 产生影响的因素,挖掘出此因素更多的信息,以防止做出错误的决策。

场景分析是考察所有变量同时变动对项目净现值产生影响的一种风险分析方法。这种方法主要是考察项目投资可能面临的不同场景,每种场景综合了各种变量变动的影响。BOP 分析可以弥补敏感性分析法的不足,分析不同场景下各种变量可能发生的变动,并以此测算现金流,计算不同场景下的净现值,与基础 NPV 进行比较的风险分析技术。

盈亏平衡分析是确定公司盈亏平衡时所需达到的销售量,即盈亏平衡点,是敏感性分析的有效补充。会计利润盈亏平衡即找出使公司会计利润为零时的销售量,净现值盈亏平衡即项目的净现值为零时的销售量。

在真实的投资决策中,项目的现金流往往难以预测,真实的现金流与预计的现金流有较大的区别,同时,不同项目风险不同,适用的折现率也不同,因此,需要进一步调整以使预期净现值更接近真实水平,可以通过调整现金流量和折现系数两种方式进行风险调整。在调整现金流量法中,公司可以根据风险偏好确定各状态下预期现金流及发生概率,将预期的不确定的现金流转化为较为贴近现实的现金流,并进行折现。在调整折现率法中,对于完全权益的公司,可以采用权益成本对现金流进行折现;对于有杠杆的公司,是采用平均资本成本对项目进行贴现。

决策树法(decision trees)主要用以说明识别 NPV 分析中的系列决策过程。一个投资项目的 NPV 主要取决于未来的现金流,而未来的现金流具有很大的不确定性。所在,在 NPV 分析中,首先需要解决的问题是确定未来的不确定性收益,然后按照一定的决策顺序来分析项目的 NPV,这就是决策树法所要解决的主要问题。

蒙特卡洛模拟法是对现实世界的不确定性建立模型的尝试,是以概率统计理论为基础的一种方法。运用计算机分析各种影响项目现金流的变量,模拟项目的运作过程,最终得出现金流分布。

思考题

1. 什么是敏感性分析?敏感性分析的优点、缺点有哪些?
2. 什么是场景分析?与敏感性分析相比,场景分析有何优势?
3. 会计利润盈亏平衡与现金流盈亏平衡的区别有哪些?
4. 投资决策的风险调整方法有哪些?
5. 决策树决策步骤及决策规则是什么?
6. 蒙特卡洛模拟法的基本原理是什么?

某项目的期初投资为 30 万元,项目寿命为 3 年,采用直线折旧,期末无残值。项目期间无追加投资,在营运资本上的投资也为零,公司所得税税率为 25%,项目的贴现率为 10%,项目未来的经营预期见表 7-13。

表 7-13　某项目未来的经营预期

变　　量	预　期　值
销售量/万个	8
产品的销售单价/元	5.5
可变成本/(元/个)	3
扣除折旧后的固定成本/万元	5

如果公司预计未来的经济状况会出现"好于预期"和"比预期差"两种情况,有关市场信息见表 7-14。

表 7-14　某公司预计未来的市场情况

变　　量	好 于 预 期	正 常 场 景	比 预 期 差
销售量/万个	10	8	7
产品的销售单价/元	6	5.5	5
可变成本/(元/个)	2.5	3	3.5
扣除折旧后的固定成本/万元	4	5	6

要求:

(1) 进行敏感性分析,找出敏感性最强的变量,并给出相应建议。

(2) 进行场景分析,并给出投资建议。

(3) 正常场景下,计算会计盈亏平衡点的销售量。

第8章

营运资本决策

【学习要点】

1. 营运资本认知。

2. 现金的管理及现金持有策略。

3. 应收账款信用管理。

4. 存货管理的基本知识和方法。

引例

青岛海尔股份有限公司(以下简称青岛海尔)成立于 1989 年 4 月 28 日,1993 年 10 月 12 日向社会公开发行股票,1993 年 11 月 19 日在上海证券交易所上市交易(股票代码:600690.SH)。青岛海尔主营业务有两大类,一是白色家电产品的研发、生产和销售(产品线包括冰箱、冷柜、洗衣机、空调、热水器、厨房电器、小家电、U-home 智能家居等业务),为用户提供智慧家庭成套解决方案。二是渠道综合服务业务,主要为用户提供物流服务、家电及其他产品分销、售后及其他增值服务。其主要产品无论是在全球市场还是在国内市场均具有较强的行业竞争优势和突出的竞争地位。

青岛海尔营运资本管理目标是"零营运资本"(zero work capital,ZWC),"零营运资本"是指在满足企业对流动资产基本需求的情况下,尽量使营运资金占用趋于最小的管理模式。"零营运资本"管理模式的关键是速度,当速度提升时,营运资本将缩减。营运资本管理的具体措施:"零库存、零应收"管理。"零营运资本"主要是对存货和应收账款进行有效管理,存货和应收账款是制造企业的两大"死穴",应收账款又源于存货,营运资本管理实质上是以存货为核心的上下游关系管理。

青岛海尔的转型方向是轻资产运营,经过近 20 年的持续探索,青岛海尔不断强化供应链管理,致力于打造互利共赢的供应链生态系统。供应链管理与营运资本管理密不可分,供应链管理贯穿生产、流通、交换、消费各个领域,覆盖了从供应商、制造商、经销商、用户的整个业务流程,供应链管理与营运资本管理的各个环节相互融合。卓越的供应链管理需要成熟的营运资本战略相互匹配。青岛海尔的"零库存、零应收"管理,并非是绝对没有库存和应收账款,而是在采购、制造、销售环节产生的库存必须是符合用户需求的库存,销售环节的应收账款必须是在信用账期内能够收的回来的账款。

以上案例中涉及营运资本的持有与融资策略、应收账款的管理、存货的管理等内容,构成了企业的短期投融资策略的主要内容。

8.1 营运资本认知

8.1.1 营运资本的概念及特点

在企业资产负债表中,流动资产和流动负债占据重要地位,公司的正常运转离不开流动资产和流动负债。营运资本是指对流动资产的投资额,流动资产是营运资本的占用形态,流动负债是营运资本的主要来源之一。广义的企业营运资本主要包括现金和可变现的有价证券、应收账款、存货等全部流动资产,也称为总营运资本;狭义的营运资本是流动资产减去流动负债后的余额,也称为净营运资本。我们通常讲的营运资本指的是净营运资本。也就是说营运资本管理既包括流动资产的管理,也包括流动负债的管理。

流动资产是企业使用的短期资产,它是在一年或超过一年的一个营业周期内变现或运用的资产,具有占用时间短、周转快、易变现等特点,主要包括库存现金、短期投资、应收及预付账款、存货等。流动资产分为永久性流动资产和临时性流动资产,临时性流动资产是指那些受到周期性影响的流动资产,永久性流动资产是指那些即使企业经营低谷也仍需保留的,用于满足企业长期稳定需要的流动资产。

流动负债是指需要在一年或超过一年的一个营业周期内偿还的债务,具有成本低、偿还期短的特点,主要包括短期借款、应付票据、应付账款、预收账款、应交税费等。流动负债可分为临时性流动负债和自发性流动负债,临时性流动负债是指为了满足临时性流动资金需要所发生的负债;自发性流动负债是指直接产生于企业持续经营中的负债,如商业信用筹资和日常运营中产生的其他应付款以及应付职工薪酬、应付利息、应交税费等。

营运资本具有以下特点:①营运资本的周期具有短期性。企业占用流动资产的资金,周转一次所需时间通常在一年或一年以下,时间较短,主要通过短期借款、商业信用等短期筹资方式来解决。②营运资本的数量具有波动性。流动资产的数量会随着企业内外条件的变化而变化,时高时低,波动性较大。③营运资本的实物形态具有易变现性,且流动性强。短期投资、应收账款、存货等流动资产具有较强的变现能力和资产流动性。④营运资本的来源具有多样性。营运资本筹集方式较为灵活,通常有短期借款、商业信用、预收账款、应付职工薪酬、应交税费、应付股利等多种融资方式。

8.1.2　营运资本投资策略

营运资本投资决策的目的在于确定一个既能维持公司正常生产经营活动,又能在减少或不增加风险的前提下,给公司带来尽可能多的利润的营运资本水平。营运资本过多,意味着固定资产、流动负债和业务量一定的情况下,流动资产额越高,即企业拥有的现金及有价证券越多,企业按时支付到期债务越有保障,风险较小;但是,由于流动资产的收益率低于固定资产,所以较多的总资产和较高的流动资产比重会降低企业资产的收益率。与此相反,较少的总资产和较低的流动资产比重会增加资产收益率,但是较低的现金及有价证券持有量会降低偿债能力,造成信用损失,加大企业风险。因此,决定营运资本数量和水平时,管理者当局应当在盈利性与风险性之间权衡,并做出合理决策。

企业营运资本投资策略可分为适中型、保守型和冒险型三种。

1. 适中型营运资本投资策略

在适中型营运资本投资策略下,流动资产与非流动资产的比例以满足生产经营正常需要,再适当留有一定保险储备为标准。采用这种策略,企业风险与收益都处于一般水平。因为流动资产保险储备的存在,正常情况下实际上是资本的闲置,必然影响企业资本收益;但正是由于流动资产保险储备的存在,避免了流动性不足产生的停产损失,降低了经营风险。适中型营运资本投资策略选择了风险与收益较适中的状况,是大部分企业所采用的策略。例如,某企业根据以往经验,流动资产正常需要量占销售额的30%,平均保险储备额为10%,那么,适中的资本运营投资策略是安排流动资产占销售收入的40%,即销售额为100万元,流动资产为40万元。

2. 保守型营运资本投资策略

在保守型营运资本投资策略下,流动资产与非流动资产的比例以保证生产经营正常需要与正常储备需要,再加上非正常或额外储备需要为标准。采用这种策略,企业风险与收益都处于较低水平。因为流动资产保险储备的存在,再加上非正常储备,资本的闲置增加,必然降低企业资本收益;但正是由于流动资产保险储备和非正常保险储备的存在,避免了流动性不足产生的停产损失,降低了经营风险。在上例中,适中的资本运营投资策略是让流动资产占销售收入的40%,保守型营运资本投资策略则让流动资产占销售额的比例大于40%。经营风格稳健的企业家和财务经理通常采用这种策略。

3. 冒险型营运资本投资策略

在冒险型营运资本投资策略下,流动资产与非流动资产的比例以满足生产经营正常需要为标准,通常不保留或只留有较低的保险储备。采用这种策略,企业风险与收益都处于较高水平。因为流动资产保险储备的不存在,企业资本的闲置较少,必然有利于企业资本收益的提高;但不存在流动资产保险储备,不可避免由于流动性不足造成的停产损失,提高了经营风险。在上例中,适中的资本运营投资策略是让流动资产占销售收入的40%,冒险型营运资本投资策略则让流动资产占销售额的比例小于40%。追求高报酬、承担高风险的企业家和财务经理通常采用这种策略。

8.1.3 营运资本融资组合策略

企业所需资本既可以通过筹集短期资本,也可以筹集长期资本。企业资本中短期资本和长期资本的比例称为资本组合,如何确定资本组合是营运资本筹集策略的重要内容。首先对流动资产和流动负债做一下分类,该分类不同于资产负债表中的分类,将流动资产分为永久性流动资产和临时性流动资产,临时性流动资产是指那些受到周期性影响的流动资产,占用量随当时需求而波动,永久性流动资产是指那些即使企业处于经营低谷期也仍需保留的,用于满足企业长期稳定需要的流动资产,占用量通常相对稳定。比如,必要的资金、必要的存货和一定量的应收账款。流动负债可分为临时性流动负债和自发性流动负债,临时性流动负债是指为了满足临时性流动资金需要所发生的负债;自发性流动负债是指直接产生于企业持续经营中的负债,如商业信用筹资和日常运营中产生的其他应付款,以及应付职工薪酬、应付利息、应交税费等。

根据风险—报酬权衡原则,把企业的营运资本的融资组合策略分为配合型策略、保守型策略和激进型策略三种类型。

1. 配合型营运资本融资策略

配合型营运资本融资策略的特点是:对于临时性流动资产,运用临时性负债来筹集;对于永久性流动资产和固定资产(统称永久性资产),运用长期负债、自发性负债和权益资本来筹集,如图 8-1 所示。

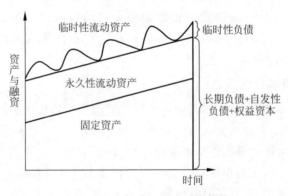

图 8-1　配合型营运资本融资策略

从图 8-1 可以看出,配合型营运资本融资策略的基本思想是将资产和负债的期间相配合,以降低企业不能偿还到期债务的风险和尽可能降低债务的资本成本,但现实中很难实现资产和负债的完全配合。因此,配合型策略是一种理想的、对企业有较高资金使用要求的营运资本筹集策略。

2. 保守型营运资本融资策略

保守型营运资本融资策略的特点是:临时性负债只负责筹集一部分临时性流动资产,另一部分临时性流动资产和永久性资产则由长期负债、自发性负债和权益资本来筹集。

如图 8-2 所示,相对于配合型策略,保守型策略的临时性负债占全部资金来源的比例较低。由于临时性负债所占比重较低,所以在保守型策略下,企业无法偿还到期债务的风险较

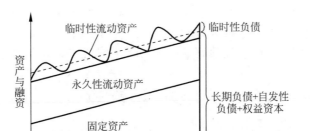

图 8-2 保守型营运资本融资策略

低,蒙受短期利率变动损失的风险也较低。但是由于长期负债资本成本高于临时性负债的资本成本,因而降低了企业的收益。保守型融资策略是一种风险和收益都较低的营运资本融资组合策略。

3. 激进型营运资本融资策略

激进型营运资本融资策略的特点是:临时性流动负债不仅满足了临时性流动资产的需要,还满足了部分永久性资产的需要;而长期负债、自发性流动负债和权益资本满足了其他的永久性流动资产和固定资产的需要,在这种情况下,临时性负债需要随时偿还,而永久性流动资产要长期存在,属于激进型融资策略。

如图 8-3 所示,激进型融资策略下,临时性负债比重较大,由于临时性负债的资本成本低于长期负债的资本成本,所以该策略下企业的资本成本较低,可以减少利息支出,增加企业收益。但是短期资金较多,风险比较大,因此,激进型策略是一种风险性和收益性比较高的营运资本融资组合策略。

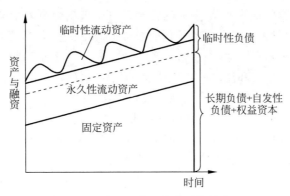

图 8-3 激进型营运资本融资策略

8.1.4 影响营运资本策略的因素

在企业的全部资本中,如何安排短期资本和长期资本,形成科学的资本组合,主要受以下因素的影响:①期限配比。多数公司努力使资产和负债的期限能够配比,企业用短期银行贷款来投资存货,用长期融资来投资固定资产,尽量避免用短期贷款投资长期资产。②风险与报酬。在其他条件不变的情况下,较多投资流动资产,可降低企业的风险。同时,流动资产占用太多,会降低企业的投资报酬率,因此,风险与报酬要权衡。③企业经营规模。企业规模的扩大和实力的增强,企业倾向于利用长期资本,尤其是长期债务。

8.2 现 金 管 理

现金是指在生产过程中暂时停留在货币形态的资金,包括库存现金、银行存款和其他货币资金等。现金是变现能力最强的资产,可以用来满足生产经营开支的各种需要,也是还本付息和履行纳税义务的保证。因此,拥有足够的现金对于降低企业的风险,增强企业资产的流动性和债务的可清偿性有着重要的意义。但是,现金属于非盈利资产,即使是银行存款,其利率也非常低。持有现金是有成本的,现金持有量过多,会使企业的收益水平降低。因此,企业必须合理确定现金持有量,使现金收支不但在数量上,而且在时间上相互衔接,以便在保证企业经营活动所需现金的同时,尽量减少企业闲置的现金数量,提高资金收益率。

8.2.1 企业持有现金的动机

企业持有一定数量的现金,主要基于以下三个动机。

(1) 交易性动机。即企业在正常生产经营秩序下应当保持一定的现金支付能力。企业为了组织日常生产经营活动,必须保持一定数额的现金余额,用于购买原材料、支付工资、缴纳税款、偿付到期债务、派发现金股利等。由于企业每天的现金流入量与现金流出量在时间上与数额上通常存在一定程度的差异,因此,企业持有一定数量的现金余额以应付频繁支出是十分必要的。一般说来,企业为满足交易动机所持有的现金余额主要取决于企业销售水平。企业销售扩大,销售额增加,所需现金余额也随之增加。

(2) 预防性动机。即企业为应付紧急情况而需要保持的现金支付能力。由于市场的瞬息万变和其他各种不测因素的存在,企业通常难以对未来现金流入量与流出量做出准确的估计和预测,一旦企业对未来现金流量的预期与实际情况发生偏离,必然对企业的正常经营秩序产生极为不利的影响。因此,在正常业务活动现金需要量的基础上,追加一定数量的现金余额以应付未来现金流入和流出的随机波动,是企业在确定必要现金持有量时应当考虑的因素。企业为应付紧急情况所持有的现金余额主要取决于以下三个方面:一是企业愿意承担风险的程度,企业若倾向避免突发事件所带来的风险,就会保持较多的预防性现金余额;二是企业临时举债能力的强弱,如果企业很容易能够借到短期资金,就可以适当减少预防性现金余额;三是企业对现金流量预测的可靠程度,预测的可靠性越差,预防性现金余额的数量就越大。

(3) 投机性动机。即企业为了抓住不寻常的市场机会,获取较大的利益而准备的现金余额。如廉价的商品或材料,利用证券市价大幅度跌落购入有价证券,以期在价格反弹时卖出证券获取高额资本利得(价差收入)等。投机动机只是企业确定现金余额时所需考虑的次要因素之一,其持有量的大小往往与企业在金融市场的投资机会及企业对待风险的态度有关。

企业除以上三种原因持有现金外,也会基于满足将来某一特定要求或者为在银行维持补偿性余额等其他原因而持有现金。企业在确定现金余额时,一般应综合考虑各方面的持有动机。但要注意的是,由于各种动机所需的现金可以调节使用,企业持有的现金总额并不等于各种动机所需现金余额的简单相加,前者通常小于后者。另外上述各种动机所需保持的现金,并不需要必须是货币形态,也可以是能够随时变现的有价证券,以及能够随时转换成现金的其他各种存在形态,如可随时借入的银行信贷资金等。

8.2.2 现金管理目标与内容

1. 现金持有成本

现金的成本通常由以下三个部分组成。

(1)机会成本。现金的机会成本是指企业因保留一定现金余额而丧失的再投资收益。再投资收益是企业不能同时用该现金进行有价证券投资所产生的机会成本,这种成本在数额上等同于资金成本。比如企业欲持有1万元现金,就只能放弃1 000元的证券投资收益(假设证券收益率为10%)。现金的机会成本属于变动成本。它与现金持有量的多少密切相关,即现金持有量越大,机会成本越高,反之就越小。

(2)管理成本。企业保留现金,对现金进行管理,会发生一定的管理费用,如管理人员工资及必要的安全措施费用等。这部分费用具有固定成本的性质,它在一定范围内与现金持有量的多少关系不大。

(3)短缺成本。现金短缺成本是指在现金持有量不足而无法及时通过有价证券变现加以补充而给企业造成的损失,包括直接损失与间接损失。现金的短缺成本与现金持有量呈反方向变动关系。

2. 现金管理的目标

现金管理的目的是在保证企业生产经营所需现金的同时,尽可能减少现金的持有量,而将闲置的现金用于投资以获取一定的收益。简而言之,就是追求现金的安全性和收益性。

现金管理的安全性有以下四重含义:法律上的安全性、数量上的安全性、经营上的安全性和财务上的安全性。

现金管理的效益性要求做到以下两个方面:通过现金管理的有效实施,降低持有现金的相关成本;通过现金管理的有效实施,增加与现金相关的收入。当现金管理的安全性与效益性发生偏离甚至相悖时,现金管理就是要在降低公司风险和增加收益之间寻求一个平衡点,追求两者之间的合理均衡。

3. 现金管理的内容

现金管理主要包括以下四个方面的内容:编制现金预算,合理地估计未来的现金需求,提高现金的利用效率;确定最佳现金持有量;控制现金日常收支;权衡持有现金与有价证券。

公司现金管理究竟需要持有现金还是有价证券,需要权衡两个方面:一是实物投资与现金或现金等价物之间的权衡;二是现金与适销证券之间的权衡。

8.2.3 最佳现金持有量的确定

现金持有量应权衡现金的风险与报酬,做好最佳现金持有量决策。最佳现金余额的确定需要在持有过多现金产生的机会成本和持有过少现金带来的交易成本之间进行权衡。企业持有现金余额的增加,交易成本随之增加;反之,随着现金持有量的增加,持有现金的机会成本随之增加。通常,现金持有量决策模式有以下几种:成本分析模式、存货模式、现金周转模式和随机模式等。

1. 成本分析模式

成本分析模式是根据持有现金的成本,分析预测其总成本最低时现金持有量的一种方法。通过分析和比较不同现金持有量下的成本水平,以总成本最低的现金持有量为最佳现金持有量的决策方法。一般而言,成本分析模式的相关成本只考虑因持有现金而产生的机会成本和短缺成本,而不考虑现金的管理成本和转换成本。

机会成本即因持有现金而不能赚取投资收益的机会损失,与现金持有量呈正比例关系,用公式表示为

$$机会成本=现金持有量×有价证券利率(或报酬率)$$

短缺成本是指现金持有量不足或无法及时通过有价证券变现加以补充时对企业造成的损失,包括直接损失和间接损失。现金的短缺成本与现金的持有量呈反比例关系。现金的成本与现金持有量之间的关系如图 8-4 所示。从图 8-4 可以看出,由于各项成本同现金持有量的关系变动不同,使总成本曲线呈抛物线形,抛物线的最低点即总成本最低点,该点所对应的现金持有量为最佳现金持有量。

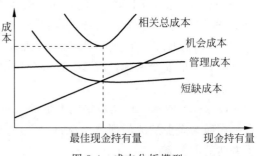

图 8-4　成本分析模型

成本分析模式基于上述原理确定最佳现金持有量,在这种模式下,最佳现金持有量就是持有现金而产生的机会成本与短缺成本之和最小时的现金持有量。运用该模式确定最佳现金持有量的具体步骤如下。

(1) 根据不同现金持有量测算并确定有关成本数值。

(2) 按照不同现金持有量及其有关成本资料编制最佳现金持有量测算表。

(3) 在测算表中找出相关总成本最低时的现金持有量,即最佳现金持有量。

【例 8-1】 某企业现有 A、B、C、D 四种现金持有方案,有关成本资料如表 8-1 所示。根据表 8-1 编制该企业最佳现金持有量测算表,如表 8-2 所示。

表 8-1　现金持有量备选方案表　　　　　　　　　　单位:元

项　　目	A	B	C	D
现金持有量	60 000	90 000	120 000	150 000
机会成本率	10%	10%	10%	10%
短缺成本	8 500	5 000	500	0

表 8-2　最佳现金持有量测算表　　　　　　　　　　单位:元

方案及现金持有量	机　会　成　本	短　缺　成　本	相关总成本
A(60 000)	6 000	8 500	14 500
B(90 000)	9 000	5 000	14 000
C(120 000)	12 000	500	12 500
D(150 000)	15 000	0	15 000

通过分析比较上表中各方案的总成本可知,C 方案的相关总成本最低,因此企业持有 120 000 元的现金时,相关总成本最低,120 000 元为最佳现金持有量。

2. 存货模式

存货模式借助存货经济批量模型建立,它是由美国经济学家威廉姆·鲍莫(William J. Baumol)先提出的,又称鲍莫模式(Baumol Model),该模式认为,能使现金的持有成本和转换成本之和最低的现金持有量为最佳现金持有量。

存货模式把现金当作一种特殊的存货,通过现金与有价证券之间相互转换,来调剂现金的余缺,一方面满足企业对现金的需要,另一方面最大限度地减少现金的持有成本。在现金与有价证券之间相互转换,转换中会发生转换成本。转换成本是指企业用现金购入有价证券以及转让有价证券换取现金时付出的交易费用,即现金同有价证券之间相互转换的成本,如委托买卖佣金、委托手续费、证券过户费、实物交割手续费等。严格地讲,转换成本并不都是固定费用,有的具有变动成本的性质,如委托买卖佣金或手续费。这些费用通常是按照委托成交金额计算的。因此,在证券总额既定的条件下,无论变现次数怎样变动,所需支付的委托成交金额都是相同的。因此,那些依据委托成交额计算的转换成本与证券变现次数关系不大,属于决策无关成本。这样,与证券变现次数密切相关的转换成本便只包括其中的固定性交易费用。固定性转换成本与现金持有量呈反比例关系。

存货模式的着眼点也是现金相关总成本最低。在这些成本中,管理费用因其相对稳定,同现金持有量的多少关系不大,因此在存货模式中将其视为决策无关成本而不予考虑。由于现金是否会发生短缺、短缺多少、概率多大以及各种短缺情形发生时可能的损失如何,都存在很大的不确定性和无法计量性。因而,在利用存货模式计算现金最佳持有量时,对短缺成本也不予考虑。在存货模式中,只对机会成本和固定性转换成本予以考虑。机会成本和固定性转换成本随着现金持有量的变动而呈现出相反的变动趋向,这就要求企业必须对现金与有价证券的分割比例进行合理安排,从而使机会成本与固定性转换成本保持最佳组合。

现金管理相关总成本与持有机会成本、固定性转换成本的关系如图 8-5 所示。

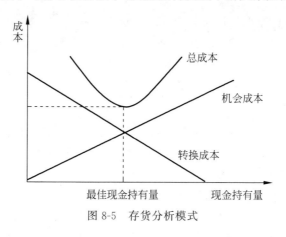

图 8-5　存货分析模式

从图 8-5 可以看出,现金管理的相关总成本与现金持有量呈凹形曲线关系。持有现金的机会成本与证券变现的交易成本相等时,现金管理的相关总成本最低。因此,在以下列假设基本得到满足的情况下,企业便可以利用存货模式来确定现金的最佳持有量如下。

（1）企业所需要的现金可通过证券变现取得，且证券变现的不确定性很小。

（2）企业预算期内现金需要总量可以预测。

（3）现金的支出过程比较稳定、波动较小，而且每当现金余额降至零时，均可通过部分证券变现得以补足。

（4）证券的利率或报酬率以及每次固定性交易费用可以获悉。

假设 TC 为现金管理的相关总成本；T 为现金全年需求总量；F 为现金与有价证券的固定转换成本；R 为短期有价证券的年利率；Q 为最佳转换数量；N 最佳转换次数。则

$$现金固定性转换成本 = \frac{T}{Q}F$$

$$持有现金机会成本 = \frac{Q}{2}R$$

$$相关总成本：TC = \frac{T}{Q}F + \frac{Q}{2}R$$

对上式求导，可得使 TC 为最小的 Q 的值，即

$$Q = \sqrt{\frac{2T \times F}{R}}$$

在现金持有量为 Q 时，

$$TC = \sqrt{2T \times R \times F}$$

$$N = \frac{T}{Q}$$

【例 8-2】 某企业现金收支状况比较稳定，预计全年（按 360 天计算）需现金 360 000 元，现金与有价证券的转换成本为每次 80 元，有价证券的年利率为 10%，则

$$最佳现金转换数量 = \sqrt{\frac{2 \times 360\,000 \times 80}{10\%}} = 24\,000（元）$$

$$最低现金管理相关总成本 = \sqrt{2 \times 360\,000 \times 10\% \times 80} = 2\,400（元）$$

其中：转换成本 $= 360\,000 \div 24\,000 \times 80 = 1\,200（元）$

持有机会成本 $= 24\,000 \div 2 \times 10\% = 1\,200（元）$

有价证券转换次数 $= 360\,000 \div 24\,000 = 15（次）$

3. 现金周转模式

现金周转模式是根据现金周转速度来确定企业最佳现金持有量的一种方法。反映现金周转速度的指标是现金周转期。现金周转期是指企业自现金投入生产经营开始到最终又以现金形式回归所需的时间长短。

现金周转期大致包括如下三个阶段。

（1）存货周转期，是指将原材料转化成产成品并出售所需要的时间。

（2）应收账款周转期，是指将应收账款转换为现金所需要的时间，即从产品销售到收回现金的期间。

（3）应付账款周转期，是指从收到尚未付款的材料开始到现金支出之间所用的时间。

上述三个阶段与现金周转期之间的关系如图 8-6 所示。

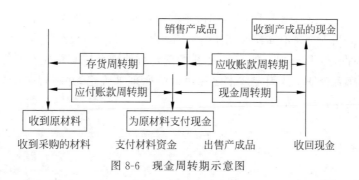

图 8-6　现金周转期示意图

利用现金周转模式确定最佳现金持有量,包括以下三个步骤。

第一步,计算现金周转期,根据图 8-6 所示,现金周转期是企业从购买材料支付现金到销售商品收回现金的期间。现金周转期可用下列算式表示:

$$现金周转期=存货周转期+应收账款周转期-应付账款周转期$$

第二步,计算现金周转率,现金周转率是一年中现金的周转次数,便可确定最佳现金余额。其计算公式如下:

$$现金周转率=\frac{360}{现金周转天数}$$

第三步,计算最佳现金持有量,其计算公式如下:

$$最佳现金余额=\frac{企业年现金需求总额}{现金周转率}$$

【例 8-3】 某企业预计存货周转期为 50 天,应收账款周转期为 30 天,应付账款周转期为 20 天,预计全年需要现金 360 万元,求最佳现金余额。

$$现金周转期=50+30-20=60(天)$$
$$现金周转率=360\div60=6(次)$$
$$最佳现金余额=360\div6=60(万元)$$

现金周转模式简单明了,易于计算。但是这种方法假设材料采购与产品销售产生的现金流量在数量上一致,企业的生产经营过程在一年中持续稳定地进行,即现金需要和现金供应不存在不确定的因素。如果以上假设条件不存在,则求得的最佳现金余额将发生偏差。

4. 随机模式

随机模式又称米勒—奥尔模式(Miller-Orr 模式),其假设条件如下。

(1)企业每日的现金流入量与现金流出量的变化是随机的。

(2)每日现金净流量即现金余额的变化服从正态分布。

(3)最佳现金持有量处于正态分布之间。

随机模式是企业未来的现金流量呈不规则波动、无法准确预测的情况下采用的确定最佳现金持有量的一种方法。这种方法的基本原理是制定一个现金控制区域,确定上限和下限。上限代表现金持有量的最高点,下限代表最低点。当现金持有量达到上限时,则将现金转换成有价证券;当现金持有量下降到下限时,则将有价证券转换成现金,从而使现金持有量经常性地处于两个极限之间。假定每次交易有价证券的交易成本(F)是固定的,而每期持有现金的机会成本则是有价证券的利率(K)。如图 8-7 所示,H 为上限,L 为下限,R 为目标持有量。当现金持有量上升到 H 时,则购进$(H-R)$金额的有价证券,使现金持有量回落到 R 线上;当现金持有量降至 L 时,则需要出售$(R-L)$金额的有价证券,使现金持有量回到 R 的水平上。目标现金持有量 R 线的确定可使现金持有总成本最低,即持有现金的机会成本和转换有价证券的固定成本之和最低的原理来确定,并把现金余额可能波动的幅度考虑在内。其计算公式如下:

$$R^* = \sqrt[3]{\dfrac{3F\sigma^2}{4K}} + L$$

$$H^* = 3R^* - 2L$$

上式中,$*$ 代表最优值;σ^2 是日净现金流量的方差。

$$平均现金余额 = \dfrac{4Z-L}{3}$$

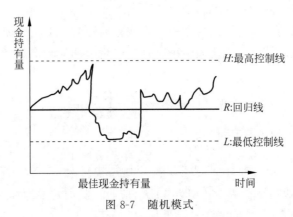

图 8-7　随机模式

【例 8-4】　甲公司将多余现金投资于有价证券,年期望收益率为 10%,每次出售有价证券的交易成本为 1 000 元。又假如甲公司每天的净现金流量存在较大波动,其标准差为 1.5 万元/天,公司任何时候的现金余额不得低于 10 万元。

根据给定资料,可以求得 R 值,即

$$R^* = \sqrt[3]{\dfrac{3 \times 0.1 \times 1.5^2}{4 \times 10\% \div 360}} + 10 = 18.47（万元）$$

现金存量上限为

$$H^* = 3 \times 18.47 - 2 \times 10 = 35.41（万元）$$

公司管理层允许公司现金余额在 10 万元至 35.41 万元之间波动。当现金余额达到 35.41 万元时,将购买 16.94 万元(35.41−18.47)有价证券,使现金余额回落至回归线,而当现金余额跌至 10 万元时,将出售 8.47 万元(18.47−10)有价证券,使现金余额上升至回归线。

上述模型都是为了寻求公司保持合理现金余额而提供的一般方法。一家公司到底保持多少现金余额较为合理,受多种因素的影响。主要因素如下。

(1) 公司业务类型及现金收支的特点,如果公司业务活动所引起的现金收支频繁,并且具有不可预测性,则应持有较多的现金余额。

(2) 借贷情况。企业可以通过出售有价证券来获取现金也可以通过信贷方式来借入现金,如果一家企业现金流量变化较大,而持有有价证券较少,则更多需要借贷来支付未来能预计的现金流出,在此情况下,如果企业较容易取得贷款且成本较低,那么,公司可以保持较低的现金持有水平,反之,则越大。

(3)其他因素,比如宏观经济环境,由于市场的多变量,现金收支的不确定性。所以,多数企业持有的现金量比现金余额模型确定的现金余额要多。

8.2.4 现金预算与控制

1. 现金日常管理

现金预算是对企业预备期内现金收支情况的估计和规划,是企业进行现金日常管理的指南和依据,是财务预算的重要组成部分。现金预算要求按现金的收付实现制原理进行编制,并要求做到现金收支的积极平衡,即不仅预算期内现金收支总额要平衡,还应达到预算期内不同时点上的收支平衡。

2. 现金的收款管理

在现金管理中,企业除认真确定最佳现金余额和合理编制现金收支计划外,还必须进行现金的日常控制。

(1)加速收款

为了提高现金的使用效率,在不影响未来销售的情况下,尽可能地加快现金的收回。可采用以下措施。

① 集中银行。集中银行是指通过设立多个策略性的收款中心来代替通常在公司总部设立的单一收款中心,以加速账款回收的一种方法。其目的是缩短从顾客寄出账款到现金流入企业账户这一过程的时间。

具体做法是:第一,企业以服务地区和各销售区的账单为依据,设立若干收款中心,并指定一个收款中心(通常是设在公司总部所在地的收账中心)的账户为集中银行。第二,公司通知客户将货款送到最近的收款中心而不必送到公司总部。第三,收款中心将每天收到的货款存到当地银行,然后再把多余的现金从地方银行汇入集中银行——公司开立的主要存款账户的商业银行。

设立集中银行能缩短账单和货款邮寄时间及支票兑现的时间。但要注意每个收款中心的地方银行都要求有一定的补偿余额,而补偿余额是一种闲置的不能使用的资金。设立收款中心需要一定的人力和物力,花费较多。

② 锁箱系统。锁箱系统是通过承租多个邮政信箱,以缩短从收到顾客付款到存入当地银行的时间的一种现金管理办法。

采用锁箱系统的具体做法是:第一,在业务比较集中的地区租用当地加锁的专用邮政信箱。第二,通知顾客把款项邮寄到指定的信箱。第三,授权公司邮政信箱所在地的开户行,每天数次收取邮政信箱的汇款并存入公司账户,然后将扣除补偿余额以后的现金及一切附带资料定期送往公司总部。这就免除了公司办理收账、货款存入银行的一切手续。采用锁箱系统大大地缩短了公司办理收款、存储手续的时间。但需要支付额外的费用。是否采用锁箱系统方法要看节约资金带来的收益与额外支出的费用孰大孰小。

(2)控制支出

企业在收款时,应尽量加快收款的速度,而在管理支出时,应尽量延缓现金支出的时间。

控制现金支出的方法有以下两种。

① 运用"浮游量"。所谓现金的浮游量是指企业账户上存款余额与银行账户上所示的存款余额之间的差额。有时,公司账簿上的现金余额已为零,而银行账簿上该公司的现金余额还有不少。这是因为有些支票公司虽已开出,但顾客还没有到银行兑现。如果能正确预测浮游量并加以利用,可节约大量资金。

② 控制支出时间。为了最大限度地利用现金,合理地控制现金支出的时间是十分重要的。例如,企业在采购材料时,如果付款条件是"$2/10,n/50$",应安排在发票开出日期后的第 10 天付款,这样,企业可以最大限度地利用现金而又不丧失现金折扣。

3. 现金收支的综合管理

(1) 力争现金流入与流出同步。如果企业能尽量使它的现金流入与现金流出发生的时间趋于一致,就可以使其所持有的交易性现金余额降到较低水平,这就是所谓的现金流量同步。基于这种认识,企业可以重新安排付出现金的时间,尽量使现金流入与现金流出趋于同步。

(2) 实行内部牵制制度。在现金管理中,要实行钱账分离,即管钱的不管账,管账的不管钱,使出纳人员和会计人员互相牵制,互相监督。凡有库存现金收付,应坚持复核制度,以减少差错,堵塞漏洞。出纳人员调换时,必须办理交接手续,做到责任清楚。

(3) 及时进行现金的清理。在现金管理中,要及时进行现金的清理。库存现金的收支应做到日清月结,确保库存现金的账面余额与实际金额相互符合;银行存款账余额与银行对账单余额相互符合;现金、银行存款日记账数额分别与现金、银行存款总账数额相互符合。

(4) 遵守国家规定的库存现金的使用范围。按我国有关制度规定,企业可以在下列范围内使用库存现金:①职工工资、津贴;②个人劳动报酬;③根据国家规定颁发给个人的科学技术、文化艺术、体育等各种奖金;④各种劳保、福利费以及国家规定的对个人的其他支出;⑤向个人收购农副产品和其他物资的价款;⑥出差人员必须随身携带的差旅费;⑦结算起点以下的零星支出;⑧中国人民银行确定需要支付的其他支出。

(5) 做好银行存款的管理。企业超过库存现金限额的现金,应存入银行,由银行统一管理。按期对银行存款进行清查,保证银行存款安全完整。

(6) 当进行证券投资。当企业有较多闲置不用的现金时,可投资于国库券、大额定期可转让存单、企业债券、企业股票,以获取较多的利息收入,而当企业现金短缺时,再出售各种证券获取现金。这样,既能保证有较多的利息收入,又能增强企业的变现能力,因此,进行证券投资是调整企业现金余额的一种比较好的方法。

8.3　应收账款信用管理

应收账款是企业因对外赊销产品、材料、供应劳务等而应向购货或接受劳务的单位收取的款项。商品与劳务的赊销与赊供,在强化企业市场竞争能力、扩大销售、增加收益、节约存货资金占用,以及降低存货管理成本方面有着其他任何结算方式都无法比拟的优势。但相对于现销方式,赊销商品意味着应计现金流入量与实际现金流入量时间上的不一致,所以产生拖欠甚至坏账损失的可能性自然也比较高。不仅如此,应收账款的增加,还会造成资金成本和管理费用的增加。因此,企业应在发挥应收账款强化竞争、扩大销货功能的同时,尽可能降低应收账款投资的机会成本,减少坏账损失与管理成本,提高应收账款投资的收益率。

8.3.1　应收账款管理的目标

信用是指在商品交换过程中,交易一方以将来偿还的方式获得另一方的财务或服务的能力,信用管理也称应收账款管理。应收款项是企业因对外销售商品、提供劳务向购买货物或接受劳务的单位收取的款项。应收账款形成企业之间的商业信用,是商品销售及提供劳务过程中货与款的分离。应收账款管理即信用管理应该在利用赊销扩大销售减少存货的同时,尽可能降低应收账款的成本,提高企业的收益水平。应收账款的管理在于制定科学的信用政策,充分发挥应收账款的功能。

1. 应收账款的功能

应收账款在企业生产经营中所具有的功能。概括起来,主要有两项。

(1) 促进销售。在竞争激烈的市场经济条件下,企业在销售产品的同时,若向买方提供可以在一定期限内无偿使用的资金,即商业信用资金,这对于购买方而言具有极大的吸引力。因此,相对于现销,赊销是一种重要的促销手段,对于企业销售产品、开拓并占领市场具有重要意义。在企业产品销售不畅、市场萎缩、竞争不力的情况下,或者在企业销售新产品、开拓新市场时,为适应市场竞争的需要,适时地采取各种有效果赊销方式,就显得尤为必要。

(2) 减少存货。赊销可以帮助企业扩大销售、占有市场、开拓市场,缩短产成品的库存时间,降低产成品存货的管理费用、仓储费用和保险费用等各个方面的支出。因此,当产成品存货较多时,企业可以采用较为优惠的信用条件进行赊销,尽快地实现产成品存货向销售收入的转化,变持有产成品存货为持有应收账款,以节约各项存货支出。

2. 应收账款的成本

企业采用赊销方式促进销售的同时,也会因为持有应收账款而产生相应的成本,即为应收账款的成本。其内容如下。

(1) 机会成本。应收账款的机会成本是指因资金投放在应收账款上而放弃投资其他项目可能获取的收益。

(2) 管理成本。应收账款的管理成本是指企业对应收账款进行管理而耗费的开支,主要包括对客户的资信调查费用、收账费用和其他费用。

(3) 坏账成本。应收账款基于商业信用而产生,存在无法收回的可能性,由此而给应收账款持有企业带来的损失,即为坏账成本。这一成本一般与应收账款数量同方向变动,即应收账款越多,坏账成本也越多。基于此,为规避发生坏账成本给企业生产经营活动的稳定性带来不利影响,企业应合理提取坏账准备。

8.3.2　信用政策设计

制定合理的信用政策,是加强应收账款管理,提高应收账款投资效益的重要前提。信用政策即应收账款的管理政策,是指企业对应收账款投资进行规划与控制而确立的基本原则与行为规范,包括信用标准、信用条件和收账政策三部分内容。

1. 信用标准

信用标准是客户获得企业商业信用时所应具备的最低条件,通常以预期的坏账损失率作为判别标准。如果确定的坏账损失率低,信用标准过高,那么能够获得商业信用的只有信誉良好的客户,其结果虽然降低了违约风险和收账费用,但由于符合条件的客户减少,由此造成销售量下降,库存增加,不利于企业市场竞争能力的提高和销售收入的增加;相反,确定的坏账损失率高,信用标准低,有利于企业扩大销售,提高市场竞争力和占有率,但同时应收款项出现坏账的可能性增加,机会成本和坏账成本也随之增加。可见,企业应对实行商业信用的风险、收益、成本进行权衡,选择对企业最为有利的信用标准。

企业在制定或选择信用标准应考虑基本因素:第一,同行业竞争对手的情况。如果对手实力很强,企业欲取得或保持优势地位,就需采取较低(相对于竞争对手)的信用标准;反之,其信用标准可以相应严格一些。第二,企业承担违约风险的能力。当企业具有较强的违约风险承担能力时,就可以以较低的信用标准提高竞争力,争取客户,扩大销售;反之,如果企业承担违约风险的能力比较脆弱,就只能选择严格的信用标准以尽可能降低违约风险的程度。第三,客户的资信程度。企业在制定信用标准时,必须对客户的资信程度进行调查、分析,然后在此基础上,判断客户的信用等级并决定是否给予客户信用优惠。

客户资信程度的高低通常决定于五个方面,即客户的信用品质(character)、偿付能力(capacity)、资本(capital)、抵押品(collateral)、经济状况(conditions)等,简称"5C"系统。其具体内容包括:①信用品质。信用品质是指客户履约或赖账的可能性,这是决定是否给予客户信用的首要因素,主要通过了解客户以往的付款履约记录进行评价。②偿付能力。客户偿付能力的高低,取决于资产特别是流动资产的数量、质量(变现能力)及其与流动负债的比率关系。一般而言,企业流动资产的数量越多,流动比率越大,表明其偿付债务的物质保证越雄厚,反之,则偿债能力越差。当然,对客户偿付能力的判断,还需要注意对其资产质量,即变现能力以及负债的流动性进行分析。资产的变现能力越强,企业的偿债能力就越强;相反,负债的流动性越大,企业的偿债能力也就越小。③资本。资本反映了客户的经济实力与财务状况的优劣,是客户偿付债务的最终保证。④抵押品。即客户提供的可作为资信安全保证的资产。能够作为信用担保的抵押财产,必须为客户实际所有,并且应具有较高的市场性,即变现能力。对于不知底细或信用状况有争议的客户,只要能够提供足够的高质量的抵押财产(最好经过投保),就可以向它们提供相应的商业信用。⑤经济状况。是指不利经济环境对客户偿付能力的影响及客户是否具有较强的应变能力。

上述各种信息资料主要通过下列渠道取得:①商业代理机构或资信调查机构所提供的客户信息资料及信用等级标准资料;②委托往来银行信用部门向与客户有关联业务的银行索取信用资料;③与同一客户有信用关系的其他企业相互交换该客户的信用资料;④客户的财务报告资料;⑤企业自身的经验与其他可取得的资料等。

2. 信用条件

信用条件就是指企业接受客户信用时所提出的付款要求,主要包括信用期限、折扣期限及现金折扣等。信用条件的基本表现方式如"1/10,$n/30$",意思是:若客户能够在发票开出后的 10 日内付款,可以享受 1% 的现金折扣;如果放弃折扣优惠,则全部款项必须在 30 日内付清。在此期间,30 天为信用期限,10 天为折扣期限,1% 为现金折扣。

(1)信用期限

信用期限是指企业允许客户从购货到支付货款的时间间隔。企业产品销售量与信用期限之间存在着一定的依存关系。通常,延长信用期限,可以在一定程度上扩大销售量,从而增加收益。但不适当地延长信用期限,使平均收账期延长,会引起机会成本的增加,并引起坏账损失和收账费用的增加。因此,企业是否给客户延长信用期限,应视延长信用期限增加的边际收入是否大于增加的边际成本而定。

（2）现金折扣和折扣期限

许多企业为了加速资金周转,及时收回货款,减少坏账损失,往往在延长信用期限同时,采用一定的优惠措施。即在规定的时间内提前偿付货款的客户可按销售收入的一定比率享受折扣,以促进应收账款的提前收回。现金折扣实际上是对现金收入的扣减,企业决定是否提供以及提供多大限度的现金折扣,着重考虑的是提供折扣后所得的收益是否大于现金折扣的成本。

企业究竟应当核定多长的现金折扣期限,以及给予客户多大程度的现金折扣优惠,必须将信用期限及加速收款所得到的收益与付出的现金折扣成本结合起来考察。同延长信用期限一样,采取现金折扣方式在有利于刺激销售的同时,也需要付出一定的成本代价,即给予现金折扣造成的损失。如果加速收款带来的机会收益能够绰绰有余地补偿现金折扣成本,企业就可以采取现金折扣或进一步改变当前的折扣方针。

除上述表述的信用条件外,企业还可以根据需要,采取阶段性的现金折扣期与不同的现金折扣率,如“2/10,1/30,n/60”等。意思是:给予客户 60 天的信用期限,客户若能在发票开出后的 10 日内付款,便可以得到 2% 的现金折扣;超过 10 日而能在 30 日内付款时,也可以得到 1% 的折扣;否则,只能全额支付账面款项。

3. 收账政策

收账政策是指信用条件被违反时,企业采取的收账策略。企业如果有用较积极的收账政策,可能会减少应收账款投资,减少坏账损失,但要增加收账成本。如果采用较消极的收账政策,则可能会增加应收账款投资,增加坏账损失,但会减少收账费用。企业向客户提供商业信用时,必须考虑三个问题:其一,客户是否会拖欠或拒付,程度如何;其二,怎样最大限度地防止客户拖欠账款;其三,一旦账款拖欠甚至拒付,企业应该采取什么样的对策。前两个问题主要靠信用调查和严格信用审批制度;第三个问题必须通过制定完善的收账政策,采取有效的收账措施予以解决。

从理论上讲,履约付款是客户不容置疑的责任与义务,债权企业有权通过法律途径要求客户履约付款。但是,企业并不能对所有的客户拖欠或拒付行为均付诸法律解决,因为企业解决与客户账款纠纷的目的,主要为了最有效地将账款收回。如果都诉诸法律,不仅需要花费数额巨大的诉讼费,除非法院裁决客户破产,否则效果并不理想。实际上客户拖欠或拒付的原因不尽相同,企业如果能够同客户商量出折中的方案,就可以最大限度地收回账款。

影响企业信用标准、信用条件及收账政策的因素很多,如销售额、赊销期限、收账期限、现金折扣、坏账损失、过剩生产能力、信用部门成本、机会成本、存货投资等的变化。这就使得信用政策的制定更为复杂,一般来说,理想的信用政策就是企业采取或松或紧的信用政策时所带来的收益最大的政策。在实际工作中,可参照测算信用标准、信用条件的方法来制定信用政策。公司应具体分析客户的情况,确定最佳的收账政策,以使收账费用最低,收回的款项最多。

信用政策的决策可以采用差量分析法。以改变信用政策的决策为例,首先计算改变信用政策的增量收益,然后计算改变信用政策的增量成本,最后计算改变信用政策的增量税前损益(增量收益－增量成本),若增量损益＞0,则改变信用政策,反之,则维持现行信用政策。

【例 8-5】 甲公司现采用 $n/30$ 的信用条件,拟延长信用期限,相关资料如表 8-3 所示。

表 8-3 甲公司改变信用期限的相关资料

信用期限/天	30	60
销售量/件	100 000	120 000
销售额/元(单价 10 元/件)	1 000 000	1 200 000
销售成本:		
变动成本/元(5 元/件)	500 000	600 000
固定成本/元	50 000	50 000
毛利/元	450 000	550 000
可能发生的收账费用/元	3 000	5 000
可能发生的坏账损失/元	3 000	5 000
假定机会成本率	15%	15%

在这里,重点要介绍机会成本的计算,首先要计算出应收账款平均余额,它等于年赊销额÷应收账款周转率;然后计算出维持赊销所需要资金,它等于应收账款平均余额×变动成本率;最后乘以机会成本率,计算出机会成本。

根据表 8-4 所示的分析结果,此时放宽信用条件产生正的净收益,甲公司应当放宽信用条件,公司可以保持更高的应收账款水平。

表 8-4 增量分析表 单位:元

增量收益	销售量增加×单位边际贡献	$(120\ 000-100\ 000)\times(10-5)=100\ 000$
增量成本	机会成本增加	$1\ 000\ 000/360\times30\times50\%\times15\%=6\ 250$
		$1\ 200\ 000/360\times60\times50\%\times15\%=15\ 000$
		$15\ 000-6\ 250=8\ 750$
	收账费用增加	$5\ 000-3\ 000=2\ 000$
	坏账损失增加	$5\ 000-3\ 000=2\ 000$
增量损益		$100\ 000-(8\ 750+2\ 000+2\ 000)=87\ 250$,因为增量损益>0,应改变信用政策

8.3.3 信用分析与信用评级

商业信用分析是企业对客户信用进行分析,评价其信用可靠程度,然后据此决定授信条件,是商业信用管理的第一阶段,商业信息收集完成后,企业将面临提供商业信用的艰难选择,需使用科学的方法评估客户的信用风险。

1. 信用分析

(1)信用信息

信用信息的来源很多,一般来说,用来获取评价客户信用情况的信用渠道包括如下几种。

① 直接调查。直接调查是指调查人员通过与客户接触、分析本企业与其交往记录、查阅其财务报表等方式获取信用资料的方法。直接调查具有准确及时的优点,但若得不到被调查单位的配合,则调查结论往往不够全面、深入。

② 银行和信用评估机构。在许多国家、银行和专门的信用评估机构会定期发布有关企

业的信用等级报告,这些报告一般评估方法合理,可信度较高。另外,通过被调查者的开户银行还可以获得其在银行的平均现金余额、贷款金额、有关历史记录及一些其他财务信息。

③ 第三方企业。通过与被调查者有业务往来的其他企业,可以了解到客户的一般信用情况。

④ 其他来源渠道。如税务部门、工商部门、企业上级主管部门、证券交易部门、消费者协会及新闻媒体的相关报道等。

收集到信用信息后,公司必须对信用申请者进行信用分析,并且确定该信用申请者的信用状况是否在最低信用质量标准之上。

(2) 信用政策变动与评价

通过改变信用条件、信用标准或者收账政策可以改变信用政策。信用政策的改变可能改变销售收入,也可能影响销售成本、坏账费用、应收账款的管理成本等。公司可能通过计算信用政策改变后的净现值(NPV)来决定是否改变信用政策。

信用评价是正确地评价客户的信用状况,执行企业信用标准进而实施企业信用政策的前提。要合理地评价顾客的信用状况,就要对顾客信用进行调查、收集相关的信息资料的基础上,对客户信用情况进行评价。"5C"分析法是实践中应用最广泛的一种信用评价方法。

信用评分是根据所收集的信息,计算客户的信用数值。例如,公司利用可取得的有关客户的全部信息,对该客户的信用 5C 的每一项给予 1~10 分的评分;然后,再根据这些评分的合计数计算出信用分数,根据经验,信用分数在 30 分以上的客户的信用水平被认为是可以接受的。

2. 信用评级

信用评级是针对债务主体的信用所进行的评价活动,目的是向投资者提供有关借款人信用风险程度的信息服务。信用评级一般由专门的评估机构通过集合各种必要的财务收支和经营活动信息来分析完成,最终结果向社会公布。

现代信用评级最早产生于美国,始于债券评级。1909 年,穆迪公司的创始人约翰·穆迪首次建立了衡量债券违约风险的体系,并按照违约风险的大小来评定债券等级。此后,信用评级风行于美国金融界。1918 年,美国政府规定,凡是外国政府在美国发行债券,发行前必须取得评级结果。自此之后,随着金融市场的发展壮大,投资方式的增多,社会对信用评级的需求不断增加,信用评级所涉及的领域也不断扩展,评级对象也逐渐从各种有价证券,如公司债券、地方政府债券、优先股、中期债、私募、商业票据、银行定期存单、住房抵押贷款证券,扩展到了各种机构和团体,如国家、工商企业、银行、证券公司、保险公司、共同基金和衍生产品交易对象。

信用评级可以分为很多类。按评级方法分类,可以分为两种:一是主观评级法;二是客观评级法。客观评级法较多地依赖公司的具体财务数据,而主观评级法则更多地依赖于专家的判断。由于决定有价证券或债务偿还能力可靠程度的因素很多,其中有很多因素难以用数据刻画,因此,在实践中,信用评级机构常常将两种方法结合使用。一般而言,商业性信用评级机构以主观评级法为主,以客观评级法为辅;而监管当局则更多地采用客观评级法,这是因为,与商业评级机构相比,监管当局所掌握的数据和信息更为充分和全面。

按评级对象分类,可将信用评级分为三种:主权评级、法人评级和有价证券信用评级。

主权评级是对一个国家资信情况的评级,它主要反映一国政府偿还外债的能力及意愿。

主权评级主要考虑宏观经济环境、经济结构和政治结构等因素。除上述因素外,还要考虑一国的政策和经济状况对该国公共和私人部门外债的影响,并着重分析研究该国外汇储备规模,以及该国从国际倾向基金组织或其他一些国际组织获得资金的能力。

法人评级是对法人信用程度进行的评级。按照企业性质分为两大类:①工商企业信用评级,主要分析工业或商业企业的资产状况、负债偿还能力、发展前景、经济交往中的信用状况、经营管理情况及领导水平等。②金融企业信用评级,主要分析金融机构的资金来源及运用情况、债务负担情况、呆账即贷款损失情况、金融法规政策遵守情况、业务经营及财务盈亏情况等。银行评级主要属于此类范畴。

有价证券信用评级是以有价证券为评级对象的信用评级。该评级分为两类:①债券信用评级是针对企业债券按期还本付息可靠程度的评级;②股票信用评级是对股票的股息、红利水平即风险的评级。

按货币划分,信用评级可分为本币债券评级和外币债券评级。外币债券评级比本币债券评级要复杂得多,因为政府可能施加严格的资本控制,禁止私营部门对外支付。因此,只有当发债者可以提供离岸抵押品,或拥有不会被国家没收的收益,或由信誉极好的第三方支付担保时,才可以获得较高的评级。

信用评级还可以分为主动评级和被动评级。主动评级是评级机构主动对有价证券或其发行者进行评级。例如,标准普尔会为所有在美国证券交易委员会登记且在美国市场中需缴税的证券进行评级。被动评级是评级公司接受有价证券发行者的委托,对其资质进行评级。

从信用评级方法上来看,"CAMELS""5C"系统和信用分析得分模型等方法来分析评价企业的信用状况。"CAMELS"法侧重于对历史形成的存量进行评价,不太符合面向未来的原则,其评价的重点是资产的运营水平,因此多用于监管部门对金融机构特别是商业性质的金融机构的风险评级。信用分析得分模型法是以特征财务比率为解释变量,运用数量统计方法推导而建立标准模型,利用标准模型来评定企业信用等级的方法。此方法使用简便、成本低、客观性强,但其主要是利用各种财务信息,不太符合财务信息与非财务信息并重的原则。"5C"系统是从品质、能力、资本、抵押品和经济状况五个方面来评估企业的信用品质。在"5C"系统中,既有反映企业信誉和历史信用状况的信息,也有反映企业盈利能力和成长能力的信息,既能满足信用决策的需要,也能满足信用控制、信用追偿的需要;既有反映企业经营状况和偿债能力的财务信息,又有反映宏观政策、行业环境以及企业信誉状况的非财务信息;既有各种定量指标,又有定性指标。

对企业资信评估的资信级别一般采用国际通告的"四等十级",具体等级为:AAA、AA、A、BBB、BB、B、CCC、CC、C、D,如表 8-5 所示。从"AA"到"CCC"等级间的每一个级别可以用"＋"或"－"号来修正,以表示在等级内的相对高低。

表 8-5　评估结果的资信等级符号及其含义

信用等级	信用情况	含　义
AAA 级	信用极好	企业的信用程度高,债务风险小。该企业具有优秀的信用记录,经营状况佳,盈利能力强,发展广阔,不确定因素对其经营与发展影响小
AA 级	信用优良	企业的信用程度高,债务风险小。该企业具有优秀的信用记录,经营状况较佳,盈利水平较高,发展前景较为广阔,不确定因素对其经营与发展影响很小

续表

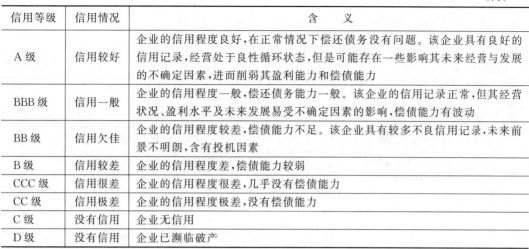

信用等级	信用情况	含　义
A 级	信用较好	企业的信用程度良好,在正常情况下偿还债务没有问题。该企业具有良好的信用记录,经营处于良性循环状态,但是可能存在一些影响其未来经营与发展的不确定因素,进而削弱其盈利能力和偿债能力
BBB 级	信用一般	企业的信用程度一般,偿还债务能力一般。该企业的信用记录正常,但其经营状况、盈利水平及未来发展易受不确定因素的影响,偿债能力有波动
BB 级	信用欠佳	企业的信用程度较差,偿债能力不足。该企业具有较多不良信用记录,未来前景不明朗,含有投机因素
B 级	信用较差	企业的信用程度差,偿债能力较弱
CCC 级	信用很差	企业的信用程度很差,几乎没有偿债能力
CC 级	信用极差	企业的信用程度极差,没有偿债能力
C 级	没有信用	企业无信用
D 级	没有信用	企业已濒临破产

8.3.4　商业信用监督

商业信用监督有两重作用:一是可以提早警告应收账款是否恶化,并采取一些措施来阻止应收账款进一步恶化;二是可以提早发现应收账款质量有可能改善的迹象,促使企业采取更宽松的商业信用政策。商业信用监督的主要方法有:账龄分析法、应收款项平均账龄法、收款率法和应收账款余额百分比法。

1. 账龄分析法

账龄分析法是用账龄来分析应收账款质量的方法。通常情况下,应收账款可以按照账龄的长短将企业应收款项分为以下四类:0～30 天、31～60 天、61～90 天、90 天以上。

企业应收账款的账龄长短取决于信用条件、客户付款习惯和销售预期。如果信用条件宽松,销售预期良好,客户偏好在信用期的最后一天付款,那么,公司应收账款的账龄会长些,此时,账龄长短并不能说明应收账款质量的好坏。

如果企业提供的信用条件为“$n/30$”,但其应收账款的账龄大多在 60 天以上,那么在信用条件、客户付款习惯和最近销售状况没有改变的情况下,说明企业应收账款质量有恶化的迹象。

2. 应收款项平均账龄法

应收款项平均账龄法是用应收款项平均账龄来分析应收款项质量的方法。应收款项平均账龄是指目前公司尚未收回的应收账款的平均账龄,有以下两种计算方法:一种方法是使用加权平均法计算所有个别没有收回的发票金额的平均账龄,所采用的权重是个别应收账款在所有应收账款中所占的比重。另一种方法是利用账龄表先分别计算出四类不同账龄应收账款的平均账龄,然后,根据加权平均法计算出应收账款的平均账龄,权重为每类账龄应收账款在所有应收账款中所占的比重。

企业应收账款平均账龄的长短也取决于信用条件、客户付款习惯和销售预期,平均账龄长短本身不说明应收账款质量的高低。当信用条件、客户付款习惯和销售预期保持不变的情况下,如果企业应收账款平均账龄过长,则说明其应收账款的质量有恶化迹象。

3. 收款率法

收款率法是用实际状况与预期收款状况进行比较,来判断实际情况是否高于预期的方法。收款率是指不同月份变现的销售收入的比重。

【例 8-6】 假定甲公司当月的销售收入为 100 万元。根据以往的收款习惯,当月收回 20%,第二个月收回 60%,第三个月收回 20%。实际收款情况如表 8-6 所示。

表 8-6 实际收款率

月 份	实际收款率/%
销售当月	30
第二个月	65
第三个月	5

由表 8-6 可知,甲公司在三个月内将应收账款全部收回,前两个月较高的实际收款率意味着公司的收款速度高于预期或以往的收款习惯,表明公司的应收账款质量较高。

4. 应收账款余额百分比法

应收账款余额百分比法是指用销售当月月末以及接下来的每个月月末,尚未收回的销售收入的百分比来分析收款质量的方法。

【例 8-7】 承上例,当月销售 100 万元,销售款分 3 个月收回。预期销售当月月底应收账款余额百分比为 80%,第二个月月底为 20%,第三个月月底为 0。在实际收款永续增长的情况下,实际应收账款余额百分比如表 8-7 所示。

表 8-7 应收账款余额百分比法

月 份	应收账款余额百分比/%
销售当月月底	70
第二个月月底	5
第三个月月底	0

由表 8-7 可知,销售当月月底,应收账款余额百分比小于预期,第二个月月底的应收账款余额百分比也小于预期,表明公司实际收回的款项高于预期,表明应收账款质量较高。

8.4 存货管理

存货是指企业在日常活动中持有以备出售的产成品或商品、处在生产过程中的在产品、在生产过程或提供劳务过程中耗用的材料和物料等。具体包括各类原材料、在产品、半成品、产成品、商品以及包装物、低值易耗品、委托代销商品等。存货对于多数企业来说是一个较大的流动资产项目,在正常情况下,一个制造业企业的存货占企业资产总额的 15% 以上,商业企业的存货占资产总额的 25% 以上,因此,存货是公司经营管理的重要内容。存货并不是财务管理部门直接管理,而是由采购、生产、市场销售等部门共同管理,财务管理部门通常只参与存货管理决策。由于存货是公司的一项重要的资金占用,存货管理效率的高低对企业总体财务状况有重要影响,所以存货管理是公司短期财务管理必须考虑的重要内容。

8.4.1　存货的功能

如果企业保证从它的供应者那里源源不断地得到原材料,供应速度与生产过程中原材料消耗的速度完全相同,则可以不需要储存原材料。同时,如果它能使销售产品的速度与生产的速度相一致,那也就不需要储存产成品。因此,在这种最理想的条件下,企业的生产经营,除了工艺上必需的在产品存货外,可以不需要存货,但是,这种理想状态几乎是不可能存在的,原材料采购的最理想的速度或生产上最有效的速度,和原材料的装运、社会上对企业产品的需求,在数量上和时间上很难达到一致,即使企业能准确地预测其原材料的交货日期,生产过程的时间以及社会对其成品需求的数量和时间,企业也不可能准确地预测某些意外事件的发生。因此,企业储存适当的存货量是非常必要的,也是有利可图的。其储存的利益,可以分为如下几个方面。

1. 保证企业生产经营或销售活动的连续性

连续生产的企业,其供、产、销在数量上和时间上,难以保持绝对平衡,如果没有一定的存货,一旦某个环节出现问题,就会影响到企业的正常生产和销售。如材料供应商没有及时发货,运输途中出现了意外事故,所供货物质量、数量不符等,任何方面出现异常现象,企业便要停工待料;上一车间由于机器故障或其他原因停工,就会导致下一车间的停工等。而有了保险库存,就有了应付意外情况的物资保证,就可以避免停工待料,保证生产过程连续进行。

2. 保证生产的均衡性

对于那些所生产产品属于季节性产品,生产所需材料的供应具有季节性的企业,为实行均衡生产,降低生产成本,就必须适当储备一定的半成品存货或保持一定的原材料存货。否则,这些企业若按照季节变动组织生产活动,难免会产生忙时超负荷运转,闲时生产能力得不到充分利用的情形,这也会导致生产成本的提高。其他企业在生产过程中,同样会因为各种原因导致生产水平的高低变化,拥有合理的存货可以缓冲这种变化对企业生产活动及获利能力的影响。

3. 获取采购规模效应

很多企业为扩大销售规模,对购货方提供较优厚的商业折扣待遇,即购货达到一定数量时,便在价格上给予相应的折扣优惠。企业采取批量集中进货,可获得较多的商业折扣。此外,通过增加每次购货数量,减少购货次数,可以降低采购费用支出。即便在推崇以零存货为管理目标的今天,仍有不少企业采取大批量购货方式,原因就在于这种方式有助于降低进货成本,只要进货成本的降低额大于因存货增加而导致的储存等各项费用的增加额,便是可行的。

4. 获取物资投资收益

当市场上产品价格变化不定时,就会出现对价格涨落进行投机的机会。原材料方面,一次偶然性的大降价,或季节性的临时跌价,会使企业在购货时获得差价收益(与正常购买价格相比);当预计原材料价格会大幅度上涨时,企业购进这些材料同样可以获得差价收益。

产品方面,某些产品的最终产品可能会有若干变化,当收到一个特殊的订单以后,可按其要求将所储存的半成品加工成产成品,从而获得一部分利润。然而,正常的存货水平是不包括这类投机的存货的,生产企业通常也不因为投机而储存存货,但是管理部门还应该考虑到价格的变动,根据价格变动进行库存调整。

企业持有充足的存货,有利于生产过程的顺利进行,节约采购费用与生产时间,能够迅速地满足客户各种订货的需要,避免因存货不足带来的机会损失。然而,存货的增加必然要占用更多的资金,将使企业付出更大的持有成本,而且存货的储存与管理费用也会增加,影响企业获利能力的提高。因此,如何在存货的功能(收益)与成本之间进行利弊权衡,在充分发挥存货功能的同时降低成本、增加收益、实现它们的最佳组合,成为存货管理的基本目的。

8.4.2 存货成本

为充分发挥存货的功能,企业必须储备一定的存货,但也会由此而发生各项支出,这就是存货成本。企业取得和持有存货的成本包括取得成本、储存成本和缺货成本,该三项成本构成存货储备的总成本(TC)。

1. 取得成本(TC_a)

取得成本是指为取得某种存货而支出的成本,包括订货成本和购置成本两类。

(1)订货成本。是指企业为组织进货而开支的费用,如与材料采购有关的办公费、差旅费、邮资、电话电报费、运输费、检验费、入库搬运费等支出。订货成本有一部分与订货次数有关,如差旅费、邮资、电话电报费等费用与进货次数呈正比例变动,这类变动性进货费用属于决策的相关成本;另一部分与订货次数无关,如专设采购机构的基本开支等,这类固定性订货费用则属于决策的无关成本。

(2)购置成本。是指存货本身的价值,等于采购单价与采购数量的乘积。在一定时期进货总量既定的条件下,无论企业采购次数如何变动,存货的进价成本通常是保持相对稳定的,因而属于决策无关成本。

因此,取得成本包括变动订货成本、固定订货成本和购置成本,变动订货成本用 K 表示,订货次数等于存货年需要量 D 除以每次进货量 Q;固定订货成本用 F_1 表示;购置成本为需要量 D 与单价 U 的乘积,购置成本为 DU。用公式表示取得成本为 TC_a 为

$$取得成本=固定订货成本+变动订货成本+购置成本$$

即

$$TC_a = F_1 + \frac{D}{Q} \times K + DU$$

2. 储存成本(TC_c)

存货的储存成本就是企业为持有存货而发生的费用,包括存货资金占用费或机会成本、仓储费用、保险费用、存货残损霉变损失等。与订货成本一样,储存成本可以按照与储存数额的关系分为变动性储存成本和固定性储存成本(F_2)两类。固定性储存成本与存货数量的多少无关,如仓库折旧费、仓库职工的固定工资等,这类成本属于决策的无关成本;而变动性储存成本则随着存货储存数额(Q)的增减呈正比例变动关系,如存货资金的应计利息、存货残损和变质损失、存货的保险费用等,这类成本属于决策的相关成本。

$$变动储存成本＝单位变动储存成本(K_c)×平均库存量$$

因此，　　　　　　储存成本＝固定储存成本＋变动储存成本

$$TC_c = F_2 + K_c × \frac{Q}{2}$$

3. 缺货成本(TC_s)

缺货成本是因存货不足而给企业造成的损失，包括由于材料供应中断造成的停工损失、成品供应中断导致延误发货的信誉损失及丧失销售机会的损失等。如果生产企业能够以替代材料解决库存材料供应中断之急，缺货成本便表现为替代材料紧急采购的额外开支。缺货成本能否作为决策的相关成本，应视企业是否允许出现存货短缺的不同情形而定。若允许缺货，则缺货成本便与存货数量反向相关，即属于决策相关成本，反之，若企业不允许发生缺货情形，此时缺货成本为零，也就无须加以考虑。缺货成本是指存货供应中断而造成的损失，包括停工损失、拖欠发货损失、丧失销售机会的损失、商誉损失，以及紧急额外购入成本等。

因此，　　　　　　存货总成本＝取得成本＋储存成本＋缺货成本

$$TC = TC_a + TC_c + TC_s$$

$$TC = F_1 + \frac{D}{Q} × K + DU + F_2 + K_c × \frac{Q}{2} + TC_s$$

存货最优化，即使上式 TC 最小。

8.4.3　经济订货批量模型

订货批量是指每次采购材料的数量，不同的订货批量会影响存货成本的水平。订货批量控制的目的，就是要选择最佳的订货批量，使存货相关总成本最小化。能够使一定时期存货的相关总成本达到最低点的采购数量称为经济采购批量。

经济采购批量基本模型的主要假设有：企业能及时补充存货；在需要存货时，能立即无条件地订到货；每次订货是集中到货；不存在缺货成本；存货需求量是确定的；存货单价是已知不变的，且不考虑购货折扣。

在存货需求量确定和单价已知情况下，存货的购置成本不会因为订货批量的改变而改变，是订货批量决策的无关成本，在不考虑缺货成本情况下，影响订货批量的存货决策成本只有一次订货成本和单位储存成本。一般地，降低订货成本，要求减少订货次数，即增大订货批量；而储存成本的降低却要求减少存货库存水平，即减少订货批量。因此，最优的经济订货批量是使存货的订货成本和储存成本之和最低。即

$$TC = \frac{D}{Q} × K + K_c × \frac{Q}{2}$$

经济批量公式为

$$Q = \sqrt{\frac{2K × D}{K_c}}$$

经济批量下存货总成本

$$TC = \sqrt{2K × D × K_c}$$

最佳订购批次

$$N = \frac{D}{Q} = \sqrt{\frac{D \times K_c}{2K}}$$

最佳订购周期

$$T = \frac{360}{N}$$

根据以上存货经济批量的基本模型,可以对公司各项存货采购、投产等批量进行决策。

【例 8-8】 甲企业每年采购 A 材料 3 600 吨,A 材料单价 10 元,单位储存成本 2 元,平均每次进货费用 25 元,则

$$Q = \sqrt{\frac{2K \times D}{K_c}} = \sqrt{\frac{2 \times 3\ 600 \times 25}{2}} = 300(吨)$$

$$TC = \sqrt{2K \times D \times K_c} = \sqrt{2 \times 3\ 600 \times 25 \times 2} = 600(元)$$

$$N = \frac{D}{Q} = \frac{3\ 600}{300} = 12(次)$$

$$T = \frac{360}{N} = \frac{360}{12} = 30(天)$$

8.4.4 存货的控制系统

1. 存货 ABC 分析法

企业存货品种繁多,尤其是大中型企业的存货往往多达上万种甚至数十万种。实际上,不同的存货对企业财务目标的实现具有不同的作用。有的存货尽管品种数量很少,但金额巨大,如果管理不善,将给企业造成极大的损失。相反,有的存货虽然品种数量繁多,但金额微小,即使管理当中出现一些问题,也不至于对企业产生较大的影响。因此,无论是从能力还是经济角度,企业均不可能也没有必要对所有存货不分巨细地严加管理。ABC 分类管理正是基于这一考虑而提出的,其目的在于使企业分清主次,突出重点,以提高存货资金管理的整体效果。

所谓 ABC 分类管理就是按照一定的标准,将企业的存货划分为 A、B、C 三类,分别实行分品种重点管理、分类别一般控制和按总额灵活掌握的存货管理方法。存货 ABC 分类的标准主要有两个:一是金额标准;二是品种数量标准。其中金额标准是最基本的,品种数量标准仅作为参考。A 类存货的特点是金额巨大,但品种数量较少;B 类存货金额一般,品种数量相对较多;C 类存货品种数量繁多,但价值金额却很小。如一个拥有上万种商品的百货公司,家用电器、高档皮货、家具、摩托车、大型健身器械等商品的品种数量并不很多,但价值额却相当大。大众化的服装、鞋帽、床上用品、布匹、文具等商品品种数量比较多,但价值额相对 A 类商品要小得多。至于各种小百货,如针线、纽扣、日常卫生用品及其他日杂用品等品种数量非常多,但所占金额却很小。

一般而言,三类存货的金额比重大致为 A∶B∶C=0.7∶0.2∶0.1,而品种数量比重大致为 A∶B∶C=0.1∶0.2∶0.7。可见,由于 A 类存货占用着企业绝大多数的资金,只要能够控制好 A 类存货,基本上也就不会出现较大的问题。同时,由于 A 类存货品种数量较少,企业完全有能力按照每一个品种进行重点管理。B 类存货金额相对较小,企业不必像对待

A 类存货那样花费太多的精力。同时,由于 B 类存货的品种数量要远多于 A 类存货,企业通常没有能力对每一具体品种进行控制,因此可以通过划分类别的方式进行次重点管理。C 类存货尽管品种数量繁多,但其所占金额却很小,对此,企业只要把握一个总金额就可以,管理人员可以凭借经验对其进行相对灵活的控制与管理,而不必花费大量的时间与精力。

2. 适时供应系统

适时供应系统是指通过合理规划企业的产供销过程,使从原材料采购到产成品销售每个环节都能紧密衔接,减少制造过程中不增加企业价值的作业,减少库存,消除浪费,从而降低成本,提高产品质量,最终实现企业效益最大化。

适时供应系统的原理是只有在使用之前才从供应商处进货,从而将原材料或配件的库存数量减少到最小;只有在出现需求或接到订单时才开始生产,从而避免产成品的库存。适时生产的存货系统要求企业在生产经营的需要与材料物资的供应之间实现同步,使物资传送与作业加工速度处于统一节拍,最终将存货降低到最小限度,甚至零库存。

存货的适时供应系统有利于降低存货库存成本,因减少从订货到交货的加工等待时间而提高生产效率,有利于降低废品率、再加工和担保成本。但是,存货的适时供应系统要求企业内外部全面协调与配合,一旦供应链破坏,或企业不能在很短的时间内根据客户需求调整生产,企业生产经营的稳定性将会受到影响,经营风险加大。此外,为保证能够按合同约定频繁小量配送,供应商可能要求额外加价,企业因此丧失了从其他供应商那里获得更低价格的机会收益。

适时供应系统是一套按照市场需求"牵引"产品通过制造流程的生产系统。存货被最小化,这提高了资产周转率并减少了制造成本。一个适时供应系统一般需要有许多相关的要素,这些要素包括:高质量的投入与产出;减少存货水平;将供应商变成伙伴,而不是对手;机器调整准备时间必须缩短;生产批量必须是小的;存货以市场需求为基础被"牵引"通过工厂。

本章小结

营运资本投资策略分为适中型、保守型和冒险型;营运资本融资策略分为配合型策略、保守型策略和激进型策略三种类型。

公司持有现金的动机包括交易性动机、预防性动机和投机性动机。现金管理的主要内容包括最佳现金持有量的确定和现金的日常管理等。

应收账款的功能在于促进销售,减少存货;应收账款成本包括机会成本、管理成本和坏账成本。

信用政策即应收账款的管理政策,是指企业对应收账款投资进行规划与控制而确立的基本原则与行为规范,包括信用标准、信用条件和收账政策三部分内容。信用标准是指客户获得公司信用所应具备的条件;信用条件是指企业接受客户信用时所提出的付款要求,主要包括信用期限、折扣期限及现金折扣等。

存货成本包括取得成本、储存成本和缺货成本,取得成本是指为取得某种存货而支出的成本,包括订货成本和购置成本两类。储存成本就是企业为持有存货而发生的成本。短缺成本是指由于存货供应中断而造成的损失。

经济订货批量是在各种假设条件下,确定存货总成本最低时的订货批量,以及经济批量下的存货总成本、最佳订货次数、最佳订货周期等。

思考题

1. 企业持有现金的动机是什么?
2. 如何进行现金的日常控制?
3. 应收账款的功能与成本是什么?
4. 信用政策包括哪些内容? 信用政策如何确定?
5. 如何进行应收账款的日常控制?
6. 存货的功能与成本是什么?
7. 什么是经济采购批量? 确定经济采购批量时应考虑哪些相关成本?
8. 如何进行存货控制?

第9章

公司并购

【学习要点】

1. 并购的基本概念。

2. 并购的分类。

3. 并购动机及并购的协同效应。

4. 并购过程中的关键问题。

5. 并购的整合战略。

引例

宝万股权（控制权）之争

2000年8月10日，王石与万科管理层"卖掉"第一股东，迎接华润入主，从2004年至2017年6月，华润系对万科持股比例均维系在15％左右，在万科迎入华润后的十余年里，某种程度上，华润系似乎与万科王石团队达成了一种近乎完美的默契。基于这种默契，华润系持股从未超过20％，也从未以管理者身份过多干涉万科，而王石团队也未要求华润系过多承担作为第一大股东的义务。

2015年7月10日，宝能系首次举牌万科，约占万科A总股本的5％。7月24日，增持至万科总股本的10％。8月26日，宝能系合计持有万科15.04％，以0.15％的优势，首次超过了20年来始终位居万科第一大股东的华润。9月4日，华润增持，重新夺回万科的大股东之位。截至11月20日，华润共持有万科A股15.29％。宝能系持续增持万科，12月11日对万科股票增持至22.45％。之后，宝能系与万科管理层的对峙进入高潮阶段，12月18日宝能系累计持股万科A股23.52％，成功拿下万科第一大股东的地位。若宝能系继续增持，万科则面临被收购的巨大危机。

2015 年 12 月 17 日王石表示不欢迎宝能,理由是,一是信用不足:宝能信用不够,会影响万科信用评级,提高融资成本。二是能力不足:地产领域年销售额几十亿元的宝能,能力不足以管控万科。三是短债长投,风险巨大:以短期债务,进行长期股权投资,风险非常大。四是华润作为大股东角色很重要。2015 年 12 月 18 日宝能回应王石:相信市场力量。

2015 年 12 月 17 日,安邦保险开始增持万科 A 股,18 日增持至 7.01%。同日,万科股票停牌。12 月 23 日,王石欢迎安邦成为万科重要股东。2016 年 3 月 13 日,华润承诺一如既往地支持万科。3 月 13 日,万科引入深圳地铁 600 亿元资金注入换股,3 月 17 日,华润集团股东代表突然发声称,万科与深圳地铁的合作公告,没有经过董事会的讨论及决议通过,要求万科经营依法合规。2016 年 6 月 17 日下午,万科召开董事会审议发行股份购买深圳地铁资产的预案,11 名董事中张利平独立董事认为自身存在潜在的关联与利益冲突,申请不对所有相关议案行使表决权,因此相关议案由无关联关系的 10 名董事进行表决。尽管华润 3 位董事表示反对,但 7 位董事赞成,1 位董事回避表决。万科宣称,最终董事会以超过 2/3 的票数通过此次预案。6 月 18 日下午,华润集团发表公开声明,明确质疑万科董事会通过的重组方案。此举表明万科、华润阵营破裂。6 月 18 日万科独立董事华生表态:万科管理层沟通不力。6 月 23 日,宝能华润发声明反对万科重组预案,华润和宝能的矛头都指向公司内部人控制。6 月 26 日,宝能提请罢免王石等现任董事、监事。6 月 27 日,万科举办 2015 年度万科股东大会,王石的薪酬问题成为本次股东大会上股东们关注的焦点问题之一,提出罢免董事、监事。6 月 30 日,华润发声不同意罢免议案。7 月 1 日,万科董事会反对开股东会罢免董事。

2016 年 7 月 5 日,宝能系持有万科 A 股份比例达 24.972%。7 月 19 日,万科举报宝能的资管计划违法违规。8 月 4 日,恒大买入 4.68% 万科 A 股,11 月 17 日恒大增持至 9.452%,11 月 23 日恒大占万科总股份的 10.00%。11 月 29 日恒大增持万科股份至 14.07%。2017 年 1 月 12 日华润退出深圳地铁接盘,3 月 16 日,恒大集团发布公告称,恒大集团与深圳地铁集团在当日签署战略合作框架协议,恒大将公司下属企业持有的万科股份(约占万科总股本 14.07%)的表决权不可撤销地委托给深圳地铁行使,期限一年。2017 年 6 月 9 日万科 A 公告,恒大下属企业将所持有的约 15.5 亿股万科 A 股份以协议转让方式全部转让给地铁集团,约占公司总股本的 14.07%,转让价格为人民币 18.80 元/股。6 月 11 日,万科企业股份有限公司披露的详细权益变动报告书中,深圳地铁表示,此次受让恒大所持万科股权总金额约 292 亿元。至此,深圳地铁集团持有约 32.4 亿股股份,占公司总股本的 29.38%,成为万科 A 股的第一大股东。6 月 21 日王石退位,郁亮接替王石。至此,历时两年的宝万股权之争尘埃落定。

需要思考的：一是万科为什么会成为争夺对象？二是如何设计公司治理机制，怎样才能掌握公司控制权？

9.1 公司并购概述

9.1.1 公司并购基本概念

所谓并购，是指两家或者两家以上的独立企业，合并组成一家企业的行为。并购的内涵非常广泛，通常是指兼并和收购，简称为并购。并购的实质是一个企业取得另一个企业的资产、股权、经营权或控制权，使一个企业直接或间接对另一个企业发生支配性的影响。

所谓兼并，是指一个企业采取各种形式有偿接受其他企业的产权，使被兼并公司丧失法人资格或改变法人实体，并取得对这些企业经营和财务决策控制权的经济活动。兼并通常包括吸收合并或新设合并两种类型。所谓吸收合并，是指一家企业或一家以上企业被另一家企业吸收成为一家企业。兼并企业以其法人地位存续为前提，且收购目标企业的全部资产和负债，被兼并企业不再作为一个独立法人实体存在。所谓新设合并，是指两家或两家以上的独立法人企业在合并过程中解散，重新组合成一家新的法人企业。新设企业接管原有企业所有的资产和负债。

所谓收购，是一家公司（收购方）通过现金、股票等方式购买另一家公司（被收购公司或目标公司）部分或全部股票或资产，从而获得对该公司的控制权的经济活动。收购通常包括收购股票和收购资产两种类型。收购股票是指用现金购买或者用股票或其他证券换取目标企业具有表决权的股票，并获取控制地位的行为。收购股票可以直接在二级市场按照法律规定程序购买，也可以公开或非公开向股东发出要约形式收购。收购股票包括善意收购和恶意收购两种类型。收购资产是指通过购买另一家企业全部资产或核心资产实现收购目标。这种收购方式可以避免在收购股票方式下有少数股东带来的潜在问题，但这种方式要求进行资产过户，有时会产生高昂的成本。

兼并和收购有很多相似之处，譬如，两者的目的都是加强公司竞争能力，扩充经济实力，形成规模经济，实现资产一体化和经营一体化。兼并与收购在本质上都是公司所有权或产权的有偿转让，是资本运作的重要方式。在经营理念上二者都是通过外部扩张型战略谋求自身的发展。但兼并和收购在以下四个方面存在差异：一是对目标公司承担的责任不同。兼并后，兼并企业作为被兼并企业的新的所有者和债权债务的承担者，是资产、债权、债务的一并转换；而在收购中，收购企业是被收购企业的新股东，以收购出资的股本为限承担被收购企业的风险。二是目标公司的法律实体存续不同。在兼并中，被兼并企业作为法人实体不复存在；而在收购中，被收购企业可仍以法人实体存在，其产权可以是部分转让。三是程序不同。取得某家企业的经营权，必须先取得该公司经营者的同意，经股东会议决定后才能达到目的。而收购在程序上就简单了，如果收购方想通过收购某家公司的股权而取得经营权，只要收购到目标公司一定比例的股权就可以达到目的。在程序上只要取得股权上的优势，再进行董事会、监事会改组即可。四是实施的背景与事后的变化不同。兼并多发生在被兼并企业财务状况不佳、生产经营处于停滞或半停滞状态时，所以兼并后，兼并企业一般要对被兼并企业的生产经营进行调整，重新组合其资产及负债；而收购一般发生在被收购企业财务状况正常、生产经营情况稳定时,所以,产权流动比较平和。

9.1.2　并购的分类

根据不同的标准,可以将并购划分为不同的类别。

(1) 按照被并购双方的产业特征,可以分为横向并购、纵向并购和混合并购

横向并购是指同一产业的两个或多个生产和销售同类产品或生产工艺相近的具有竞争关系的企业之间所进行的并购。横向并购的结果是资本在同一生产、销售领域或部门集中,优势企业吞并劣势组成横向托拉斯,扩大生产规模以达到新技术条件下的最佳规模。其目的在于消除竞争、扩大市场份额、增加并购企业的垄断实力或形成规模效应,并消除重复设施,提供系列产品,有效地实现节约。横向并购是企业并购中最常见的方式,但由于其(尤其是大型企业的并购)容易破坏竞争形成行业高度垄断的局面,许多国家都密切关注并严格限制此类并购的发生。如反托拉斯法就是一个限制横向兼并的法案。

纵向并购也称垂直并购,是对生产工艺或经营方式上有前后关联的企业进行的并购,是生产、销售的连续性过程中互为购买者和销售者(即生产经营上互为上下游关系)的企业之间的并购。其又分前向并购和后向并购两种形式。前向并购是向其最终用户的并购,如一家纺织公司与使用其产品的印染公司的结合。后向并购是向其原料供应商的并购,如一家钢铁公司与铁矿公司的结合。纵向并购的目的在于控制某行业、某部门生产与销售的全过程,加速生产流程,缩短生产周期,减少交易费用,获得一体化的综合效益。

混合并购是指不相关行业的企业之间的并购。混合并购可以通过分散投资、多元化,从而降低企业的经营风险。其又可以分为三种形态:产品扩张型并购是对不同产品生产进行渗透而实施的并购;市场扩张型并购是一个企业为扩大竞争地盘而对它尚未渗透的地区生产同类产品的企业进行并购;而纯粹的混合并购是那些生产和经营彼此之间毫无联系的产品或服务的企业的并购。

(2) 按并购的实现方式,可分为承担债务式并购、现金购买式并购和股份交易式并购

承担债务式并购是指并购方以承担被并购方全部或部分债务为条件,取得被并购方的资产所有权和经营权;经常在被并购企业资不抵债或资产债务相等的情况下使用。现金购买式并购是指以现金购买目标公司的股票或股权或以现金购买被并购方全部资产。股份交易式并购是指以股权换资产或以股权换股权,以达到控制被并购公司的目的,通过并购,被并购公司或者成为并购公司的分公司或子公司,或者解散并入并购公司。

(3) 按被并购企业的范围,可以分为整体并购与部分并购

整体并购是指资产和产权的整体转让。整体并购有利于加快资金、资源集中的速度,迅速提高规模水平与规模效益。部分并购是指对被并购企业部分实物资产进行并购或产权的并购。

(4) 按照目标公司管理层是否合作,可分为善意并购和敌意并购

善意并购也称友好并购,是指目标公司的经营管理者同意收购方提出的并购条件,接受并购。一般由并购公司确定目标公司,然后设法使双方高层管理者进行接触,商讨并购事宜,诸如购买条件,价格、支付方式和收购后企业地位及目标公司人员的安排等问题。通过讨价还价,在双方都可以接受的条件下,签订并购协议。由于双方在自愿、合作、公开的前提下进行,故善意并购成功率较高。

敌意并购也称恶意并购,通常是指并购方不顾目标公司的意愿而采取非协商购买的手段,强行并购目标公司。在进行敌意收购时,一般收购价格比市价高出 20%～40%,以此吸引股东而不顾经营者的反对而出售股票。因此,对于收购方而言,需要有大量的资金支持,在比较大规模的并购活动中银行或证券商往往出面提供短期融资。同时,被收购公司在得知收购公司的收购意图之后,可能采取一切反收购措施,如发行新股票以稀释股权,或收购已发行在外的股票等,这都将使收购的成本增加和成功率降低。

(5) 按照并购交易是否通过证券交易所,可分为协议收购和要约收购

协议收购是收购者在证券交易所之外以协商的方式与被收购公司的股东签订收购其股份的协议,从而达到控制该上市公司的目的。收购人可依照法律、行政法规的规定同被收购公司的股东以协议方式进行股权转让。

要约收购是指收购人通过向被收购公司所有股东发出要约,在要约期内按照要约条件购买其持有的股份,从而实现对上市公司的收购。根据收购方是否主动,要约收购又分为主动要约收购和强制要约收购。主动要约收购是指收购人自主决定通过发出收购要约以增持目标公司股份而进行的收购。强制要约收购是指收购人已经持有目标公司股份达到一定比例,并拟继续增持或者从一定比例以下拟增持并超过该比例股份时,必须向目标公司全体股东发出购买其持有的股份的要约,以完成收购。

与协议收购相比,要约收购要经过较多的环节,操作程序比较繁杂,收购方的收购成本较高。而且一般情况下要约收购都是实质性资产重组,非市场化因素被尽可能淡化,重组的水分极少,有利于改善资产重组的整体质量,促进重组行为的规范化和市场化运作。

(6) 其他分类

按照其他标准还有其他一些分类,比较重要的有杠杆收购和管理层收购。杠杆收购是以少量的自有资金,以被收购企业的资产和将来的收益能力作抵押,筹集部分资金用于收购的一种并购活动。其实质是一种混合融资形式,具有投入资金少,财务风险高的特征。管理层收购(MBO)又称"经理层融资收购",是指目标公司的管理层通过高负债融资购买该公司的股份,获得经营和财务控制权,以达到重组该目标公司,并从中获得预期收益的一种财务型收购方式。

9.1.3 并购的发展阶段

100 多年来,并购大致经历了五次大的浪潮。第一次以横向并购为特征的并购浪潮出现在 19 世纪下半叶,科学技术取得巨大进步,大大促进了社会生产力的发展,为以铁路、冶金、石化、机械等为代表的行业大规模并购创造了条件,各个行业中的许多企业通过资本集中组成了规模巨大的垄断公司。在 1899 年美国并购高峰时期,公司并购达到 1 208 起,是 1896 年的 46 倍,并购的资产额达到 22.6 亿美元。1895 年到 1904 年的并购高潮中,美国有 75%的公司因并购而消失。在工业革命发源地英国,并购活动也大幅增长,在 1880—1981 年,有 665 家中小型企业通过兼并组成了 74 家大型企业,垄断着主要的工业部门。后起的资本主义国家德国的工业革命完成比较晚,但企业并购重组的发展也很快,1875 年,德国出现第一个卡特尔,通过大规模的并购活动,1911 年就增加到 550～600 个,控制了德国国民经济的主要部门。在这股并购浪潮中,大企业在各行各业的市场份额迅速提高,形成了比较大规模的垄断。

第二次以纵向并购为特征的并购浪潮出现在 20 世纪 20 年代(1925—1930 年)。那些发生在第一次并购浪潮中形成的大型企业在第二次并购浪潮继续进行并购,进一步增强经济实力,扩展对市场的垄断地位,这一时期的并购的典型特征是纵向并购为主,即把一个部门的各个生产环节统一在一个企业联合体内,形成纵向托拉斯组织,行业结构从垄断转向寡头垄断。第二次并购浪潮中有 85% 的企业并购属于纵向并购。通过这些并购,主要工业国家普遍形成了主要经济部门的市场被一家或几家企业垄断的局面。

第三次以混合并购为特征的并购浪潮出现在 20 世纪 50 年代中期,各主要工业国出现了第三次并购浪潮。第二次世界大战以后,各国经济经过 20 世纪 40 年代后期和 50 年代的逐步恢复,在 60 年代迎来了经济发展的黄金时期,主要发达国家都进行了大规模的固定资产投资。随着第三次科技革命的兴起,一系列新的科技成就得到广泛应用,社会生产力实现迅猛发展。在这一时期,以混合并购为特征的第三次并购浪潮来临,其规模、速度均超过了前两次并购浪潮。

第四次以金融杠杆并购为特征的并购浪潮出现在 20 世纪 80 年代。第四次并购浪潮的显著特点是以融资并购为主,规模巨大,数量繁多。多元化的相关产品间的"战略驱动"并购取代了"混合并购",不再像第三次并购浪潮那样进行单纯的无相关产品的并购。此次并购的特征是:企业并购以融资并购为主,交易规模空前;并购企业范围扩展到国外企业;出现了小企业并购大企业的现象;金融界为并购提供了方便。1980—1988 年,企业并购总数达到 20 000 起,1985 年达到顶峰。进入 20 世纪 90 年代以来,出现了第五次全球跨国并购浪潮。随着经济全球化,一体化发展日益深入。在此背景下,跨国并购作为对外直接投资(FDI)的方式之一逐渐替代跨国创建而成为跨国直接投资的主导方式。从统计数据看,1987 年全球跨国并购仅有 745 亿美元,1990 年就达到 1 510 亿美元,1995 年,美国企业并购价值达到 4 500 亿美元,1996 年上半年这一数字就达到 2 798 亿美元。2000 年全球跨国并购额达到 11 438 亿美元。但是从 2001 年开始,由于受欧美等国经济增长速度的停滞和下降以及"9·11"事件的影响,全球跨国并购浪潮出现了减缓的迹象,但从中长期的发展趋势来看,跨国并购还将得到继续发展。

9.2 并购的动机及协同效应

9.2.1 并购的动机

产生并购行为最基本的动机就是寻求企业的发展。寻求扩张的企业面临着内部扩张和通过并购发展两种选择。内部扩张可能是一个缓慢而不确定的过程,通过并购发展则要迅速得多,尽管它会带来自身的不确定性。具体到理论方面,并购的最常见的动机就是——协同效应。并购交易的支持者通常会以达成某种协同效应作为支付特定并购价格的理由。并购产生的协同效应包括:经营协同效应和财务协同效应。在具体实务中,并购的动因,归纳起来主要有以下几类。

第一,扩大生产经营规模,降低成本费用。通过并购,企业规模得到扩大,能够形成有效的规模效应。规模效应能够带来资源的充分利用,资源的充分整合,降低管理、原料、生产等各个环节的成本,从而降低总成本。

第二,提高市场份额,提升行业战略地位。规模大的企业,伴随生产力的提高,销售网络的完善,市场份额将会有比较大的提高,从而确立企业在行业中的领导地位。

第三,取得充足廉价的生产原料和劳动力,增强企业的竞争力。通过并购实现企业的规模扩大,成为原料的主要客户,能够大大增强企业的谈判能力,从而为企业获得廉价的生产资料提供可能。同时,高效的管理,人力资源的充分利用和企业的知名度都有助于企业降低劳动力成本。从而提高企业的整体竞争力。

第四,实施品牌经营战略,提高企业的知名度,以获取超额利润。品牌是价值的动力,同样的产品,甚至是同样的质量,名牌产品的价值远远高于普通产品。并购能够有效提高品牌知名度,提高企业产品的附加值,获得更多的利润。

第五,为实现公司发展的战略,通过并购取得先进的生产技术,管理经验,经营网络,专业人才等各类资源。并购活动收购的不仅是企业的资产,而且获得了被收购企业的人力资源,管理资源,技术资源,销售资源等。这些都有助于企业整体竞争力的根本提高,对公司发展战略的实现有很大帮助。

第六,通过收购跨入新的行业,实施多元化战略,分散投资风险。这种情况出现在混合并购模式中,随着行业竞争的加剧,企业通过对其他行业的投资,不仅能有效扩充企业的经营范围,获取更广泛的市场和利润,而且能够分散因本行业竞争带来的风险。

9.2.2 并购的协同效应

企业为什么要进行并购,我们总结了六个方面的动机,这六个方面概括起来就是获取协同效应。所谓协同效应就是并购后公司的整体效益大于并购前各个独立组成部分总和的效应,经常被表述为"1+1>2"或"2+2=5"。如鸡岭公司准备兼并朗山公司,鸡岭公司价值是V_A,朗山公司价值是V_B,兼并后组成狮子山公司价值用V_{AB}表示,则兼并协同效应是

$$协同效应 = V_{AB} - (V_A + V_B)$$

那么,协同效应从哪里来呢?来自合并后增加的现金流量产生的价值。假设ΔCF_t表示狮子山公司在t时产生的现金流量与原鸡岭公司和朗山公司产生的现金流量差额,则兼并后净增现金流量可表示为

$$\Delta CF_t = \Delta 收入_t - \Delta 成本_t - \Delta 税负_t - \Delta 资本需求_t$$

式中,$\Delta 收入_t$表示净增收入;$\Delta 成本_t$表示净增成本;$\Delta 税负_t$表示净增税负;$\Delta 资本需求_t$表示新投资需要净增的营运资金和固定资产。结合前面并购六个方面动机,可以得出协同效应来自四个方面:即收入上升、成本下降、税负减少和资本成本降低。

(1)收入上升。收入上升形成了收入协同效应。收入增加来自并购后营销、市场以及战略等权力的改变。首先,并购后企业可以通过收购方或目标公司在营销策略等方面优势获取超额收入。其次,并购后可以减少市场竞争,甚至可以形成垄断市场,并购方可以凭借垄断地位获取超额收入。最后,并购后并购方可以通过并购后的战略调整获取超额收益。

(2)成本下降。成本下降形成成本协同效应,意味着并购后企业经营或投资更有效率,使企业取得更高的效益。一方面,这种效率来自并购后规模扩大,使企业经营的各个环节的相关费用大大节约,导致企业整体经营成本下降,从而也形成了规模经济效应。另一方面,并购后可以使得企业各方面的资源实现互补,淘汰无效率管理部门和项目,提升企业管理水平,也可以节约各环节费用,从而形成了互补效应。

（3）税负减少。税负减少形成了税负协同效应。一般地，并购企业可以通过兼并一些暂时亏损的企业等方式进行合理避税。也利用并购提升企业举债能力，从而发挥债务利息的税盾效应。也可以利用剩余资金收购目标公司股票以规避目标股利所得税或目标公司企业所得税等。

（4）资本成本降低。由于并购后提升了企业融资规模和融资能力，使企业融资地位提升，增加了谈判能力，使企业可以获得一些利率的优惠，从而降低了企业融资成本，并形成了融资规模效应。

上述四种情况就构成企业并购的经营协同效应、管理协同效应和财务协同效应。具体可参考以下案例。

【例 9-1】 中国南北车合并。

2014 年 12 月，中国南车与中国北车合并为"中国中车股份有限公司"（股票简称"中国中车"）。技术上采取中国南车吸收合并中国北车的方式进行合并，中国北车的 A 股股票和 H 股股票相应予以注销。

合并后新公司同时承继及承接中国南车与中国北车的全部资产、负债、业务、人员、合同、资质及其他一切权利与义务。

【例 9-2】 鸿海收购夏普。

2016 年 4 月 1 日，中国台湾鸿海精密工业股份有限公司与日本老牌电器公司夏普在日本大阪府堺市共同召开记者会，正式宣布鸿海对夏普出资 3 888 亿日元（约合 223.56 亿元人民币）换取夏普 66％股权，夏普成为鸿海子公司。鸿海将在 4 月 15 日前决定将派任夏普董事的新人选。鸿海可以指定夏普董事会 13 位董事中的 9 位。接受注资后，夏普将加速新技术研发，有 2 000 亿日元注资将被用于开发下一代 OLED 面板（也称有机 EL 面板）。

夏普成立于 1912 年，以先进的液晶技术闻名，是苹果的主要液晶屏供应商之一。近年来由于经营不善等原因，该公司营业利润大幅下滑。据夏普 3 月预测，其 2015 财年将净亏损 1 700 亿日元，而此前的预期是盈利 100 亿日元。

鸿海董事长郭台铭表示，收购后夏普仍能够保持独立运营，并继续使用夏普品牌。业界普遍分析，通过收购，鸿海将结合夏普技术和自身资金以及生产规模优势进一步扩大在全球液晶市场中的份额。

9.3　并购过程中的关键问题

并购行为涉及领域较广，一项成功的并购交易通常会涉及经济、政治、法律等方面。其过程比较复杂，基本流程是：第一，公司董事会提出战略，经股东会批准；第二，寻找目标企业；第三，进行尽职调查，聘请注册会计师和律师出具审计报告和法律意见书；第四，提出并购方案，并商讨定价、估值以及并购方式；第五，并购方案报并购双方的董事会、股东会批准；第六，并购方案报政府相关部门批准；第七，执行方案，进行工商变更；第八，并购后整合。本节主要介绍几个关键问题：即目标企业的选择、目标企业的估值与定价等。

9.3.1　目标企业选择

并购中，目标企业选择是非常关键问题，也是非常困难的一件事。除非有公司自愿要求被收购,主动披露相关信息,否则并购方需要依据自己的战略发展不断地在市场找寻相关企业。由于并购行为要求比较专业,所以,大多数公司在并购时会聘请专业的财务顾问参与,并开展尽职调查,出具尽职调查报告或意见书。

1. 目标企业选择的标准

并购的动机决定目标企业的选择。如果是基于商业目的,扩大市场份额,获取超额收益,实现经营协同效应,那么其标准就应该是目标企业的盈利能力、业务性质与优势是否与并购企业协调和互补、市场地位等。如果是基于财务目的,实现财务协同效应,则需要考虑目标企业的融资能力、信用状况以及流动性、资产可抵押性、发展前景等。如果是基于规模、技术、市场地位等动机,实现管理协同效应,则需要考虑目标企业技术领先性、公司治理机制、管理团队能力等因素。当然,所有目标企业选择标准并不是相互割裂的,应该互相联系的体系。不管并购企业处于何种并购动机,目标企业选择的标准一般至少需要参考六个方面因素:一是企业盈利能力;二是企业流动性;三是企业技术领先、研发能力及市场前景;四是企业信用状况;五是控股股东、管理团队及其公司治理状况;六是企业可持续经营能力等。

2. 并购中调查

并购过程一般涉及三个方面调查:即尽职调查、财务审查和法律调查。

第一,尽职调查。所谓尽职调查亦称"审慎调查"。指在收购过程中收购者对目标公司的资产和负债情况、经营和财务情况、法律关系以及目标企业所面临的机会与潜在的风险进行的一系列调查,是企业收购兼并程序中最重要的环节之一,也是收购运作过程中重要的风险防范工具。调查过程中通常委托第三方机构和人员,利用其管理、财务、税务方面的专业经验与专家资源,形成独立观点,用以评价并购优劣,为并购方决策提供支持。调查不仅限于审查目标企业历史的财务状况,更着重于协助并购方合理地预期未来。尽职调查的目的是使并购方尽可能地发现有关目标企业的股份或资产、负债等全部情况。从并购方的角度来说,尽职调查也就是风险管理。因为并购行为本身存在着各种各样的风险,诸如,目标公司过去财务账册的可靠性;并购以后目标公司的主要员工、供应商和顾客是否会继续留下来;是否存在任何可能导致目标公司运营或财务运作分崩离析的任何义务。因而,并购方有必要通过实施尽职调查来减少信息不对称性。一旦通过尽职调查明确了存在哪些风险和法律问题,并购双方便可以就相关风险和义务应由哪方承担进行谈判,同时并购方可以决定在何种条件下继续进行收购活动。

第二,财务审查。在并购中,财务审查一般是委托会计师事务所对目标企业财务会计报告进行审计,并出具审计报告。一般要求对目标企业财务会计报告的合法性、公允性表示意见。如果注册会计师出具了无保留意见,则表示目标企业财务会计报告可靠。但要注意的是,注册会计师的无保留意见的审计报告并不代表目标企业财务状况可靠,不存在问题,必要时可以要求注册会计师对目标企业财务状况进行专项审计,并发表审计意见,以判断目标企业的资产、负债的风险领域,以及收益确认、现金流等可靠性。

第三,法律调查。在并购中,法律调查一般是委托律师事务所对目标企业是否存在法律相关风险展开审查,并出具法律意见书。一般需要律师对目标企业过去经营过程中是否存在法律风险表示意见,具体包括目标企业章程、企业和股东经营行为、抵押状况、合同签署等方面是否发生或未来存在潜在法律风险。并购方据此可以判断并购方案可行性。

通过调查,并购方可以根据中介机构的专业意见书做出判断,据此与目标企业展开讨论,确定定价和估值,给出并购方案,降低并购风险。

9.3.2 目标企业的估值与定价

在并购过程中,目标企业价值的确定是比较关键的,它是并购价格的基础。目标公司价值按并购方的并购动机,可分为:净资产价值、持续经营价值、清算价值等价值。公司价值评估就是综合运用经济、金融、法律、会计及税务等方面的知识和技能,在大量调查、评审和分析的基础上,对目标企业资产、发展前景和潜在风险等方面进行详细的科学分析和评估,据此确定目标企业的价值。并购估值的前提存在两种情况,即目标企业可持续经营和目标企业破产。上述的净资产价值和持续经营价值是指目标企业可持续经营前提下估算的价值。如果目标企业破产,则需要估算目标企业清算价值。所以,并购中,并购方应根据目标企业的现状及并购的动机,以一定的科学方法和经验验证的法则作为依据,评估目标企业的价值。

1. 净资产价值评估方法

所谓净资产价值是指企业资产总额减去负债总额的净资产价值。一般净资产价值的评估方法主要有账面价值法和现行市价法。

首先,账面价值法。所谓账面价值法,就是依据企业账面价值估算企业价值方法。一般地,企业年度的资产负债表集中反映了企业在 12 月 31 日的财务状况,资产负债表反映的净资产价值即为企业净资产账面价值,亦是企业净资产价值。如果 $V_{\mathrm{NA}t}$ 表示企业某个时点净资产价值,A_t 表示某个时点企业账面资产金额,L_t 表示某个时点企业负债账面金额,则企业净资产价值为

$$V_{\mathrm{NA}t} = A_t - L_t$$

采用账面价值法的前提是企业账面价值必须可靠。所以,进行估值时首先应以注册会计师无保留意见的财务会计报表为前提,如果财务会计报表存在粉饰情况,必须挤掉因为会计粉饰所带来会计数据不可靠的部分。特别需要关注利用会计政策弹性对会计数据调整的现象。

其次,现行市价法。现行市价法又叫市场法,它是通过市场调查,选择一个或几个与目标企业类似的企业作为参照物或价格标准,分析比较参照物的交易条件,进行对比调整,据以确定目标企业价值的一种评估方法。

现行市价法的理论依据是市场替代原理。在资产交易中,任何购买者都会选择效用大而价格低的资产。现行市价法的评估过程中,首先明确评估对象和评估指标,然后收集参照物的信息资料,通过分析资料信息确定参照物,最后是比较参照物和评估对象的差异及差异所反映的价格差额,经过调整得出评估对象的价值。应用现行市价法的前提是需要有一个充分发育的、交易活跃的市场。只有存在这样一个市场,才能从市场上选择充分的参照物进行对比、分析、作价。

2. 持续经营价值评估法

所谓持续经营价值是指基于企业可持续经营为前提的价值评估方法。由于在大多数并购中一般都假设目标企业可持续经营,所以此类方法被广泛应用。持续经营价值评估法通常包括贴现现金流量法、收益法和市盈率法三类。

（1）贴现现金流量法

贴现现金流量法是以目标企业的未来每年现金净流量或自由现金流量的折现值估算目

标企业价值的方法。本书采用自由现金流量贴现,这种方法常用来确立最高可接受的并购价格。其一般估价模型为

$$V = \sum_{t=0}^{n} \frac{FCF_t}{(1+i)^t} + \frac{V_n}{(1+i)^n}$$

式中,V 为目标企业的评估价值;FCF_t 为目标企业在第 t 年的自由现金流量;i 为贴现率;V_n 为预测期末目标企业的可变现价值;n 为预测期。

采用自由现金流量折现模型估计目标公司价值包括以下步骤:一是预测自由现金流量;二是确定预测期;三是估计资本的加权平均成本;四是计算目标公司的价值。

首先,预测目标企业未来各年度的自由现金流量。自由现金流量是指目标企业每年获取的现金净流量总额减去为维持持续经营而进行固定资产投资和营运资本投资之后,可以自由支配的现金流量。通常,假设目标企业每年销售均可以现金收回,则其某一年度的自由现金流量计算公式为

$$FCF_t = S_{t-1}(1+g_t) \times P_t(1-T_t) - (S_t - S_{t-1}) \times (F_t + W_t)$$

式中,S 为年销售额;g 为销售额增长率;P 产为销售利润率;T 为所得税税率;F 为追加的固定资产投资与销售额的百分比;W 为追加的营运资本投资与销售额的百分比;t 为预测期内的某一年度。

从上述模型可知,自由现金流量实质上就是企业税后净利与企业追加投资净额之差。自由现金流量的大小,影响着企业价值。自由现金流量越大,企业价值越大;反之,就越小。

其次,确定预测期。会计上一般假设企业是无限期持续经营的,但在估算企业价值时,企业的预测期一般为五至十年,企业的预测期越长,预测的准确性越差。

再次,估计贴现率。贴现法一般可以选择目标企业的加权平均资本成本作为其贴现率。所谓加权平均资本成本,是指以各种资本占全部资本的比重为权数,对企业各种筹资方式的个别资本成本进行加权平均确定的。它既表明筹资者为筹措资本所付出的代价,也表明投资者对其投入资本所要求的最低报酬。

最后,依据模型计算目标企业价值。

贴现现金流量法以现金流量预测为基础,充分考虑了目标公司未来创造现金流量的能力对企业价值的影响,在日益崇尚"现金为王"的现代理财环境下,对企业并购决策具有现实指导意义。但是这一方法中合理预测未来自由现金流量以及选择合适贴现率面临一定困难与不确定性可能会影响贴现现金流量法的准确性。但是,在运用贴现现金流量法的过程对于全面准确地认识目标企业的状况是非常有用的。

(2)收益法

收益法与贴现现金流量法原理是一致的,它是将目标企业未来预期的收益用适当的折现率折现为评估基准日的现值,并以此确定公司价值的评估方法。

收益法采用前提是并购方处于收益最大化动机并购目标企业的,所以,估值指标以目标企业收益状况作为参考指标。如果目标企业的收益大,收购价格就会高。所以根据目标企业所能带来的收益高低来确定目标企业价值也是一种较为合理的方法。这种方法涉及目标企业预期寿命年限的评估。预期寿命年限是指从评估基准日到公司丧失获利能力的年限。公司都有寿命周期,在用收益现值法评估公司价值时,必须首先判断公司的经济寿命。如果估计经济寿命过长就会高估公司价值,反之会低估公司价值。一般情况下预期寿命年限定

为 5 年到 10 年。

（3）市盈率法

如果目标企业是一家上市公司，则面临一个比较活跃的资本市场，那么在并购中可以采用市盈率法对其估值。所谓市盈率法就是根据目标企业的收益和市盈率确定其价值的方法。假设 V_t 表示目标企业在 t 时的价值，P_t 表示目标企业在 t 时的利润或收益，一般情况下是指目标企业的净利润总额。通常市盈率采用 P/E 表示，因为市盈率就是某个企业股票的市价与其每股收益的比例。那么，目标企业价值就是：

$$V_t = P_t \times P/E$$

应用市盈率法评估公司价值的过程是：首先，对目标企业的利润业绩进行审计，并审定其利润。其次，选择目标企业估价收益指标。一般可采用目标企业近三年净利润的平均值作为估价收益值。也可以参照资本市场行业标准。甚至要参照目标企业未来三年盈利预测做出合理判断。再次，选择市盈率。通常可选择的标准市盈率有以下几种：并购时目标企业的市盈率、与目标公司具有可比性的公司的市盈率、目标公司所处行业的平均市盈率、资本市场近期的市盈率以及未来资本市场市盈率的预测情况等。最后，计算目标企业价值。即估价收益指标与标准市盈率之积。

如果目标企业收益不稳定，或者是高技术企业处于成长阶段，还可以用市净率法替代市盈率法进行估值，市净率法原理与市盈率是一致的，只是估值指标不同，目标企业价值等于目标企业净资产总额与市净率之积。

3. 清算价值

清算价值是指目标企业面临破产清算时的价值。估算目标企业清算价值一般是以目标企业资产价值作为估算基础的，也就是净资产价值法。需要说明的是：由于目标企业面临清算，已经不能持续经营了，所以在进行估值时，必须要把以持续经营为前提按照应计制编制的会计报表调整为以破产为前提按照现金制编制的会计报表。清算价值等于清算确认的资产偿还清算确认的债务以后的剩余价值。清算价值一般低于账面价值。这种方法只适用于目标企业作为一个整体已经丧失增值能力或者并购企业并购的目的在于获得某项特殊资产的情况。

【例 9-3】 柴桑公司拟横向兼并同行业的朗山公司，假设双方公司的长期负债利率均为 10%，所得税税率均为 50%。按照柴桑公司的现行会计政策对朗山公司财务数据进行调整后，双方基本情况如表 9-1 所示。

表 9-1　2020 年柴桑公司与朗山公司简化的资产负债表　　　　　单位：万元

资　产	柴桑公司	朗山公司	负债与股东权益	柴桑公司	朗山公司
流动资产	1 500	500	流动负债	500	250
长期资产	1 000	250	长期负债	500	100
			股东权益		
			股本	1 000	300
			留存收益	500	100
			股东权益合计	1 500	400
资产合计	2 500	750	负债与股东权益合计	2 500	750

2020 年两公司简化的经营业绩及其他指标如表 9-2 所示。

表 9-2　两公司经营业绩及其他指标　　　　　　　　　单位：万元

指　标	柴桑公司	朗山公司
年度经营业绩		
息税前利润	350	60
减：利息	50	10
税前利润	300	50
减：所得税	150	25
税后利润	150	25
其他指标	150	25
资本收益率＝息税前利润/（长期负债＋股东权益）	17.5%	12%
利润增长率	20%	14%
近三年的平均利润		
税前	125	44
税后	63	22
市盈率	15	12

　　案例分析：由于并购双方处于同一行业，故采用并购企业的市盈率来计算。在其基础上选用不同的收益指标，分别运用公式计算目标企业——朗山公司的价值，有关计算如下。

　　首先，选用目标企业最近一年的税后利润作为估价收益指标。

　　例中，朗山公司最近一年税后利润为 25 万元，柴桑公司的市盈率为 15，因此朗山公司的价值为 375 万元（25×15）。

　　其次，选用目标企业最近三年税后利润的平均值作为估价收益指标：

　　例中，朗山公司最近三年税后利润平均为 22 万元，柴桑公司的市盈率为 15，朗山公司的价值 330 万元（22×15）。

　　最后，假设目标企业并购后能够获得与并购企业同样的资本收益率，以此计算出的目标企业并购后税后利润作为估价收益指标：

　　由于朗山公司的资本额为 500 万元（即长期负债＋股东权益＝100＋400），因此并购后的朗山公司资本收益为 87.5 万元（500×17.5%），扣除利息 10 万元（100×10%），税前利润为 77.5 万元，再减所得税 38.75 万元，这样税后利润为 38.75 万元。因柴桑公司的市盈率为 15，因此柴桑公司的价值为 581.25 万元（38.75×15）。

9.3.3　并购中的支付方式

　　并购中，支付手段不仅影响并购交易的实施和完成，还影响到交易完成后对目标公司的整合和后续经营，因此，必须慎重选择并购的支付方式。在实务中，并购支付方式比较多，通常有现金、股票、债券、优先股、认股权证、可转换债券、实物资产、应收账款和票据等。这些支付手段的不同安排和组合，又衍生出内容丰富的支付种类。并购实务中比较普遍的支付方式主要有现金支付、股票支付和混合支付。在我国由于国有企业并购存在特殊性，还有无偿划拨方式和承担债务的零支付方式。

　　（1）现金支付。现金支付方式是指并购方按照约定的目标企业并购价格，向目标企业所有者一次或分期偿付现金的方式。分期支付包括分期付款,开立应付票据等卖方融资行为。现金支付在实际并购重组的操作中也可能演变为以资产支付的方式。

现金并购具有以下优点:一是采用现金支付方式,并购操作简单,能够迅速完成并购交易;二是现金的支付是最清楚的支付方式,目标企业股东不必承受因各种因素带来的收益不确定性等风险;三是现金收购不影响并购方的股权结构。但是,现金支付方式也有不足之处:首先,并购方需要在确定的日期支付相当大数量的货币,而这受到公司本身现金结余的制约,从而限制了并购交易的规模;其次,在跨国并购中,现金支付方式还意味着存在可兑换风险以及汇率风险;最后,由于目标企业股东无法推迟确认资本利得,当期交易的所得税负也增大,而这也会构成并购的成本。

(2)股票支付。所谓股票支付,也称换股支付,即并购方的股票换取目标企业的股票,具体是指并购方按照一定比例向目标企业股东发行股票以换取其控制的目标企业股票,达到收购目标企业目的,而目标企业从此终止或成为并购方的子公司。股票支付方式在国际上被大量采用,具体可以分为增发换股、库存股换股和股票回购换股三种形式。

采用换股支付方式具有不受并购方获利能力限制、规避股价风险、延期纳税以及并购双方共享新公司收益分配等优点。但不足之处是:一是并购方可能会失去公司控制权;二是增发新股会导致每股权益下降,可能会对股价产生影响;三是换股收购可能会招致风险套利者。为了能在并购后对冲获利,他们抬高目标公司股价,打压并购方的股价,这会导致收购成本增加;四是采用换股支付的并购在很多方面受到上市规则的制约,同时,其处理程序相对复杂,可能会延误并购时机而使得怀有敌对情绪的目标公司有机会组织反击。

(3)混合支付。混合支付也可以称为综合证券支付,是指并购方除采用现金、股票出资外,还同时采用认股权证、可转换证券和公司债券等多种方式出资。采用此种方式将多种支付工具组合在一起,如果搭配得当不仅可以避免支出过多现金而造成的财务结构恶化,还可以有效防止并购方原有股东股权稀释而造成的控制权转移。

认股权证是一种由上市公司发行的,赋予其持有以某一设定价格(在某一预定期间或者在未来的任何时候)购买该公司普通股的证明文件。认股权证作为优先股或者普通股的替代物,赋予了持有者一种选择期权,在并购中越来越受欢迎。认股权证支付可以延期支付股利,从而为公司提供额外的股本基础;也可以避免目标公司在并购后整合初期成为拥有获得信息和参加股东大会权利的股东,便于并购后的整合。可转换证券是指持有人可以按一个设定的价格兑现成设定数量的普通股的债券或者优先股,包括可转换债券和可转换优先股。可转换债券是指发行公司向其购买者提供一种选择权,在某一给定时间内,可以按某一特定价格将债券转换为股票。可转换债券可以使公司能以比普通债券更低的利率和比较宽裕的契约条件发售债券;也为公司提供了一种能以比现行价格更高的价格出售股票的方式。可转换优先股是指股票持有人可以在特定条件下按公司条款把优先股股票转换成普通股股票的股票。可转换优先股利用优先股股息(有固定股息但无表决权)支付的特点来设计保留权,使证券持有人在优先股和普通股之间可以按设定价格选择,增加了证券的灵活性和吸引力。具备在证券交易所或场外交易市场上流通的公司债券也可以作为企业并购的支付工具。公司债券作为支付工具可以花费比发行股票少的融资成本,同时也不改变对公司的控制权;对目标企业来说,则可以减少由于信息不对称而带来的收购公司股价困难。

（4）无偿划拨方式。无偿划拨是指基于国家或地方政府战略考虑,国家或地方政通过行政方式将国有企业的控股权从一个国有资产管理主体划至另一个国有资产管理主体,而接受方无须向出让方做出现金、证券及票据支付等补偿。这种支付方式交易成本低、阻力小、速度快、产权整合力度大,且并购方往往会享受到当地政府给予的各种优惠政策。

（5）承担债务的零支付方式。承担债务的零支付收购是指并购方不向目标企业股东支付任何的现金及有价证券,而是采用承担目标企业所有债务以取得目标公司的控制权。这种方式在我国第一次并购高潮(1984—1992 年)中被广泛地采用,尤其是在濒临破产的国有企业及 ST 上市公司并购案例中。

现金支付、股票支付或混合支付方式各有优缺点。在选择何种支付方式时,一般应该考虑以下因素。

一是法律因素。由于并购的影响较大,为了规范公司的并购活动,世界各国都在相关法律中对并购的若干方面进行了规定,比如《公司法》《证券法》以及《反垄断法》等。其中有些规定涉及并购的支付方式,因此,法律因素是确定并购支付方式必须首先应该考虑的因素。这些因素可能包括当地税法的有关规定;目标企业所在国对外资的法律约束限度,比如该国允许外资持股情况等;对于证券市场上的要约收购要受该国证券法规的规定等。

二是税收因素。税收是影响公司选择支付方式的重要因素之一。20 世纪 80 年代西方流行的杠杆收购即是通过对资产的重新估值取得更大的折旧避税,同时高度的财务杠杆也会产生更大的利息避税。当目标企业的资产账面价值大于其市场价值时,有利于股票换购,如此可以结转目标企业的净经营亏损,延迟缴纳股东的资本收益税。反之,当目标企业的资产账面价值小于其市场价值时,有利于现金收购,收购方可以通过收购过程中的资产评估增值,增加折旧减税,但目标企业股东的资本收益税要立即确认,将降低目标企业股东的税后收益。

三是企业的财务结构和现金流量水平。企业现实财务状况直接影响支付方式的选择。并购方的杠杆比率越低、现金流量越充裕,则可能采用现金支付,增加负债水平;反之,并购方的杠杆比率越高、现金流量越不充裕,则可能考虑股票支付或者综合证券支付方式,以降低财务风险。

四是股票的市场价格。研究发现,并购方采用不同的支付方式实际上反映了其公司股票是被高估还是被低估的信号。如果并购方认为目前其公司的股价低于股票本身的价值,则并购方将倾向于进行现金支付,因为以当前市场被低估的股价为基础来确定新股的价格,并购方需支付更多的股票。反之,如果并购方的经理人员认为市场高估了其股票,则会采用换股支付或者与股票相关的证券支付方式。

五是控制权稀释。管理层和大股东对控制权的态度会影响并购支付方式的选择。如前所述,采用现金支付方式不会改变公司的所有权结构,可以保持原有股东的控制权;而换股收购或者涉及股权的证券支付方式则有可能影响到原有股东的控制权。同时,由于不同股东的对管理层的看法不一致,所以管理层对于不同股东的控制权也有自己的偏好。

六是融资成本。除了我国特有的无偿划拨支付方式外,其他的支付方式都是一种支出,只是支出资金的来源不一样而已。因此,在可以选择支付方式时应从收益成本的角度比较资金成本,在考虑其他因素之后选择资金成本最低的支付方式。

除了上述因素之外,并购过程对时间的要求也会影响到并购支付方式的选择。现金支付所需时间短,操作简单,可以迅速实施并购,而股票支付因需要双方股东进行谈判而费时较多。特别是在恶意并购中,争取缩短并购时间对控制并购成本非常重要;而要约收购大多是恶意收购,所以要约收购中采用股票支付和混合支付的方式较少,主要采用现金支付。

【例9-4】 假定柴桑公司采用换股支付的方式兼并狮子公司,双方的财务资料如表9-3所示。

表 9-3　并购双方主要财务指标

项　目	柴桑公司	狮子公司
普通股股东可得盈利/万元	8 000	1 000
普通股数量/万股	1 000	200
每股净收益/元	8	5
每股市价/元	120	60
市盈率	15	12

若柴桑公司同意将狮子公司的股票作价75元,由柴桑公司以其股票进行交换,则交换比率为75/120,即柴桑公司每1股相当于狮子公司1.6股。柴桑公司为此需定向发行200÷1.6＝125(万股)股票才能完全收购狮子公司的股票。

如果在短期内,由于协同效应尚未发挥作用,并购后柴桑公司的现实收益是原柴桑公司和狮子公司现实收益之和,则并购后的每股净收益如表9-4所示。

表 9-4　并购后柴桑公司的每股净收益(1)

项　目	指　标
净利润	9 000 万元(8 000＋1 000)
普通股股数	1 125 万元(1 000＋125)
每股净收益	8 元

由上述可知,柴桑公司的每股净收益未发生变化。但是,若狮子公司同意把其股票作价60元和柴桑公司的股票进行交换,则交换比率为60÷120,即柴桑公司每1股相当于狮子公司2股。柴桑公司为此只需定向发行200÷2＝100(万股)的股票就可以收购狮子公司的全部股票。此时,并购后柴桑公司的每股净收益如表9-5所示。

表 9-5　并购后柴桑公司的每股净收益(2)

项　目	指　标
净利润	9 000 万元(8 000＋1 000)
普通股股数	1 100 万元(1 000＋100)
每股净收益	8.18 元

再假如柴桑公司同意将狮子公司的股票作价90元,由柴桑公司以其股票进行交换,则交换比率为90/120,即柴桑公司每0.75股相当于狮子公司的1股。柴桑公司为此需定向发行200×0.75＝150(万股)的股票才能收购狮子公司的全部股票。此时,并购后柴桑公司的每股净收益如表9-6所示。

表 9-6 并购后柴桑公司的每股净收益（3）

项 目	指 标
净利润	9 000 万元（8 000＋1 000）
普通股股数	1 150 万元（1 000＋150）
每股净收益	7.83 元

分析以上三种情况，在第一种情况里，并购方支付给目标企业的市盈率等于并购企业的市盈率，即 75÷5＝15 倍，不会影响并购方的每股净收益；在第二种情况里，并购方支付给目标企业的市盈率低于并购方的市盈率，即 60÷5＝12 倍，就将增加并购方的每股净收益；在第三种情况里，并购方支付给目标企业的市盈率高于并购方的市盈率，即 90÷5＝18 倍，就将稀释并购方的每股净收益。

如果只从并购对企业每股净收益的短期影响来看，就应该做出否决并购的决策。但是，如前所述，并购就是为了通过管理协同效应、经营协同效应和财务协同效应而使未来的收益增加。因此，必须考虑未来收益增加的可能性。若考虑未来收益增加的可能性，则如果某企业并购方案对每股净收益造成了暂时的稀释并不一定说明该企业并购方案不可行。如上述第三种情况对现实的每股收益造成了稀释，但是只要稀释是暂时的，并且未来一段相当长的时间内，其每股净收益将得到大幅度增加，则该方案也是可行的。

【例 9-5】 续上例，假设柴桑公司实施并购后能产生较好的协同效应，预计第三年将增加净收益 1 350 万元，以后将保持该净收益水平或者稳定递增，则按每股 90 元的价格交换狮子公司的股票，这个并购方案是否可行？参见表 9-7 所示。

表 9-7 并购后第三年柴桑公司的每股净收益

项 目	指 标
净利润	10 350 万元（8 000＋1 000＋1 350）
普通股股数	1 150 万元（1 000＋150）
每股净收益	9 元

由表 9-7 可见，并购后第三年开始企业的每股净收益将会大幅增加，从而该并购方案是可行的。

9.4 公司并购的整合战略

并购是一项高风险的资本运作活动，其并购后的整合直接关系到并购的成功与否。因此，对企业并购后整合问题进行研究有很重要的现实意义。企业并购后的整合涉及企业的战略、组织结构与管理制度、企业文化、人力资源、财务等方方面面。从公司金融角度考虑，这里主要对并购后的财务整合进行分析。

9.4.1 财务整合的内容

财务整合是企业并购后一项基础性整合，只有实现了财务整合，才能使并购的战略意图得到有效贯彻，并购的协同效应真正发挥出来。企业并购后的财务整合涉及内容很多，主要包括以下方面。

（1）财务目标的整合。财务目标是对企业优化理财行为结果的理论化描述，是企业未来发展的蓝图。它直接影响企业财务体系的构建，决定各种财务方案的选择和决策。不同环境中的企业，其财务目标可能会有很大的差异。重组双方在很多情况下财务目标是不一致的，因此必须进行整合。重组后公司的理财目标应该有助于财务运营的一体化和协同化，有助于财务决策的科学化。

（2）财务组织机构的整合。企业的组织结构是根据企业的经营方针和发展战略而设计的，不同的企业因为特定环境的不同也要求不同的组织结构。两个企业通过并购而成为母子公司或关联公司后，其经营战略必须围绕企业整体发展目标进行，具有战略性的财务决策必须由核心企业完成。因此，企业并购后，各成员企业的组织结构必须具有一定的相关性和协调性。整合后的财务组织机构既可以在并购双方的基础上进行适当的改组而成立，也可以完全废除以前的组织机构而重新设计，具体由企业考虑自身情况而决定。但是，在财务组织机构整合的过程中，必须注意机构的设置与集权、分权的程度适应性。

（3）财务制度和会计核算体系的整合。财务制度整合是保证并购企业有效、有序运行的关键，它主要包括融资制度、投资制度、存货管理制度、利润分配管理制度、工资管理制度和财务风险管理等内容的整合。对于跨国并购企业，还应该包括国际财务管理制度的整合。

会计核算体系整合是统一财务制度体系的具体保证，也是并购方及时、准确、全面地获取被并购方企业财务信息的有效手段，更是统一企业绩效评价口径的基础。同时也有利于公司业务的融合；有利于财政、税务、投资者等外部人员对企业会计信息的正确使用。因此，并购后需要对账簿形式、凭证管理和会计科目等进行统一规范，以便于生产经营活动的顺利进行。

（4）现金流转内部控制的整合。现金流转的速度和质量直接关系到企业资金运用及效益水平，因此，必须予以控制。内部现金流转的控制是以预算为标准的。现金流转内部控制的整合主要涉及现金收支日报、现金收支月报、公司预算执行情况的分析报告等报送。这样可以使并购方掌握企业现金流转情况，以便决定在什么时候调整影响现金流转的营业活动和财务活动，以及调整程度的大小。

（5）资产的整合。资产整合是指在并购交易完成后，以并购方为主体，对双方企业（主要是被并购方）范围内的资产进行鉴别、吸纳、分拆、剥离、流动和新的配置等优化组合活动。企业并购行为结束后，能否将目标企业的资产与原有企业的资产有效地整合，决定着企业并购战略的成败。只有将并购进来的资产与企业原有的资产有效地结合在一起，才能真正地实现经营协同效应，降低企业成本，提高资产价值，获得竞争优势，从而推动企业的成长。资产整合包括有形资产和无形资产的整合。

（6）负债的整合。债务整合也是企业并购整合或并购获取成功的重要途径。根据企业债务形成的原因和债务的性质不同，可以对企业债务整合的采取不同的方式。常见的债务整合方式有低价收购债权、延迟债务偿还期、债权转股权等。

（7）绩效评价体系的整合。并购后企业就形成了经济利益共同体，因此，无论是核心企业还是一般成员企业，其财务活动都应当纳入统一的业绩评价考核体系之中。业绩评价考核体系是由一系列的指标组成的，包括偿债能力指标、资产管理指标、负债指标、盈利能力指标、市价比率指标、发展能力指标等。这些指标水平，并购企业应根据企业的实际需要、国内外同行业的先进水平进行重新的调整和确定。

9.4.2　财务整合的模式

由于企业并购的动机是多种多样的,企业的经营形式是千变万化的,因此在企业并购后的财务整合中有不同的财务整合模式可供选择。常见的财务整合模式有以下几种。

(1) 内部调整式财务整合模式。内部调整式财务整合是指利用各种调整手段,通过理顺企业内部财务关系从而提高财务运作效率的一种整合模式。这种整合模式适用于被并购企业的管理比较混乱,或与新的并购企业的管理不协调情况下。内部调整式财务整合只是日常管理工作的财务事项进行整合,是对并购企业不协调的现象的微调,不会引起全面财务调整;因此,工作量不大,易于实施,同时也不会涉及太复杂的利益关系,易于见效。但是,这种财务整合方式只能解决导致财务运作低效的表面问题,而不能解决导致财务运作低效的深层次问题。所以,这种整合方式很少被单独采用作为并购企业的财务整合方式,通常结合其他的整合模式配合使用。这种整合模式一般有两种方式可供选择,即移植模式和融合模式。

所谓移植模式,是指将并购方的财务控制体系强制性地移植到被并购企业中,要求被并购方贯彻执行。这种方式主要适用于并购方拥有科学、完善且行之有效的财务管理体系,而被并购企业财务管理制度混乱,不适合企业的发展的情况。此时,根据被并购方的具体境况,参照并购方的财务管理体系,设计新的财务体系,将其强制性的移植给被并购企业,改善并购企业的财务控制状况,加快财务整合进程。另外,还适用于同时并购许多企业,为了遵守及时性原则,加快财务整合进程,将并购企业的财务体系直接移植到所有被并购企业中。所谓融合模式,是指同时融合并购企业和被并购企业财务制度中的科学性和先进性,形成新的财务制度管理体系。此种模式适用于被并购企业的财务管理模式相对比较科学,或在纵向并购中,并购企业的财务体系并不适用于被并购企业,这种方式有利于并购后新企业的组织管理和生产经营。

(2) 资产重组式财务整合模式。资产重组式财务整合是指采用剥离无效资产和低效资产以及吸纳高效资产的手段,通过优化资源配置来提高财务运作效率的一种整合模式。并购是为了获得协同效应,但是,并不是被并购企业的所有资产都能够与并购企业进行融合产生协同效应,有些资产甚至会妨碍原有的竞争优势。因此,并购企业以自己的资产为主吸纳目标企业的高效的、匹配的且有潜力的资产形成生产经营体系完整的、符合企业发展战略且又有效益的资产;而对一些不符合企业发展战略和生产工艺的资产进行剥离。

(3) 债务重组式财务整合模式。债务重组式财务整合是指利用债务展期、债务减免、债务置换、债务转换等手段,通过优化负债比率和债务结构来提高并购企业财务运作效率的一种整合模式。这种方式主要适用于并购企业在并购后存在较大的到期偿债压力,可能会给企业造成财务危机的情形。债务整合包括两方面的内容:一是对被并购企业现有债权债务关系进行调整,将偿债责任进行转移,并优化资产结构。二是对调整后的债权债务进行管理。

(4) 融资注入式财务整合模式。融资注入式财务整合是指利用融资手段并注入新的资金,通过优化资本结构和增强资金供给与资金需求的适应性来提高并购企业财务运作效率的一种财务整合模式。融资注入式财务整合可以有效地改善企业的资产结构,提高企业信誉,减轻企业负担。

总之,不同的企业并购有不同的并购动机和具体的并购目标,不同的企业也有不同于其他企业的生产、经营管理特点和缺陷,所以,企业的整合模式也不是固定不变的。在企业的财务整合中,要针对企业并购的具体情况而选择不同的整合方式,不可套用。同时由于企业经营的多样化,一般的情况下,并购后企业的整合模式都是综合使用的。

 ## 本章小结

100多年来,并购大致经历了五次大的浪潮。当今世界的并购活动正在向更深、更广的领域发展。

并购是指两家或者两家以上的独立企业,合并组成一家企业的行为。并购的实质是一家企业取得另一家企业的资产、股权、经营权或控制权,使一家企业直接或间接对另一个企业发生支配性的影响。

根据不同的标准,可以将并购划分为不同的类别,按照被并购双方的产业特征,可以分为横向并购、纵向并购和混合并购;按并购的实现方式,可分为承担债务式并购、现金购买式并购和股份交易式并购;按被并购企业的范围,可以分为整体并购与部分并购;按照目标公司管理层是否合作,可分为善意并购和敌意并购;按照并购交易是否通过证券交易所,可分为协议收购和要约收购。

产生并购行为最基本的动机就是寻求企业的发展。寻求扩张的企业面临着内部扩张和通过并购发展两种选择。并购能够获得协同效应,如成本下降、收入上升、税负减少、资本成本降低等。

在并购过程中应注意的几个关键问题:目标企业的选择、并购过程中的估值与定价等,净资产价值评估方法、持续经营价值评估法和清算价值是常用的估值方法。并购中可选择现金支付、股票支付、混合支付、无偿划拨方式和承担债务的零支付方式等。

财务整合是企业并购后的一项基础性整合,主要包括财务目标的整合、财务组织机构的整合、财务制度和会计核算体系的整合、现金流转内部控制的整合、资产的整合、负债的整合和绩效评价体系的整合。常见的财务整合模式有:内部调整式财务整合模式、资产重组式财务整合模式、债务重组式财务整合模式和融资注入式财务整合模式。

 ## 思考题

1. 什么是公司并购? 并购有哪些种类?

2. 并购的动机有哪些?

3. 并购能发挥什么样的协同效应?

4. 并购过程中应注意的关键问题有哪些?

5. 并购过程中的支付方式有哪些? 选择支付方式时要考虑的因素有哪些?

6. 并购过程中目标企业的估值方法有哪些?

7. 并购后的财务整合包括哪些内容? 整合模式有哪些?

第10章

股利政策与理论

【学习要点】

    1. 股利的概念及相关基础知识。

    2. 股利政策概念及相关基础知识。

    3. 主要股利政策理论观点。

    4. 主要股利政策类型。

    5. 股利政策选择的影响因素。

引例

    2020 年 4 月 1 日,在愚人节的早上 6 点,汇丰控股突然公布取消 2019 年第四季度的股利派发,2020 年前暂停派发所有普通股的季度或中期股利,也不进行任何普通股的回购。这在汇丰历史上是很少见的,在 2008 年金融危机冲击下,汇丰也只是稍微调降分红金额,没有停止分红。汇丰分红一向慷慨而稳定,据同花顺统计,汇丰控股从 2000—2019 年年末共分红 1 225.8 亿港元,同期累计盈利为 1 659 亿港元,股利支付率为 73.9%。本次停止分红的原因是为了应对新型冠状病毒肺炎疫情带来的不确定性而留存现金。这一消息使得汇丰股价大跌,4 月 1 日下跌 9.51%。汇丰稳定的高股利政策吸引的股东都依赖汇丰的分红维持其流动性,这次停止分红给投资者带来了很大的负面影响。

10.1　股利认知

10.1.1　股利的概念

    股利是股息和红利的总称,指股东依据其持有的股票份额从公司分配获得的利润。股息是依据事先约定的固定比例计算股金利息,是支付给优先股股东的收益,只要公司在营业年度内有可分配的利润,应优先支付给优先股股东。红利是分配给普通股股东的收益,是公司分配完股息以后,对剩余部分的分配。在实务中对股息和红利不做区分,一般都用股利表示利润的分配。企业缴纳所得税后的净利润是股利分配的基础。公司实现净利润后,将一部分作为留存收益用于再投资,为公司扩大规模提供内部融资,有利于公司的长期发展;另一部分以股利的形式分配给股东,是股东当期的投资回报。公司在进行股利决策时,需要权衡股东当期收益与公司长期发展的矛盾。

我国的上市公司通常 1 年进行一次股利分配,也有一些公司章程规定进行季度、中期分红,比较少见。

10.1.2　股利分配原则

1. 依法分配的原则

为规范企业的收益分配行为,国家制定和颁布了若干法规,主要包括企业制度方面和财务制度方面的法规。这些法规规定了企业收益分配的基本要求、一般程序等,企业必须严格遵守,不得违反。这既是企业长期持续经营的需要,也是正确处理各方面利益关系的前提。

2. 投资与收益对等的原则

企业分配收益应当遵循投资与收益对等的原则,即"谁投资谁受益""投资多,收益多",这是正确处理投资者利益关系的关键,同时也是市场经济中进行资源合理配置的基本前提。为此,企业在向投资者分配收益时,应本着平等一致的原则,按照各方出资的比例来进行,以保护投资者的利益。

3. 正确处理短期利益和长期利益的原则

企业进行收益分配,应正确处理长远与近期利益的辩证关系,将二者有机结合起来,坚持分配与积累并重。因此,尽管企业在按规定提取法定盈余公积金后,可以将全部剩余利润分配给股东,公司常常并不如此,而是将一部分利润甚至全部利润作为积累留存在企业。通过将利润留存在企业,可以为企业扩大再生产筹措资金,同时也增强了企业抗风险的能力,提高企业经营的安全系数和稳定性,从而有利于所有者的长远利益。

4. 兼顾各方面利益的原则

收益分配是利用价值形式对社会产品的分配,直接关系到各有关方面的利益。因此,要坚持全局观念,兼顾各方面利益。投资者作为资本投入者、企业所有者,依法享有收益分配权。企业的净利润归投资者所有,是企业的基本制度,也是企业所有者投资于企业的根本动力所在。债权人作为企业资金的提供者,要求在保证资金安全的前提下获得收益,因此,在收益分配时,必须考虑债权人的利益和要求。

10.1.3　股利支付形式

随着资本市场的发展,公司分派股利的形式也在不断发展变化。一般有现金股利、股票股利、实物股利、股票回购等股利支付形式,常用的是现金股利和股票股利。

1. 现金股利

现金股利是指公司以现金的形式分配给股东的股利,可称为分红或派现。现金股利是股份有限公司最常用、最普通的股利支付形式。优先股通常有固定的股息率,普通股没有固定的股息率。现金股利的发放取决于公司的股利政策和经营业绩等因素。

发放现金股利会减少公司留存收益,现金流和净资产会减少。公司不仅需要有累计盈余,还要有足够的现金,公司在支付现金股利前需筹备充足的现金。现金股利的发放不会增加股东的总财富,但是股东对现金股利的偏好不同,有的股东希望得到较多的现金股利,有的股东不希望公司发放过多的现金股利。现金股利的发放会直接影响到公司股票的价格,一般来说,除息日后的股价会有一定幅度的下跌。

2. 股票股利

股票股利是指公司以增发股票的形式分配给股东股利,我国叫作送股。比如,公司按10送1向股东派发股票股利,即股东每持有10股公司的股票,即可获得1股额外的股票作为股利。公司发放股票股利后,其流通在外的股票数量增加,股东权益总额不变,一部分未分配利润转为股本,股东权益结构发生变化。

股票股利的发放会降低每股收益,股票价格也会受到影响,一般来说,除权日后的股票价格会相应下降。股票股利的支付还起到了股票分割的作用,高成长的公司可以利用股票股利支付扩张股本,将股票价格维持在合理水平,保持股票的流动性。股票股利支付不会减少公司现金流,可以缓解公司的资金紧张问题。但是如果现金股利支付水平不变,股票股利支付会增加以后每年的现金股利支付。对股东来说,股票股利支付可能向市场和股东传递信息,比如公司预期利润会增长或者存在好的投资机会,市场预期可能导致股票市场价格上升;有时公司发放股票股利导致股价下跌,之后股价还会逐步上升到发放股票股利之前的价格水平,即出现了填权行情,股东财富随之增加。

3. 实物股利

实物股利又称财产股利,是指公司以持有的财产代替现金作为股利分配给股东。可以用公司持有的其他公司的有价证券作为股利发放给股东,也可以用公司自己的产品等实物作为股利发放给股东,既促进了产品销售,又将现金留在了公司。公司发放实物股利会导致实物和净资产的减少,但是实物股利的可操作性较差,也会传递一种不好的信号,因此,实际中较少使用。

4. 股票回购

股票回购是指公司从股票市场上回购一定数量本公司发行在外股票的行为。公司将回购的股票作为库存股保留,不参与每股收益的计算和分配。股票回购实际上是现金股利的一种替代形式,会减少公司的现金流和净资产。股票回购的目的包括防止股价下滑、反收购、避税、提高财务杠杆等。股票回购是一种重要的股利支付形式,当公司具有充裕的现金而缺少投资机会时,可以以高溢价向股东回购一定数量的股份,变相发放现金股利。随着我国资本市场的发展,股票回购逐步被我国上市公司运用,不仅可以用于改变公司所有者权益结构、控制权结构、财务结构,而且是增加股东财富的有利的股利形式。但是股票回购方式的股利支付不具有连续性和稳定性。

我国上市公司股利分配方案中常见的股利支付形式包括一种或者多种,比如10:2派现金、10:2送股、10:2转增股份或多种形式组合,每个公司的分配方案中分配比例存在差异。上述股利支付含义是每10股派发2元现金股利、每10股送2股股票股利、每

10 股增加 2 股股票,前两种形式是从利润中分配,第三种是从资本公积和盈余公积中转增股份。

10.1.4 股利发放程序

根据我国《公司法》和其他相关法规的规定,企业的利润首先要纳税,税后利润要弥补以前年度亏损,然后提取法定盈余公积金和任意盈余公积金。净利润在扣除上述项目之后,再加上以前年度的未分配利润,即为当年可向投资者分配的利润,向投资者进行利润分配。一般情况下,企业当年亏损时不得向投资者分配利润,但考虑到股份有限公司为维护其股票市价和信誉,避免股票市价大幅波动,如果公司有累计可供分配的利润,经股东大会表决通过,股份公司依然可以进行股利分配。

公司股利的发放应遵循法定程序进行。股利分配是公司的一项重大决策,一般由董事会提出股利分配预案提交股东大会,股东大会通过后形成股利分配决案进行股利分配。在股利发放过程中有几个关键的日期非常重要。

1. 股利预案公布日

由公司董事会制订股利分配预案,包括本次股利分配的数量、股利分配的方式,以及股东大会召开的时间、地点及表决方式等,在公布年报的同时公布股利预案,需要经过股东大会讨论通过。

2. 股利决案宣布日

董事会制订的股利预案经过股东大会讨论通过后,形成股利决案,才能公布正式股利分配方案及实施的时间。如果股利预案未获通过,则需要重新修改,再次提交股东大会讨论通过。

3. 股权登记日

公司宣布股利方案时应确定股权登记日,股权登记日是有权领取本期股利的股东资格登记截止日期。凡是在股权登记日收盘之前取得了公司股票,成为公司在册股东的投资者,才有资格作为股东享受公司分配的本期股利。在股权登记日之后取得股票的股东,即使是在股利发放日前买入股票,也无权享受已宣布的股利。

4. 除息日(除权日)

股票在股利分配之前,股价中包含股利因素,是含息股票或含权股票。在公司股利分配时,应采取一定的技术处理将股票中的股利因素排除掉,这种技术处理叫作除权或除息。公司分派现金红利时,要进行除息处理;送红股时要进行除权处理。在除息日,股票的所有权和领取股息的权利分离,股利权利不再从属于股票,所以在这一天购入公司股票的投资者不能享有已宣布发放的股利。股票进行除权或除息处理一般是在股权登记日的下一个交易日进行。除息日的股价会下跌,下跌的幅度约等于分派的股息。

5. 股利发放日

股利发放日是指股利正式发放给股东的日期。在此日期,证券交易所会将公司分派的完税后的现金股利记入股东账户。

10.2 股利政策概述

10.2.1 股利政策的定义

公司实现的净利润不论是以现金股利的方式分给股东,还是作为留存收益留在公司内部,都属于股东财富,但是利润分配直接影响股东财富。股利政策就是确定公司的净利润如何分配的方针和策略。股利政策是公司利润在回报投资者与再投资之间的权衡,在短期利益与长期利益之间的权衡。

10.2.2 股利政策在公司金融中的作用

股利政策与投资政策、融资政策均是公司金融管理的主要内容,影响公司股票价值、公司价值和公司控制权的稳定。

股利政策会影响公司的股票价值。依据股票定价的原理,股票价值是未来现金流的现值,未来现金流越大,增长率越高,股票价值就越大。未来现金流的大小取决于现金股利支付的高低,而现金流的增长率则取决于留存收益的比例和增长机会。因此,股利支付率和留存收益的比例影响到公司股票的价值和价格波动。

股利政策还直接影响公司的融资决策。公司股利政策关系到其当期利润中留存在公司用于再投资的利润数量。这部分留存收益是企业重要的内源融资,融资成本低于外部股权融资和债券融资,有助于降低外部债务融资带来的财务风险,也避免了外部股权融资带来原股东股权稀释和控制权不稳定的问题。股利政策直接影响到了公司的资本结构,影响到公司的价值。

股利政策会影响到公司的投资决策,留存收益是公司下一个年度投资资金的主要来源,影响公司预计投资计划的完成,进而影响公司预期增长目标。

合理的股利政策有助于提高公司股票价值、改善公司资本结构、驱动公司价值增长。股利政策是公司理财行为的结果,也是公司筹资、投资活动的延续;恰当的股利政策,有助于树立良好的公司形象,激发投资者对公司持续投资的热情,使公司得以长期、稳定的发展。

10.2.3 股利政策的内容

在实务中,公司的股利政策一般包括以下几项内容。

(1) 股利支付的形式,是现金股利还是股票股利等。

(2) 股利支付率的确定。

(3) 每股股利的确定。

(4) 股利分配的时间,包括多长时间支付一次股利,股利支付的具体时间。

以上四项内容中,股利支付率和每股股利的确定是股利政策的核心内容,决定了公司的净利润中有多少作为留存盈余用于公司再投资,有多少作为股利分配给股东。股东们会对股利支付率和每股股利的变动非常敏感,股利支付率和每股股利的任何变动都会向市场传递信号,使股票价格发生变动。

10.2.4 股利政策的评价指标

投资者在选择股票进行投资时,会关注不同公司的股利政策,并对其股利政策进行简单评价,常用的股利政策评价指标包括股利支付率、留存比率和股利报酬率。

1. 股利支付率

股利支付率是公司年度现金股利总额与净利润总额的比率,或者是公司年度每股现金股利与每股利润的比率。以 P_d 表示股利支付率;D 表示年度现金股利总额;E 表示年度净利润总额;DPS 表示年度每股现金股利;EPS 表示年度每股利润。则股利支付率的计算公式为

$$P_d = \frac{D}{E} \times 100\%$$

或者

$$P_d = \frac{DPS}{EPS} \times 100\%$$

股利支付率反映公司实现的净利润中有多少用于分派股利给股东,反映公司是高股利政策还是低股利政策,股利支付率的高低受很多因素的影响。股东可以根据自己对股利支付率高低的偏好选择购买股票。

2. 留存比率

留存比率是公司年度留存利润与年度净利润总额的比率。留存比率表示公司将净利润中的多少比率留存在公司,用于公司的再投资。留存比率与股利支付率的和为 1。

3. 股利报酬率

股利报酬率是指公司年度每股股利与每股价格的比率,又称股息收益率。K_d 表示股利报酬率;DPS 表示年度每股股利;P_0 表示每股价格。则股利报酬率的计算公式为

$$K_d = \frac{DPS}{P_0} \times 100\%$$

股利报酬率反映了投资者进行股票投资所取得的红利收益,是投资者评价公司股利政策的重要指标,投资者根据这一指标判断投资风险和投资收益。

10.3 股利政策理论

股利政策的制定要以公司价值最大化为目标。股利政策理论是研究股利分配与股票价格和公司价值之间的关系,如何制定股利政策,从而实现公司价值最大化的基本理论,主要分为股利无关理论和股利相关理论。

10.3.1 股利无关理论

莫迪格利安尼和米勒(Modigliani & Miller)于 1961 年基于一系列假设,提出股利政策无关论。基本假设包括以下几个方面。

(1) 完善的资本市场。假设资本市场强式有效,信息完全对称,股票交易者拥有全部相

关信息,获取信息的成本为零;任何投资者都无法影响或操纵市场上的证券价格;证券的发行和买卖过程不存在交易成本;投资者获得股利或资本利得不存在税收差异。

(2) 理性投资行为。投资者只关心财富的最大化,对于取得财富的形式是股利收益还是资本收益没有偏好。

(3) 完全的确定性。投资者对公司未来的投资计划以及预期利润完全掌握。假设公司的投资政策保持不变,如果公司发放股利使投资资金不足时,假设公司可以在资本市场,随时通过外部股权融资筹集到投资所需资金,并且不会改变公司的经营风险和普通股的股权收益水平。

在这些假设的基础上,该理论认为,投资者并不关心公司的股利分配,对股利和资本利得没有偏好。如果公司留存较多盈利用于再投资,会导致价格上市,虽然股利较低,但是股价上涨会使股东获利,如果需要现金,可以出售股票换取现金;如果公司发放较多股利,投资者可以用现金再买入一些股票扩大投资。公司的价值与股利政策无关,公司价值取决于投资决策、行业平均资本成本及未来预期收益,与股利政策和资本结构无关。具体推论过程如下。

以上述假设为条件,根据无套利原则,在任何时点市场上每种股票的收益率都是相等的。设 $d(t)$ 表示 t 时点的公司股利;$p(t)$ 表示 t 时点公司股票价格;$r(t)$ 表示投资收益率。则

$$r(t) = \frac{d(t) + p(t+1) - p(t)}{p(t)} \tag{10-1}$$

$$p(t) = \frac{1}{1+r(t)}[d(t) + p(t+1)] \tag{10-2}$$

公式(10-2)说明,公司股票价格是按照投资收益率对当期的股利和期末股票价格之和进行折现计算出的现值。以此为基础,继续计算公司价值。假设 $n(t)$ 是 t 期期初的股票数量;$m(t+1)$ 是 t 期内以股利发放之前的价格 $p(t+1)$ 发行的新股数量。那么期末股票数量是期初股票数量加上本期发行股票数量,即 $n(t+1) = n(t) + m(t+1)$,假设 $v(t)$ 代表 t 期期初公司价值,则 $v(t) = n(t)p(t)$。以 $D(t)$ 表示 t 期支付给股东的全部股利,$D(t) = n(t)d(t)$,将公式(10-2)变形为

$$v(t) = \frac{1}{1+r(t)}[D(t) + n(t)p(t+1)]$$

$$v(t) = \frac{1}{1+r(t)}[D(t) + v(t+1) - m(t+1)p(t+1)] \tag{10-3}$$

在公式(10-3)中,右边的 $v(t+1)$ 不受 t 期股利政策影响,而 $D(t)$ 和 $m(t+1)p(t+1)$ 会受股利政策的直接和间接影响,进而股利政策影响企业价值 $v(t)$。但是在基本假设条件下,存在套利机制,支付股利与外部融资产生的效益和成本完全抵消。一般来说,股利支付会提高公司股票价格,而使公司投资资金不足需要通过发行股票筹资,发行股票又会使股票价格下降,最终股票价格又回到股利支付前的股价水平,股东对股利收益和资本收益没有偏好,股东财富不受股利政策影响。

假定公司在 t 期的投资为 $I(t)$,$R(t)$ 是公司在 t 期的净利润,公司发行股票筹集的资金和公司净利润是企业投资和股利分配的资金来源,即

$$m(t+1)p(t+1) + R(t) = I(t) + D(t)$$

公司价值公式(10-3)可以进一步变形为

$$v(t) = n(t)p(t) = \frac{1}{1+r(t)}[R(t) - I(t) + V(t+1)] \qquad (10\text{-}4)$$

在上述公式变形中,$D(t)$被抵消了,公式中的其他变量和股利没有关系,公司价值受企业的盈利和投资的影响,股利政策与公司价值没有关系。

10.3.2 股利相关理论

现实生活中的资本市场不是强势有效的市场,股利无关论的某些假设条件在现实中根本不成立,如未来是不确定的,交易成本永远存在等。股利无关论的假设放宽后,发现公司价值和股票价格都会受到股利政策的影响。股利相关论认为,公司的股利政策会影响公司的价值和股票价格。股利相关论代表性的观点主要包括"一鸟在手"理论、信息传递理论、税收差别理论、追随者效应理论、代理理论等。

1. "一鸟在手"理论

"一鸟在手"理论的代表人物是迈伦·戈登(Myron Gordon)和约翰·林特(John Linter)。该理论认为公司未来的经营活动存在很多不确定因素,投资者天生厌恶风险,认为风险会随着时间的延长而增大。现金股利是定期、确定的报酬,风险较小;而资本利得随着资本市场股价的波动而存在不确定性,风险较大。投资者更愿意购买派发高股利的股票,而且由于较高的股利支付降低了投资者收益的不确定性,他们会要求较低的必要投资报酬率;当公司支付较少的现金股利、留存较多的利润时,股东面临较大的风险,会要求较高的必要投资报酬率。1962年,戈登提出了"戈登模型",即股利贴现模型,公司价值的计算公式为

$$V_0 = \sum_{t=1}^{n} \frac{D(t)}{(1+r)^t} + \frac{V_n}{(1+r)^n} \qquad (10\text{-}5)$$

当n趋于无穷大时,公司的价值为

$$V_0 = \sum_{t=1}^{\infty} \frac{D(t)}{(1+r)^t} \qquad (10\text{-}6)$$

式中,V_0表示现在的公司价值;V_n表示第n年末的公司价值;$D(t)$表示第t年支付的现金股利总额;r表示股东要求的必要投资报酬率,即折现率。股利支付越多,股东要求的必要投资报酬率越低,折现率越低,公司价值就越大。如戈登的观点,对于投资人来说,未来的资本利得就像林中的鸟儿一样,不一定能够抓得到,而支付的现金股利如手中的鸟儿一样飞不掉,"二鸟在林,不如一鸟在手"。该理论被称为"一鸟在手"论。同时由于这种理论认为,未来现金支付期距离今天越远,投资者的不确定感越强烈,所以也称为不确定感消除论。

2. 信息传递理论

现实的资本市场中,交易双方的信息是不对称的,公司管理层拥有更多关于公司发展前景的内部信息,而投资者相对处于信息劣势。信号传递理论认为,在投资者和管理层信息不对称的情况下,股利政策会传递公司经营状况和未来发展前景的信息,投资者根据股利政策来判断公司未来盈利能力的变化趋势,决定是否购买其股票,进而影响股票价格。费雪(Fisher Black)在《股利之谜》中提出,公司一般不愿意削减股利,只有确信未来的盈利和现金流充足到可以保证持续维持高股利的情况下才会增加股利支付,从而促使股价上升。即

股利增加时,投资者认为这是管理层向市场传递公司前景良好的信号。当公司提高股利支付水平时,就向市场传递了利好消息,投资者认为公司未来盈利水平会提高,积极购买股票,股票价格上涨;当公司突然降低股利支付水平,就向市场传递了利空的消息,投资者对公司未来做出悲观的判断,会出售公司股票,导致股票价格下降。稳定的股利政策可以向市场传递公司经营稳定的信息,有利于公司股票价格的稳定。根据信息传递理论,股利政策与股票价格存在关联性,公司在制定股利政策时,应当考虑可能产生的市场反应。

增发股利是否一定向投资者传递了好消息,对这一观点有不同的见解。如果处于成熟期、盈利能力稳定的公司,突然宣布增发高额股利可能意味着公司没有好的投资项目,预示企业成长性放缓或者下降,此时,随着股利支付率的提高,股票价格有可能下降;如果公司宣布减少股利支付,则意味着公司有好的投资项目,预示着企业有较好的发展前景,股利支付率的下降反而会使股票价格上升。

3. 税收差别理论

股利无关理论是假设不存在现金股利和资本利得的税收差异。在现实生活中,现金股利税和资本利得税是存在差异的。一般为了保护和鼓励资本市场投资,会采用股利收入税率高于资本利得税率的差异税率制度。税收差别理论认为,这种税收差异会影响股东财富。出于避税的考虑,投资者更偏爱低股利支付的股利政策,可以给股东带来税收利益,有助于增加股东财富,促使股票价格上升;高股利支付政策则会使股东承担较多税负,减少股东财富,导致股票价格下降。另外,由于股利在当期纳税,而资本利得只有在实现之时才缴纳资本利得税,从而具有延迟纳税的效应。因此,认同税收差别理论的公司常常采用低股利或者零股利政策。

税收差别理论认为,如果不考虑股票交易成本,企业应采用低股利支付政策,提高留存盈余再投资的比率,使股东通过获取未来的资本利得享受避税优惠。但是,如果存在股票交易成本,当未来的资本利得税和交易成本之和大于股利收益税时,投资者就会偏好取得定期的现金股利收益,选择投资高现金股利支付政策的公司。

4. 追随者效应理论

追随者效应理论是税收差别理论的延续,又称客户效应理论。税收差异导致投资者对股利政策有不同的偏好,根据其偏好不同可以将投资者分为不同类型,每种类型的投资者会依据自己对股利政策的偏好选择购买股票,就形成了追随者效应。产生追随者效应的重要原因是不同的投资者具有不同的边际税率。在美国不同收入水平的所得税率差别较大,年收入越高的投资者适用的所得税率越高,低收入的投资者适用低税率或享受免税优惠。高收入的投资者希望公司少支付或不支付现金股利,将利润留存公司进行再投资,以提高股票价格,未来需要现金时出售股票,其获得的资本利得比现在收到股利缴纳的所得税要少。而低收入的投资者,因为所得税税率较低或享受免税优惠,更希望得到现金股利,增加投资者的资本流动性。由于顾客效应的存在,不同的股利政策会吸引不同类型的投资者,当公司改变股利政策时,就会有偏好新股利政策的投资者购入公司股票,厌恶新股利政策的原投资者抛售公司股票,股票价格变动根据股票买进和卖出的数量决定。公司在制定或调整股利政策时,不应该忽视投资者对股利政策的需求。

资本市场上有一种现象,即除息日前后股票交易量会放大。基于追随者效应对这一现象进行解释：边际税率低的投资者没有必要一直持有高股利支付的股票，只在股利发放前持有即可。一旦公司股利支付成为预期，边际税率高的股东就会出售股票以获取更多的税后资本利得，而边际税率低的股东将购入股票获得更高的税后现金股利，在除息日之后，再进行反向交易。除息日前后股票交易量放大就得到了合理的解释。

5. 代理理论

企业的利益相关者有不相同的利益目标，股东、债权人、经理人等各方利益相关者在追求自身利益最大化时，可能会牺牲其他利益相关者的利益。在公司的股利分配政策决策中也反映了各方利益关系的冲突，形成不同形式的代理成本。主要有股东与内部管理层之间的代理关系、股东与债权人之间的代理关系和控股股东与中小股东之间的代理关系。代理理论主张，公司制定股利政策时，应通过股利支付降低代理成本，提升公司价值。

（1）从股东与管理层之间的代理关系分析。詹森（Michael Jensen）提出自由现金流量假说。他认为自由现金流量是公司持有的超过投资所有净现值为正的项目所需资本的剩余现金，自由现金流量留在公司内部不能为公司创造价值，也不能给股东带来收益，应当以现金股利的方式支付给股东。这样可以减少管理层利用自由现金流量牟取私利的机会，同时减少留存盈余，公司有好的投资机会而需要资金时，就必须从资本市场筹集，可以加强资本市场对管理层的监督约束。

（2）从股东与债权人之间的代理关系分析。股东可能利用其拥有的公司控制权影响债权人利益，实现自身利益最大化。股东一般会要求较高的现金股利支付，甚至会通过发行债务支付股利或者为了发放股利而拒绝净现值为正的投资项目。高股利支付使公司现金持有水平下降，增加债权人风险。债权人为保护自身利益，希望企业采取低股利支付政策，通过多留存盈余少支付股利的股利政策以保证公司有充裕的现金，防止发生债务支付困难。通常会在借款合同中规定限制性条款，达成一个双方都能接受的股利支付水平。

（3）从控股股东与中小股东的代理关系分析。当公司的股权比较集中时就存在控股股东，控股股东有可能占取公司资产牟取私利，损害中小股东利益。施莱费尔（Shleifer）等提出了掏空假说，将掏空定义为公司控股股东为了自身利益将公司的资产或者利润转移出公司的行为。通过提高股利支付水平可以减少控股股东的可支配资本，降低掏空对公司利益的损害，保护中小股东的利益。

10.4　股利政策类型

制定股利政策的关键是确定股利分配和盈余留存的比例，不同的股利政策对公司股票价格和公司价值会产生不同的影响，并受多种影响因素的制约。因此，公司必须综合考虑各种影响因素，结合自身实际情况，制定一个正确、合理的股利政策。公司经常采用的股利政策有剩余股利政策、固定股利政策、稳定增长股利政策、固定股利支付率政策、低正常股利加额外股利政策等。

10.4.1　剩余股利政策

股利政策受企业投资机会及其资本结构的双重影响。剩余股利政策是指公司获得收益后,应首先满足所有净现值为正的投资项目,在目标资本结构的约束下,最大限度地使用留存收益满足投资方案所需要的自有资金数额,将剩余的盈余以股利的方式发放给公司股东。在同样的风险水平下,公司将留存盈余用于投资的投资收益率应高于股东的投资收益率,否则管理层不应该将利润作为留存盈余而应当发放股利给股东。另外,留存盈余的资本成本低于发行新股融资的成本,促使企业将利润留存。剩余股利政策是一种投资优先的股利政策,适用于有良好发展前景的高增长公司。

在剩余股利政策下,确定最佳股利支付率时需要按照以下四个步骤进行。

第一步,选择最佳投资方案,确定投资方案所需资本额。

第二步,确定公司最优的目标资本结构,即确定权益资本与债务资本的比率,在此资本结构下,加权平均资本成本将达到最低水平。

第三步,根据最优目标资本结构和投资方案所需资本额,确定投资方案所需的权益资本额。

第四步,当投资方案所需的权益资本额得到满足后,还有剩余盈余时,公司才能将这些剩余盈余作为股利发放给股东,确定最佳股利支付率。

【**例 10-1**】 某公司 20×9 年的净利润是 5 000 万元,公司最优的目标资本结构为 40% 的负债和 60% 的股东权益,假设下一年度有一个很好的投资项目,需要投资总额为 8 000 万元,按照剩余股利政策预计公司的股利支付率,如表 10-1 所示。

表 10-1　股利分配方案

单位：万元

税后利润	5 000
投资所需资本总额	8 000
按最优资本结构的投资所需股东权益资本额	4 800(8 000×60%)
股利发放额	200(5 000－4 800)
股利支付率	4%(200/5 000)

剩余股利政策下,留存收益优先保证再投资的需要,符合最优目标资本结构的要求,使公司综合资本成本最低,实现企业价值的长期最大化。但是,剩余股利政策下,每年股利发放额就会随投资机会和盈利水平的变化而变化。在盈利水平不变的情况下,股利支付水平与投资机会的多少呈反方向变动:投资机会越多,股利发放越少,投资机会越少,股利发放越多。在投资机会维持不变的情况下,股利发放水平随公司每年盈利水平的变化而同方向变化。现实生活中,股利支付水平的变动一般会传递给市场不利的信号。

10.4.2　固定股利政策

公司的股利一般具有"黏性",因为股利的下调或终止支付会导致股价大幅下跌,公司一般都会将股利保持在固定水平上,在很长的时间里都保持稳定。固定股利政策就是指公司在较长时期内每股支付固定股利额的股利政策。股利支付水平不随公司盈利的变化而变化,但是固定股利政策并不意味着股利永远不变,只有当公司认为未来盈利水平会发生根本性改善,且不会发生逆转时,才会增加每股股利额。

固定股利政策有利于向投资者传递公司经营状况稳定的信息,有利于增加投资者购买公司股票的信心,从而吸引投资者。稳定的股利也有利于投资者有计划地安排股利收入和支出,许多股东依靠固定股利收入满足其现金需求,会更喜欢稳定的股利支付方式,如希望得到稳定股利的小股东和退休基金组织、保险公司等单位。当公司支付固定股利时,就有更多的投资者愿意购买该类公司的股票,从而使股票价格上升,促使股东财富最大化目标的实现。但是固定的股利支付会给公司带来财务压力,尤其是当公司的盈利下降或现金紧张时,保持固定的股利支付会导致公司现金短缺、财务状况恶化。这一股利政策适用于经营比较稳定的公司采用。

10.4.3　稳定增长股利政策

稳定增长股利政策又称为固定增长股利政策,是指公司每年派发的股利额以固定比率逐年稳定增长。公司只有在确信未来的盈利增长不会发生逆转时,才会宣布实施稳定增长股利政策。随着公司盈利的增加,保持每股股利平稳增加。公司确定稳定的股利增长率可以向股票市场和投资者传递公司经营状况稳定、管理层对未来充满信心的信号,这有利于公司在资本市场上树立良好的形象,增强投资者信心,进而有利于稳定公司股价。这一股利政策有利于吸引那些打算作长期投资的股东,这部分股东希望其投资的获利能够成为其稳定的收入来源,以便安排各种经常性的消费和其他支出。公司要保持股利增长率等于或低于利润增长率,才能保证股利增长的可持续性。在公司的发展过程中,难免会出现经营状况不好或短暂的困难时期,稳定增长股利政策将给公司带来较大的财务压力。稳定增长股利政策一般适用于经营比较稳定或正处于成长期的企业,公用事业行业等经营活动比较稳定的公司也比较适合采用稳定增长股利政策。

10.4.4　固定股利支付率政策

固定股利支付率政策是指公司将每年净利润按一个固定的股利支付率向股东分配股利,并在较长的时期内保持这一比率不变。股利支付率一经确定,一般不得随意变更,不论经济情况如何,也不论公司经营好坏,都不能改变年度股利支付率。这种股利政策与剩余股利政策顺序相反,它是先考虑发放股利,后考虑留存盈余。固定股利支付率越高,企业留存盈余越少。

固定股利支付率政策下,各年股利随公司经营的好坏而上下波动,获得较多盈利的年份股利额高,获得较少盈利的年份股利额就低,没有盈利的年份就不进行股利支付,这种政策又称变动的股利政策。主张这种股利支付政策的人认为,根据公司盈利支付股利是对每一位股东的公平待遇。但是固定股利支付率会使每年的股利支付水平发生较大变动,向投资者传递了公司经营状况不稳定的信息,导致股价产生较大波动,不利于树立良好的公司形象,不利于稳定股票价格和实现公司价值最大化目标。但是实践中,许多公司都有一个长期稳定的目标股利支付率,其实际股利支付率会偏离目标股利支付率,但是偏离幅度不会太大。

10.4.5　低正常股利加额外股利政策

低正常股利加额外股利政策是指公司事先将每年支付的股利固定在一个相对较低的水平上,这个较低水平的股利称为正常股利,然后视公司盈利水平的高低,每年除了按正常股利额向股东发放现金股利外,在企业盈利情况较好、资金较为充裕的年度向股东发放高于正常股利的额外股利。低正常股利加额外股利政策是一种介于稳定增长股利政策与固定支付率股利政策之间的一种股利政策。

这种股利政策具有较大的灵活性,在公司盈利较少或者投资需要较多资金时,可以只支付较低的正常股利,不会给公司造成较大的财务压力,股东也能定期得到固定的股利收入;在公司盈余多的年份,可以根据实际情况再向股东发放额外股利,但额外股利并不固定化,不意味着公司永久地提高了股利支付率。低正常股利加额外股利政策有助于稳定股价,增强投资者信心。而当公司盈利状况较好且有剩余现金时,就可以在正常股利的基础上再派发额外股利,而额外股利信息的传递则有助于公司股票的股价上扬,增强投资者信心。

10.5　股利政策选择的影响因素

在公司实践中,公司的股利政策选择是由管理层决定的,其在决策的过程中会受到很多因素的影响,包括法律因素、股东因素、公司自身因素、行业因素及其他因素。

10.5.1　法律因素

为保护债权人和股东的利益,各个国家的法律,如公司法、证券法等,都会对公司的股利分配进行限制。影响股利政策的法律因素主要包括以下几个方面。

1. 资本保全的规定

按照法律的要求,公司不能动用资本发放股利。从资本中支付股利不是分配利润而是分配投资。股利的支付不得超出资本负债表中"留存收益"项目的金额,用来保护债权人的权益,即禁止企业用资本支付股利。

2. 企业积累的规定

为了提高公司的生产经营能力和抵御风险的能力,维护投资者的利益,一般法律都规定公司在股利分配前按净利润的一定比例提取盈余公积金留存企业,用于弥补公司亏损、扩大公司生产经营或者转增公司资本。我国《公司法》明确规定,公司在分配当年净利润时,应当按照弥补亏损后利润的10%提取法定盈余公积;当法定盈余公积累计额达到公司注册资本的50%时,可不再继续提取。提取法定公积金后的利润净额才可以进行股利分配。任意盈余公积的提取由股东会根据需要决定。

3. 超额累积留存收益的限制

当累积的留存收益超过了公司未来投资所需时,超额部分必须以股利的形式支付给股东。在一些国家,由于股利所得税税率高于资本利得税税率,公司积累超额留存收益的目的是帮助股东规避高股利税负。为了防止逃避缴纳个人所得税,许多国家税法规定对非正当积累留存收益加征惩罚性税收。

4. 净利润的限制

法律规定公司年度累计净利润必须为正数时才可发放股利,以前年度亏损必须足额弥补。股份有限公司原则上应从累计盈利中分配股利,无盈利不得支付股利,即所谓"无利不分"的原则。但是若公司用盈余公积抵补亏损后,为维护其股票声誉,经股东大会特别决议,也可用盈余公积支付股利。

5. 无力偿债的限制

保持足够的偿债能力是企业正常经营的必要条件,否则,就有面临债务清偿危机的可能。根据债务和权益性质的不同,在能够满足债权人的求偿权以前,不能对权益投资进行利润分配。为了保护债权人的利益,禁止无偿债能力的公司支付现金股利,因股利支付使公司失去偿债能力时,也不能支付股利。

10.5.2 股东因素

公司的股利政策需要经过股东大会通过才能实施,股东从自身经济利益需要出发,在收入稳定偏好、避税、控制权稀释和投资机会等方面的意愿对公司的股利政策具有非常重要的影响。

1. 稳定可靠的收入

有些股东依赖于公司定期发放的现金股利维持生活,如一些退休人员,他们往往要求公司能够定期支付稳定的现金股利,反对公司留利过多。还有些股东是"一鸟在手"论的支持者,他们认为留存收益导致股票价格上升所带来的收益具有较大的不确定性,还是取得当下的现金股利比较稳妥,可以规避风险,因此,这些股东也倾向于多分配股利。

2. 避税的考虑

股东的税负会影响公司的股利政策。股票交易产生的资本利得税率低于股利收入所得税率的情况下,股东为了避税而倾向于公司多留盈利少派股利。因为这可以给这些股东带来更多的资本利得收入,较低的股利收入。相反,在资本利得税率高于股利收入税率的情况下,股东常常愿意公司多分配股利而少留盈余。由于各国的个人所得税税率基本上都是累进税率,因此,一般来说,低收入阶层更喜欢较高的股利支付率;而高收入阶层则喜欢较低的股利支付率。也就是说公司股东构成由于会影响所得税进而会影响公司的股利政策。

3. 控制权的稀释

股东常常希望保持对公司的控制权,而股利政策一般会影响到原有股东的控制权。公司支付较高的股利,就会导致留存收益和现金减少。当公司未来需要发展资金时,发行新股的可能性加大,而发行新股必然稀释公司的控制权,这是公司拥有控制权的股东们不愿看到的局面。因此,他们若拿不出更多的资金购买新股以满足公司的需要,宁肯不分配股利,也会反对募集新股。

4. 股东的投资机会

如果公司留存盈利再投资所得报酬低于股东个人单独将股利收入进行投资所得的报酬,股东就更乐意获得股利;反之,如果公司留存盈利再投资所得报酬高于股东个人单独将股利收入进行投资所得的报酬,股东则更乐意少分盈利以便将资金作为再投资留在企业。股东可以将资金在公司和其他潜在的投资机会之间进行转移。

10.5.3 公司自身因素

公司自身的经营能力和财务特征也存在一些影响股利分配的因素。

1. 盈余的稳定性

公司是否能获得长期稳定的盈余,是其股利决策的重要基础。盈余相对稳定的公司有可能股利支付水平会比盈余不稳定的公司更高。盈余稳定的公司面临的经营风险和财务风险较小,筹资能力比较强,相对来说比较容易以较低的代价筹集资金,具有较高的股利支付能力,对于保持高股利支付率更有信心;而盈余不稳定的公司一般采取低股利政策,因为低股利政策可以减少因盈余下降而造成的股利无法支付、股价急剧下降的风险,还可将更多的盈余用于投资,以提高公司权益资本的比重,减少财务风险。

2. 资产的流动性

持有充足的现金是企业正常生产经营的必要条件,否则就会出现支付困难,企业资产要保持一定的流动性。这个流动性是指及时满足财务应付义务的能力。公司现金股利的支付必须以不危及公司经营的流动性为前提。因为,较多地支付现金股利,会减少公司的现金持有量,降低资产的流动性;而保持一定的资产流动性,是公司经营所必需的。一般来说,如果公司的资产流动性较高,变现能力强,其现金来源较为充裕,则它的现金股利支付能力就会强一些。反之,即使公司当期利润较多,但是资产的流动性较低,则公司的变现能力低,其现金股利支付能力就会弱一些。所以,公司资产的流动性在很大程度上会影响企业的股利政策选择。

3. 筹资能力

公司股利政策受其筹资能力的影响。公司在分配现金股利时,应当考虑到自身的筹资能力如何,如果筹资能力较强,在企业缺乏资金时,能够较容易地在资本市场上筹集到资金,则可采取比较宽松的股利政策;如果筹资能力较差,就应当采取比较紧缩的股利政策,少发放现金股利,留存较多的收益。

4. 投资机会

发放现金股利的实质是资金流出企业,而企业未来所需的资金与其投资机会是密切相关的。因此,投资机会也是影响企业股利政策的一个重要因素。如果公司预期未来投资机会多,对资金的需求量大,且投资收益率大于投资者期望的收益率时,公司应首先考虑将盈余留存在公司,用于公司再投资,减少股利支付的数额,这样做既有利于公司的长远发展,又能被广大投资者所理解;相反,如果公司缺少良好的投资机会,资金需求量小,保留大量盈余会造成资金的闲置,则公司应多发放现金股利。因此,公司在确定其股利政策时,需要对其未来的发展趋势和投资机会做出较好的分析与判断,以作为制定股利政策的依据之一。

5. 公司的融资成本

公司应保持一个相对合理的资本结构和资本成本。如果公司的股利政策选取不当,将导致公司的资本结构失衡,资本成本上升。因此,公司在确定股利政策时,应全面考虑各个筹资渠道资金来源的数量大小和成本高低,使股利政策与公司理想的资本结构和资本成本一致。留存盈余作为企业内部融资的重要方式,具有成本低、隐蔽性好等优点。如果公司有扩大资金的需要,应首选低股利政策,将公司的净利润作为筹资的第一选择,特别是在债务资金较多、资本结构欠佳的时期。

6. 债务需要

如果公司具有较高债务需要偿还时,可以通过举借新债、发行新股筹集资金偿还债务,也可直接用经营积累偿还债务。如果公司认为后者更加适当的话(比如,前者资本成本高或受其他限制难以进入资本市场),将会选择低股利政策。

7. 公司的生命周期

通常情况下,公司的生命周期主要包括初创期、成长期、成熟期和衰退期四个阶段。处在不同发展阶段的公司,由于公司的经营状况和经营风险不同,对资金的需求量存在较大差异,对股利政策决策产生影响。公司采用的股利政策应符合其所处的发展阶段。初创期和成长期的公司盈利较少,其正在快速发展中,投资所需资金量较大,具有较大的经营和财务风险,公司一般会限制股利支付,将留存盈利作为其切实可行的筹资来源,适合采用低股利或者无股利政策;处在成熟期的公司,销售收入较高,盈利能力比较强、比较稳定,现金充足,比较倾向于多支付现金股利,较少地留存盈利,适合采用高股利政策;到了衰退期后,公司的销售下降,盈利减少,股利分配也会减少。然而,减少股利支付会向市场传递不利信号,从而加剧公司衰退进程,进入衰退期的公司会加强公司的经营管理,努力延长公司的生命周期,并通过适当的股利政策传递公司良好发展前景的信号。

10.5.4 行业因素

不同行业公司的股利政策存在较大差异,而同一个行业内的公司股利政策比较相似。调查显示,成熟行业的股利支付率通常比新兴行业高;公用事业行业股利支付率通常较高,高科技行业的股利支付率通常较低。实践中,股利政策具有明显的行业特征,可能的原因是同一个行业面对的投资机会是相似的,不同行业面对的投资机会是不同的。不同的行业投资机会特征影响了不同行业的股利政策特征。

10.5.5 其他限制

1. 契约因素

公司在生产经营的过程中会与各相关方面如债权人、具有特殊目的的合作投资方等进行交易,并签订相应的契约。这些契约常常会对公司股利分配做出一些限制,其中,最主要的是债务契约。债务合同中的限制条款可能主要有以下一种或多种:除非公司的盈利达到某一水平,否则公司不得发放现金股利;将股利发放额限制在某一盈利额或盈利百分比以下;规定企业的某些偿债比例达不到一定的标准时,不准发放股利等。这些契约性限制条款限制公司进行股利支付,目的在于促使公司将部分利润按条款要求的某种形式(如偿还基金准备等)进行再投资,以扩大公司的经济实力,从而保障债款的如期偿还,维护债权人的利益。企业出于将来再融资或者未来交易的方便,一般都会遵守与相关契约方事先签订的有关合同限制条款,以便协调企业和相关各方的关系。受契约因素影响的公司只能采用低股利政策。

2. 通货膨胀

在通货膨胀的情况下,公司折旧基金的购买力水平下降,导致没有足够的资金来源重置固定资产。这时盈余会被当作弥补折旧基金购买力水平下降的资金来源,因此在通货膨胀时期公司股利政策往往偏紧。

 本章小结

股利是股息和红利的总称,公司实现净利润后,将一部分作为留存收益用于公司再投资,以促进公司的长期发展;另一部分以股利的形式分配给股东,是给股东的投资回报。股利分配应遵循一定的原则和程序,股利支付形式主要有现金股利、股票股利、实物股利、股票回购等。股利政策是确定公司的净利润如何分配的方针和策略。股利政策影响公司价值及股票价格,与公司投资政策、融资政策等在公司金融中发挥作用。

股利政策理论分为股利无关理论和股利相关理论。股利无关理论认为公司的价值与股利政策无关,公司价值取决于投资决策、行业平均资本成本及未来预期收益。股利无关理论的一些假设条件在现实中不成立,股利无关理论的假设放宽后,人们提出了股利相关理论,该理论认为,公司的股利政策会影响公司的价值和股票价格。其代表性的观点主要包括"一鸟在手"理论、信息传递理论、税收差别理论、追随者效应理论、代理理论等。

股利政策的关键是确定股利分配和留存盈余的比例,不同的股利政策对公司股票价格和公司价值会产生不同的影响,公司经常采用的股利政策有剩余股利政策、固定股利政策、稳定增长股利政策、固定股利支付率政策、低正常股利加额外股利政策等。

公司必须综合考虑各种影响因素,结合自身实际情况,制定一个正确、合理的股利政策。影响公司股利政策决策的因素很多,主要包括法律因素、股东因素、公司自身因素、行业因素及其他因素。

思考题

1. 什么是股利?股利分配应遵循的主要原则有哪些?
2. 股利支付形式有几种?股利发放程序有哪些?
3. 股利无关理论和股利相关理论包括哪些主要内容?
4. 股利政策类型有哪几种?分别评价其特点和适用情况。
5. 股利政策选择受哪些因素的影响?
6. 选择一家上市公司,对其股利政策进行分析。

参 考 文 献

[1] 张新民,钱爱民.财务报表分析[M].北京:中国人民大学出版社,2018.

[2] 何青.财务报表分析[M].北京:中国人民大学出版社,2014.

[3] 张线治,陈友邦.财务分析[M].大连:东北财经大学出版社,2018.

[4] 陈星玉.财务分析[M].北京:电子工业出版社,2015.

[5] 刘顺仁.财报就像一本故事书[M].太原:山西人民出版社,2014.

[6] 唐朝.手把手教你读财报[M].北京:中国经济出版社,2015.

[7] 王冬梅.财务报表分析[M].大连:东北财经大学出版社,2013.

[8] 魏炜,朱武祥.新金融时代:发现商业模式[M].北京:机械工业出版社,2009.

[9] 林桂平,魏炜,朱武祥.透析盈利模式:魏朱商业模式理论延伸[M].北京:机械工业出版社,2014.

[10] 崔西福.从财务视角解读商业模式变化[J].中外企业家,2020,9:1-2.

[11] 李端生,王东升.基于财务视角的商业模式研究[J].会计研究,2016,6:63-69.

[12] 戴天婧,张茹,汤谷良.财务战略驱动企业盈利模式[J].会计研究,2012,11:23-32.

[13] 王国海.企业商业模式与财务特征研究[D].武汉:武汉大学,2015.

[14] 朱洋洋.公司治理、商业模式与财务分析——以京东为例[D].北京:北京邮电大学,2016.

[15] 张显明,解川波,陶启智.公司金融学[M].重庆:西南财经大学出版社,2019.

[16] 朴哲范,陈荣达.公司金融[M].大连:东北财经大学出版社,2019.

[17] 朱叶.公司金融[M].上海:复旦大学出版社,2018.

附　　录

表 1　复利终值系数表

期数	1%	2%	3%	4%	5%	6%	7%	8%	9%	10%
1	1.010	1.020	1.030	1.040	1.050	1.060	1.070	1.080	1.090	1.100
2	1.020	1.040	1.061	1.082	1.103	1.124	1.145	1.166	1.188	1.210
3	1.030	1.061	1.093	1.125	1.158	1.191	1.225	1.260	1.295	1.331
4	1.041	1.082	1.126	1.170	1.216	1.262	1.311	1.360	1.412	1.464
5	1.051	1.104	1.159	1.217	1.276	1.338	1.403	1.469	1.539	1.611
6	1.062	1.126	1.194	1.265	1.340	1.419	1.501	1.587	1.677	1.772
7	1.072	1.149	1.230	1.316	1.407	1.504	1.606	1.714	1.828	1.949
8	1.083	1.172	1.267	1.369	1.477	1.594	1.718	1.851	1.993	2.144
9	1.094	1.195	1.305	1.423	1.551	1.689	1.838	1.999	2.172	2.358
10	1.105	1.219	1.344	1.480	1.629	1.791	1.967	2.159	2.367	2.594
11	1.116	1.243	1.384	1.539	1.710	1.898	2.105	2.332	2.580	2.853
12	1.127	1.268	1.426	1.601	1.796	2.012	2.252	2.518	2.813	3.138
13	1.138	1.294	1.469	1.665	1.886	2.133	2.410	2.720	3.066	3.452
14	1.149	1.319	1.513	1.732	1.980	2.261	2.579	2.937	3.342	3.797
15	1.161	1.346	1.558	1.801	2.079	2.397	2.759	3.172	3.642	4.177
16	1.173	1.373	1.605	1.873	2.183	2.540	2.952	3.426	3.970	4.595
17	1.184	1.400	1.653	1.948	2.292	2.693	3.159	3.700	4.328	5.054
18	1.196	1.428	1.702	2.026	2.407	2.854	3.380	3.996	4.717	5.560
19	1.208	1.457	1.754	2.107	2.527	3.026	3.617	4.316	5.142	6.116
20	1.220	1.486	1.806	2.191	2.653	3.207	3.870	4.661	5.604	6.727
21	1.232	1.516	1.860	2.279	2.786	3.400	4.141	5.034	6.109	7.400
22	1.245	1.546	1.916	2.370	2.925	3.604	4.430	5.437	6.659	8.140
23	1.257	1.577	1.974	2.465	3.072	3.820	4.741	5.871	7.258	8.954
24	1.270	1.608	2.033	2.563	3.225	4.049	5.072	6.341	7.911	9.850
25	1.282	1.641	2.094	2.666	3.386	4.292	5.427	6.848	8.623	10.835
26	1.295	1.673	2.157	2.772	3.556	4.549	5.807	7.396	9.399	11.918
27	1.308	1.707	2.221	2.883	3.733	4.822	6.214	7.988	10.245	13.110
28	1.321	1.741	2.288	2.999	3.920	5.112	6.649	8.627	11.167	14.421
29	1.335	1.776	2.357	3.119	4.116	5.418	7.114	9.317	12.172	15.863
30	1.348	1.811	2.427	3.243	4.322	5.743	7.612	10.063	13.268	17.449

续表

期数	11%	12%	13%	14%	15%	16%	17%	18%	19%	20%
1	1.110	1.120	1.130	1.140	1.150	1.160	1.170	1.180	1.190	1.200
2	1.232	1.254	1.277	1.300	1.323	1.346	1.369	1.392	1.416	1.440
3	1.368	1.405	1.443	1.482	1.521	1.561	1.602	1.643	1.685	1.728
4	1.518	1.574	1.630	1.689	1.749	1.811	1.874	1.939	2.005	2.074
5	1.685	1.762	1.842	1.925	2.011	2.100	2.192	2.288	2.386	2.488
6	1.870	1.974	2.082	2.195	2.313	2.436	2.565	2.700	2.840	2.986
7	2.076	2.211	2.353	2.502	2.660	2.826	3.001	3.185	3.379	3.583
8	2.305	2.476	2.658	2.853	3.059	3.278	3.511	3.759	4.021	4.300
9	2.558	2.773	3.004	3.252	3.518	3.803	4.108	4.435	4.785	5.160
10	2.839	3.106	3.395	3.707	4.046	4.411	4.807	5.234	5.695	6.192
11	3.152	3.479	3.836	4.226	4.652	5.117	5.624	6.176	6.777	7.430
12	3.498	3.896	4.335	4.818	5.350	5.936	6.580	7.288	8.064	8.916
13	3.883	4.363	4.898	5.492	6.153	6.886	7.699	8.599	9.596	10.699
14	4.310	4.887	5.535	6.261	7.076	7.988	9.007	10.147	11.420	12.839
15	4.785	5.474	6.254	7.138	8.137	9.266	10.539	11.974	13.590	15.407
16	5.311	6.130	7.067	8.137	9.358	10.748	12.330	14.129	16.172	18.488
17	5.895	6.866	7.986	9.276	10.761	12.468	14.426	16.672	19.244	22.186
18	6.544	7.690	9.024	10.575	12.375	14.463	16.879	19.673	22.901	26.623
19	7.263	8.613	10.197	12.056	14.232	16.777	19.748	23.214	27.252	31.948
20	8.062	9.646	11.523	13.743	16.367	19.461	23.106	27.393	32.429	38.338
21	8.949	10.804	13.021	15.668	18.822	22.574	27.034	32.324	38.591	46.005
22	9.934	12.100	14.714	17.861	21.645	26.186	31.629	38.142	45.923	55.206
23	11.026	13.552	16.627	20.362	24.891	30.376	37.006	45.008	54.649	66.247
24	12.239	15.179	18.788	23.212	28.625	35.236	43.297	53.109	65.032	79.497
25	13.585	17.000	21.231	26.462	32.919	40.874	50.658	62.669	77.388	95.396
26	15.080	19.040	23.991	30.167	37.857	47.414	59.270	73.949	92.092	114.475
27	16.739	21.325	27.109	34.390	43.535	55.000	69.345	87.260	109.589	137.371
28	18.580	23.884	30.633	39.204	50.066	63.800	81.134	102.967	130.411	164.845
29	20.624	26.750	34.616	44.693	57.575	74.009	94.927	121.501	155.189	197.814
30	22.892	29.960	39.116	50.950	66.212	85.850	111.065	143.371	184.675	237.376

表2　复利现值系数表

期数	1%	2%	3%	4%	5%	6%	7%	8%	9%	10%
1	0.990 1	0.980 4	0.970 9	0.961 5	0.952 4	0.943 4	0.934 6	0.925 9	0.917 4	0.909 1
2	0.980 3	0.961 2	0.942 6	0.924 6	0.907 0	0.890 0	0.873 4	0.857 3	0.841 7	0.826 4
3	0.970 6	0.942 3	0.915 1	0.889 0	0.863 8	0.839 6	0.816 3	0.793 8	0.772 2	0.751 3
4	0.961 0	0.923 8	0.888 5	0.854 8	0.822 7	0.792 1	0.762 9	0.735 0	0.708 4	0.683 0
5	0.951 5	0.905 7	0.862 6	0.821 9	0.783 5	0.747 3	0.713 0	0.680 6	0.649 9	0.620 9
6	0.942 0	0.888 0	0.837 5	0.790 3	0.746 2	0.705 0	0.666 3	0.630 2	0.596 3	0.564 5
7	0.932 7	0.870 6	0.813 1	0.759 9	0.710 7	0.665 1	0.622 7	0.583 5	0.547 0	0.513 2
8	0.923 5	0.853 5	0.789 4	0.730 7	0.676 8	0.627 4	0.582 0	0.540 3	0.501 9	0.466 5
9	0.914 3	0.836 8	0.766 4	0.702 6	0.644 6	0.591 9	0.543 9	0.500 2	0.460 4	0.424 1
10	0.905 3	0.820 3	0.744 1	0.675 6	0.613 9	0.558 4	0.508 3	0.463 2	0.422 4	0.385 5
11	0.896 3	0.804 3	0.722 4	0.649 6	0.584 7	0.526 8	0.475 1	0.428 9	0.387 5	0.350 5
12	0.887 4	0.788 5	0.701 4	0.624 6	0.556 8	0.497 0	0.444 0	0.397 1	0.355 5	0.318 6
13	0.878 7	0.773 0	0.681 0	0.600 6	0.530 3	0.468 8	0.415 0	0.367 7	0.326 2	0.289 7
14	0.870 0	0.757 9	0.661 1	0.577 5	0.505 1	0.442 3	0.387 8	0.340 5	0.299 2	0.263 3
15	0.861 3	0.743 0	0.641 9	0.555 3	0.481 0	0.417 3	0.362 4	0.315 2	0.274 5	0.239 4
16	0.852 8	0.728 4	0.623 2	0.533 9	0.458 1	0.393 6	0.338 7	0.291 9	0.251 9	0.217 6
17	0.844 4	0.714 2	0.605 0	0.513 4	0.436 3	0.371 4	0.316 6	0.270 3	0.231 1	0.197 8
18	0.836 0	0.700 2	0.587 4	0.493 6	0.415 5	0.350 3	0.295 9	0.250 2	0.212 0	0.179 9
19	0.827 7	0.686 4	0.570 3	0.474 6	0.395 7	0.330 5	0.276 5	0.231 7	0.194 5	0.163 5
20	0.819 5	0.673 0	0.553 7	0.456 4	0.376 9	0.311 8	0.258 4	0.214 5	0.178 4	0.148 6
21	0.811 4	0.659 8	0.537 5	0.438 8	0.358 9	0.294 2	0.241 5	0.198 7	0.163 7	0.135 1
22	0.803 4	0.646 8	0.521 9	0.422 0	0.341 8	0.277 5	0.225 7	0.183 9	0.150 2	0.122 8
23	0.795 4	0.634 2	0.506 7	0.405 7	0.325 6	0.261 8	0.210 9	0.170 3	0.137 8	0.111 7
24	0.787 6	0.621 7	0.491 9	0.390 1	0.310 1	0.247 0	0.197 1	0.157 7	0.126 4	0.101 5
25	0.779 8	0.609 5	0.477 6	0.375 1	0.295 3	0.233 0	0.184 2	0.146 0	0.116 0	0.092 3
26	0.772 0	0.597 6	0.463 7	0.360 7	0.281 2	0.219 8	0.172 2	0.135 2	0.106 4	0.083 9
27	0.764 4	0.585 9	0.450 2	0.346 8	0.267 8	0.207 4	0.160 9	0.125 2	0.097 6	0.076 3
28	0.756 8	0.574 4	0.437 1	0.333 5	0.255 1	0.195 6	0.150 4	0.115 9	0.089 5	0.069 3
29	0.749 3	0.563 1	0.424 3	0.320 7	0.242 9	0.184 6	0.140 6	0.107 3	0.082 2	0.063 0
30	0.741 9	0.552 1	0.412 0	0.308 3	0.231 4	0.174 1	0.131 4	0.099 4	0.075 4	0.057 3

续表

期数	11%	12%	13%	14%	15%	16%	17%	18%	19%	20%
1	0.900 9	0.892 9	0.885 0	0.877 2	0.869 6	0.862 1	0.854 7	0.847 5	0.840 3	0.833 3
2	0.811 6	0.797 2	0.783 1	0.769 5	0.756 1	0.743 2	0.730 5	0.718 2	0.706 2	0.694 4
3	0.731 2	0.711 8	0.693 1	0.675 0	0.657 5	0.640 7	0.624 4	0.608 6	0.593 4	0.578 7
4	0.658 7	0.635 5	0.613 3	0.592 1	0.571 8	0.552 3	0.533 7	0.515 8	0.498 7	0.482 3
5	0.593 5	0.567 4	0.542 8	0.519 4	0.497 2	0.476 1	0.456 1	0.437 1	0.419 0	0.401 9
6	0.534 6	0.506 6	0.480 3	0.455 6	0.432 3	0.410 4	0.389 8	0.370 4	0.352 1	0.334 9
7	0.481 7	0.452 3	0.425 1	0.399 6	0.375 9	0.353 8	0.333 2	0.313 9	0.295 9	0.279 1
8	0.433 9	0.403 9	0.376 2	0.350 6	0.326 9	0.305 0	0.284 8	0.266 0	0.248 7	0.232 6
9	0.390 9	0.360 6	0.332 9	0.307 5	0.284 3	0.263 0	0.243 4	0.225 5	0.209 0	0.193 8
10	0.352 2	0.322 0	0.294 6	0.269 7	0.247 2	0.226 7	0.208 0	0.191 1	0.175 6	0.161 5
11	0.317 3	0.287 5	0.260 7	0.236 6	0.214 9	0.195 4	0.177 8	0.161 9	0.147 6	0.134 6
12	0.285 8	0.256 7	0.230 7	0.207 6	0.186 9	0.168 5	0.152 0	0.137 2	0.124 0	0.112 2
13	0.257 5	0.229 2	0.204 2	0.182 1	0.162 5	0.145 2	0.129 9	0.116 3	0.104 2	0.093 5
14	0.232 0	0.204 6	0.180 7	0.159 7	0.141 3	0.125 2	0.111 0	0.098 5	0.087 6	0.077 9
15	0.209 0	0.182 7	0.159 9	0.140 1	0.122 9	0.107 9	0.094 9	0.083 5	0.073 6	0.064 9
16	0.188 3	0.163 1	0.141 5	0.122 9	0.106 9	0.093 0	0.081 1	0.070 8	0.061 8	0.054 1
17	0.169 6	0.145 6	0.125 2	0.107 8	0.092 9	0.080 2	0.069 3	0.060 0	0.052 0	0.045 1
18	0.152 8	0.130 0	0.110 8	0.094 6	0.080 8	0.069 1	0.059 2	0.050 8	0.043 7	0.037 6
19	0.137 7	0.116 1	0.098 1	0.082 9	0.070 3	0.059 6	0.050 6	0.043 1	0.036 7	0.031 3
20	0.124 0	0.103 7	0.086 8	0.072 8	0.061 1	0.051 4	0.043 3	0.036 5	0.030 8	0.026 1
21	0.111 7	0.092 6	0.076 8	0.063 8	0.053 1	0.044 3	0.037 0	0.030 9	0.025 9	0.021 7
22	0.100 7	0.082 6	0.068 0	0.056 0	0.046 2	0.038 2	0.031 6	0.026 2	0.021 8	0.018 1
23	0.090 7	0.073 8	0.060 1	0.049 1	0.040 2	0.032 9	0.027 0	0.022 2	0.018 3	0.015 1
24	0.081 7	0.065 9	0.053 2	0.043 1	0.034 9	0.028 4	0.023 1	0.018 8	0.015 4	0.012 6
25	0.073 6	0.058 8	0.047 1	0.037 8	0.030 4	0.024 5	0.019 7	0.016 0	0.012 9	0.010 5
26	0.066 3	0.052 5	0.041 7	0.033 1	0.026 4	0.021 1	0.016 9	0.013 5	0.010 9	0.008 7
27	0.059 7	0.046 9	0.036 9	0.029 1	0.023 0	0.018 2	0.014 4	0.011 5	0.009 1	0.007 3
28	0.053 8	0.041 9	0.032 6	0.025 5	0.020 0	0.015 7	0.012 3	0.009 7	0.007 7	0.006 1
29	0.048 5	0.037 4	0.028 9	0.022 4	0.017 4	0.013 5	0.010 5	0.008 2	0.006 4	0.005 1
30	0.043 7	0.033 4	0.025 6	0.019 6	0.015 1	0.011 6	0.009 0	0.007 0	0.005 4	0.004 2

表 3　年金终值系数表

期数	1%	2%	3%	4%	5%	6%	7%	8%	9%	10%
1	1	1	1	1	1	1	1	1	1	1
2	2.010 0	2.020 0	2.030 0	2.040 0	2.050 0	2.060 0	2.070 0	2.080 0	2.090 0	2.100 0
3	3.030 1	3.060 4	3.090 9	3.121 6	3.152 5	3.183 6	3.214 9	3.246 4	3.278 1	3.310 0
4	4.060 4	4.121 6	4.183 6	4.246 5	4.310 1	4.374 6	4.439 9	4.506 1	4.573 1	4.641 0
5	5.101 0	5.204 0	5.309 1	5.416 3	5.525 6	5.637 1	5.750 7	5.866 6	5.984 7	6.105 1
6	6.152 0	6.308 1	6.468 4	6.633 0	6.801 9	6.975 3	7.153 3	7.335 9	7.523 3	7.715 6
7	7.213 5	7.434 3	7.662 5	7.898 3	8.142 0	8.393 8	8.654 0	8.922 8	9.200 4	9.487 2
8	8.285 7	8.583 0	8.892 3	9.214 2	9.549 1	9.897 5	10.259 8	10.636 6	11.028 5	11.435 9
9	9.368 5	9.754 6	10.159 1	10.582 8	11.026 6	11.491 3	11.978 0	12.487 6	13.021 0	13.579 5
10	10.462 2	10.949 7	11.463 9	12.006 1	12.577 9	13.180 8	13.816 4	14.486 6	15.192 9	15.937 4
11	11.566 8	12.168 7	12.807 8	13.486 4	14.206 8	14.971 6	15.783 6	16.645 5	17.560 3	18.531 2
12	12.682 5	13.412 1	14.192 0	15.025 8	15.917 1	16.869 9	17.888 5	18.977 1	20.140 7	21.384 3
13	13.809 3	14.680 3	15.617 8	16.626 8	17.713 0	18.882 1	20.140 6	21.495 3	22.953 4	24.522 7
14	14.947 4	15.973 9	17.086 3	18.291 9	19.598 6	21.015 1	22.550 5	24.214 9	26.019 2	27.975 0
15	16.096 9	17.293 4	18.598 9	20.023 6	21.578 6	23.276 0	25.129 0	27.152 1	29.360 9	31.772 5
16	17.257 9	18.639 3	20.156 9	21.824 5	23.657 5	25.672 5	27.888 1	30.324 3	33.003 4	35.949 7
17	18.430 4	20.012 1	21.761 6	23.697 5	25.840 4	28.212 9	30.840 2	33.750 2	36.973 7	40.544 7
18	19.614 7	21.412 3	23.414 4	25.645 4	28.132 4	30.905 7	33.999 0	37.450 2	41.301 3	45.599 2
19	20.810 9	22.840 6	25.116 9	27.671 2	30.539 0	33.760 0	37.379 0	41.446 3	46.018 5	51.159 1
20	22.019 0	24.297 4	26.870 4	29.778 1	33.066 0	36.785 6	40.995 5	45.762 0	51.160 1	57.275 0
21	23.239 2	25.783 3	28.676 5	31.969 2	35.719 3	39.992 7	44.865 2	50.422 9	56.764 5	64.002 5
22	24.471 6	27.299 0	30.536 8	34.248 0	38.505 2	43.392 3	49.005 7	55.456 8	62.873 3	71.402 7
23	25.716 3	28.845 0	32.452 9	36.617 9	41.430 5	46.995 8	53.436 1	60.893 3	69.531 9	79.543 0
24	26.973 5	30.421 9	34.426 5	39.082 6	44.502 0	50.815 6	58.176 7	66.764 8	76.789 8	88.497 3
25	28.243 2	32.030 3	36.459 3	41.645 9	47.727 1	54.864 5	63.249 0	73.105 9	84.700 9	98.347 1
26	29.525 6	33.670 9	38.553 0	44.311 7	51.113 5	59.156 4	68.676 5	79.954 4	93.324 0	109.181 8
27	30.820 9	35.344 3	40.709 6	47.084 2	54.669 1	63.705 8	74.483 8	87.350 8	102.723 1	121.099 9
28	32.129 1	37.051 2	42.930 9	49.967 6	58.402 6	68.528 1	80.697 7	95.338 8	112.968 2	134.209 9
29	33.450 4	38.792 2	45.218 9	52.966 3	62.322 7	73.639 8	87.346 5	103.965 9	124.135 4	148.630 9
30	34.784 9	40.568 1	47.575 4	56.084 9	66.438 8	79.058 2	94.460 8	113.283 2	136.307 5	164.494 0

期数	11%	12%	13%	14%	15%	16%	17%	18%	19%	20%
1	1	1	1	1	1	1	1	1	1	1
2	2.110 0	2.120 0	2.130 0	2.140 0	2.150 0	2.160 0	2.170 0	2.180 0	2.190 0	2.200 0
3	3.342 1	3.374 4	3.406 9	3.439 6	3.472 5	3.505 6	3.538 9	3.572 4	3.606 1	3.640 0
4	4.709 7	4.779 3	4.849 8	4.921 1	4.993 4	5.066 5	5.140 5	5.215 4	5.291 3	5.368 0
5	6.227 8	6.352 8	6.480 3	6.610 1	6.742 4	6.877 1	7.014 4	7.154 2	7.296 6	7.441 6
6	7.912 9	8.115 2	8.322 7	8.535 5	8.753 7	8.977 5	9.206 8	9.442 0	9.683 0	9.929 9
7	9.783 3	10.089 0	10.404 7	10.730 5	11.066 8	11.413 9	11.772 0	12.141 5	12.522 7	12.915 9
8	11.859 4	12.299 7	12.757 3	13.232 8	13.726 8	14.240 1	14.773 3	15.327 0	15.902 0	16.499 1
9	14.164 0	14.775 7	15.415 7	16.085 3	16.785 8	17.518 5	18.284 7	19.085 9	19.923 4	20.798 9
10	16.722 0	17.548 7	18.419 7	19.337 3	20.303 7	21.321 5	22.393 1	23.521 3	24.708 9	25.958 7
11	19.561 4	20.654 6	21.814 3	23.044 5	24.349 3	25.732 9	27.199 9	28.755 1	30.403 5	32.150 4
12	22.713 2	24.133 1	25.650 2	27.270 7	29.001 7	30.850 2	32.823 9	34.931 1	37.180 2	39.580 5
13	26.211 6	28.029 1	29.984 7	32.088 7	34.351 9	36.786 2	39.404 0	42.218 7	45.244 5	48.496 6
14	30.094 9	32.392 6	34.882 7	37.581 1	40.504 7	43.672 0	47.102 7	50.818 0	54.840 9	59.195 9
15	34.405 4	37.279 7	40.417 5	43.842 4	47.580 4	51.659 5	56.110 1	60.965 3	66.260 7	72.035 1
16	39.189 9	42.753 3	46.671 7	50.980 4	55.717 5	60.925 0	66.648 8	72.939 0	79.850 2	87.442 1
17	44.500 8	48.883 7	53.739 1	59.117 6	65.075 1	71.673 0	78.979 2	87.068 0	96.021 8	105.930 6
18	50.395 9	55.749 7	61.725 1	68.394 1	75.836 4	84.140 7	93.405 6	103.740 3	115.265 9	128.116 7
19	56.939 5	63.439 7	70.749 4	78.969 2	88.211 8	98.603 2	110.284 6	123.413 5	138.166 4	154.740 0
20	64.202 8	72.052 4	80.946 8	91.024 9	102.443 6	115.379 7	130.032 9	146.628 0	165.418 0	186.688 0
21	72.265 1	81.698 7	92.469 9	104.768 4	118.810 1	134.840 5	153.138 5	174.021 0	197.847 4	225.025 6
22	81.214 3	92.502 6	105.491 0	120.436 0	137.631 6	157.415 0	180.172 1	206.344 8	236.438 5	271.030 7
23	91.147 9	104.602 9	120.204 8	138.297 0	159.276 4	183.601 4	211.801 3	244.486 8	282.361 8	326.236 9
24	102.174 2	118.155 2	136.831 5	158.658 6	184.167 8	213.977 6	248.807 6	289.494 5	337.010 5	392.484 2
25	114.413 3	133.333 9	155.619 6	181.870 8	212.793 0	249.214 0	292.104 9	342.603 5	402.042 5	471.981 1
26	127.998 8	150.333 9	176.850 1	208.332 7	245.712 0	290.088 3	342.762 7	405.272 1	479.430 6	567.377 3
27	143.078 6	169.374 0	200.840 6	238.499 3	283.568 8	337.502 4	402.032 3	479.221 1	571.522 4	681.852 8
28	159.817 3	190.698 9	227.949 9	272.889 2	327.104 1	392.502 8	471.377 8	566.480 9	681.111 6	819.223 3
29	178.397 2	214.582 8	258.583 4	312.093 7	377.169 7	456.303 2	552.512 1	669.447 5	811.522 8	984.068 0
30	199.020 9	241.332 7	293.199 2	356.786 8	434.745 1	530.311 7	647.439 1	790.948 0	966.712 2	1 181.881 6

表 4　年金现值系数表

期数	1%	2%	3%	4%	5%	6%	7%	8%	9%	10%
1	0.990 1	0.980 4	0.970 9	0.961 5	0.952 4	0.943 4	0.934 6	0.925 9	0.917 4	0.909 1
2	1.970 4	1.941 6	1.913 5	1.886 1	1.859 4	1.833 4	1.808 0	1.783 3	1.759 1	1.735 5
3	2.941 0	2.883 9	2.828 6	2.775 1	2.723 2	2.673 0	2.624 3	2.577 1	2.531 3	2.486 9
4	3.902 0	3.807 7	3.717 1	3.629 9	3.546 0	3.465 1	3.387 2	3.312 1	3.239 7	3.169 9
5	4.853 4	4.713 5	4.579 7	4.451 8	4.329 5	4.212 4	4.100 2	3.992 7	3.889 7	3.790 8
6	5.795 5	5.601 4	5.417 2	5.242 1	5.075 7	4.917 3	4.766 5	4.622 9	4.485 9	4.355 3
7	6.728 2	6.472 0	6.230 3	6.002 1	5.786 4	5.582 4	5.389 3	5.206 4	5.033 0	4.868 4
8	7.651 7	7.325 5	7.019 7	6.732 7	6.463 2	6.209 8	5.971 3	5.746 6	5.534 8	5.334 9
9	8.566 0	8.162 2	7.786 1	7.435 3	7.107 8	6.801 7	6.515 2	6.246 9	5.995 2	5.759 0
10	9.471 3	8.982 6	8.530 2	8.110 9	7.721 7	7.360 1	7.023 6	6.710 1	6.417 7	6.144 6
11	10.367 6	9.786 8	9.252 6	8.760 5	8.306 4	7.886 9	7.498 7	7.139 0	6.805 2	6.495 1
12	11.255 1	10.575 3	9.954 0	9.385 1	8.863 3	8.383 8	7.942 7	7.536 1	7.160 7	6.813 7
13	12.133 7	11.348 4	10.635 0	9.985 6	9.393 6	8.852 7	8.357 7	7.903 8	7.486 9	7.103 4
14	13.003 7	12.106 2	11.296 1	10.563 1	9.898 6	9.295 0	8.745 5	8.244 2	7.786 2	7.366 7
15	13.865 1	12.849 3	11.937 9	11.118 4	10.379 7	9.712 2	9.107 9	8.559 5	8.060 7	7.606 1
16	14.717 9	13.577 7	12.561 1	11.652 3	10.837 8	10.105 9	9.446 6	8.851 4	8.312 6	7.823 7
17	15.562 3	14.291 9	13.166 1	12.165 7	11.274 1	10.477 3	9.763 2	9.121 6	8.543 6	8.021 6
18	16.398 3	14.992 0	13.753 5	12.659 3	11.689 6	10.827 6	10.059 1	9.371 9	8.755 6	8.201 4
19	17.226 0	15.678 5	14.323 8	13.133 9	12.085 3	11.158 1	10.335 6	9.603 6	8.950 1	8.364 9
20	18.045 6	16.351 4	14.877 5	13.590 3	12.462 2	11.469 9	10.594 0	9.818 1	9.128 5	8.513 6
21	18.857 0	17.011 2	15.415 0	14.029 2	12.821 2	11.764 1	10.835 5	10.016 8	9.292 2	8.648 7
22	19.660 4	17.658 0	15.936 9	14.451 1	13.163 0	12.041 6	11.061 2	10.200 7	9.442 4	8.771 5
23	20.455 8	18.292 2	16.443 6	14.856 8	13.488 6	12.303 4	11.272 2	10.371 1	9.580 2	8.883 2
24	21.243 4	18.913 9	16.935 5	15.247 0	13.798 6	12.550 4	11.469 3	10.528 8	9.706 6	8.984 7
25	22.023 2	19.523 5	17.413 1	15.622 1	14.093 9	12.783 4	11.653 6	10.674 8	9.822 6	9.077 0
26	22.795 2	20.121 0	17.876 8	15.982 8	14.375 2	13.003 2	11.825 8	10.810 0	9.929 0	9.160 9
27	23.559 6	20.706 9	18.327 0	16.329 6	14.643 0	13.210 5	11.986 7	10.935 2	10.026 6	9.237 2
28	24.316 4	21.281 3	18.764 1	16.663 1	14.898 1	13.406 2	12.137 1	11.051 1	10.116 1	9.306 6
29	25.065 8	21.844 4	19.188 5	16.983 7	15.141 1	13.590 7	12.277 7	11.158 4	10.198 3	9.369 6
30	25.807 7	22.396 5	19.600 4	17.292 0	15.372 5	13.764 8	12.409 0	11.257 8	10.273 7	9.426 9

期数	11%	12%	13%	14%	15%	16%	17%	18%	19%	20%
1	0.900 9	0.892 9	0.885 0	0.877 2	0.869 6	0.862 1	0.854 7	0.847 5	0.840 3	0.833 3
2	1.712 5	1.690 1	1.668 1	1.646 7	1.625 7	1.605 2	1.585 2	1.565 6	1.546 5	1.527 8
3	2.443 7	2.401 8	2.361 2	2.321 6	2.283 2	2.245 9	2.209 6	2.174 3	2.139 9	2.106 5
4	3.102 4	3.037 3	2.974 5	2.913 7	2.855 0	2.798 2	2.743 2	2.690 1	2.638 6	2.588 7
5	3.695 9	3.604 8	3.517 2	3.433 1	3.352 2	3.274 3	3.199 3	3.127 2	3.057 6	2.990 6
6	4.230 5	4.111 4	3.997 5	3.888 7	3.784 5	3.684 7	3.589 2	3.497 6	3.409 8	3.325 5
7	4.712 2	4.563 8	4.422 6	4.288 3	4.160 4	4.038 6	3.922 4	3.811 5	3.705 7	3.604 6
8	5.146 1	4.967 6	4.798 8	4.638 9	4.487 3	4.343 6	4.207 2	4.077 6	3.954 4	3.837 2
9	5.537 0	5.328 2	5.131 7	4.946 4	4.771 6	4.606 5	4.450 6	4.303 0	4.163 3	4.031 0
10	5.889 2	5.650 2	5.426 2	5.216 1	5.018 8	4.833 2	4.658 6	4.494 1	4.338 9	4.192 5
11	6.206 5	5.937 7	5.686 9	5.452 7	5.233 7	5.028 6	4.836 4	4.656 0	4.486 5	4.327 1
12	6.492 4	6.194 4	5.917 6	5.660 3	5.420 6	5.197 1	4.988 4	4.793 2	4.610 5	4.439 2
13	6.749 9	6.423 5	6.121 8	5.842 4	5.583 1	5.342 3	5.118 3	4.909 5	4.714 7	4.532 7
14	6.981 9	6.628 2	6.302 5	6.002 1	5.724 5	5.467 5	5.229 3	5.008 1	4.802 3	4.610 6
15	7.190 9	6.810 9	6.462 4	6.142 2	5.847 4	5.575 5	5.324 2	5.091 6	4.875 9	4.675 5
16	7.379 2	6.974 0	6.603 9	6.265 1	5.954 2	5.668 5	5.405 3	5.162 4	4.937 7	4.729 6
17	7.548 8	7.119 6	6.729 1	6.372 9	6.047 2	5.748 7	5.474 6	5.222 3	4.989 7	4.774 6
18	7.701 6	7.249 7	6.839 9	6.467 4	6.128 0	5.817 8	5.533 9	5.273 2	5.033 3	4.812 2
19	7.839 3	7.365 8	6.938 0	6.550 4	6.198 2	5.877 5	5.584 5	5.316 2	5.070 0	4.843 5
20	7.963 3	7.469 4	7.024 8	6.623 1	6.259 3	5.928 8	5.627 8	5.352 7	5.100 9	4.869 6
21	8.075 1	7.562 0	7.101 6	6.687 0	6.312 5	5.973 1	5.664 8	5.383 7	5.126 8	4.891 3
22	8.175 7	7.644 6	7.169 5	6.742 9	6.358 7	6.011 3	5.696 4	5.409 9	5.148 6	4.909 4
23	8.266 4	7.718 4	7.229 7	6.792 1	6.398 8	6.044 2	5.723 4	5.432 1	5.166 8	4.924 5
24	8.348 1	7.784 3	7.282 9	6.835 1	6.433 8	6.072 6	5.746 5	5.450 9	5.182 2	4.937 1
25	8.421 7	7.843 1	7.330 0	6.872 9	6.464 1	6.097 1	5.766 2	5.466 9	5.195 1	4.947 6
26	8.488 1	7.895 7	7.371 7	6.906 1	6.490 6	6.118 2	5.783 1	5.480 4	5.206 0	4.956 3
27	8.547 8	7.942 6	7.408 6	6.935 2	6.513 5	6.136 4	5.797 5	5.491 9	5.215 1	4.963 6
28	8.601 6	7.984 4	7.441 2	6.960 7	6.533 5	6.152 0	5.809 9	5.501 6	5.222 8	4.969 7
29	8.650 1	8.021 8	7.470 1	6.983 0	6.550 9	6.165 6	5.820 4	5.509 8	5.229 2	4.974 7
30	8.693 8	8.055 2	7.495 7	7.002 7	6.566 0	6.177 2	5.829 4	5.516 8	5.234 7	4.978 9